本书由中国—上海合作组织国际司法交流合作培训基地资助出版

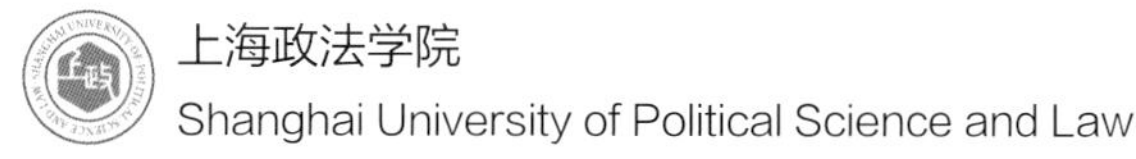

中国—上海合作组织国际司法交流合作培训基地
China National Institute for SCO International Exchange and Judicial Cooperation

A CASEBOOK ON INTERNATIONAL ENERGY INVESTMENT DISPUTE

能源类国际投资争端案例集
（2010—2019）

张正怡　张丽楠　郭爽　王杰　等◎编译

说　明

以能源为代表的基础设施投资目前在国际投资争端解决案件中长期以来受到普遍关注。《能源宪章条约》(*Energy Charter Treaty*，ECT)为解决有关条约所涉事项的争端制定了一个全面和有针对性的制度。历经25年发展，已形成国际投资争端领域大量仲裁裁决。特别是《国际能源宪章》(*International Energy Charter*)正式通过，能源领域的国际交互影响日益加深。

本书在2016年出版的《能源类国际投资争端案例集》的基础上，跟踪收集了该译著之后2010—2019年公开的能源类投资仲裁裁决案例。为方便查阅，案例均按照案件事实、法律分析(含申请方、被申请方、仲裁庭主要观点)、仲裁裁决展开，均围绕能源类国际投资案件的争端焦点进行摘编，对了解和研习国际投资仲裁的法律实践具有参考价值。本书的编纂历时近一年的时间，除本人外，参与文本翻译、校对整理的人员均来自法学院，并具备良好的外文基础与专业功底，他(她)们是(名单按参与案件翻译整理顺序排列)：周可钰、邓云柯、郭爽、徐雨霏、葛胤佐、欧阳雪、曾钰涵、智明、张珍、张君玲、徐一诺、韩敏、彭嘉雯、迪雅、吴清玄、邓文悦、陈丽羊、王杰、张丽楠、邹升阳。

本书的出版，得到中国-上海合作组织国际司法交流合作培训基地项目的支持，上海社会科学院出版社编辑老师也为此做了大量工作，在此，我们表示由衷感谢！由于时间仓促，书中难免存在纰漏，敬请读者批评指正！

张正怡

2023年1月于上海

目　录

Ioannis Kardassopoulos 和 Ron Fuchs v. 格鲁吉亚

国际投资争端解决中心裁决

案号：ICSID Case Nos. ARB/05/18 and ARB/07/15

裁决时间：2010 年 2 月 26 日

申 请 方：Ioannis Kardassopoulos（希腊）和 Ron Fuchs（以色列）

律　　师：Ms. Karyl Nairn，Mr. Timothy G. Nelson，Mr. David Herlihy，Ms. Jennifer M. Cabrera

被申请方：格鲁吉亚

律　　师：Ms. Claudia T. Salomon，Mr. Matthew Saunders，Ms. Kate Knox，Ms. Kiera Gans，Mr. Theodore C. Jonas，Mr. Nick Gvinadze，Mr. Avto Svanidze，DLA

仲 裁 庭：Mr. L. Yves Fortier，C. C.，O. Q.，Q. C（主席）Professor Francisco Orrego Vicuña，Professor Vaughan Lowe，Q. C.

一、案件事实

Kardassopoulos 先生和 Funs 先生是 Tramex（国际）有限公司（以下简称“Tramex”）的联合首席执行官且分别对该公司享有等额股份。

SakNavtobi 是格鲁吉亚国有石油公司由燃料和能源部设立的。1992 年春，Tramex 和 SakNavtobi 于 1992 年 3 月 3 日签署了《合资经营企业协定》（以下简称“JVA”），创建了 GTI 有限公司（以下简称“GTI”）。

Transneft 是一家拥有格鲁吉亚石油运输网络所有权的格鲁吉亚国有企业。1993 年 4 月 28 日，Transneft 与 GTI 签署了一项《特许权协议》，授予其格鲁吉亚管道 30 年的特许权。

1996 年 2 月 20 日，格鲁吉亚内阁通过了第 178 号法令，这使 Tramex/GTI 在格鲁吉亚的权利突然终止。1996 年 12 月，格鲁吉亚颁发了一份命令草案，供审查以评估 Tramex 在格鲁吉亚进行的投资，并确定"其权利、已支配成本和未来损失的赔偿额"。1997 年 4 月 23 日，格鲁吉亚通过了第 84 号国务部长令，该令设立赔偿委员会，不再提及"未来的损失"。在 2004 年 11 月 15 日的信函中，司法部第一副部长兼委员会主席通知申请方，委员会认为没有法律依据要求政府对索赔负责。

Kardassopoulos 先生于 2005 年 8 月 2 日向国际投资争端解决中心（以下简称"ICSID"）提交了仲裁请求（"Kardassopoulos 请求"），援引《希腊共和国政府与格鲁吉亚共和国关于促进和相互保护投资的协定》（以下简称"格鲁吉亚/希腊 BIT"）和欧洲投资条约的解决投资争端国际中心仲裁条款。

Fuchs 先生提交了一份仲裁请求（"Fuchs 请求"），援引了《以色列国和格鲁吉亚共和国关于促进和相互保护投资的协定》（以下简称"格鲁吉亚/以色列 BIT"）。

2007 年 9 月 13 日，ICSID 书面确认，Kardassopoulos 和 Fuchs 仲裁将由同一仲裁庭共同审理。

申请方认为这是一个简单的案件，本质上是被申请方因其非法行为拖欠申请方款项的问题。在他们看来，这一欠款数额并非微不足道。申请方称，1995 年 11 月，即可以预见 GIT 公司的权利被取消的日期，其权利具有重大价值。申请方认为，在这些仲裁中被申请方认为申请方无权得到任何赔偿的观点，与格鲁吉亚承诺赔偿但在 8 年间从未兑现的行为以及与被申请方自己的证人的证词不符，后者认为某种赔偿措施是适当的。

被申请方认为，申请方的请求不及时，允许在相关事件发生之后如此长的时间内裁决这些请求是不公平的。在申请方的请求没有提及的情况下，被申请方认为，根据任何条约规定，被申请方对申请方不负有责任，而且无论如何，申请方无权获得赔偿，因为 GTI 公司的权利是无效的和不可执行的，或者因为申请方不可能有任何合理的期望获得任何赔偿，或者因为这些权利根本不可能得到估价。

二、法律分析

(一) 待裁决问题

有待仲裁庭裁决的问题可分为六类，简述如下：

1. 管辖权和公平时效

管辖权和公平时效的问题包括以下三方面：

(1) 仲裁庭是否对 Kardassopoulos 先生根据格鲁吉亚/希腊 BIT 提出的征收请求具有时效管辖权。

(2) 根据格鲁吉亚/以色列 BIT，仲裁庭对 Fuchs 先生的公平公正待遇请求是否有时效管辖权。

(3) 根据公平的时效规则，申请方的请求是否有时间限制。

2. 赔偿责任

赔偿责任由以下四个问题组成：

(1) SakNavtobi 和/或 Transneft 的合同承诺、作为和不作为是否可归因于被申请方。

(2) 在相关期间内，GIT 的权利范围如何。

(3) Kardassopoulos 先生对 GTI 投资被征收是否违反了《能源宪章条约》(以下简称"ECT")和/或格鲁吉亚/希腊 BIT 的请求。

(4) Fuchs 先生和 Kardassopoulos 先生的投资是否受到不公平不公正的待遇或以其他方式违反格鲁吉亚/以色列 BIT 或 ECT 中规定的待遇标准。

3. 因果关系

因果关系问题包括：由于上述违反条约的行为，申请方是否遭受了任何损失；如果是，被申请方是否造成了申请方的损失。

4. 数额

数额方面的争议(如果责任和因果关系的裁决有利于申请方)包含以下五个方面：

(1) 稳定条款对损害的影响是什么。

(2) 违反 ECT 第 13(1)条和格鲁吉亚/希腊 BIT 第 4(1)条(征收条款)的行为,适用的赔偿标准是什么。

(3) 对违反格鲁吉亚/以色列 BIT 第 2(1)条、格鲁吉亚/希腊 BIT 第 2(2)条和 ECT 第 10(1)条(公平公正待遇条款)的行为,适用的赔偿标准是什么。

(4) 对申请方的请求进行估价的适当方法是什么。

(5) 申请方应得赔偿数额是多少。

5. 利息

利息问题由以下两个方面组成:

(1) 应付申请方的裁决前利息款额是多少。

(2) 应付申请方的裁决后利息款额是多少。

6. 费用

最后,费用问题要求仲裁庭考虑在当事方之间适当分配这些仲裁程序的费用(如有)。

仲裁庭提出,申请方关于违反 ECT 第 10(1)条和格鲁吉亚/希腊 BIT 第 2(4)条(保护伞条款)的主张已被撤回,因此,仲裁庭不再进一步裁决这一请求。

(二) 管辖权和公平时效

1. 根据格鲁吉亚/希腊 BIT 的时效管辖权

(1) 被申请方观点。被申请方认为,由于条约不具有追溯效力,格鲁吉亚/希腊 BIT 不能适用于 1996 年 8 月 3 日之前发生的行为。被申请方承认,鉴于仲裁庭的决定,即在 1996 年 Kardassopoulos 先生在 GTI 中的权益主张被征收时,ECT 临时适用,故主张格鲁吉亚/希腊 BIT 关于请求的属时管辖权的不适用,现在几乎没有什么实际意义。

(2) 申请方观点。Kardassopoulos 先生认为,第一批权利是被 1996 年 2 月 20 日颁布的第 178 号法令剥夺的,第二批权利是被 1996 年 8 月 19 日颁布的第 33a 号法令被剥夺的。Kardassopoulos 先生进一步认为,由于违反格鲁吉亚/希腊 BIT 第 4(1)条的要件是在该 BIT 生效后完成的,违反的日期是从完成行为之时算起的。最后,Kardassopoulos 先生认为,格鲁吉亚 1996 年 8 月之后的行为违反了格鲁吉亚/希腊 BIT 第 2(2)条(公平公正待遇),这种行为本身就违反了该条约规定的待遇标准。

(3) 仲裁庭意见。仲裁庭认为,格鲁吉亚征收 Kardassopoulos 先生的投资行为违反 ECT 第 13(1)条,因此没有必要在格鲁吉亚/希腊 BIT 下处理时效管辖权问题。尽管如此,为了更确定起见,仲裁庭注意到格鲁吉亚/希腊 BIT 于 1996 年 8 月 3 日生效。几个月前,即 1996 年 2 月 20 日,格鲁吉亚政府通过第 178 号法令,剥夺了 GTI 早期的石油权利。因此,仲裁庭显然丧失了审理 Kardassopoulos 先生根据格鲁吉亚/希腊 BIT 提出的征收请求的管辖权。

同时仲裁庭认为,根据时效管辖权,其有权审理 Kardassopoulos 先生根据格鲁吉亚/希腊 BIT 第 2(2)条提出的关于公平公正待遇的单独请求。申请方承认,如仲裁庭在 Kardassopoulos 先生关于征收的请求上做出有利于他的裁决,则无须对该请求进行审理,除了 Kardassopoulos 先生所请求的数额,即他在参与赔偿委员会过程中所承担的 Tramex 费用的份额。

2. 格鲁吉亚/以色列 BIT 下的时效管辖权

(1) 被申请方的观点。被申请方认为,构成 Fuchs 先生公平公正待遇请求基础的投资据称是 1996 年在格鲁吉亚/以色列 BIT 生效之前被征收的,而且此后在 BIT 生效后没有发生过与这些投资有关的违约行为,仲裁庭对这些请求没有管辖权。仲裁庭如果接受 Fuchs 先生关于公平公正的请求,必须确定格鲁吉亚在 1996 年征收了 Fuchs 先生的投资。

(2) 申请方的观点。Fuchs 先生指出,申请方请求所涉的投资是在格鲁吉亚/以色列 BIT 生效之前作出的,尽管所申诉的行为发生在该日期之后。Fuchs 先生指出,无论如何,格鲁吉亚/以色列 BIT 第 12 条规定“本协定的规定应适用于本协定生效之日或之前所作的投资”,将 BIT 下的投资保护扩大到此类投资。

(3) 仲裁庭意见。仲裁庭认为,被申请方对格鲁吉亚/以色列 BIT 方面管辖权的反对涉及以下问题:征收 Fuchs 先生的投资是否也是 Fuchs 先生公平公正待遇请求的依据。事实上,被申请方承认,仲裁庭对 Fuchs 先生的请求具有管辖权,其范围涉及赔偿程序。

根据申请方的书面和口头意见,仲裁庭认为,Fuchs 先生的公平公正待遇请求只涉及赔偿过程,而不涉及对其投资本身的征收。第一个赔偿委员会是根据1997年4月23日第84号命令设立的。格鲁吉亚/以色列BIT大约在两个月前,即1997年2月18日生效。

因此,仲裁庭确信其对Fuchs先生的公平公正待遇的请求拥有时效管辖权。

3. 公平时效的时限

(1) 被申请方的观点。被申请方认为,由于申请方延迟提交请求,即10年的时间,申请方的请求应当受到时效限制。被申请方认为,允许请求继续进行是不公平的,因为拖延已导致重要证据的丢失,严重损害了格鲁吉亚抗辩的能力。

(2) 申请方的观点。申请方敦促仲裁庭基于四个独立的理由直接驳回被申请方的时限论点。

首先,申请方认为,公平和诚信原则,包括非故意行为原则,排除了一个国家利用自己的错误(此处指延迟)逃避管辖权。

其次,申请方认为,在本案中,被申请方自1995年以来一直收到请求通知,并在1997—2004年间声称正在计算应向申请方支付的赔偿额。

再次,申请方认为,被申请方没有因为拖延而处于不利地位,认为存在大量书面记录,仲裁庭可据以对请求作出裁决,其中包括作为物证和应要求出示的数百份文件,以及30多份证人证词。

最后,无论如何,申请方认为,仲裁程序涉及的行为最迟发生到2004年12月为止,在这方面不可能存在任何时效的问题。

(3) 仲裁庭的意见。本案中,申请方坚持请求格鲁吉亚政府赔偿,从1996年起一直到2004年最终被驳回。这些情况与Gentini等案件明显不同,在这些案件中,申请方在30多年后才向委内瑞拉政府提交了以债权为性质的请求。尽管时间已过,但这些仲裁的当事方已制作了数千页的文件材料和30多个事实证人。这些证人中有许多确实相当清楚地回忆起了有关事件,且仲裁庭认为这种方式使其能够充分了解书面证据。

申请方自1996年以来一直不断地请求赔偿其在格鲁吉亚的投资损失。认为格鲁吉亚没有充分注意到这一争端是完全不可信的。

因此,仲裁庭驳回被申请方的公平时效抗辩。

(三) 责任

1. SakNavtobi 和/或 Transneft 的作为/不作为归于格鲁吉亚

(1) 申请方的观点。申请方在仲裁中的主要观点是，被申请方通过某些行政文书，即第 178 号法令和第 33a 号命令，直接违反了相关条约，因此根据国际法，对申请方的损失负有直接责任。申请方以国际法委员会(以下简称“ILC”)《关于国家对国际不法行为的责任的条款草案》(“国家责任条款”)国际法原则，将其行为归于一国规则的依据。

(2) 被申请方的观点。被申请方认为，国家不对 SakNavtobi 和 Transneft 的合同承诺负责，SakNavtobi 和 Transneft 都不对国家的行为即取消 GTI 的权利负责。此外，由于 JVA 第 21 条(政府的承认)被大量删除，被申请方认为，格鲁吉亚政府不同意接受合资企业条款的约束。

(3) 仲裁庭的决定。仲裁庭认为，在所有这些仲裁中，对于 SakNavtobi 或 Transneft 的任何作为或不作为应归属于被申请方，是不存在问题的。仲裁庭在关于管辖权的决定中援引了《国家责任条款》第 7 条，但第 4、5 和 11 条在这里同样适用。

因此，不论是否适用 ILC 的国家责任条款中所规定的归属原则，还是适用仲裁判例中确定某一实体的作为或不作为是否归于国家的标准，仲裁的答案是相同的。一方面是 SakNavtobi 和 Transneft 之间的关系，另一方面是与格鲁吉亚国家之间的关系，它们之间的关系具有国际法规定的所有归属特征。因此仲裁庭认定，为了确定对适用条约的违反，已构成这种违反事实的 SakNavtobi 和/或 Transneft 的任何作为或不作为可归因属被申请方，并据此裁定应归因于被申请方。

2. GTI 公司权利的范围

(1) 被申请方的观点。被申请方采取的观点是：(i) JVA 和《特许权协议》的范围仅限于当时存在的 Gachiani-Supsa 管道，(ii) 对 Gachiani-Supsa 管道的任何权利均属无效且不可执行，(iii) JVA 和特许经营权下的任何剩余权利仅限于回收 Tramex 和 GTI 在开发 Gachiani-Supsa 管道过程中产生的已证实的费用。

(2) 申请方的观点。申请方认为,“石油和天然气设施”这一术语明确无误地将 GTI 的权利扩大到未来的设施。

关于被申请方的第二个观点,即 GTI 的权利是不可执行的,申请方的观点是,相关调查必须确定在征收行为发生时存在哪些权利:如果某合同在征收时有效,那么它可以适当地成为征收请求的主体。

因此,申请方认为,GTI 的权利必须被视为在相关的估价日有效并继续存在。

(3) 仲裁庭的意见。“未来添加的新管道”的提法在整个《特许权契约》中并不一致。其第 6 条规定的对特许权的考虑与对现有管道和延长部分的正常维护是一致的。实际上,本条专门提及现有管道的“延伸”,而不是新的管道。

此外,在 GTI 作出的承诺中,第 7 条规定了最低 100 万美元的投资——GTI 已承认 Transneft 承担了这一义务。换言之,GTI 不需要新的额外投资,就可以在未来的石油和天然气管道中获得所谓的专有权。

仲裁庭根据全部证据认定,申请方拥有格鲁吉亚早期石油管道设施的权利,包括出口权,而且这些权利没有因为被申请方提出的任何合同抗辩而失效。仲裁庭下一步将审议格鲁吉亚政府征收 GTI 公司的权利是否事实上违反了对 Kardassopoulos 先生的条约义务。

3. Kardassopoulos 先生对 GTI 的投资是否被征收了

(1) 申请方的观点。Kardassopoulos 先生认为,他的投资是通过第 178 号法令被非法征收的,该法令取消了 GTI 在 Samgori-Batumi 输油管和相关设施中拥有的专属权利,第 33a 号法令取消了 GTI 对未来输油管的权利,而且他并没有得到补偿。

(2) 被申请方的观点。被申请方的主要反驳理由是,并不存在征收,因为申请方没有可被征收的权利,换句话说,任何征收都是合法的。

(3) 仲裁庭的意见。仲裁庭认为,Kardassopoulos 先生的请求情况是一个典型的直接征收案件,第 178 号法令剥夺了 GTI 在早期石油管道的权利和 Kardassopoulos 先生在其中的利益。仲裁庭还认为,这种剥夺并不是行使国家真正的管制权。

仲裁庭没有必要确定被申请方的观点是否有效,因为其行为也不符合 ECT

第 13(1)条规定的另一项标准，即任何征收都必须按照正当法律程序进行。被申请方承认，该项的不符合无论如何都会使征收非法。

根据上述情况，仲裁庭认为，被申请方根据第 178 号法令征收了 Kardassopoulos 先生的权利，并且由于被申请方未能按照正当法律程序进行征收，因此是非法的。仲裁庭还裁定被申请方违反了 ECT，因为其未能按照 ECT 第 13(1)条的规定及时、充分和有效的支付赔偿。

4. Fuchs 是否受到不公平不公正的待遇

(1) 申请方的观点。Fuchs 先生认为，格鲁吉亚/以色列 BIT 第 2(2)条所载的公平公正待遇标准(以下简称"FET")是一项自主的标准，要求比习惯国际法最低标准的行为水平更高。Fuchs 先生声称，格鲁吉亚在 1997—2004 年间采取的各项措施从总体上看违反了格鲁吉亚对 Fuchs 先生承担的四个要素的 FET 义务。

(2) 被申请方的观点。被申请方提出，FET 是与习惯国际法同义的客观标准，违反的门槛较高，因此在这两种标准等同的情况下，被申请方采取的观点是，必须从国际法的角度理解去确定是否违反这一义务，并从尊重国内监管机构的角度加以理解。被申请方还提出，申请方提出的这项义务的三个要素：保护合法期待、透明度要求和正当程序这些都没有违反。

(3) 仲裁庭的意见。仲裁庭必须根据条约用语在其适当情况下的通常意义，并根据条约的目的和宗旨，按照《维也纳条约法公约》第 31(1)条的规定，善意解释和适用条约。

根据全部证据，仲裁庭毫不犹豫地认定，被申请方未能按照格鲁吉亚/以色列 BIT 第 2(2)条的规定，给予 Fuchs 先生公平公正待遇。

尽管 Fuchs 先生根据格鲁吉亚/以色列 BIT 规定的待遇标准提出了一项请求(而不是其征收规定)，但 JVA 第 12 条和《特许权协议》第 21 条(稳定条款)原则上向两个申请方保证，国家不没收或没收 GTI 的财产和权利，在这种情况下，不仅赔偿投资金额，而且还可能赔偿利润损失。

仲裁庭还认定，考虑到事实和条约内容的重叠，特别是考虑了申请方在赔偿委员会程序中对各自享有公平公正待遇进行请求所需的重要要件之后，被申请方未能按照格鲁吉亚/希腊 BIT 第 2(2)条和 ECT 第 10(1)条的规定给予

Kardassopoulos 先生公平公正待遇。鉴于申请方就双重赔偿提出的意见,本裁定仅针对 Kardassopoulos 先生所坚持的在参加赔偿委员会程序期间他分担的 Tramex 所产生费用的那部分请求。

(四) 因果关系

1. 被申请方的观点

被申请方提出的最低限度主张是,为了获得赔偿,申请方的损失必须是由国家的侵权行为造成的因果关系。在被申请方提交的材料中,申请方没有履行其举证责任。被申请方认为,申请方均未因称违反 FET 标准而受到任何损害。被申请方总结道,申请方只是在没有足够的经验和利润保证的情况下做了高风险的错误投资。

2. 申请方的观点

申请方认为,虽然为了能够收回损失,损失必须是国家的侵权行为造成的,但在本案中,这一问题并不妨碍追回损失。在估价日,被征收的资产没有价值。申请方认为,截至估价日,他们的权利是非常有价值,无论是 JVA 还是《特许权协议》都没有被终止。

3. 仲裁庭的意见

关于因果关系问题,仲裁庭认为,毫无疑问,如果没有被申请方的行为,申请方就不会遭受其权利的损失。申请方在格鲁吉亚投资拥有的所有合同的权利,都随着第 178 号法令消失。格鲁吉亚政府拒绝对申请方承担任何赔偿责任,明显侵犯了他们根据国际法享有的权利。

这里不存在损害的遥远性或可预见性问题——Kardassopoulos 先生所遭受的损失是通过一个直接和可预见的过程产生的,这个过程从通过第 477 号法令成立 GIOC 开始,到通过第 178 号法令取消 GTI 权利以使 GIOC 获利结束。依据国际法,在这之后应该支付赔偿,但事实并非如此。同样,Fuchs 先生因对方违反格鲁吉亚/以色列 BIT 的 FET 条款而遭受的损失,是格鲁吉亚政府在赔偿委员会期间的行为所产生的直接和可预见的后果,并最终在 2004 年拒绝任何救济。

在认定事实之后,仲裁庭现在将处理被申请方应向申请方支付的赔偿:申请方自1995年11月11日起(第477号法令通过之日,即成立GIOC之日)在早期石油管道中拥有有效和存续的权利,包括出口权。这些权利被被申请方于1996年2月20日通过第178号法令获取。被申请方本应根据法律责任赔偿Kardassopoulos先生,但因为未能履行这一责任,给Kardassopoulos先生造成了损失。Fuchs先生受到不公平不公正待遇,最终以对方于2004年12月10日违反格鲁吉亚/以色列BIT而结束。这种待遇也给Fuchs先生造成了损失。

(五) 数额

1. 稳定条款对损害赔偿的影响

(1) 申请方的观点。申请方认为,应按照国际法对征收外国财产普遍适用的比额向他们赔偿。JVA中的稳定条款和《特许权契约》不影响损害赔偿的衡量标准,被申请方应就违反ECT第13(1)条的行为承担赔偿责任。

申请方认为国际习惯法和格鲁吉亚法都应至少支付公平市场价值(以下简称"FMV")来补偿征收。

(2) 被申请方的观点。被申请方持反对意见,认为稳定条款实际上代表了双方就限制征收损害赔偿达成的协议。关于申请方提交的不限制损害赔偿的条款,被申请方指出,在谈判JVA和《特许权协议》时,并不存在ECT。

(3) 仲裁庭的意见。仲裁庭指出,申请方的请求是基于条约的,因此有关赔偿责任和赔偿额的规定包含在条约中,更广泛地说,载于国际法中。虽然JVA或《特许权协议》与支持这些请求的事实矩阵有关,但仲裁庭并未根据JVA或《特许权协议》来考虑双方的合同纠纷。因此,JVA第12条和《特许权协议》第21条并不适用,因为仲裁庭必须在是否违反ECT和BIT法律框架下考虑申请方的赔偿。

因此,仲裁庭认定,稳定条款并没有基于评估申请方权利的目的而"限制"损害赔偿,也没有规定赔偿上限,即超过该上限,申请方就不能合法地期待在发生征收时得到赔偿。

2. 征收补偿的适用标准

(1) 申请方的观点。Kardassopoulos先生提出,他有权就其投资损失获得充分赔偿,即补偿,消除非法行为的所有后果。即使仲裁庭判定所谓的征收是合法的,Kardassopoulos 先生认为,他仍然有权获得"充分、及时、有效"的补偿,补偿额等于征收前投资的现金价值。

(2) 被申请方的观点。被申请方认为,申请方试图不适当地使用习惯国际法,以弥补投机性和不可预见的损害,认为习惯国际法不允许申请方寻求的意外之财。

被申请方认为,证据表明申请方的投资从根本上说是不成功的:他们缺乏必要的经验、专门知识和财政支持,无法将投资转化为有利可图的投资,而且如果他们保留自己的权利,也没有提出任何证据。

(3) 仲裁庭的意见。在某些情况下,对非法征收的充分赔偿将要求在仲裁裁决之日判给损害赔偿。在有证据表明申请方如果没有接受,会保留其投资的情况下,补偿从征收之日到裁决之日之间获得的价值可能是适当的。但是,基于本文所述的理由,这些仲裁的事实并非如此。

仲裁庭认为,计算 Kardassopoulos 先生所受损害的适当赔偿标准是自 1995 年 11 月 10 日起的早期石油权(包括出口权)。虽然这一价值在 178 号法令实施征收之前就已经生效,但仲裁庭认为,根据本案的情况,仲裁庭需要对 Kardassopoulos 先生在 477 号法令通过前一天的投资进行估价,以确保得到充分赔偿,并避免因国家征收行为导致的任何价值减少。实际上,这一赔偿额是 Kardassopoulos 先生本应得到的赔偿额,在接收申请方的投资后,被申请方有义务立即实施赔偿程序。

3. 关于公平公正待遇的赔偿适用标准

(1) 申请方的观点。Fuchs 先生认为,由于格鲁吉亚/以色列 BIT 没有规定对违反 FET 义务的赔偿标准,因此应适用习惯国际法。由此,Fuchs 先生主张,损害赔偿应使投资者恢复到如果被申请方的法律、合同和/或单方面承诺得到履行时可能出现的情况。Fuchs 的立场是,在对 FET 请求的损害进行量化时,仲裁庭必须量化受不公平不公正行为而导致的受保护期待的价值。

(2) 被申请方的观点。申请方认为,适用于 Fuchs 先生的 FET 请求的标准是国际习惯法规定的,即恢复他在没有违反条约的情况下的地位。就 Fuchs 先生对赔偿有任何合理的期望而言,被申请方认为,最多只能期望格鲁吉亚将补偿他们已证明的合理费用。

(3) 仲裁庭的意见。格鲁吉亚/以色列 BIT 未约定对于违反第 2(2)条的赔偿标准。然而,ILC 关于国家责任的条款第 36 条有约定。原则上没有理由区分 Kardassopoulos 先生和 Fuchs 先生之间造成的损害,因为在每一种情况下,他们的投资都是不可挽回和完全丧失的。

仲裁庭认为,对 Fuchs 先生的 FET 请求适用的赔偿标准是他 1995 年 11 月 10 日投资的最小现值,与对 Kardassopoulos 先生的征收请求适用的标准相同。

4. 评估申请方请求的适当方法

(1) 申请方的观点

① 市场/收入方法。申请方的结论是,使用三个当代估值方法以及这些"相辅相成的估值方法"的权重符合传统的估值方法。他们驳回了被申请方的观点,即上述来源不适合评估其投资价值。申请方坚持认为,提供这些交易的证据是为了表明,如果 JVA 和特许权得到遵守,买方将愿意向卖方 GTI 提出的条件,而不是被申请方所指称的企图"站在别人的立场上"。

② 成本算法。申请方认为,被申请方的估价方法是错误的,认为被申请方实际上提出了"错误的问题",并在这样做时得出了错误的答案。被申请方的估价方法将申请方的项目权利定为"零",并只裁决给他们项目费用。

(2) 被申请方的观点

① 市场/收入方法。在考虑对申请方的权利进行估价的最适当方法时,被申请方的观点是,成本法比市场或收入法更受青睐,因为有更可靠的证据可以在此基础上进行估价。

② 成本算法。Lagerberg 先生说,成本法是在这种情况下使用的唯一可行的方法。在评估了 GTI 截至 1995 年 11 月 10 日的资产负债表以及 Nexia 和 Deloitte 的报告之后,Lagerberg 先生得出结论,GTI 的业务运营中花费了 550 万—620 万美元。即使如此,Lagerberg 先生指出,主要由于缺乏会计记录和原始来源文件,他无法得出关于 Tramex 代表 GTI 产生的所有支出的有效性的结论。

(3) 仲裁庭的意见

① 适当的估价方法。仲裁庭认为,申请方根据收入和市场方法对申请方在 GTI 权利中的 50%权益进行估价的方法在本案中是令人信服的。申请方还援

引了若干机构的说法来支持其观点,即一项已完成或经过认真考虑的交易是资产的最佳证据。

仲裁庭还同意申请方的意见,即被申请方的专家,提出了"错误的问题",并得出了"错误的答案"。在这种情况下,根据成本法来评估申请方在GTI中的利益是不合适的,更不用说被申请方所主张的浪费成本法了。因此,被申请方在这方面的观点被驳回。

仲裁庭认为,在本案的情况下,宜参照申请方建议的三个可比数字,在1995年11月10日达到申请方在GTI中50%的权益的赔偿要求,这一价值本应构成赔偿委员会工作的起点。因此,仲裁庭采用了Kaczmarek先生制定的方法。

② 价格调整建议:

(a) 中断。仲裁庭认为Kaczmarek先生假定的中断程度是合理的,因此拟议的调整未通过。

(b) 安全成本。由于没有进一步的证据可以证明安全费用的假设更为准确,仲裁庭认为拟议调整每桶0.01美元是合理的。

(c) 税收。仲裁庭同意,除暴利税外,这些调整在现金流量分析有此需要的情况下可能是适当的。在被申请方维持其关于调整暴利税的立场的情况下,仲裁庭驳回了这一立场。

仲裁庭认为,愿意购买GTI的买家对税收待遇的期望肯定与他们准备为其权利支付的价格有关。即使在关键时刻没有适用申请方投资的最惠国条款,作为一个法律问题,AIOC的税务处理也是GTI估值的一个相关因素。这倾向于支持这样一种观点,即不应从估值数字中扣除税款,因为不会支付任何税款。因此,仲裁庭驳回了拟议的税收调整。

(d) 折现率。仲裁庭确信,GTI没有面临重大国家风险,因此有理由对两种估值适用23%的风险溢价。令仲裁庭满意的是,Kaczmarek先生的方法充分考虑到截至估值日的每一估值情景所涉及的风险。因此,Lagerberg先生关于调整折现率的建议被驳回。

(e) 项目风险溢价。仲裁庭审议了这些意见,并决定根据它所收到的证据,将适当的风险水平纳入估价方案,不需要作进一步的调整。

5. 申请方应得的赔偿金额

(1) 申请方的观点。1995 年估值。如果仲裁庭认定,由于该地区地缘政治力量较大,GTI 将被要求放弃自己的权利,那么申请方承认,GTI 可能被要求在 1995 年 11 月出售其早期的石油权利。这将产生价值 1 510 万美元,不包括利息,为 25%的 GTI 的早期石油权利。

反映格鲁吉亚非法行为的利益:如果仲裁庭得出结论认为,GTI 必须在 1995 年年底处置其早期石油权利。申请方认为,"然而,要考虑到格鲁吉亚的非法行为,消除格鲁吉亚通过征收和随后拒绝赔偿而获得的免费贷款的后果"。他们认为,这可以通过给予相应的利率来实现。

(2) 被申请方的观点。被申请方认为,在本案中,只裁决给相当于已支付成本的一笔款项是恰当的,因为 JVA 和《特许权协议》中载有明确的合同限制,而且因为这是根据这些案件的事实衡量损害赔偿的唯一可靠尺度。已支付费用将为每个申请方带来 310 万美元的赔偿。

另外,如果仲裁庭依赖市场交易,被申请方则主张仲裁庭应只考虑 Brown&Root 的报价。当根据"适当的估值办法"进行这项分析时,被申请方声称估值限于 4 974 177 美元。

(3) 仲裁庭的意见。通过使用上述三种可比较的方法,经过适当的加权和调整,仲裁庭认为,Kardassopoulos 先生有权获得数额为 1 510 万美元的损害赔偿,这反映了他在 GTI 早期石油权利中所享有的 1/4 的权益。这是仲裁庭对根据第 178 号法令作出决定后设立的赔偿委员会应依据的数额所作的估计,因此,它是评估申请方因被申请方未履行国际法规定的支付赔偿责任而遭受损失的起点。

在本案件中裁定对申请方各自的请求要求适用同一赔偿标准后,仲裁庭还认定,Fuchs 先生有权获得数额为 1 510 万美元的损害赔偿。

仲裁庭同意被申请方的意见,即关于这一笔"贷款"的指控不够清楚,也没有书面证据支持,因此驳回了 Kardassopoulos 先生的请求。

仲裁庭还驳回了申请方提出的要求偿还 Tramex 与执行赔偿委员会程序有关的费用的请求,共计 275 803 美元。在没有任何相反证据的情况下,仲裁庭不认为这些费用本来是可以从赔偿委员会收回的。换言之,申请方不可能有合理的期望收回这些费用。

(六) 利息

1. 裁决前利息

(1) 申请方的观点。申请方的立场是,利息必须上升且最低是按伦敦银行同业拆借利率,即格鲁吉亚/意大利 BIT 规定的利率。申请方要求提高利率,声称格鲁吉亚实际上从他们那里得到了一笔免费贷款。申请方还提出,为了充分补偿他们,复利是必要的,而且这已成为国际法中一项公认的原则。

(2) 被申请方的观点。被申请方认为,申请方要求的高于无风险利率的风险溢价是不合适的,理由是 3 年期美国政府债券的基准收益率是更合适的利率。针对申请方提出的在发现非法征收的情况下提高利率的要求,被申请方认为,惩罚国家不是仲裁庭的职责,并且过高的利率会给裁决增加惩罚性因素,使裁决无法执行。

被申请方还认为,与复利相对应的是,裁定单利将更适合于赔偿申请方。被申请方提出,根据 ILC《国家责任条款》第 38(2)条,国家利益义务从应支付本金之日起算,在征收的情况下,这通常被解释为征收的日期。

(3) 仲裁庭的意见。仲裁庭每半年将《华尔街日报》公布的 6 个月期伦敦银行同业拆借利率(LIBOR)加 4%,从 1996 年 2 月 20 日起至 1996 年 7 月 1 日开始至本裁决之日(即 2010 年 2 月 28 日)每 6 个月期开始时有效的 6 个月伦敦银行同业拆借利率调整为目前的 6 个月伦敦银行同业拆借利率,使 Kardassopoulos 先生和 Fuchs 先生各获得裁决前利息总额 30 024 736.83 美元。

2. 裁决后利息

(1) 申请方的观点。申请方还要求在支付任何损害赔偿金之日支付裁决后的利息,提出在此期间应适用格鲁吉亚主权债务比率。申请方承认,虽然利息是"补偿性的,而不是惩罚性的",但申请方被扣留了 13 年的赔偿金,且格鲁吉亚尚未向 ICSID 支付赔偿金。

(2) 被申请方的观点。被申请方认为,裁决按格鲁吉亚主权债务比率支付裁定后的所有损害赔偿利息是不公平的,并将导致裁定的利息大大超过请求人实际投资的价值。因此,在被申请方提交的材料中,仲裁庭不应在裁决后给予任何利息，或者，在另一种情况下，应按照3年期美国政府债券的基准收益率授予利息。

(3) 仲裁庭的意见。仲裁庭决定，判给每个申请方的金额应按本裁决书签发之日的伦敦银行同业拆借利率加4%计算利息，由《华尔街日报》公布的美元存款6个月定期伦敦银行同业拆息，每半年一次，加上4%，并将该利率每半年调整为现时每年1月1日和7月1日的6个月伦敦银行同业拆息，直至该裁决获全数履行为止。

(七) 费用

(1) 申请方的观点。申请方请求判给他们的费用包括法律代表费、专家费和有关付款的费用，以及他们在已经支付或应支付给ICSID的所有仲裁费用中所占的份额。

(2) 被申请方的观点。被申请方请求判给他与这些仲裁有关的费用，包括格鲁吉亚的法律费用、专家费和其他费用，以及格鲁吉亚在仲裁庭的费用和开支中所占的份额。被申请方声称，申请方的法律费用过高，而且申请方的费用部分是由第三方投资者承担，这些费用是否可以适当补偿值得怀疑。

(3) 仲裁庭的意见。仲裁庭认定，与费用裁定有关的事实是，被申请方没有试图履行其在所涉双边投资条约下的义务，而且始终对申请方的合同权利和财务权利无动于衷。仲裁庭注意到，被申请方为支持其关于费用的呈件而提出的这些因素中，有一个事实是，申请方与第三方就这些财务安排问题达成了协议。仲裁庭指出，虽然不能直接适用，格鲁吉亚/希腊BIT和格鲁吉亚/以色列BIT都提供各自的争端解决条款，缔约方不得在仲裁的任何阶段提出异议，投资者已收到补偿或赔偿在保险合同的全部或部分的损害(格鲁吉亚/希腊BIT第9(5)条和格鲁吉亚/以色列BIT第8(3)条)。很难理解为什么在这种情况下，就申请方得到充分的赔偿的目的而对第三方财务安排与保险合同给予任何不同的待遇。

仲裁庭认为，本案中，向申请方裁定仲裁费用是适当和公平的，包括法律费用、专家费用、管理费用和仲裁庭费用。仲裁庭认为，申请方评估的费用总额是合理的，即6 235 429美元，以及已评估的付款总额，即1 706 868美元。

三、仲裁裁决

基于上述理由,仲裁庭裁定如下:

(1) 仲裁庭支持被申请方根据格鲁吉亚/希腊 BIT,就仲裁庭关于 Kardassopoulos 先生征收请求就仲裁庭的时效管辖权提出的异议。

(2) 仲裁庭驳回被申请方根据格鲁吉亚/以色列 BIT,就仲裁庭关于 Fuchs 先生提出的公平公正待遇请求的时效管辖权提出的异议。

(3) 仲裁庭以公平时效为由,驳回被申请方对申请方请求的异议。

(4) 被申请方违反 ECT 第 13(1)条的规定,非法征收 Kardassopoulos 先生的投资,并且未能因非法征收投资向他支付相应的赔偿金。

(5) 被申请方违反了格鲁吉亚/以色列 BIT 第 2(2)条所规定的适用于 Fuchs 先生的投资公平公正待遇标准,并且未能因非法征收投资向他支付相应的赔偿金。

(6) 被申请方有责任向 Kardassopoulos 先生和 Fuchs 先生各赔偿因违反 ECT 和格鲁吉亚/以色列 BIT 而造成的损失 1 510 万美元。

(7) 被申请方应就 1996 年 2 月 20 日—2010 年 2 月 28 日期间的赔偿金各向 Kardassopoulos 先生和 Fuchs 先生支付 30 024 736. 83 美元的复利,总共各向 Kardassopoulos 先生和 Fuchs 先生支付 45 124 736. 83 美元。

(8) 被申请方应自本裁决书签发之日起半年内按签发当日伦敦银行同业拆放利率加上 4%向 Kardassopoulos 先生和 Fuchs 先生支付上述本金的利息,并自裁决书签发之日起每半年按《华尔街日报》公布的美元存款 6 月期伦敦银行同业拆放利率加上 4%复利一次。这种利率每半年重新设定为现行的 6 月期伦敦银行同业拆放利率,自每年 1 月 1 日和 7 月 1 日起生效,直至裁决得到全额偿付为止。

(9) 被申请方有责任向申请方支付仲裁程序的费用,总额为 7 942 297 美元,按照上文所述各申请方分担的费用和支付额进行分配,专家费用和仲裁预付款费用由申请方平均分配。

(10) 被申请方应全额承担这些仲裁程序的所有费用,不得向任何一个申请方追索。

(11) 被申请方应立即分别向 Kardassopoulos 先生和 Fuchs 先生支付其根据本裁定中应支付的所有款项。

(12) 除上述情况外，申请方和被申请方在这些仲裁程序中提出的所有其他请求均予以驳回。

周可钰译　郭爽、张正怡校

Hrvatska Elektroprivreda D. D. v. 斯洛文尼亚

国际投资争端解决中心裁决

案号：ICSID Case No. ARB/05/24

裁决时间：2015 年 12 月 17 日

申 请 方：Hrvatska Elektroprivreda D. D.（"HEP"）是克罗地亚国家电力公司，从 1994 年至今，克罗地亚政府拥有 HEP 的全部股份

律　　师：Josip Lebegner（HEP 首席代表），Messrs Robert W. Hawkins，Stephen M. Sayers，Leo Andreis，Julie M. Peters

被申请方：斯洛文尼亚共和国

律　　师：Messrs Mark Levy，James Freeman，Rishab Gupta，Katrina Limond

仲 裁 庭：Charles N. Brower 仲裁员，Jan Paulsson 仲裁员，David A. R. Williams 主席

一、案件事实

当事双方的争端涉及 Krško 核电站的所有权和经营权。Krško 核电站地处斯洛文尼亚东南部 Krško 镇的外部，位于克罗地亚和斯洛文尼亚边界以西约 15 公里处。

Krško 核电站于 19 世纪 70 年代设计建造，所用的资金由斯洛文尼亚社会主义共和国和克罗地亚社会主义共和国的国家电力行业提供，这两个国家当时都还是前南斯拉夫的一部分。它是两国重要的国家电力资源。

Krško 核电站的融资、建设、运营、管理和使用是由克罗地亚和斯洛文尼亚政府于 1970—1984 年间的四项协议(以下简称《管理协定》)所调节的。《管理协定》的基础是这样一项原则,即共同投资者在与电站有关的所有方面应是平等的伙伴。这一原则后来被称为“同等原则”。

斯洛文尼亚和克罗地亚于 1991 年分别宣布独立。在接下来的几年里斯洛文尼亚政府采取了一系列措施,在 HEP 看来,这些措施与同等原则和《管理协定》的基本条款不一致。1998 年 7 月 30 日,斯洛文尼亚切断了 Krško 核电站连接到克罗地亚的电线,终止了对 HEP 的所有电力供应,并发布了一份政府“法令”。HEP 声称这影响了它作为核电站 50%所有者和管理者的权利。

斯洛文尼亚取代 HEP 成为 Krško 核电站 50%股权所有者后,两国政府进入谈判程序,旨在恢复 HEP 的权利。2001 年年中,克罗地亚副总理 Goran Granic 博士提出的解决方案最终打破了僵局。Goran Granic 博士建议,与其继续就过去的财政分歧进行辩论,各方应该从本质上在一个未来商定的日期将分歧“一笔勾销”。Granic 博士的解决办法得到了正式认可。双方同意在 2002 年 6 月 30 日恢复对 HEP 的供电,以及在约定日期到来之前放弃所有索赔。这些协定载于《克罗地亚共和国政府和斯洛文尼亚共和国政府关于 Krško 核电站的投资、使用和拆除的管理地位和其他法律关系》(以下简称“《2001 年协议》”)。

HEP 主张,斯洛文尼亚没有恢复 HEP 作为 Krško 核电站的 50%所有者的权利,也没有根据《2001 年协议》,从 2002 年 6 月 30 日恢复电站对 HEP 的供电。直到 2003 年 2 月下旬,斯洛文尼亚没有批准《2001 年协议》,同时直到 2003 年 4 月 19 日也没有恢复 Krško 核电站对 HEP 的电力输送。

在提起这些请求时,HEP 要求赔偿其所称的由于斯洛文尼亚未能在 2002 年 6 月 30 日前恢复供电而遭受的经济损失。

HEP 为其主张提出了两个独立的法律依据。首先,声称斯洛文尼亚在 1998 年 7 月 30 日对 HEP 停止供电行为,连同其所公布的移除 HEP 作为 Krško 核电站的 50%所有者的权利的法令,违反了根据《能源宪章条约》(以下简称“ECT”)第 10(1)条和第 13 条下 HEP 作为投资者的权利。HEP 主张,这些违规行为一直持续到 2003 年 4 月 19 日 Krško 核电站恢复向 HEP 供电为止。HEP 认为,对《2001 年协议》的适当解释表明,尽管它同意放弃其到 2002 年 6 月

30 日为止的 ECT 权利,但它没有放弃那些在 2002 年 7 月 1 日—2003 年 4 月 19 日期间产生的 ECT 权利主张。其次,HEP 声称斯洛文尼亚违反了根据《2001 年协议》的义务,于 2002 年 6 月 30 日才恢复 Krško 核电站对 HEP 的供电。

二、法律分析

本案待解决的问题如下:

(1) 2002 年报价是否符合斯洛文尼亚的义务,HEP 是否应该接受这些报价以减轻其损失。

(2) HEP 是否有将任何额外费用转嫁给消费者,而因此不会蒙受任何损失。

(3) 如果(1)和(2)的回答为否定的,HEP 会遭受什么损失(如果有损失的话)。

(4) 在实际情况中,HEP 是否收到在反事实情况中无法获得的利益,而在其总体损失的计算中却需要考虑这些利益。

(5) 如何计算所支付补偿的利息。

(6) 仲裁庭是否有权重新裁决申请方的 ECT 请求,如果有,是否应该重新裁决。

(7) 费用。

(一) 2002 年报价是否符合斯洛文尼亚应负义务问题

仲裁庭认为,本案必须处理的第一个基本问题是被申请方于 2002 年 6 月和 11 月向申请方提出的,以出售电力代替《2001 年协议》本应供应的电力的提议的影响。2002 年报价有两个问题。第一,被申请方辩称,在提出这些报价时,它基本上履行了《2001 年协议》规定的供电义务,因此不应对拒绝报价和采购所产生的任何 HEP 所受损失负责。第二个问题是,申请方是否有义务接受 2002 年的报价,以减轻所蒙受的任何损失。

仲裁庭分析如下:双方就 2002 年报价提交的初步意见、Jones 先生对报价内容的分析以及各方对 Jones 先生的答复。之后,仲裁庭就上述两个问题得出了结论：

2002 年报价包括斯洛文尼亚于 2002 年 6 月和 11 月向 HEP 提供电力，以代替根据尚未批准的《2001 年协议》供应的电力。提供这些报价会产生两个问题：① 尽管提出这些提议，被申请方是否仍然违反《2001 年协议》；② 申请方是否有义务通过接受被申请方的一项或两项报价来减轻损失。

在处理第一个问题时，仲裁庭回顾了 Jones 先生的结论，即 2002 年报价在几个方面与《2001 年协议》中商定的协议有重大差异。在 2015 年 3 月的听证会上，Jones 先生重申了他对报价的结论，确认在被申请方提出意见后，他并没有被说服改变观点。仲裁庭认为 Jones 先生的分析令人信服，并接受他的结论，尽管斯洛文尼亚提出反对。因此，仲裁庭的结论是，由于要约与《2001 年协议》之间存在重大差异，斯洛文尼亚在提出 2002 年要约时没有履行《2001 年协议》规定的义务，因此，斯洛文尼亚仍对 2002 年要约和《2001 年协定》遭受的任何损失负责。

仲裁庭还接受 HEP 的说法，即 HEP 拒绝报价是合理的，因为报价条款与《2001 年协议》条款之间存在重大差异，根据该协议，HEP 本应获得电力。

关于第二个问题，即减轻损失问题，仲裁庭认为，本案适用的国际法一般原则要求无过错当事方在努力减轻其损失时采取合理行动。

因此，问题是 HEP 在拒绝报价时是否采取了合理的行动，转而在其他地方采购替代电力。下文将对此进一步讨论。仲裁庭认为，HEP 在决定中的行为合理，因此仲裁庭不会再次考虑这些决定。

除了一般意见，即 HEP 在发送决定时采取了合理行动外，仲裁庭还接受 HEP 的观点，即其他非财务事项影响了其拒绝 2002 年报价的决定。这些问题包括担心接受报价可能妨碍批准《2001 年协议》，以及担心从投资者身份变为买方。此外，由于 2002 年 11 月要约将要求 HEP 与 NEK 签署为期 12 个月的“销售合同”，即使《2001 年协议》获得批准，该合同仍然有效，因此，HEP 遭受的任何损失可能更大。这些系数共同导致仲裁庭发现，HEP 有不接受 2002 年的报价的理由，因为它有责任减轻损失。

总之，仲裁庭承认《2001 年协议》和 2002 年报价之间存在重大差异，因此认为，报价不符合斯洛文尼亚根据《2001 年协议》承担的义务。仲裁庭还认定，根据国际法,HEP不必接受2002年报价,以减轻其损失。

(二) HEP是否将任何额外费用转嫁给消费者,而因此不会蒙受损失

在2014年2月的报告中,Jones先生首次引入了补偿分析的新元素,被称为"转移抗辩"(pass-on defence),即HEP将其所受到的损失通过电力价格上涨转嫁给消费者,使其不受任何损失。如果该辩护被接受,将意味着HEP没有遭受任何损失,因此不应获得任何补偿。这是仲裁庭将处理的第二个问题。仲裁庭承认其有权而且确实有义务考虑"转移抗辩",对于这个问题的审查结论如下:

仲裁庭认为,如Jones先生根据自身经验所述,像HEP这样的实体可能通过价格调整从消费者身上收回任何增加的成本,从而收回任何因Krško核电站不再为其供电而造成的损失。正如Jones先生所解释的:"我得出结论,HEP作为法律实体遭受的任何损害可能比HEP遭受的任何净增加的成本都少一个数量级,而且很可能基本上为零。克罗地亚的电力消费者可能承担了任何额外的费用。"

换言之,如果主张成立,"转移抗辩"将意味着申请方没有遭受损失,因此无法赔偿任何损失。

被申请方没有提出过"转移抗辩"。然而,仲裁庭在2014年10月27日的裁决中决定,它将考虑Jones先生的转移抗辩理论。在Jones先生的报告之后,各方有机会就这个问题的案情提出意见。

申请方在评论Jones先生的报告时,提出了一系列意见,抨击Jones先生关于转移抗辩的结论。申请方将转移抗辩定性为经济学理论而没有足够的实践价值。

相比之下,斯洛文尼亚则辩称,有充分证据支持Jones的说法,包括HEP承认签订《2001年协议》可能会降低价格。换句话说,HEP承认其价格可能对其供应成本作出反应。斯洛文尼亚还认为,"转移抗辩"符合国际法的基本原则。也就是说,一方当事人只能就已损失的部分获得赔偿,因此,如果其损失已转嫁到消费者身上,则一方当事人不能获得赔偿。

仲裁庭首先陈述对转移抗辩的分类。其实质很简单,即HEP不会蒙受损失,因为电价的任何上涨都是由HEP的消费者承担的。因此,在现实中,将转移

抗辩视为纯粹的理论概念是不正确的，因为它概括了一个具体的前提。

因此，仲裁庭认为，申请方转移抗辩的观点根据国际法从未适用过是不合适的。正确的做法是被申请方的做法，即在国际法赔偿框架内考虑辩护。虽然下文更充分地讨论了这些赔偿概念，但可以看到，申请方只能从赔偿中得到其实际遭受的损失。损害赔偿的目的是对受损失方进行赔偿，而不是对行为人进行惩罚。因此，转移抗辩提出了一个基本事实问题：申请方是否因为通过增加收入弥补了成本的增加而没有遭受损失？

仲裁庭现在处理这一辩护所依据的事实。首先，必须强调，Jones 先生并没有暗示 HEP 确实将任何增加的成本转嫁给克罗地亚消费者。他仅提出这是一种基于他对自由化前市场垄断公用事业的经验和知识的可能性。因此他并没有指出任何具体的证据来支持这项建议，尽管他确实询问 HEP 是否确实提高了价格。对此，HEP 回应说：斯洛文尼亚未向 HEP 交付 Krško 核电站 50%的电量，这并没有导致 HEP 对客户收取的价格增加。相反，斯洛文尼亚的行为导致 HEP 成本增加，这反过来又导致利润损失。如果斯洛文尼亚将 Krško 核电站 50%的发电量交付给 HEP，则 HEP 可能会根据这些成本降低来降低其价格。这些价格下降本来可以产生需求增加的效果，而这种需求增加可能导致 HEP 的利润增加。

HEP 和斯洛文尼亚都推断出存在支持各自案件的证据，也许因此反而暴露了其缺乏证据。HEP 表示未交付电力不会导致向 HEP 客户收取的价格本身增加。斯洛文尼亚认为，如果电力供应充足，“HEP 可能会根据这些降低的成本降低其价格”这一点就足够了。

仲裁庭认为，要处理的最重要问题是当事方之间的举证责任。斯洛文尼亚提出证明其损失是 HEP 的责任。HEP 反驳说，斯洛文尼亚提出了积极反驳，因此承担了证明 HEP 没有遭受损失的负担，因为它能够在其他地方收回其费用。

证明费用已经转嫁到消费者身上的责任在于主张这一事实的当事方。因此，在这种情况下，如果被申请方希望仲裁庭接受指控，则有责任证明这一指控。被申请方可能依靠 Jones 先生引用的任何直接证据或提出自己的证据来证明这一指控。仲裁庭指出，申请方没有责任反驳在没有证据的情况下提出的这方面的指控。

如上所述,Jones 先生已明确承认,在提出这个问题时,他依赖于垄断公用事业的经验,而不是对 HEP 在本案中定价的任何直接了解。在 2015 年 3 月的听证会上,他同样承认,他关于申请方可能将费用转给消费者的建议是基于他“对大量受监管公用事业的一般了解”。Jones 先生说,他不知道申请方是否在这一特定情况下实际转给了费用。被申请方没有就此问题提供任何其他证据。

因此,任何一方或 Jones 先生均未提出任何证据,如果没有证据,仲裁庭无法断定本案没有发生任何损失。因此,仲裁庭认为,转移抗辩没有得到证实,仲裁庭不接受这种辩护。

(三) 关于 HEP 的损失计算问题

在审议并驳回了这两个基本问题之后,仲裁庭现在转而计算 HEP 因斯洛文尼亚违反《2001 年协议》而遭受的损失。仲裁庭对 Jones 先生的报告和各方的意见进行总结,然后仲裁庭应提出其结论。

下文讨论的主要问题是:

(1) 计算损失的适当方法。

(2) 计算 y 系数:“反事实”(即 HEP 若获得 Krško 核电站供电)中的电费。

(3) 计算 x 系数:“实际”情景中的电费。

(4) HEP 是否在应从应判给的损害赔偿额中扣除的事实获得的利益。

在详细审查了当事各方和 Jones 先生提出的证据和观点后,仲裁庭就如何计算损害赔偿(如有)得出以下结论。双方都使用相同的基本计算方法“X - Y”。在这个方程中,“X”数字代表了实际情况:用 HEP 替换原本从 Krško 核电厂获得的电所产生的成本。“Y”数字代表了反事实情景:如果 HEP 收到 KrškoNPP 发电量的 50%,它将产生的成本。

1. Y 系数的计算

仲裁庭认为,Jones 先生计算了根据《2001 年协议》本应供应的电力(即“Y”系数)的 HEP 成本为 55 647 000.39 欧元。

双方最初都接受了 Jones 先生对 Y 系数的计算,但在 2015 年 3 月的听证会上,申请方澄清说,它倾向于 Navigant 计算的 Y 系数 57 690 000 欧元。虽然

57 690 000 欧元的较高数字对它不太有利(因为 Y 系数越高,一旦从 X 中扣除 Y,总损失数字就会降低)。

在 2014 年 2 月的报告中,Jones 解释了他的方法与 Navigant 的计算之间的差异。仲裁庭同意 Jones 先生评估在反事实情况下折旧费用的方法。也就是说,Jones 先生是正确的。且仲裁庭认为,Jones 先生的做法,即根据所谓的“计量期”或“相关期间”(2002 年 7 月 1 日—2003 年 4 月 18 日)投资的实际支出评估折旧是可以被接受的。

仲裁庭接受 Jones 先生的结论。各方没有提出任何令人信服的其他理由。特别是申请方在 2015 年 3 月的听证会上澄清说,它更倾向于 Navigant 对 Y 系数的计算,而不是 Jones 先生的计算,但没有具体说明它与 Jones 先生的计算或方法之间的任何特定问题。申请方在听证会上或提交材料时没有对 Jones 先生提出质疑。

因此,仲裁庭接受 Jones 先生的计算,并认定,在反事实情况下,Kráko 核电站对 HEP 的费用为 55 647 000 欧元。这个数字在损失计算中作为 Y 系数。

2. X 系数的计算

双方在 X 系数的计算方式上有很大分歧,X 系数是 HEP 在取代《2001 年协议》本应供应的 Kráko 电力时所支付的费用。仲裁庭实际上提出了两种相互竞争的模式,下文将对此作出解释。但即使在这些模型中,某些投入的价值仍然存在实质性问题。

申请方采用了所谓的“重置费用”办法,根据这种方法,申请方称,X 的估价应为 87 160 000 欧元。相比之下,被申请方采用了所谓的“市场价值”模型,将 X 估值计算为 62 840 000 欧元。

仲裁庭首先回顾了国际法中补偿的一些基本原则。HEP 认为,重置费用是一种可以引用 Chorzáw 工厂的决定的方法,该决定反映在《国家责任条款》中。根据上述原则,计算 X 系数的首选方法是重置费用办法。第 31 条和 Chorzöw 工厂决定所要求的重点是受害方遭受的损失。在本案中即是 HEP 所遭受的损失。本案中,重置费用办法最容易达到国际法的要求,因为它使仲裁庭能够分析事实状况,以确定 HEP 实际采取了什么措施来取代它本来会从 Kráko 核电站收到的电力,并确定其行为是否合理。一旦仲裁庭确定 HEP 实际做了什么,它将能够更好地计算 X 系数,并最终确定 HEP 是否确实遭受了任何损失。

在了解了各方对此事的立场之后,仲裁庭将分两步处理 X 系数:首先解决 HEP 实际上如何取代来自 Krško 核电站的电力,然后解决评估替代电力来源间具体细微的差别。

仲裁庭指出,虽然很难将替代 Kráko 电力的决定和由于其他系数而作出的决定分开来看,但这并不意味着无法确定 X 系数。在 Jones 先生的协助下,仲裁庭得以根据它面前的证据作出明智和合理的决定。

仲裁庭认为,Žodan 先生最有能力描述当时作出的实际决定。Žodan 先生认为:"Kráko 工厂中断向 HEP 提供电力,使 HEP 失去了一个重要的电力来源。这使其电力调度更加困难,电力供应也更加昂贵。这种情况要求我们使用更昂贵的能源来取代能源需求,以满足 HEP 的需求。在 2002 年 7 月 1 日—2003 年 4 月 19 日间,我们尝试如 HEP 一贯一样,购买尽可能便宜的进口电力。在此期间,HEP 的大部分进口合同是短期安排,只涵盖 1—3 个月,因为 HEP 不知道何时会恢复从 Kráko 收取电力。这种进口电力通常比 HEP 替代热电厂的生产便宜。由于我们无法进口足够的能源来完全取代 HEP 在 Kráko 生产中的份额,我们只能使用昂贵的电力来替换本应从 Kráko 获得的大部分电力。"

Žodan 先生在他的补充证人陈述中进一步解释说,Sisak 和 Rijeka 的核电站与 HEP 较新的核电站相比设备老旧,效率较低,因此最后所供应的电力也无法满足需求。在需求减少或成本较低的电力来源(如 Krško 核电站)可用时,其会率先停止供电。

根据 Žodan 先生的证据,仲裁庭承认,HEP 实际上确实使用进口和核电站提供电力的组合,以取代从 Krško 核电站收到的电力。

仲裁庭认为,HEP 根据供应安全问题采取了合理的行动,并非完全依赖进口来替代能源。仲裁庭裁定,HEP 有效选择不进口其所有替代电力,这避免了在逻辑上更早地考虑克罗地亚边界是否因为更多进口而出现阻塞的问题。

仲裁庭认为,真正的问题是是否存在证明 HEP 有理由接受一些进口电力作为 Kráko 所提供电力的替代品。Levy 先生在 2015 年听证会上的最后陈述中接受了这一点:"人们承认,供应安全是正当的。但是,这并不意味着一旦这是正确的,可以采取任何行为。"仲裁庭同意,仅靠 HEP 必须注意供应安全一点并不能合理化 HEP 的所有行动。然而仲裁庭还认为，鉴于供应问题的合法安全，特别是鉴于 Krško 核电站中断供应的历史以及电力市场当时面临的普遍不确定性，HEP 确实应当采取合理行动。

鉴于当时欧洲能源市场的情况，HEP 在进口能源以取代 Krško 核电站能源方面非常谨慎，这是可以理解的。仲裁庭承认，这些事件是能源市场人士所关心的，与 HEP 关于替代能源的决定同时发生，并可能影响这些决定。

被申请方专家认为，HEP 应利用进口作为替代，并通过"具有一系列不同的合同期和一系列不同类型的电力概况，以及一系列交易对手"来降低风险。仲裁庭认为，HEP 实际上做出的决定并没有不合理。这是一个可用的选择。显然，正如 Jones 先生所说，HEP 有多种选择，而 HEP 对另一种行动方针采取一种行动，并不能为当事方、专家或仲裁庭打开以便事后质疑 HEP 当时的决定的大门。因为如果没有证据，这些质疑就是不合理的。正如 Levy 先生所承认的，HEP 所做的和应该做的之间没有"细微的区别"。

此外，仲裁庭还认为，被申请方所提出的关于 HEP 应该引进更多电力的意见，完全忽略了构成这一决定的巨大复杂性。正如投标过程所表明的，一些交易对手对其提供这种电力的能力缺乏信心。正如 Jones 先生指出的："他们无法提供确保通过匈牙利或通过奥地利边界的能力。"此外，在 1998 年 Krško 核电站突然停止电力供应，2002 年未能恢复后，仲裁庭理解 HEP 自己的内部生产来源的依赖的控制必须一直存在。

在这样的情况下，HEP 决定以核电站和进口相结合的方式取代 Kráko 电力。出于上述所有原因，仲裁庭认为，HEP 在作出这些决定时，出于合理和真正的供应安全考虑，采取了合理的行动。这一结论使得被申请方没有必要解决对申请方进口电力能力的其他考虑。因为即使有足够的电能，申请方在选择使用进口和核电站的组合时也采取了合理的行动，虽然 TTP 的成本确实比进口要贵。这并不意味着仲裁庭本身接受申请方用核电站生产取代 2/3 的 Kráko 电力。这是仲裁庭下文将审议的事实问题。

最后，仲裁庭注意到，没有迹象表明，HEP 试图通过故意作出增加其损失的决定来加剧损害。仲裁庭指出，没有证据表明 1998 年 HEP 在审理这一争端时意识到这一争端，并提高了仲裁的追偿率。因此，仲裁庭的结论是，除非符合公司的最佳利益,否则申请方不会使用核电站。申请方说,它在2002—2003年的运作方式与2000—2001年相同,这意味着2002—2003年间的"非理性"调查结果将损害整个期间。

申请人的律师对Jones先生在回答仲裁庭关于Jones先生认为核电站/进口使用的实际混合情况的问题时所作的评论表示关注,这是可以理解的。

Jones先生说:"我并不是在指责任何特定的人有欺骗行为,但我认为提供的证据之间并没有相互印证,即所有的重置成本,热电计划的特殊组合和进口生成无法给出一个合理的解释,除非他们的行为不合理,且成本没有最小化。因此,他们要么行为不合理,没有最小化成本,要么实际上某些其他事情促使他们使用工厂。"

仲裁庭认为,正确的方法是首先确定有多少Kráko电力被进口电力所取代。任何没有被进口取代的电力都会被核电站所取代,这与经济调度一致,当NEK恢复供应时,核电站将首先退出供电,然后是进口。

出于这些原因,仲裁庭倾向于采用Jones先生采用的方法。Jones先生将"HEP声明的进口合同因未交付电力而签订的"归因于Kráko电力的第一个替代来源。Jones先生规定,他考虑的进口合同占更换合同的1 422 GWh,相当于Krško核电站提供的61.3%。剩下的28.7%被最后一个调度的电源所取代。Jones先生认为,剩余的电力将由Sisak和Rijeka核电站增加的发电量来弥补。

仲裁庭认为,Jones先生全面和合理地处理了替代进口物的确定问题,并接受他的结论,即1 422千瓦时的进口电力用于取代Kráko核电站电力,其余来自其他核电站。

仲裁庭在分析所有证据后认为,没有理由断定HEP的燃料合同与Jones先生的建议以及Styles先生Petrov博士的建议对其决定有任何重大影响。这种影响的想法充其量只是推测性的。如果没有确凿的证据,仲裁庭无法接受"接受或支付"条款对核电站作为替代能源的运作有任何明显的影响。

关于输电支持问题,仲裁庭接受申请方的证据,即Sisak和Rijeka核电站没有为传输支助而支付对价。

仲裁庭倾向于Jones先生的平衡观点,即无法得出明确的结论。在一个复杂的国家系统中，各种系数在任何时候都在起作用，因此，依靠基于相关性的佐证证据是十分困难的。正如人们常说的那样，相关性不是因果关系，在复杂的国家电力供应商中尤其如此。

仲裁庭注意到，HEP 证明，一旦测量期结束，Sisak 和 Rijeka 有时处于无法供电状态，同时 Krško 核电站处于无法供电状态。虽然这三个单位可能集体处于无法供电状态这一事实本身是不够的，但这一事实支持了仲裁庭的结论，即这些核电站不需要提供传输支持，因为 Jones 先生确实在 2015 年的听证会上承认这一点。

由于上述所有原因，仲裁庭的结论是，没有任何制度理由阻止核电站按优先顺序运行，重要的是，核电站没有必要提供流转储备。由于最后一项裁决，仲裁庭接受了 Jones 先生的案例，该案件没有规定流转储备，而另一个案例规定 100 兆瓦的流转储备。

因此，仲裁庭接受 Jones 先生对电费估值合理，并认定其为 36 241 000 欧元。仲裁庭驳回了申请方的观点，即 Jones 先生在计算成本时应该使用核电站的平均可变成本，而不是边际成本。

总之，仲裁庭接受 Jones 先生的分析，计算方案得出的费用为 36 241 000 欧元。争论的下一个问题是进口的估值。

仲裁庭在 Jones 先生和申请方提出的两种计算模型之间，在替换模型上的进口估价方面面临选择。然而，被申请方可能被认为支持 Jones 先生后来采取的做法。仲裁庭认为，HEP 进口的替代价值应按照 Jones 先生的建议计算，即只考虑被确认为替代合同的基荷进口合同。根据 HEP 实际支付的价格对这些合同进行估价的方法与替换模型完全一致，根据该模式，仲裁庭计算 HEP 在更换本应从 Krško 核电站收到的能源方面实际发生的费用。在接受了 Jones 先生关于哪些进口合同用作替代合同的结论后，通过参照已支付的价格计算其价值是一个简单明了的过程。

仲裁庭不同意申请方关于考虑混合情况的意见。仲裁庭在接受 Jones 先生关于替代能源的模式时认为，替代能源主要来自进口，其余部分则由 Sisak 和 Rijeka 核电站组成。这些替代电源被用来取代克罗地亚的主要基荷电力来源 Kráko 电力。在考虑取代基荷电源的实际成本时，不宜考虑基本负荷和峰值负荷进口合约的混合物。

此外,仲裁庭不接受申请方提出的复杂观点掩盖了一个非常简单的问题:HEP 为先前确定的替换合同支付了什么?所确定的合同是为了取代 Krško 核电站的电力,且目的是提供基荷电力。此外,申请方最初提交的关于适当方法的意见与其未成功提交的关于一些进口被用于输电支持理由的意见交织在一起。仲裁庭不认为进口合同应该被忽视。这也支持仲裁庭拒绝 Navigant 的建议的决定。

然而,仲裁庭确实注意到,虽然这些合同确实说明了某种程度的差异,仲裁庭也确实注意到,虽然这些合同确实占了某种程度的可变性,但不会像被申请方那样向下调整这些合同的价值。首先,被申请方的报告都集中在评估市场价值方法的可变性。其次,由于被申请方提出,申请方的行为是合理的,没有对合同的具体使用提出异议,因此仲裁庭认为没有理由对事实的价值作出不同的估价。实际支付的价格是仲裁庭认为正确的价格。

仲裁庭同意 Jones 先生关于考虑季节性的决定。似乎没有一方对这种做法表示异议。Styles 在 2015 年的听证会上曾简短地评论说,季节性价格变动通常更适合欧洲,而不是克罗地亚,但他没有提供其声称的效果的证明,因此 Jones 先生的考虑完全有效。仲裁庭也因此接受了这一建议。

季节性是一种合理的商业意义的调整。电力的价值随季节波动,冬季需求要高得多。仲裁庭认为,Jones 先生的以下评论准确地概括了申请方没有具体质疑的观点:预期 HEP 在相关期间为此类进口支付了低廉的费用,但只以在 6 个月合同期限的剩余时间内承担支付市场价格的责任。仲裁庭还接受 Jones 先生关于这个问题的其他分析,以及他对替代进口品的总体估价为 40 964 000 欧元。

3. 扣除 HEP 获益的部分

Jones 先生在 2014 年 2 月的报告中包括一项扣除,该扣除考虑到了他建议在实际情况中 HEP 所能获得而在反事实情况下不存在的好处。就像上文提到的转移抗辩一样,这被视为“新问题”,各方以前都没有解决。仲裁庭在 2014 年 10 月 27 日的裁决中裁定,在审议过程中将此问题作为确定损失的总体框架的一部分是恰当的。

仲裁庭在开始分析时指出,双方原则上似乎都同意,如果 HEP 确实在 2002

年7月1日—2003年4月18日期间作为股东获得了利益，则在计算损害赔偿时不应考虑这一利益。换句话说，Jones先生的观点在概念上是正确的。Jones先生在2015年3月的报告中指出：

"我的理解是，双方都没有对这一原则提出质疑，即在计算HEP造成的任何损害时，NEK在实际情景中的价值与在反事实情况下可能产生的价值之间的任何差异都应反映在调整中（适当时为积极或消极）。"

这一获益来自NEK将本应根据《2001年协议》向HEP供应的Kráko能源以高于其从HEP获得的价格出售给其他斯洛文尼亚买方，从而增加了自己的收入。Jones先生最初在2月的报告中提出了这个问题，但如上文所述，他在2015年3月修改了他的计算。他初步计算所作的更正之一是使用实际数据，而不是预算数据。双方和Jones先生一致认为应该作出这项修正。

仲裁庭认为，在总损失21 558 000欧元中应扣除的HEP获益为1 571 000万欧元。这是根据Jones先生2015年3月报告计算的。

4. 关于损害赔偿的结论

由于上述原因，仲裁庭的结论是，申请方遭受了19 987 000欧元的损失。

这是通过以下方法计算的数字：

X系数：77 205 000欧元减去Y系数：55 647 000欧元，得出损失：21 558 000欧元，再减去1 571 000欧元的"HEP所获收益"。

（四）利息

在确定申请方所遭受的损失之后，仲裁庭开始考虑如何计算该数额的利息。

仲裁庭处理以下要点：利息的起始之日；利率（包括任何风险溢价）以及利息是单利还是复利。

1. 利息的起始之日

斯洛文尼亚在2009年听证会后提交的资料中认为，利息应从确定数额之日起支付，随后提出，应从2003年3月11日起计算赔偿责任，因为"只有在《2001年协议》生效后，斯洛文尼亚才对HEP负有任何国际责任"。

仲裁庭不同意这一观点。正如本仲裁庭在关于条约解释问题的决定中所明确的那样：

2002 年 7 月 1 日—2003 年 4 月 19 日，斯洛文尼亚共和国对 NEK 或其前身 JP NEK 生产的 50%的电力的 HEP 负有财务责任……

被申请方认为，在 2003 年 3 月 11 日之前，不应承担利息责任，这与本仲裁庭先前的裁决不一致。被申请方根据《2001 年协议》承担的义务始于 2002 年 7 月 1 日，而不是从批准之日起。斯洛文尼亚有义务赔偿 HEP 自 2002 年 7 月 1 日起的损失，不仅是自批准以来遭受的损失。实际上，斯洛文尼亚的违约行为始于 2002 年 7 月 1 日。

由于利息的目的是确保 HEP 获得全额赔偿，Jones 先生的经济观点是“利息应从损害发生之时起，直至支付任何赔偿为止”。仲裁庭接受申请方的意见，即利息应从 2002 年 7 月 1 日起计算，即“其损害赔偿首次开始累积”的时间。因此，仲裁庭认为，利息将从 2002 年 7 月 1 日开始累计，以此为利息计算周期的开始。

仲裁庭发现双方并没有就裁决前或裁决后的利息分别提出请求，而是要求从债务之日起至付款之日止的单一利率。因此，仲裁庭还认为，直到被申请方清偿裁决债务之前，将继续产生利息。

2. 利率

利息的目的是赔偿受害方在本应支付之日至付款之日之间未使用的金额，因此利息的利率应是一个合理和公平的利率，与受害方在整个期间使用其资金可能获得的回报大致相当。这是斯洛文尼亚根据以前的投资条约案例所表达的原则所主张的方法。斯洛文尼亚建议：“适用的一般利率应为一般存款利率，就好像 HEP 拥有其可支配的资金并能够再投资这笔款项一样。”因此，利息的目的不仅仅是为了补偿金钱的时间价值。利息也必须补偿由于使用这些钱而失去的机会。这种做法符合 Chorzow 工厂的原则，即使受害方完整并消除违约的后果。

关键的问题是机会成本：如果 HEP 从 Krško 核电站获得电力，会用本来不会花在替代能源上的资金做什么？正如 Jones 先生所说：“2002/2003 年一笔钱对 HEP 来说比现在的名义金额更有价值，例如，HEP 在过渡期间本可以赚取利息。”

如果 HEP 收到这笔资金，那么正如 Jones 先生所指出的那样："其拥有一系列投资方式，这些资金可能以不同回报水平和相应的风险进行投资。"然而，Jones 先生接着说："我们可以放心地假设，发放的任何补偿都将得到肯定的支付。与这种确定性相称的利率是无风险利率。"

Jones 先生谈到无风险率，被申请方似乎同意，指出：如果 HEP 在 2002 年投资了一笔款项，明知将在未来某一日期获得一笔保证金额，那么，根据与该投资期限相称的无风险利率，HEP 将获得相当的回报。

对欧元而言，最接近无风险利率的近似值是德国政府发行的债券的收益率，德国政府是欧元区最有信誉的国家。

申请方反驳了 Jones 先生关于付款确定性和德国政府债券利率使用的说法，认为斯洛文尼亚的股本成本比投资欧洲评级最高的国家德国高出 3%—4%。

被申请方另外提出，适当的利率将是克罗地亚国家银行就外币存款提供的利率。2002 年 7 月—2006 年 10 月的平均利率为 2.683%。显然，这一比率为 2.683%。作为另一种选择，申请方提出，适当的利率可以是"对主要借款人的平均银行短期贷款利率"，申请方认为，这是一个月的欧元银行同业拆借利率，风险溢价在 1.75%—5.5%之间。申请方将这种风险溢价与其借款费用挂钩。

仲裁庭指出，在投资条约案件中，将利率与伦敦银行同业拆借利率挂钩是很常见的——尽管在本案中，如果货币是欧元，则使用欧元银行同业拆借利率(EURIBOR)更为合适。这是一种客观的、以市场为导向的汇率，非常适合确保确实消除违约的后果。尽管仲裁庭承认德国债券提供了一个有价值的基准，但 Jones 先生确定收益率计算的复杂性并不可行。仲裁庭倾向于更简单地表达利率。因此，仲裁庭认为，在本案中，平均 6 个月的欧元银行同业拆借利率是适当的。

然而，为了反映商业利率和与不同国家的相对风险，仲裁庭认为，增加 2% 的小额溢价是适当的。就裁决后的期间而言，这种溢价也是恰当的，因为给予裁决后利息的目的之一是促使当事方以对申请方有利的方式履行裁决下的责任。因此，仲裁庭认为，裁定赔偿额的利息应按欧元银行同业拆借利率加上 2% 计算。

3. 单利或复合利率

仲裁庭接受利息应以复利计算的观点没有什么困难。在现代实践中,仲裁庭通常采用复利计算,而申请方会引用一些这样的裁决。申请方的名单从2009年开始,如果将其扩大到其间6年所付的赔偿金将不会有什么困难。从本质上讲,复利反映了简单的经济意义。商人投资金钱,并期望从中得到一些收益。

因此,仲裁庭不能接受被申请方关于单利率的观点。被申请方所依据的主要裁定是 Autopista Concesionada de Venezuela C. A v. 委内瑞拉一案。该裁定是在2003年作出的。自那以后,许多案件都参照这一案件的结果,仲裁庭对裁决中所作声明的准确性表示怀疑,即"没有既定的国际法原则要求裁决复利"。相反,仲裁庭同意申请方提出的复利是适当的,在商业上是合理的,符合现代国际惯例。

最后,仲裁庭认为,利息应每6个月(每半年一次)计算复利。在投资案例中,按月计算复利的情况很少见,更常见的是按年或半年计算复利。

4. 关于利息的结论

仲裁庭的结论是,申请方有权自2001年7月1日起,以欧元银行同业拆借利率加2%,每半年计算复利一次。

三、仲裁裁决

基于上述所有理由,仲裁庭作出如下决定:

(1) 仲裁庭认为,本争端属于国际投资争端解决中心(ICSID)的管辖权范围,基于其2009年6月12日关于条约解释问题的裁决中所述的理由,该裁决在此作为参考纳入本裁决,并成为本裁决不可分割的一部分。

(2) 被申请方应就违反《2001年协议》向申请方支付合计1 998.7万美元的补偿金。

(3) 被申请方应从2002年7月1日起,每半年向申请方支付上述2项所规定金额的利息,利息为欧元区银行同业拆放利率加2%,直至全额支付之日为止。

(4) 被申请方应向申请方偿付其仲裁费用以及与本仲裁有关的法律和其他

合理费用,金额为 1 000 万美元。

(5) 被申请方应向申请方支付上述第 4 项规定的金额的利息,利率为欧元区银行同业拆放利率加 2%,自本仲裁裁决之日起每半年计算复利一次,直到全额付款之日为止。

(6) 驳回任何一方的其他所有主张。

邓云柯译　郭爽、张正怡校

Alapli Electrik B. V. v. 土耳其

国际投资争端解决中心裁决

案号：ICSID Case No. ARB/08/13

裁决时间：2012 年 7 月 16 日

申 请 方：Alapli Electrik B. V.（“Alapli Electrik”或者“申请方”），是一家依据荷兰法律注册成立的公司

代 理 人：Robert Volterra 先生，Stephen Fietta 先生，Aimee-Jane Lee 女士，Charles Claypoole 先生，Catriona Paterson 女士和 Sebastian Seelmann-Eggebert

被申请方：土耳其共和国（“土耳其共和国”“土耳其”或者“被申请方”）

代 理 人：Stanimir Alexandrov 先生，Marinn Carlsson 先生和 Jennifer Haworth McCandless 女士

仲 裁 庭：William W. Park 教授（主席），Hon. Marc Lalonde（仲裁员）Brigitte，Stern（仲裁员）

一、案件事实

（一）背景

争议涉及在土耳其开发、融资、建设、拥有、运营和转让联合循环发电厂的特许权（“项目”）。

1995 年，两名土耳其公民（“项目赞助者”）在土耳其设立了一个公司（“第一

个项目公司")作为项目的投资工具。1997 年,第一个项目公司为该项目提交了一份可行性研究报告,该报告得到土耳其某政府部门的批准。与此同时,第一家项目公司与一家总部设在美国的公司集团("X")签订了一份意向书,规定 X 为该项目的工程、采购和施工("EPC")的承包商。它还同 X 的一个附属机构签订了一项联合开发协议("JDA"),其中规定该附属机构将为项目的发展提供一定的资金。

1998 年 10 月,第一家项目公司与土耳其某政府部门签订了关于该项目的特许合同("特许合同")。与国有企业签订的关于向发电厂供应天然气和销售发电厂电力的合同取得了进展。

随后,在 1999 年 4 月,申请方 Alapli Elektrik B. V. 成为一家控股公司的附属公司,该控股公司由项目赞助者的其中一人全资拥有。2000 年 3 月,申请方获得一个新登记的土耳其实体公司("第二个项目公司")的股份,根据特许经营合同,该实体公司接受了被第一个项目公司转让的权利。2000 年 11 月,土耳其某政府部门批准了这项转让。

这些被指控的行为与 2000 年土耳其关于基础设施项目的一系列立法改革有关。2000 年 2 月,在通过了一项规定某些行政法特许合同的转换程序的法律(第 4501 号法律)之后,第一家项目公司寻求将特许合同转换为私人合同。大约一年后,土耳其的另一项新法律取消了对 2002 年 12 月 31 日之前尚未定案的某些能源行业项目的担保(第 4628 号法律),并对能源销售协议做出了某些限制。申请方声称,被申请方在转换过程中所采取的行为以及一些立法上的改变,导致了其投资的损失,违反了《能源宪章条约》(以下简称"ECT")和双边投资协定(以下简称"BIT")的一些投资保护规定。

(二) 相关介绍

该案是关于根据 ECT 和 1986 年 3 月 27 日荷兰王国和土耳其共和国之间关于相互鼓励和保护投资的协定(以下简称荷兰-土耳其 BIT)以及《解决国家与其他国家国民之间投资争端公约》(以下简称"ICSID 公约")提交国际投资争端解决中心(以下简称"ICSID"或者"中心")裁决的争端。

该争端是关于一个荷兰公司在土耳其的电力项目的投资,该投项目据称是依靠政府的保证和立法旨在吸引国际投资进行的。该荷兰公司声称,土耳其共和国违反其作出的保证以及作出若干不利的立法改变,破坏了该项目,因此声称土耳其共和国违反了 ECT 和荷兰-土耳其 BIT 的投资保护规定。

二、法律分析

(一) 当事方对管辖权的争议

1. 申请方

(1) 申请方是一个善意的投资者。

(2) 申请方的投资是真实的:

① ECT 和荷兰-土耳其 BIT 都对“投资”的条款有广泛的定义;

② 申请方对项目的权利包含 ECT 和荷兰-土耳其 BIT 下的投资。

(3) 有一项为 ICSID 公约第 25(1)条的目的进行的一项投资。

(4) 申请方在第二个投资公司的投资是一个真实的交易不是“滥用”:

① 第二个项目公司的成立是一个真实的交易;

② 申请方在第二个项目公司的投资不是为了将一个现有的国内争议转化为一个根据双边投资条约提交给 ICSID 仲裁的国际争端问题,因此该投资不是滥用;

③ 第二个项目公司在 2000 年 3 月 30 日根据特许权合同获得了权利;

④ 与被申请方之间的争议发生在 2001 年底或者 2002 年初而不是 2000 年 3 月 30 日之前;

⑤ 项目公司和项目资助人在任何时候都是透明的。

(5) 被申请方根据 ECT 对管辖权的异议是没有根据的:

① 仲裁庭具有管辖权;

② 被申请人根据 ECT 第 17 条拒绝管辖权的企图是无效的;

③ ECT 第 26(3)(b)条是不可适用的;

④ 被申请方根据公共秩序原则反对与管辖权无关。

2. 被申请方

(1) 根据 ECT、荷兰-土耳其 BIT 或者 ICSID 公约,申请方不是一个“投资者”：

① 申请方成立的目的是不合法的，且是对投资仲裁制度的滥用；

② 土耳其的项目投资者无视公司形式；

③ 不公平的暴利。

(2) 没有根据 ECT、荷兰-土耳其 BIT 或者 ICSID 公约项下的“投资”。

(3) 仲裁庭对根据所谓的投资之前发生的事件提出的请求没有管辖权。

(4) 土耳其根据 ICSID 公约第 25(4)条提出的通知。

(二) 双方对事实的争论

1. 申请方

(1) 被申请方在转变过程中的行为违反了第 4501 号法律和国际法；

(2) 根据土耳其法律和国际法的规定，被申请方将 2002 年年底的最后期限作为财政部担保的先决条件是非法的；

(3) 其他 28 个“加速”处理的 BOT 项目的命运表明，被申请方的行为极其恶劣；

(4) 被申请方的主权行为违反了 ETC 和荷兰-土耳其 BIT；

(5) 如果不是被申请方的违法行为，该项目将会面临财政清算。

2. 被申请方

(1) 被申请方给予公平公正待遇；

(2) 被申请方没有剥夺申请方所谓的权利；

(3) 被申请方给予了充分的保护和安全；

(4) 被申请方履行了其义务。

(三) 仲裁庭对管辖权的分析

1. 介绍

一名土耳其公民在一家美国跨国公司的支持下，看到他与本国之间的争端迫在眉睫，成立了一家荷兰公司。该公司声称对一座拟议中的联合循环发电厂享有条约保护。公司全部的财政捐助和专有技术都来自美国的支持者 X，他们预付了款项，以得到提供设备和服务的机会，如果项目没有成功，承担项目所有损失的风险。东道国原则上同意项目条款的特许合同被授予给一家土耳其公司(第一家项目公司)。

经过对所有论据和证据的仔细考虑,仲裁员 Stern 和 Park(“多数”)得出结论,根据 ECT 和荷兰-土耳其 BIT,本仲裁庭缺乏裁决该争端的管辖权。

2. 仲裁庭的裁决范围

ICSID 公约第 41 条要求仲裁庭决定其自身的管辖权。仲裁庭审查了 ICSID 公约本身以及荷兰-土耳其 BIT 和 ECT 的规定。

仲裁庭多数派认为,根据 ECT 或荷兰-土耳其 BIT,申请方都无权得到保护。对仲裁员 Stern 来说,这一结论是根据时间和善意的概念得出的,因为直到争端的根源显而易见,并且争端本身已成为一种很高的可能性之后申请方才作出投资。对于仲裁员 Park 来说,申请方只是缺乏投资者的身份,因为他缺乏对项目的贡献。

仲裁庭多数仲裁员指出,仲裁庭已审查了维持被申请方对管辖权异议所必需的要点。同时,多数仲裁员承认被申请方曾对管辖权提出了多次反对意见,这些反对意见并不需要达成以便维持多数人的结论。

特别是以下这些问题:① 争端是否发生在投资之前(由仲裁员 Stern 独自裁决);② ICSID 公约第 25(4)条是否限制了土耳其对投资是否有效开始的情况的同意,如果是这样,投资在这种情况下是否达到标准;③ 争议发生时 ECT 是否已经生效;④ 根据 ECT,申请方的非征收请求是否因维持“公共秩序”的必要措施而被禁止(这是一个更倾向于实体的问题);以及⑤ 申请方的请求是否被 ECT 第 26(3)(b)条禁止,这是一项“岔路口”条款,允许各国将已提交国内法院处理的争议的一致意见排除在外。

仲裁庭多数仍然认识到 ICSID 公约第 48(3)条,其中规定裁决“应处理提交仲裁庭的每一个问题”。

由于对申请方关于管辖权的所有反对都有充分的怀疑,基于以上总结的原因以及下面的充分探讨,仲裁庭多数认为(仲裁庭)其自身对这一争端缺乏管辖权,因此仲裁庭没有必要对与其结论无关的问题进行推测。

3. 可适用的条约和解释原则

(1) 条约关键条款:荷兰-土耳其 BIT 和 ECT 提供了请求所依据的有效

条款。

申请方声称：① 土耳其违反荷兰-土耳其BIT第5条和ECT第13条，剥夺了申请方的投资；② 土耳其违反荷兰-土耳其BIT第3(1)条和ECT第10(1)条，没有给予公平公正待遇；③ 土耳其违反荷兰-土耳其BIT第3(2)条和ECT第10(1)条，没有提供充分的保护和安全；④ 土耳其违反荷兰-土耳其BIT第3(2)条和ECT第10(1)条的"保护伞条款"，未履行就申请方的投资所缔结的义务。

(2) 条约解释原则。仲裁庭在解释荷兰-土耳其BIT、ECT和ICSID公约等有关管辖权的规定时，从1969年《维也纳条约法公约》第31条中的解释原则开始。这些条款指示仲裁庭在其范围内根据其目标和宗旨来研究这些术语的"一般意义"。

在审查条约的目标和宗旨时，仲裁庭一直注意到相互矛盾的问题。一方面，一位尽职尽责的仲裁员不会在不合理的水平设置管辖权障碍，从而否定投资者的合法期待；另一方面，仲裁庭也不应对不打算接受条约束缚的人使用条约提供便利。

在签署荷兰-土耳其BIT和ECT时，土耳其不能指望条约的利益会延伸到任何一家荷兰公司，无论它与土耳其的投资关系如何。土耳其也不可能指望美国企业会从中获益。

相反，土耳其同意与实际在土耳其投资的荷兰公司进行仲裁。这一管辖原则必须作为解释两项条约以及ICSID公约中类似条款中的"投资者"和"投资"概念的基础。

4. 仲裁员Park的意见

(1) 申请方对项目没有做出贡献

无论是根据ECT还是荷兰-土耳其BIT为投资者创造地位，该两项条约给予了实体保护和管辖权要求，申请方从未为该项目做出任何贡献。

该项目的所有贡献均来自申请方以外的其他人。资金来自美国的支持者X。谈判由土耳其赞助商进行。特许权合同来自第一项目公司。技术由X提供。

考虑到X最终拥有项目特许权的第二项目公司的股份所有权，X的出资值得特别评论。

申请方充当了X的渠道,向第二项目公司汇入财务款项,这些款项构成了该实体的全部法定资本。X不是申请方,而是为荷兰土耳其双边投资条约第1(b)(ii)条所述的“股份”和ECT第1(6)(b)条(“ECT”中的“股份、股票或其他形式的权益”)的所有公司权益出资。

申请方的银行对账单以美元对美元的价格记录了一系列交易,通过这些交易,法定资本从美国支持者X转到第二项目公司。通过多笔银行转账,X偿还了申请方声称的每笔(第二项目公司)法定资本的捐款,外加另外的100美元以支付电汇费用。

如果第二项目公司的法定资本来源于X向申请方提供的贷款,则结论可能会有所不同。但是,鉴于几个无可争辩的事实,贷款的观点似乎缺乏根据。

首先,所有付款都是根据对第一项目公司而不是对申请方的X义务进行的。所谓的“开发成本”(最终包括第二项目公司的资本)的资金是根据联合开发协议达成的,该协议是在与第一家土耳其公司(第一项目公司)之间达成的,而不是与申请方达成的。

其次,来自X的所有资金均分配给了第一家土耳其公司(第一项目公司),而不是申请方。

再次,申请方从未对资金的使用有任何有意义的控制,这些资金只是在X偿还该土耳其公司之前,由第一项目公司转交后通过其银行账户转账。

最后,申请方没有义务偿还任何预付款,这些预付款是在项目未实现财务结算的情况下无条件追索的,只有有限的例外情况。

因此,申请方既没有做出任何贡献,也没有承担任何风险。的确,第一项目公司而不是申请方甚至承担了项目履约保证金的责任。(2000年4月19日的履约保证金)和附表C-33(2000年10月19日的履约保证金)。该项目的所有相关捐款均来自申请方以外的其他人。

(2) 投资者的投资:条约语言

作为一家荷兰公司,申请方可能属于符合荷兰-土耳其BIT、ECT和ICSID公约中作为投资者考虑的实体范围。相关描述包括根据荷兰法律(荷兰-土耳其BIT第1(a)(ii)条设立的“法人”),根据荷兰法律(ECT第1(7)(a)(ii)条设立的公司)，以及根据 ICSID 公约第 25 条设立的“法人”。

但是，要确立投资者的地位，例如根据这些投资条约获得管辖权，需要的不仅仅是根据荷兰法律简单的归纳。许多荷兰公司以“法人”“公司”和“法人”的身份成立。“然而，如果没有对土耳其的一些投资作出实际贡献，荷兰公司就没有权利作为受仲裁庭管辖的投资者”。

仲裁庭管辖权的管辖谓语可以在两项重要的条约条款中找到。ECT 第 26(1)条规定了缔约方与另一缔约方的投资者之间有关“后者在前者领域内的投资”的争端的解决。同样，荷兰土耳其 BIT 第 3(1)条声明缔约方应确保对“另一缔约方的投资者的投资”给予公平公正待遇。

在每种情况下，都假定投资者是以出资形式从事投资活动的实体。被指控的投资者必须向东道国作出一些贡献，以允许将该贡献定性为该投资者的“投资”。

因此，第二项目公司不能被视为申请方的“投资”。尽管不是很长的单词，但“所属”构成了在两个相关条约中确定投资者身份的有效语言。根据《维也纳条约法公约》的解释性原则，该原则指示应在上下文中以其一般含义阅读条约术语，提及投资者的“投资”必须表示某种积极的贡献。

换句话说，条约语言不仅意味着某种财产的抽象存在，无论是股票还是其他财产，而且还涉及投资活动。仲裁庭必须找到一项行动，将有价值的东西(金钱，专有技术，联系方式或专门知识)从一个缔约国转移到另一个缔约国。

最后，不言而喻的是，投资条约是针对特定国家的，而不是旨在与全世界构成条约。即使经济贡献是由美国国民 X 作出的，也不是荷兰申请方的投资。

(3) 申请方未能进行投资：进一步探究

鉴于投资的重要性，根据荷兰-土耳其 BIT 和 ECT 进一步的细节可能是关于申请方在这方面的失败。记录表明，对该项目作出任何重大贡献的不是荷兰的申请方，而是美国人 X 或土耳其国民(项目赞助者)。

本案例中的投资包括三个不同的概念：① 特许合同，② 技术专长，以及③ 第二项目公司的法定资本。对于每一项资产，申请方没有作出任何有关的贡献。

(4) 结论

仲裁员 Park 认为，这种现实使该仲裁庭对当前争端没有管辖权。ECT 和荷兰-土耳其BIT都没有考虑对一个实体提出的主张具有管辖权,该实体对于通过货币、特许权或技术的方式对相关东道国项目做出的贡献没有任何意义。

5. 仲裁员Stern的意见

尽管仲裁员Stern同意仲裁员Park得出的结论,即使仲裁庭没有管辖权,但她是通过不同的法律分析得出了这样的结论。荷兰公司拥有第二项目公司股份,这一无可争辩的事实似乎足以让人认为,在本案中,确实有一位外国投资者是某项投资的合法所有者。但是,仲裁员Park所依赖的事实要素证实了在这种情况下没有任何受保护的投资,因为有明显的迹象表明整个操作没有任何经济原理,但其主要目的是获得诉诸法律的机会。土耳其公司与土耳其当局之间已经存在重大分歧时,ICSID的仲裁更加大了分歧,这是申请方当前请求的核心。换句话说,在投资链中引入荷兰公司,是在ICSID、BIT、ECT机制下滥用国际投资保护制度。

这并不意味着通过外国公司进行国家投资的任何结构都是滥用。这实际上取决于重组的时间,如Mobil v. 委内瑞拉一案中所述,仲裁庭的确指出:"多数重组可能是申请方所辩称的'合法公司计划',或者是提交的'滥用权利'。"

为了确定本案中是否存在滥用行为,必须对所有情况进行分析。这种分析将首先表明,在引进荷兰公司时,荷兰公司的主要目的是进行国际仲裁,而在引进荷兰公司之前,土耳其国民和土耳其公司不存在进行国际仲裁的权利,其次,这种行动是在向仲裁庭提出争端根源的事实一刻就已被知晓。

接下来的问题是,在申请方所主张的核心行为已经众所周知的时候,这种重组是出于诚意进行的还是仅仅是进行国际仲裁的手段。

在进行国际仲裁的善意重组与进行国际仲裁的恶意重组之间确实存在分界线。

当有关当事方可以看到实际争端或可以预见到特定的未来争端可能性很高,而不仅仅是一般的未来争议时,就会出现分界线。在双方之间已经出现分歧和争执的情况下,在当事方之间的良好关系和全面的争端之间的关系处于不明确时期,让申请方改变国籍似乎是不公平的。在投资者意识到发生了对其投资产生不利影响并可能导致仲裁的事件时,投资者操纵空壳公司子公司的国籍以根据国际条约获得管辖权确实是一种滥用。在达到分界线之前，通常不会滥用流程；但在通过分隔线之后，通常会存在。但是，每种情况下的答案将取决于其特定的事实和情况。

在所有这些情况下，很明显，申请方作为一家荷兰公司，仅在制造国际管辖权的时候就已经获得了投资，当时该项目已经非常困难，而事实是争端的根源。项目的发起人已经知道与土耳其的联系。被申请方在声明中强调了这一点："被申请方对申请方的主要请求所依据的行动都是在申请方所称的投资之前采取的，或至少是在开始行动之前采取的。"

总之，由于这项投资不是一次善意的投资，因为它一经执行，已经知道争议根源的事实，而且争议已经很可能发生，因此仲裁庭对该投资没有管辖权，因为它无法从 ICSID、BIT、ECT 机制授予的国际保护中受益。

(四) 实体问题

鉴于仲裁庭裁定荷兰-土耳其 BIT 和 ECT 缺乏对请求的管辖权，因此不宜着手解决这一争端的实体问题。

(五) 费用

1. 申请方

申请方要求裁决命令被申请方支付此次仲裁的费用，包括仲裁庭和 ICSID 的所有费用和开支，以及申请方就此次仲裁产生的所有法律费用和开支。

2. 被申请方

被申请方要求裁决，命令申请方支付被申请方就该仲裁产生的费用，包括律师费。

3. 费用分配

在审议了双方的观点后，仲裁庭认为双方都是善意地提出他们的观点。因此，仲裁庭认为应指示每一方承担其本身的法律费用，包括律师和专家的费用。仲裁费用，包括仲裁员的费用和中心的行政费用，应在平等的基础上分摊。

三、仲裁裁决

根据多数仲裁员的决定,仲裁庭由于缺乏管辖权驳回了所有根据荷兰-土耳其 BIT 和 ECT 提出的请求。

双方应承担各自的法律费用,包括律师费和专家费。仲裁费用应平摊。

郭爽译　张正怡校

Remington Wordwide Limited v. 乌克兰

基辅佩切尔斯基地方法院判决

案号：No. 2-□-8/12

裁决时间：2012 年 7 月 11 日

该判决是基于 2011 年 4 月 28 日斯德哥尔摩商会仲裁院在 No. V(116/2008)号案件中有关雷明顿全球有限公司对乌克兰的请求的仲裁裁决。该裁决的申请方是雷明顿全球有限公司，被申请方是乌克兰，仲裁裁决要求乌克兰交付 4 493 464.97 美元损害赔偿金，以及直到裁决作出前每年 196 010.95 美元累计于赔偿金上的利息给申请方。最终的仲裁裁决于 2011 年 4 月 28 日作出，但裁决内容并未公布，后申请方雷明顿全球有限公司向乌克兰基辅佩切尔斯基地方法院申请执行该仲裁裁决，法院最终于 2012 年 7 月 11 日作出执行该仲裁裁决的判决。

申 请 方：雷明顿全球有限公司(Remington Wordwide Limited)

被申请方：乌克兰

在场的双方代表 Baillova V. V.，Zhmenyak Y. Y.

判 决 方：基辅佩切尔斯基区法院法官、秘书，在基辅地区法院的公开法庭上，审理了申请方雷明顿全球有限公司关于准许执行斯德哥尔摩商事仲裁院 2011 年 4 月 28 日就被申请方乌克兰作出的裁决的申请

一、案件经过

雷明顿全球有限公司提出申请法院强制执行外国法院裁决的申请。该申请的

事实依据来自2011年4月28日斯德哥尔摩商事仲裁院在No. V(116/2008)案件中有关雷明顿全球有限公司对乌克兰的请求的裁决,后者具有交付4 493 464.97美元损害赔偿金以及直到裁决作出前每年196 010.95美元累计于赔偿金上的利息的义务。

根据2011年4月6日乌克兰总统法令通过的《乌克兰司法部条例》第47(4)条,代表乌克兰国的司法部代表没有对该申请提出异议。

法院审查了提交的文件,听取了申请方与被申请方代表的陈述后,决定依照如下的原因批准许执行该申请。

二、法律分析

根据《乌克兰民事诉讼法》第390条,如果是乌克兰议会正式批准的国际条约中允许承认和强制执行的外国法院(外国联邦法院、其他经过授权并对民商法争议有管辖权的外国机构、外国或者国际仲裁庭)作出的裁定,或者在国际互惠的基础上形成的裁定,将在乌克兰得到承认或者强制执行。

根据1958年在纽约通过、1960年10月10日被乌克兰正式批准,并于1961年10月1日生效的《关于承认及执行外国仲裁裁决的纽约公约》(以下简称《纽约公约》)规定:各公约缔约国应当承认仲裁裁决具有强制力与约束力,并按照各国领域内寻求承认与执行这些裁决的程序法规则予以强制执行。该案的争端双方都来自《纽约公约》的缔约国。

雷明顿全球有限公司就承认和准许执行外国法院判决提出的申请,其形式和内容均符合1958年《纽约公约》第4条以及《乌克兰民事诉讼法》第393条申请外国判决的程序。

斯德哥尔摩商会仲裁院根据雷明顿全球有限公司对乌克兰的索赔作出的裁决已经生效。被申请方没有被剥夺参与程序的可能性。裁决是在争端中作出的。根据乌克兰1998年2月6日批准的《能源宪章条约》的规定,争端的审议提交斯德哥尔摩商会仲裁院。申请方没有超过在乌克兰启动外国法院裁决执行程序的时限。乌克兰法院对同一当事方之间具有相同主题和理由的争端作出的生效裁决不存在,乌克兰法院对同一当事方之间具有相同主题和理由的争端的未决诉讼也不存在。根据乌克兰法律,争议从属于法院的审理程序。强制执行并不违背乌克兰的公共政策，即没有理由驳回对外国法院判决的执行，因此应批准申请方的申请。

考虑到斯德哥尔摩商会仲裁院自 2011 年 4 月 28 日起，所作裁决中的金额以外币计量，根据《乌克兰民事诉讼法》第 8 章第 395 条规定，应偿还给申请方的金额是用本国货币确定的，与在作出裁决之日有效的乌克兰国家银行汇率相同，即 4 493 464.97 美元×7.993 0 乌克兰瑞夫尼亚，此外超出的年利息将同样需要偿还，应计损害赔偿金 196 010.95 美元×7.993 0 乌克兰瑞夫尼亚，上述计算的金额数额将由申请人附上。

根据《乌克兰民事诉讼法》第 88 条规定，被申请方应当偿付申请方在法庭上带来的已有的文献证明费用，总计 107.30 乌克兰瑞夫尼亚。

上述所有情况均根据《乌克兰民事诉讼法》第 208—210 条（法院决定的类型、批准决定和颁布法令的程序及其形式、法令包含的内容）、第 392—397 条（法院考虑批准执行外国法院裁决的案件、申请外国判决的程序、申请强制执行外国法院判决的要求、考虑申请外国法院强制执行判决的要素、拒绝准许执行外国法院裁决的动议的理由、法院判决的上诉）和 1958 年《纽约公约》第 1、4、5 条所指导。

三、判决结果

批准自 2011 年 4 月 28 日起执行斯德哥尔摩商会仲裁院就"雷明顿全球有限公司"向乌克兰政府提出的关于乌克兰政府向"雷明顿全球有限公司"赔偿的 V(116/2008)号案件作出的裁决，金额为赔偿损失 35 916 265.51 乌克兰瑞夫尼亚，利息 1 566 715.52 乌克兰瑞夫尼亚，按损失金额累计。

令乌克兰政府承担赔偿雷明顿全球有限公司 107.30 乌克兰瑞夫尼亚的诉讼费的义务。

对法院作出的判决的上诉需要在公告之日起 5 日内通过基辅切尔斯克地方法院向基辅市上诉法院提出，并可由公告期内缺席者在收到副本之日起的同一期限内提出。

在上诉案件中，该判决在上诉程序终止之后生效。

徐雨霏译　郭爽、张正怡校

AES 和 TAU v. 哈萨克斯坦

国际投资争端解决中心裁决

案号：ICSID Case No. ARB/10/16

裁决时间：2013 年 11 月 1 日

申 请 方：AES 公司（美国） TAU 电力公司（荷兰）

代 理 人：Judith Gill 女士，Mark Levy 先生，Jeffrey Sullivan 先生

被申请方：哈萨克斯坦共和国

代 理 人：Belinda Paisley 女士，Chloe Carswell 女士，Dina Nazargalina 女士，Joe Smouha 先生，Simon Olleson 先生

仲 裁 庭：Pierre Tercier 教授，主席 Vaughan Lowe 教授，Klaus Sachs 博士

一、案件事实

申请方之一：AES 公司（以下简称"AES"或者申请方一）是一家 1982 年 1 月 28 日依美国特拉华州法律成立的公司，其主要营业地点为美国弗吉尼亚州阿灵顿市威尔逊大道 4300 号。它是一家全球性的电力公司，经营发电和配电业务，在 27 个国家提供能源，员工超过 2.7 万人。

申请方之二：TAU 电力公司（以下简称"TAU"或者申请方二）是一家根据荷兰法律于 1974 年 5 月 8 日以名称为 Bitacora B. V. 成立的公司，公司注册地位于荷兰鹿特丹的帕克兰 32 号。

（一）基本事实

从 1991 年 12 月 16 日宣布独立到 20 世纪 90 年代中期，哈萨克斯坦迫切需

要重组其电力部门以防止崩溃。为了实现这一目标，政府通过其国有发电公司的私有化来寻求外国投资。

20世纪90年代中期，哈萨克斯坦进行了一系列法律改革，以促进和吸引外国投资。世界银行在1999年12月1日发表的一份报告（技术文件第451号“匈牙利和哈萨克斯坦的电力和天然气工业私有化”）称，哈萨克斯坦在1996年必须吸引私人投资者，以防止电力部门崩溃。

1995年，哈萨克斯坦开始了电力行业的改革，计划进行私有化。

1995年7月28日，关于“哈萨克斯坦共和国电力工业管理改组”的第1033号决议获得通过，产生了哈萨克斯坦国家能源系统公司，目的是重组各种国有电力行业实体。在地区层面，形成了新的“能源”来处理区域配电体系。

1996年2月28日，哈萨克斯坦共和国发布了关于1996—1998年《国有财产私有化和改组方案》的第246号决议。该决议规定了哈萨克斯坦对电力行业的计划，特别是打算在私有化之前将国有实体公司化，并包括将区域发电厂转变为独立的股份公司，以实现其私有化。

1996年5月30日，哈萨克斯坦发布了《关于电力能源部门私有化和改组方案的第663号决议》（以下简称“改组决议”）。

申请方称，这项决议设法创造条件，以便在1998年之前发展一个竞争性的发电批发市场，除其他外，打开私有化的大门，并规定：“电力行业将具有垄断和竞争的特征。垄断企业（高压、低压电网的运行、电能、热能的运输活动）由国家规定，竞争要素（电能生产企业）由市场规定。”

被申请方称，在这一改组决议中所作的声明只不过是打算根据竞争原则发展一个市场的声明。

在1996年夏季和秋季，由于其私有化，关于哈萨克斯坦电力市场重组的各种进一步决议被采纳，包括——尤其（1）“关于国家发电监督管理委员会”的929号决议，（2）“关于改组哈萨克斯坦共和国能源系统管理的某些措施”的1188号决议，（3）“关于改组哈萨克斯坦共和国能源系统管理的某些措施”的652号决议。

这些改革在1997年全年继续进行，除其他外，包括（1）“关于举行出售额尔齐斯梯级水电站的国际投标”的369号决议和（2）“1997—2002年进一步发展电力能源市场方案”。

(二) 有关投资

1996 年 7 月 4 日,AES Suntree 收购了新私有化的 Ekibastuz 工厂。

1997 年 7 月 14 日,AES Suntree 被宣布为投标过程中的中标者,该投标过程涉及两个 HPs 的特许权和四个联合热电厂的出售。

1997 年 7 月 23 日,哈萨克斯坦通过其财政部国有财产和资产管理司(以下简称“DAMPSA”)和财政部民营化司(以下简称“DP”)与 AES Suntree 签订了一项协议,协议名为:《关于出售和购买四家能源生产公司百分之百的有投票权股份,并就两家水电公司的资产给予特许的协议》于 1997 年 10 月 2 日修订(以下简称《阿尔泰协议》)。

通过该协议,AES Suntree 获得了(1) 四个联合热电厂 100%的投票权,其中包括 UK 和 Sogra CHPs,(2) 一个 20 年的水电特许权。2006 年,《阿尔泰协议》在支付条款方面做了一些修改。

1997 年 7 月 28 日,AES Suntree 公司董事 Morgan 先生致函 DAMPSA 公司董事 Kalmurzaev 先生和 DP 公司董事 Utepov 先生,通知他们 AES Suntree 公司已根据《阿尔泰协议》将其权利转让给 Tau 电力公司,自 1997 年 7 月 29 日起生效。这项通知由 Kalmurzaev 先生和 Utepov 先生签署,他们也盖上了 DAMPSA 和 DP 的印章。

1997 年 10 月 1 日,UK 水电公司和 Shulba 水电公司分别与哈萨克斯坦(由财政部国家财产和资产管理部代表)以及 JSC UK 和 JSC Shulba 签订了另外两项协议,规定全部转让国有实体 JSC UK 和 JSC Shulba 分别对 UK Hydro 和 Shulba Hydro 的水电特许权资产和权利。

1997 年 10 月 2 日,哈萨克斯坦(以 DAMPSA 和 DP 为代表)、Tau Power、JSC UK 和 JSC Shulba 签署了一份《信守契约》,后两家公司成为《阿尔泰协议》的缔约方。同日,JSC AltaiEnergo 与 AES 哈萨克斯坦之间还通过了《与配电网络的能源供应合同以及其他支持 AltaiEnergo 业务的合同的转让协议》(以下简称《转让协议》),AltaiEnergo 将其与分销网络的合同以及与之相关的其他合同分配给 AES 哈萨克斯坦。

此外，1997年10月15日，JSC Sogra和Sogra CHP之间、JSC UK和UK CHP之间分别通过了两项《资产出售和购买协议》，通过这两项协议，这些AES实体获得了CHPs的所有资产，"没有任何产权负担"。

二、法律分析

(一) 概况

1. 仲裁的依据

申请方在本仲裁中的请求主要根据下列法律和条约：

(1) 1994年《外商投资法》(以下简称"BIT")；

(2) 哈萨克斯坦和荷兰于1994年12月17日签署的《能源宪章条约》(以下简称"ECT")于1998年4月16日在双方之间生效；

(3) 1994年1月12日生效的《美国和哈萨克斯坦共和国关于鼓励和相互保护投资的条约》。

2. 救济请求

(1) 申请方的救济请求。在其关于该问题的最新意见中，申请方提出以下救济请求(各种请求由仲裁庭编号)：

"基于上述理由，以及申请书、答复和补充文件中所述的理由，申请方要求仲裁庭对哈萨克斯坦共和国作出的裁决如下：

① 宣布哈萨克斯坦

a. 违反《哈萨克斯坦外商投资法》第6、8、10和13条；

b. 违反ECT第10和14条；

c. 违反BIT第2和4条。

② 命令哈萨克斯坦

a. 通过重新确定哈萨克斯坦违反FIL、ECT和BIT之前的情况，向申请方提供充分的赔偿；

b. 向申请方支付因哈萨克斯坦违反FIL、ECT和BIT而遭受的所有损失的赔偿，包括精神损害赔偿；

c. 向申请方支付裁决前利息;

d. 向申请方支付本仲裁的费用,包括申请方已经或将要发生的与仲裁员、ICSID、仲裁庭秘书、法律顾问、专家和顾问有关的所有费用和开支;

e. 支付裁决后的利息,每月复利,由仲裁庭就裁决的款额确定利息,直至全部支付为止;

f. 仲裁庭认为公正和适当的任何其他救济。”

(2) 被申请方的救济请求。在其 2012 年 8 月 27 日提交的补充文件中,被申请方提出以下救济请求(各种请求由仲裁庭编号):

“被申请方提请仲裁庭在其裁决中作出裁决并宣布:

a. 仲裁庭对申请方根据 1994 年 FIL 提出的违反 1994 年 FIL 的请求(包括其补充文件中提出的违反 1994 年 FIL 的额外索赔请求)没有管辖权,这些索赔请求应予驳回;

b. 由于竞争法规对 AES 实体的适用,申请方最初提出的违反 BIT、ECT 和 1994 FIL 的请求不被受理,这些请求应被驳回。

如果仲裁庭认为其对申请方的请求有管辖权,而且这些请求是可以受理的,则应作出裁决并宣布:

a. 哈萨克斯坦未违反其根据 BIT 对 AES 公司承担的任何义务,无论是被指控的还是以任何其他方式;

b. 哈萨克斯坦未违反其在 ECT 下关于 Tau 电力公司的任何义务,无论是被指控的还是以任何其他方式;

c. 在适用本协定规定的任何义务的情况下,哈萨克斯坦没有违反其 1994 年 FIL 规定的义务,不论是指称的还是以任何其他方式;

d. 申请方无法获得赔偿,应予驳回;

e. 申请方无权要求任何进一步或其他的救济,不论是否按申请书和答复中的要求;

f. 申请方应向哈萨克斯坦支付与本程序有关的费用和开支,包括哈萨克斯坦已支付或将支付的任何预付款项,这些预付款项将用于支付仲裁庭、仲裁庭秘书和/或解决投资争端国际中心的费用和开支。”

3. 仲裁庭和裁决结构之前的问题

争议的主要问题是哈萨克斯坦的新法律法规和/或哈萨克斯坦有关当局执行新法规的方式是否导致哈萨克斯坦违反了其在ECT和/或BIT下的任何义务或任何其他义务，对申请方承担的责任（特别是依据1994年FIL和/或《阿尔泰协定》的义务），属于任何这些条约的保护范围之内。

在确定这些问题时，仲裁庭认为有必要先厘清以下问题：

(1) 仲裁庭对申请方提出的全部仲裁请求是否具有管辖权？如果有，是否有程序上的障碍阻碍仲裁庭审理申请方的请求？

(2) 如果仲裁庭有管辖权，哈萨克斯坦在颁布和/或实施其新的法律法规时，是否违反了相关条约规定的保护标准？

(3) 如果认定哈萨克斯坦违反了其任何条约义务，应向申请方提供什么赔偿（如果有）？如果是货币赔偿，申请方有权得到多少赔偿？

特别是，要求仲裁庭确定哈萨克斯坦的法律和规章以及/或其适用方式是否违反了FIL、ECT和BIT的某些规定。所产生的问题如下：

① 关于ECT和BIT：

a. 哈萨克斯坦是否违反了ECT第10(1)条第和BIT第2(2)(a)条规定的公平公正待遇标准；

b. 哈萨克斯坦是否违反了ECT第10(1)条和BIT第2(2)(b)条关于禁止采取任意和不合理措施的规定；

c. 哈萨克斯坦是否违反了ECT第10(1)条和BIT第2(2)(a)条规定的提供"充分保护和安全"的义务；

d. 哈萨克斯坦是否违反了根据ECT第14条和BIT第4条为申请方提供遣返权利担保的义务；

e. ECT第10(1)条和BIT第2(2)(c)条的保护伞条款是否以及在何种程度上适用于违反《阿尔泰协定》和/或1994年FIL。

② 关于FIL：

a. 是否可以认为哈萨克斯坦违反了1994年第6条的稳定条款和/或FIL第8和13条所规定的标准；

b. 如果是，这种违反在何种程度上构成违反条约。

因此,目前裁决将首先确定和审查与申请方请求相关的法律框架。仲裁庭将审查是否对申请方的请求有管辖权。之后,仲裁庭会考虑申请方的主要请求,把它们分解成三个不同的时期:2004 年到 2008 年 12 月 31 日、2009 年 1 月 1 日—2015 年 12 月 31 日、2016 年 1 月 1 日之后。最后,仲裁庭将审查提供给申请方的适当的补救措施和费用问题上的规则。

(二) 仲裁庭的管辖权和请求的受理

1. 相关法律依据

双方没有争议的是仲裁庭的权限来源于 ICSID 公约第 25 条和 ECT、BIT 有关规定的 ICSID 的管辖权,虽然这种权限是否也可以根据 1994 年 FIL 和《阿尔泰协定》获得是有争议的。更有争议的是仲裁庭从这些文书和条款中得出的权限范围。

2. 仲裁庭的评估

(1) 引言。在本节中,仲裁庭将审查是否存在管辖权的四项基本条件,即① 存在法律纠纷,② 源于一项投资,③ 存在于缔约一国与缔约另一国国民之间,④ 基于一项书面同意。仲裁庭将进一步审查是否存在程序上的受理性问题,使其无法裁决本案。

(2) 法律争议。双方之间存在法律争议是没有争议的,显然来自申请方的主张的本质,他们声称违反条约义务的哈萨克斯坦与国家法律的颁布和/或应用,他们要求赔偿和/或赔偿因此产生的损失。

(3) 产生于一项投资。双方没有争议的是根据 1994 年 FIL 第 1 条、BIT 第 1 条和 ECT 第 1 条以及 ICSID 公约第 25(1)条,AES 实体以及这些实体实施的活动在哈萨克斯坦构成一个"投资"(和/或相关的经济活动)。

然而,被申请方提出了一系列关于该投资所引起的争议的性质的问题:

① 申请方作为"投资者"的资格。被申请方最初对申请方已经确立了对哈萨克斯坦投资的所有权提出异议。然而,在答辩中,被申请方表示:"根据申请方披露的文件,被申请方承认 AES 公司是所涉期间(即自 2004 年起)相关 AES 实体的最终所有者。"

因此,被申请方承认 AES 公司拥有在哈萨克斯坦的相关"投资"和/或相关

“活动”，并符合 BIT 第 1(1)(a)条和 1994 年 FIL 第 1 条“投资者”的含义。

被申请方不否认 Tau 电力公司根据《阿尔泰协议》被授予了权利，而且它还拥有几个相关 AES 实体。因此，毫无疑问，Tau 电力公司拥有在哈萨克斯坦的相关“投资”和/或相关“活动”，并符合 ECT 第 1(6)条和 1994 年 FIL 的“投资者”定义。就被申请方就 Tau 电力公司持有 CHPs 及 Hydros 股权所提出的观点，它们与数额的问题，无关管辖权的问题或能力。因此，在处理申请方的申请数额时，将在必要的范围内处理这些问题。

② 投资的时间。被申请方认为，直到 1997 年 7 月 28 日 Tau 电力公司签署阿尔泰协议之前，申请方没有也不可能有任何基于 ECT 和 BIT 目的的投资。

的确，Tau 电力公司在成为《阿尔泰协议》的缔约国后，即在 1997 年 7 月 28 日才获得有关的“投资”，即源自阿尔泰协议的合约权利。然而，由于 ECT 只在 1998 年 4 月 16 日在哈萨克斯坦和荷兰之间生效，因此发生在该日期之前的投资的准确时间对 ECT 的管辖来说并不重要。

关于投资时间及其与 BIT 管辖的相关性，被申请方不否认 AES 公司在任何相关时间都是 AES 实体的最终所有者，AES 实体部分是在签订阿尔泰协议之前建立的。此外，似乎 AES 公司在所有重要时间(包括签署阿尔泰协议的日期)都是 AES Suntree 的受益所有人，后者是阿尔泰协议的原始缔约方。因此，AES 公司作出了与阿尔泰协议相关的投资，并由 AES Suntree 签署该协议。

申请方的“投资”包括一套资产和权利，在阿尔泰协议下产生的权利只是其中之一。本协议项下权利的订立和/或转让日期不能确定申请方全部投资的时间范围。不可能确定申请方作出全部投资的一个单一日期，仲裁庭在处理申请方的具体要求时，并根据这些要求所涉的具体投资，在必要时审查有关日期。

③ 合同请求与条约请求。被申请方认为，目前的法律争端实际上是一种关于违反合同权利的请求，被包装成国际条约请求。

一般认为，ICSID 公约第 25 条下的“投资”概念不一定适用于所有一般商业争端，特别是不适用于所有合同争端。但是，在某些情况下，如果所违反的标准和所影响的权利属于条约的保护范围，则违约也可构成对条约的违反。

在本案中，仲裁庭认为，申请方提交给仲裁庭的仲裁请求不属于纯粹的合同性质。虽然申请方的请求确实涉及违反阿尔泰协定的指控，但申请方要求恢复和(或)赔偿的基础并不是所称的阿尔泰协定本身已被违反。申请方主张的论点是基于所谓的违反了阿尔泰协议,也构成：a. 违反申请方在其下的合理期待,其性质是违反了1994年FIL,ECT和BIT规定所提供的实质性保护,b. 违反ECT和BIT的保护伞条款。相关的违约行为是对FIL、ECT和BIT的违反,而不是对《阿尔泰协议》的违反。此外,据称的违反行为直接与哈萨克斯坦行政和司法当局颁布和实施哈萨克斯坦法律有关。法律的制定必然是国家权力的行使,因此不同于合同义务的履行或不履行所引起的争端。

因此,仲裁庭认为,根据ICSID公约第25(1)条,申请方的请求是"直接产生于投资"。

(4) 缔约一国与缔约另一国国民之间的争端。虽然被申请方最初提出了一系列关于申请方是否有资格成为"投资者"的反对意见,但后来被申请方撤回了这些反对意见,它从来没有争议的事实,AES是一个美国公司,TAU电力公司是一家荷兰公司。哈萨克斯坦、美国和荷兰都是ICSID公约的三个成员国。

大多数申请方的请求涉及竞争当局、哈萨克斯坦法院和/或各部和部门的行为和决定。行政机关、司法机关等国家机关的作为和不作为,归咎于国家,这是公认的,被申请方对此没有异议。但被申请方认为,有些申请方的请求涉及国有公司和(或)立法机构个别成员的行动,这些行动只能在构成行使政府权力的范围内归因于国家。仲裁庭认为归因问题是一个有关案件是非的问题,因此将处理与任何具体请求有关的归因问题。

因此,作为一个原则问题,目前的争端是公认的"一个缔约国"(即哈萨克斯坦)与另外两个缔约国(即美国AES公司和荷兰Tau电力公司)的国民之间的争端。如果仲裁庭倾向于根据非国家机关的行动提出请求,将事先对任何归因问题作出决定。

(5) 书面同意。被申请方已书面同意以下事项,这是毫无争议的：

① 根据ECT第26条第(1)至(5)款,提交"与投资……其中涉及指称违反ECT第三部分某项义务……"提交ICSID仲裁。

② 根据BIT的第6条第(1)至第(4)款,向ICSID仲裁提交有关"涉嫌违反本条约就投资授予或创设的任何权利"的主张。

仲裁庭的观点如下：

各方普遍认为，当事方将争端提交 ICSID 仲裁管辖的同意必须是书面的，一旦作出撤回同意的决定，就不完全属于该方不受约束的自由裁量权范围。这是 ICSID 仲裁的基本原则。

但不能接受的是，一个国家不能总是撤回其同意的表示，即使这种同意是由一项国家法律的一项规定确定的，而国家仍然可以自由修订或废除这项规定。一方同意的具体范围、期限和效力，特别是在该方是一个国家的情况下，应在每项条约和每项这种规定的具体范围内加以明确。

因此，仲裁庭认为，关于废除载有该国书面同意将特定争端提交国际投资争端解决中心仲裁的国内法，在多大程度上可以撤销该国在此基础上给予的同意的问题，这不是一个可以普遍回答的问题。这个问题很大程度上是针对具体情况的，必须根据 ICSID 仲裁的特殊性、国家对其国家立法的主权、相关国家法律的目的和目标以及其中提供的保护进行审查，以及作为相关法律文件的具体措词。

就 1994 年 FIL 而言，该法第 27 条构成国家方面的一种长期同意，即将"与外国投资或与之有关的活动有关的争端和分歧"提交 ICSID 仲裁。国家或投资者都可以"激活"这种长期同意，条件是投资者也要给出书面同意。问题是这个国家是否可以撤销对管辖权的接受，如果可以，在什么条件下可以撤销。

首先，仲裁庭认为，作为法律问题，撤回仲裁同意与撤销或废除规约是不同的。一个国家在任何时候都有修改其法律的自由，但这并不意味着该立法的改变或废除会自动产生改变或废除该立法所确立的任何仲裁同意的效果。

其次，问题是一个国家撤回对仲裁同意的可能性取决于有关投资者是否已经确认了这种同意。这样的差别通常是在合同法律，允许一个要约人立即撤回要约，只要受要约人没有接受。仲裁庭认为，考虑到 ICSID 公约的目的和条约的性质，不灵活地应用这一简单的关于要约和承诺的原则是不恰当的。因此，这个问题的答案将再次取决于所涉的具体文书以及其中所表示的同意的范围和性质。

在目前的情况下，1994 年 FIL 本身保证，国家不可能立即单方面撤销对外国投资者产生不利影响的权利。仲裁庭已经仔细考虑：(1) 1994 年 FIL 的性质和目的，即鼓励和保护外国投资包括通过 ICSID 仲裁的可能性等违反保护，

(2) 1994年FIL第27条的措辞,这(如FIL的其余部分)不显示任何撤销给出的同意仲裁的可能性,(3) 1994年FIL第6条("稳定条款"),这使投资者产生一种预期,即其投资将在至少10年内受益于这种保护。可得出结论,即1994年FIL所给予的仲裁权不能单方面终止,也不能因废除FIL而立即终止。事实上,除了全面废除1994年FIL外,没有任何证据表明被申请方有任何意图取消其对仲裁的"长期同意"。

因此,哈萨克斯坦的仲裁同意是否涵盖由投资引起的特定争议的问题的答案应取决于进行投资的时间,而不取决于提出请求的时间。这是因为必须对哈萨克斯坦对其在投资时颁布特定法律而提出的具体期待负责,并且在本案中,这种问责制包括在发生以下情况时诉诸特定补救措施和程序的权利侵犯。因此,申请方有权期望哈萨克斯坦根据该法律所规定的补救办法和程序对违反FIL的任何行为承担责任。后来改变补救办法不应影响哈萨克斯坦对在这种改变之前作出并打算在一定期间内受到保护的投资的责任。因此,仲裁庭同意Rumeli案仲裁庭的裁决,认为一国在国内法中同意将某些争端提交国际投资争端解决中心仲裁的同意,在未适当考虑该国根据该法提出的法律认可的期望的情况下不得撤销,其中包括对可利用的法律补救措施的期望等。

最后,虽然哈萨克斯坦始终自由地根据自己的议程修正1994年FIL,但鉴于1994年FIL的宗旨和目标,任何此类修正均导致其对ICSID仲裁的同意被撤销。其中提供的保护的性质和范围(尤其是第6(1)条)以及案件的整体情况,这种撤销可能仅对未来有效,即与1994年FIL撤销后的投资有关。

因此,关于1994年FIL生效期间所作投资所引起的请求,哈萨克斯坦的同意仍然有效。申请方只是在废除了法律之后才提出这种请求,这一事实对同意没有任何影响,而且只可能与这种请求是否可以被认为有时效的问题有关。但仲裁庭认为,这不是管辖权问题,而是实质问题。因此,在审查1994年FIL提出的索赔请求时,必要时将处理这一问题。

(6) "可受理性"的需求。被申请方认为,申请方的请求是不可受理的。他提出了相关的三个主要观点:① ECT第26(4)条和BIT第6(3)(a)条以及他们所谓的岔路口条款,这将防止申请方在两个不同的情况下提出协调的请求,② 据称申请方没有用尽当地救济办法,③ 所谓的放弃、默许和/或消灭申请方的请求。

① 岔路口条款。被申请方认为，根据ECT第26(4)条和BIT第6(3)(a)条的岔路口条款，申请方向哈萨克斯坦法院提起的诉讼具有禁止申请方向ICSID提交"基本一样的请求"。

在这方面，如上所述，仲裁庭认为申请方当前提交给ICSID仲裁的请求不同于向哈萨克斯坦法院提起的请求，他们可以因此不禁止任何岔路口条款。

仲裁庭认为，无论采用什么标准，即是采用"三重身份检验"，还是采用"根本相同"的Pantechniki标准，情况都是如此。虽然在哈萨克斯坦法院和目前的仲裁中提出的请求的确是基于同样的事实，特别是被申请方所指称的基本错误行为(即被申请方的行为)。他们提出了一些重要的不同之处，但这些不同之处并不足以证明，这些主张"在根本上具有相同的(规范)基础"是合理的。

请求之间的关键区别如下：通过在哈萨克斯坦法院的诉讼行为，申请方主要试图使竞争管理机构关于AES实体在垄断登记册上列出的决定无效，并质疑对据称对AES实体进行罚款和处罚的命令违反竞争行为。申请方这样做的主要理由是，有关当局滥用了哈萨克斯坦有关竞争法。

申请方的主张在当前程序有不同的维度和意义：虽然哈萨克斯坦当局执行新的哈萨克斯坦竞争法在目前的程序中起着重要作用，它只是从事实的角度出发，因为这是当前ICSID程序中申请方提出条约请求的事实原因之一。换句话说，它是哈萨克斯坦法院诉讼的结果，即由哈萨克斯坦法院确认，哈萨克竞争法已被行政当局正确实施，导致申请方提出请求，指称其根据ECT，BIT和1994 FIL给予申请方的保护违反了由《阿尔泰协定》中作出的其他保证。如果哈萨克斯坦法院作出不同的决定，根据法律对申请方的待遇就会不同，对申请方所称的合法期望的影响也会不同。

总之，哈萨克斯坦法院的诉讼程序是申请方条约请求的事实基础。他们确定新法律是否得到正确适用，以及申请方的合法期望和(或)其他条约保护权利在多大程度上受到不利影响。因此，在目前的ICSID中，由于哈萨克斯坦法院先前进行了此类诉讼，而剥夺申请方提出条约请求的可能性是不够的。

② 用尽当地救济。被申请方的观点是，申请方关于哈萨克斯坦法律适用情况的请求(已经受到哈萨克斯坦法院程序的制约)只能在"拒绝司法"的标准下加

以审查,这首先要求用尽所有当地补救办法。

学者和仲裁庭对“用尽当地救济”的要求是否属于管辖权、可受理性和/或实质内容的问题有不同的看法。关于被申请方,它认为,审查申请方的请求是否有充分根据的标准问题是一个实质问题,而不是管辖权问题。

至于用尽当地救济是否属于司法管辖要求,在此阶段只要 ICSID 公约第 26 条、ECT 第 26 条、BIT 第 6 条和 1994 年 FIL 第 27 条都没有规定这种要求就够了。

因此,仲裁庭认为用尽当地救济不是本案的管辖权要求。一个类似的论据是否可以作为可否受理的要求,这是一个尚待解决的问题,只有在仲裁庭与被申请方就“拒绝司法”标准的适用达成一致的情况下才适用。因此,在必要时,将在审查有关衡量据称违反条约的标准时予以处理。

③ 放弃,默许和/或消灭时效。被申请方认为,申请方关于将竞争法适用于 AES 实体的主张受到豁免,默许或消灭时效,因为 AES 实体和申请方以前都没有在国内法院提出过,现在也没有根据 1994 年 FIL 或《阿尔泰协议》提出。

关于上面所说的申请方请求的性质,因为同样的原因,仲裁庭否定了被申请方岔路口条款的观点,仲裁庭认为申请方的请求不能被视为放弃,默许或消灭申请方在较早阶段未提起某些请求的理由。

在这方面,应当强调的是,申请方一再和坚决地反对地方当局适用哈萨克法律的方式的记录清楚地说明了这一点。他们首先求助于哈萨克斯坦法律的地方当局,这一事实并不能阻止他们以后再寻求 ICSID 仲裁,因为地方当局所进行的诉讼程序构成了请求的事实基础的一部分,并且争端已提交仲裁庭,包括涉嫌违反相关条约保护。

3. 第一个结论

基于上述考虑,仲裁庭有权管辖申请方在这一仲裁程序中提交的请求,也没有审理该请求程序上的障碍。

(三) 2004 年至 2008 年 12 月 31 日

1. 主要问题

在 2004 年至 2008 年 12 月 31 日这段时间,申请方对被申请方的请求主要涉及哈萨克斯坦在竞争法领域对AES实体颁布和实施新法律法规的方式。

仲裁庭认为，关于申请方的主张，有三个关键问题需要确定：

(1) 稳定问题，即申请方是否是稳定的，如果是，颁布和适用哈萨克斯坦竞争法的改变是否违反稳定保证；

(2) 合法期待问题，即申请方的合法期待是什么，这些合法期待是否落空，这种落空会在多大程度上导致条约主张；

(3) 其他违反行为的问题，即哈萨克斯坦对法律的适用是否可被视为违反了有关条约标准，以及这一问题如何受到前两项规定的影响。

2. 仲裁庭分析

(1) 与1995年《电力法》所规定的情况相比，申请方未能确定这一点，《电力法》是其进行主要投资时所采用的关键法律制度。哈萨克斯坦颁布并实施了其竞争法的不同版本，这对申请方的立场产生了“负面影响”。

因此，申请方未能证明他们应得到“保护”，免受哈萨克斯坦颁布和实施其竞争立法的影响，它不属于1994年FIL第6条规定的保证稳定范围。在一定程度上，它对整体市场条件和框架进行了重大改进，也不会导致违反ECT第10(1)条和BIT第2(2)(a)条的公平公正待遇标准提供的“稳定性”保护。

任何此类特定变更的影响是否可能违反ECT和/或BIT所规定的相关保护标准，都将在审查有效标准时进行处理。但是基于稳定条款，不能单独提出一项请求。

(2) 仲裁庭认为，申请方根据ECT和/或违反了哈萨克斯坦《竞争法》修正案的BIT没有任何合法的期待。

仲裁庭认为有必要强调，这些结论是基于“合理期望”的概念得出的，这一概念与确定条约保护范围有关。仲裁庭在这方面的裁决不影响申请方是否可能具有类似的合同性质的期望。这是一个合同解释问题，适用于合同所适用的法律，因此超出了目前仲裁庭的管辖范围。

3. 仲裁庭的结论

申请方关于从2004年到2008年12月31日这段时间哈萨克斯坦竞争法立法的改变和其对AES公司的适用的主张，根据所谓的违反下列这些主张是没有根据的：

(1) 1994 年 FIL 第 6、8 和 13 条;

(2) 根据 ECT 第 10(1)条和 BIT 第 2(2)(a)条下的公平公正待遇标准;

(3) 根据 ECT 第 10(1)条和 BIT 第 2(2)(b)条下的避免不合理和任意损害投资的义务;

(4) ECT 第 10(1)条和 BIT 第 2(2)(a)条所载的保护伞条款;

(5) ECT 第 10(1)条和 BIT 第 2(2)(c)条下的充分保护和保障标准。

(四) 2009 年 1 月 1 日—2015 年 12 月 31 日这段时间

为了确定申请方对 2009 年《关税税则修正案》和 2012 年《电力法》提出的请求在何种程度上是合理的,仲裁庭认为首先应澄清以下初步问题,这些问题似乎与申请方的许多请求有关:

2009 年《关税修正案》和 2012 年《电力法》设定了具体的机制,这两项法律之间存在重大差异(如果有),以及任何此类差异与申请方的请求的相关性。

2009 年《关税修正案》和 2012 年《电力法》所依据的政策目标。

这些初步问题得到澄清后,仲裁庭将着手审查申请方提出的每项请求。

(1) 违反 1994 年 FIL 第 6 条和第 8 条。

申请方未能证明,与适用于申请方的 1995 年《电力法》相比,实施"关税交换投资"计划对申请方的投资产生了不利影响,因此,他们根据 1994 年 FIL 第 6 条提出的主张是不充分的。

关于根据 1994 年 FIL 第 8 条和第 13 条提出的主张,因为这些要求的实质内容属于 BIT 和 ECT 所提供的保护标准,因此没有必要作出决定。

(2) 违反 ECT 第 10(1)条和 BIT 第 2(2)(c)条下的保护伞条款。

仲裁庭的结论是,没有必要就申请方提出的"以关税交换投资"计划违反 ECT 第 10(1)条及 BIT 第 2(2)(c)条的保护伞条款的主张单独作出裁决。主张中这一要素的实质内容应在公平公正待遇标准的范围内予以适当考虑,因此将与公平公正待遇标准共同处理。

(3) 违反 ECT 第 10(1)条下的鼓励和为投资者创造有利和透明的投资环境的义务。

仲裁庭所持的观点是,ECT 第 10(1)条的第一句没有建立一种独立的标准,提供超出 ECT 第 10(1)条其余部分中已规定的更具体的保护标准的保护，因此不能根据 ECT 第 10(1)条的第一句话提出独立的主张。

(4) 违反 ECT 第 10(1)条和 BIT 第 2(2)(a)条下的公平公正待遇标准。

最后，申请方有合法权利期待他们有机会从其投资中得到合理收益，并在合理的时间内将这些收益汇回国内。

(5) 违反 ECT 第 10(1)条和 BIT 第 2(2)(b)条下规定的避免采取不合理或任意措施的义务。

总之，在某种程度上，申请方对违反 ECT 第 10(1)条和 BIT 第 2(2)(b)条下规定的避免采取不合理或任意措施的义务的主张主要是基于"关税交换投资"方案的"非理性政策目标"的论证，这是毫无根据的。在某种程度上，这样的主张是针对"以关税换取投资"政策的具体效果，申请方构建主张的方式似乎与对违反公平公正待遇标准的主张并没有不同，因此为避免采取不合理或任意措施的行为，确定是否存在单独的违约行为是没有必要的。

(6) 违反 ECT 第 14(1)条和 BIT 第 4(1)条下的保证申请方将他们的投资收益毫无迟延地自由转出哈萨克斯坦的义务。

总之，从某种程度上来说，仲裁庭已经认定，实施"关税交换投资"政策的限制违反了公平公正待遇标准所提供的基本保护，关于申请方从他们的投资中得到合理收益的权利和自由支配使用他们的收益，以及汇回收益的权利。这样的认定已经涵盖和吸纳任何对 ECT 第 14(1)条和 BIT 第 4(1)条的间接违反。

(7) 仲裁庭的结论。

关于申请方与实施 2009 年《税法修正案》和 2012 年《电力法》"关税交换投资"政策有关的主张，仲裁庭裁决如下：

① 申请方对违反 1994 年 FIL 第 6、8、13 条中规定的标准的主张是没有根据的。

② 申请方对违反 1994 年 FIL 第 10(1)条的主张包含在其对违反公平公正待遇标准中了，因此不需要分开处理。

③ 申请方对违反 ECT 第 10(1)条和 BIT 第 2(2)(c)条下的保护伞条款的主张，即哈萨克斯坦没有遵守《阿尔泰协定》下的义务，被违反公平公正待遇标准问题吸收，不需要单独处理。

④ 申请方对违反 ECT 第 10(1)条和 BIT 第 2(2)(a)条下的公平公正待遇标准的主张在一定程度上是有一定根据的,实施 2009 年税法修正案和 2012 年电力法时,由"关税交换投资"政策施加的限制超出了对电力供应系统崩溃的威胁所能作出的适当和合理的回应,因此不能视为被基本政策证明是合理的。

⑤ 申请方对违反 ECT 第 10(1)条鼓励和为投资者创造有利和透明的投资环境义务的主张被驳回,原因是这样的义务没有建立一种独立的标准,提供超出 ECT 第 10(1)条其余部分中已规定的更具体的保护标准的保护,尤其是提供了超出公平公正待遇的标准。

⑥ 申请方对违反 ECT 第 10(1)条和 BIT 第 2(2)(b)条下规定的避免采取不合理或任意的义务是没有根据的,在一定程度上它是基于"关税交换投资"方案的"非理性政策目标"的论证。就该主张来说,它是针对实施这样的计划施加的限制,申请方的主张与他们对违反公平公正待遇标准的主张重叠了,因此不需要一个单独的裁决。

⑦ 申请方对违反 ECT 第 14(1)条和 BIT 第 4(1)条下的保证申请方将他们的投资收益毫无迟延地自由转出哈萨克斯坦义务的主张也已经被对违反公平公正待遇标准的主张涵盖,因此不需要一个单独的裁决。

(五) 2016 年 1 月 1 日之后

申请方对违反① FIL 第 6、8、10、13 条,② ECT 第 10、14 条,③ BIT 第 2、4 条,关于 2016 年 1 月 1 日之后的法律制度的请求是不成熟的,因此是没有根据的。

申请方请求命令哈萨克斯坦提供给申请方完整赔偿,通过重建哈萨克斯坦违反 FIL、ECT 和 BIT 前的环境,该请求被驳回。

申请方请求哈萨克斯坦支付赔偿,赔偿遭受其违反 FIL、ECT 和 BIT 所带来的损失,包括精神损害赔偿:

(1) 与申请方关于直到 2008 年 12 月 31 日这段时间哈萨克斯坦《竞争法》的原始请求相关的请求在某种程度上被拒绝。

(2) 与申请方关于从 2009 年 1 月 1 日到裁决作出之日这段时间根据 2009 年《税法修正案》和 2012 年《电力法》实施的"关税交换投资"计划相关的额外请

求在某种程度上被驳回。

(3) 该请求被认为是不成熟的，因此在某种程度上是毫无根据的，它与申请方关于裁决作出之日后根据2009年《税法修正案》和2012年《电力法》实施的"关税交换投资"计划相关的额外请求相关。同样的，申请方关于这段时期的赔偿请求被驳回。

三、仲裁裁决

鉴于上述情况，仲裁庭作出如下裁决：

(1) 仲裁庭认为其有权裁决申请方提交的请求，并且没有程序上的障碍阻止仲裁庭裁决这样的请求。

(2) 关于申请方的请求，仲裁庭宣布哈萨克斯坦：违反了FIL第6条、第8条、第10条和第13条，违反了ECT的第10条和第14条，违反了BIT的第2条和第4条。仲裁庭认定：

① 与哈萨克斯坦竞争立法和从2004年到2008年12月31日对AES实体公司适用有关的主张，申请方的请求被驳回。

② 与从2009年1月1日到该裁决作出之日的这段时间由2009年《关税修正案》和2012年《电力法》实施的"关税交换投资"政策，这种方案下的限制违反了ECT第10(1)条下的公平公正待遇标准。

③ 就涉及2016年1月1日以后的请求而言，这是不成熟的，因此是没有根据的。

④ 该项之下的所有其他请求均被驳回。

(3) 关于申请方对各种命令的请求，仲裁庭认定如下：

① 申请方请求命令哈萨克斯坦提供给申请方完整赔偿，通过重建哈萨克斯坦违反FIL、ECT和BIT前的环境，该请求被拒绝。

② 申请方请求哈萨克斯坦支付赔偿，赔偿遭受其违反FIL、ECT和BIT所带来的损失，包括精神损害赔偿。

③ 申请方请求命令哈萨克斯坦支付裁决前利息，该请求被驳回。

④ 申请方请求命令哈萨克斯坦支付裁决后利息，以仲裁庭决定的利率按月

支付直到全部付清,该请求被驳回。

⑤ 申请方的任何相关或进一步仲裁庭认定为合理适当的请求均被驳回。

(4) 关于各方对命令对方支付仲裁费用的请求,包括所有的法律费用和开支、仲裁庭成员的费用和开支以及使用ICSID设施的花费,仲裁庭裁决如下:

① 各方支付各自的法律费用和开支。

② 申请方应当承担仲裁程序67%的费用,也就是572 923.18美元;被申请方应当承担另外33%的费用,即282 186.04美元,因此,申请方应当支付被申请方145 368.57美元。

(5) 所有其他各方的请求均被驳回。

郭爽译　张正怡校

Charanne B. V. 和 Construction Investments S. À. R. L. v. 西班牙

斯德哥尔摩商会仲裁院

仲裁地点：西班牙马德里

案号：062/2012

裁决时间：2016 年 1 月 21 日

申 请 方：Charanne B. V.
Construction Investments S. À. R. L.

律　　师：Hermenegildo Altozano, Coral Yánez, Paloma Belascoain, Madrid（西班牙）
Bird & Bird, Fernando Mantilla Serrano, John Adam, Latham Watkins（巴黎）

被申请方：西班牙

律　　师：José Luis Gomara, Fernando Irurzun, José Ramón Mourenza, Eduardo Soler Tappa, Christian Leathley, Florencia Villaggi, Beverly Timmins, Pilar Colomes, Herbert Smith Freehills, Madrid（西班牙）

仲 裁 庭：主席 Alexis Mourre，仲裁员 Guido Santiago Tawil，仲裁员 Claus von Wobeser

行政秘书：Bingen Amezaga

一、案件事实

Charanne B. V.（"Charanne"）是一家荷兰公司，总部设在荷兰阿姆斯

Zuidoost 的 Herikerbergweg238,Luna Arena,注册编号(K. v. K.)No. 20. 114. 560。Construction Investment S. A. R. L.("Construction")是一家卢森堡公司,注册地址位于 13 - 15 Avenue de la Liberté,L - 1931 卢森堡,注册编号(R. C. S.)B 87. 926,税号 20022408845。Charanne 和 Construction 共同作为"申请方"。申请方均是 Grupo T-Solar Global S. A.("T-Solar")的股东,T-Solar 是成立于 2007 年的有限责任公司,以前称为 Tubin Zonne S. A.。除了其他方面,T-Solar 的生产活动包括发电和销售光伏太阳能发电厂生产的电力。在发出争端通知时,CT-Solar 公司通过某些公司拥有 34 个在特殊制度下利用太阳能光伏技术发电的生产设施。截至 RD1565/2010 和 RDL 14/2010 生效之日,Charanne 和 Construction 分别持有 T-Solar 公司 18. 658 3%和 2. 887 6%的股份。2011 年 6 月 30 日,T-Solar 公司与 Grupo GTS de Socieddes Solares,S. A. U. 合并,维持 T-Solar 公司的名称。2012 年 12 月 28 日,Charanne 和 Construction 将他们在 T-Solar 公司的股份转让给 Grupo Isolux Corsán Concesiones S. L.,作为对资本的实物贡献以及获得公司及其母公司 Grupo Isolux Corsán S. A. 的股份。目前,Charanne 和 Construction 通过持有 Grupo Isolux Corsán S. A.(分别为 2. 43%和 52. 02%)和 Grupo Isolux Corsán Concesiones S. A.(分别为 1. 756%和 0. 447 65%)的股份,维持了在 T-Solar 公司的收益。本仲裁的被申请方是西班牙。争端涉及西班牙基于光伏太阳能发电系统的监管框架。太阳能光伏发电系统由一个基于可再生能源的系统组成,该系统由一种特殊的制度管制,这种制度规定了激励和补贴。除其他外,西班牙建立了管制关税制度,以补偿来自光伏的电力生产。总之,申请方声称,被申请方在吸引他们对光伏发电产业的投资后,修改了管制该行业的特别制度,造成了申请方的各种损失。

二、法律分析

(一) 管辖权

1. 被申请方提出

西班牙基于下列理由对仲裁庭的管辖权提出异议:(1) 缺乏事项管辖权;

(2) "fork in the road""岔路口"的规定已经启动;(3) 争端和各方均须遵守关于欧盟内部市场的规则,同时争端应根据欧盟的司法制度解决;(4) 根据《能源宪章条约》(以下简称"ECT")第1(7)条,申请方不是投资方。

根据被申请方的意见,RDL 9/2013 明确废除了 RD 661/2007、RD 1578/2008 和 RDL 6/2009 第4条,必须将其视为已经废除了 RD 1565/2010 和 RDL 14/2010,即申请方在针对西班牙的仲裁中所依据的所有规则。

RDL 9/2013 建立了与前一制度不同的新制度,该制度由 RDL 9/2013、New LSE、RD 413/2014 和 2014 年 6 月 16 日的 IET/1045/2014 组成的新监管框架确定。此外,新条例完全吸收了以前的调整或监管措施,计算的是工厂整个寿命期的合理盈利能力,包括计算第一年的运营。因此不可能单独考虑以前的规定。

被申请方申明,申请方的索赔及其赔偿的计算是基于已废除的条例,因此没有法律依据。

申请方没有在 RDL 9/2013 及其后的条例下提出具体的索赔,也不能这样做,因为他们在另一个仲裁庭根据这些条例提出了索赔,如果他们在本仲裁程序中也这样做,他们将获得非法收益。现在,申请方就这些条例向另一个仲裁庭提出索赔,如果他们在本次仲裁中也这样做,申请方将获得不公平的收益。据被申请方称,Isolux Corsán Infrastructure Netherlands B. V. 公司是申请方投资的同一家公司,该公司在 2013 年 10 月 3 日基于西班牙违反 ECT 的行为提出了对其进行仲裁索赔,上述程序与本仲裁诉求之间的唯一区别是前者是基于现行的新规则。

被申请方认为,如果仲裁庭根据新的条例审查申请方的仲裁请求,而新条例不是仲裁的对象,并且西班牙没有行使其辩护权,这将构成滥用正当程序。

最后,被申请方辩称,西班牙尚未批准新的立法,以规避申请方所称的仲裁。相反,后来没有标的物的情况是由申请方自己造成的,他们选择不向本庭提出与新条例有关的索赔,而是向另一个仲裁庭提出索赔。

2. 申请方提出

关于缺乏事项管辖权的请求应予以驳回。

申请方主张,采用 RD 1565/2010 和 RDL 14/2010 降低了其股票和 T-Solar 收益的经济价值,无论这些法规是否已被 RDL 9/2013 废除或随后吸纳,毫无疑问已经造成了损害。本仲裁中考虑的措施仅是 RD 1565/2010 和 RDL 14/2010,但申请方称,这些措施仅仅是西班牙为完全废除 RD 661/2007 和 RD 1578/2008 规定的特殊制度而采取的第一步。

RDL 9/2013 引入的新制度没有对西班牙的行为作出补救,而是加剧了在仲裁中正在审查的措施所造成的局面。西班牙不能利用其本身的行为逃避 ECT 规定的责任,这也进一步恶化申请方的处境。申请方否认 RDL 9/2013 影响该仲裁的争议事项,但是即使有所影响,该仲裁考虑的措施 RD 1565/2010 和 RDL 14/2010 的有效期将近 3 年,直到 RDL 9/2013 生效。

(二) ECT“岔路口”条款的启动

1. 申请方已经启动“岔路口”条款

被申请方在 ECT 第 26(3)(b)条提到的岔路口条款是旨在防止投资者不公正地诉诸平行争端解决机制。被申请方认为岔路口条款已被启动。一方面是 T-Solar 和光伏电站的所有投资专用车辆所有人以及 Isolux Corsán 关于 RD 1565/2010 向最高法院分别提出第 64/2011 号和第 60/2011 号行政索赔的结果;另一方面,是由于 T-Solar 的多家公司向欧洲人权法院提出了索赔要求。

关于向欧洲人权法院提出的要求宣布 RDL 14/2010 违反共同体法律并要求赔偿,仅此一项索赔就已经激活了岔路口条款,因为造成了为同一索赔滥用两种平行程序,以最大限度地提高申诉的可能性。虽然申请方没有在西班牙法院提出索赔,但是他们确实采用了 ECT 第 26(2)(b)条规定的“先前商定的争端解决程序”。

最后,向欧洲人权法院提出的索赔没有被承认是不相关的,因为在提交索赔时,岔路口条款已被启动,该条款只在投资者放弃其他争端解决程序时才规定其不适用。本案中,索赔由于未得到承认而没有在欧洲人权法院继续进行,但投资者并没有撤回他们的索赔请求。关于西班牙法院的诉讼程序,被申请方否认申请方关于违反三重身份检验的论点,声称严格和限制地适用这些要求实际上会妨碍适用该条款。被申请方称,三重身份检验的条件已经满足。

(1) 双方的身份。被申请方申明,与 T-Solar 一起向西班牙法院提起诉讼的专用汽车公司的身份与构成申请方在该仲裁中投资的身份相同,这是由 T-Solar

旗下的 Charanne 和 Construction 直接或间接参与形成的。

被申请方称，如果 64/2011 的程序继续进行，将导致与本仲裁中关于 RD 1565/2010 相同的索赔请求。

在这方面，被申请方辩称，国际法支持被申请方的立场，即在分析当事方的身份时应考虑索赔实体的经济统一性和每个案件的经济影响。

此外，被申请方申明，如果作出裁决，最高法院关于不可受理的判决将产生与申请方无关的普遍适用效力。根据西班牙法律，宣布不具有一般性特征的判决具有普遍性和临时效力。

(2) 事项的认定。关于事项的认定，西班牙法院诉讼程序中的行为者本质上提出了与本仲裁中的申请方相同的主张，但对这些程序的特殊性作了调整。与申请方的论点相反，不仅要求在行政诉讼中宣布废除 RD 1565/2010，而且还要求以诉讼中相同的方式赔偿。

此外，被申请方辩称，向西班牙最高法院提出的申诉也提到 RDL 14/2010，法院在裁决中也就这一规范作出了裁决。无论如何，如果对 RD 1565/2010 作出普遍适用的裁决，就会影响整个立法调整制度，因为其理由是类似的。

(3) 查明原因。被申请方主张，每个程序都是基于每个系统、国内或国际的具体规范，相关的是在行动的原因和非绝对的身份之间存在一个基本的真正身份的分析。在这方面，仲裁中要求宣布西班牙实施的法规违反了 ECT 和损失赔偿请求等同于西班牙最高法院对 RD 1565/2010 的 ANULACION 的请求以及相应的赔偿要求。最后，被申请方主张西班牙最高法院还在第 60/2011 号和第 64/2011 号上诉的裁决中宣布不存在任何违反 ECT 的情况。

2. 申请方：申请方未启动 ECT 的"岔路口"条款

申请方认为，ECT 的第 26(3)条包含岔路口条款，该条款规定，仲裁和诉诸缔约方普通法院是可供选择的排他性途径。但是被申请方的观点应该被驳回，因为普遍承认的三重身份检验标准要求在国内法院进行的程序和在仲裁庭进行的程序应具有相同的当事人、相同的事项和相同的法律依据，但这一检验标准并没有得到满足。

(1) 当事方之间缺乏身份认证。Charanne 和 Construction 并非在西班牙法院进行任何诉讼的当事方，因此当事人不具有主体身份，在西班牙提起法律诉讼的是拥有工厂的公司。这些公司不属于ECT投资者的范围。ECT明确规定，必须是投资者选择诉诸国内法院而不是其股东或子公司。申请方与Grupo T-Solar公司和Grupo lsolux Corsá公司有联系这一事实，并不允许忽视申请方的法律人格。被申请方的论点是，申请方将从最高法院的诉讼中可能要求的罢工中受益，因为它具有普遍的效力，与岔路口条款无关，因为该分析将导致荒谬的结果，即不接受可能从一般决定中受益的第三方提出的仲裁请求。

(2) 事项没有认定。在最高法院审理的行政诉讼程序中，请求方试图以违反西班牙法律为由推翻RD 1565/2010，在本仲裁中，申请方要求仲裁庭宣布RD 1565/2010和RDL 14/2010与ECT的规定不符，并因此要求西班牙赔偿因通过该条例及其生效而遭受的损害。虽然提交最高法院的索赔也要求赔偿损失，但申请方认为，根据西班牙法律提出的要求推翻一项规定的索赔与要求赔偿由于国家违反国际义务而造成的损害的国际索赔并不相同。

(3) 缺乏法律依据的认定。西班牙法院审理的案件所依据的是违反西班牙法律制度的行为，特别是《西班牙宪法》第9(3)条和第14条以及LSE第30(4)条，而本案则基于ECT和国际法。申请方主张，“岔路口”条款规定的目的正是为了防止一方当事人就违反ECT第三部分规定的义务而向多处提出同样的索赔。如果申请方要求西班牙法院适用ECT，也会触发这项规定，但这种情况并未发生。

关于T-Solar集团的几家公司向欧洲人权法院提出的索赔，岔路口条款是不相关的，因为它只涉及第26(2)(a)条规定的西班牙“法院或行政法庭”进行的法律程序，既不涉及在国际法庭进行的诉讼，也不涉及第26(2)(b)条当事人之间“先前商定”的程序。无论如何，上述索赔确实符合三重身份检验标准，因为没有当事人的身份、标的物和法律依据。最后，欧洲人权法院尚未接受上述要求，因此，可以认为未向欧洲人权法院提起诉讼。

(三) ECT是否适用于本争端

1. 被申请方认为是欧洲内部的争端，ECT不适用于本争端

被申请方认为，申请方声称卢森堡、荷兰以及西班牙在谈判和批准ECT之前，都是欧盟成员国，这意味着引发的争端是欧盟内部的争端。欧洲内部投资关

系受到欧盟的具体监管框架的约束，该框架完全处理了所有受投资条约管辖的事项，包括 ECT 涵盖的事项。因此，ECT 不适用于欧盟成员国国民在欧盟内进行的投资，也不赋予这些国民任何权利，特别是通过仲裁解决纠纷的权利。被申请方认为，欧洲内部争端的解决受到根据欧盟法律建立的司法制度的限制，根据该制度，成员国的每位法官都作为欧盟的法官行事，并直接适用欧盟的法律。如果在适用方面出现任何冲突，争端的解决将提交给欧盟法院，这也是最终诉诸的法院，以确保系统的完整性和一致性。此外，投资者可根据《欧盟运作条约》(以下简称“TFEU”)第 258 条的规定，直接向欧盟委员会申诉，对侵权国提起诉讼。申请方声称 TFEU 第 258 条提到国家之间的争端，被申请方称此主张是没有根据的，欧共体根据第 258 条对成员国提起的大多数诉讼都是应当事方的请求提出的。被申请方称，除随后加入欧盟的东欧国家的情况外，欧盟成员国之间的双边投资条约从未存在，因为欧盟的目标就是创造一个内部市场，其中包括资本的自由流通，并建立所有必要的保障。

被申请方称，根据《维也纳条约法公约》第 31 条和第 32 条对 ECT 文本的善意解释、系统解释和其他补充解释资料都支持其立场。ECT 第 26 条要求差异性，因为 ECT 的缔约方提出索赔的投资者必须是缔约国以外国家的投资者，而且投资必须在投资方以外的缔约方境内进行。就 ECT 而言，欧盟成员国的投资者既是该国家的投资者，也是欧盟的投资者，根据 ECT 第 1(10)条，欧盟是一个区域经济一体化组织，涵盖西班牙领域以及卢森堡和荷兰，因此不存在投资者与接受投资的另一缔约方领土之间的差异性标准。被申请方认为，ECT 第 1(10)(a)和(b)条对国家领土的定义只适用于非区域经济一体化组织成员的国家。至于其目标和宗旨，被申请方辩称，ECT 的目的是在不改变共同体内部制度的情况下建立一个保护前华沙条约组织国家的投资制度。ECT 的目的和意图只能是建立一个特殊的制度来保护欧盟境外的能源投资。被申请方认为，在条约其他条款的范围内解释 ECT 第 26 条证实了西班牙的立场。因此，在欧盟成员国之间发生争端时，ECT 第 27 条中规定的仲裁条款不允许在成员国之间进行仲裁，并规定此类争端应受欧盟司法机制的专属管辖。西班牙认为，禁止成员国之间进行投资人与国家之间的仲裁源于欧洲法院的判例，特别是根据 Mox Plant 的裁决。根据 TFEU 第 344 条，涉及成员国并参照欧盟法律的争端必须按照

TFEU 规定的程序解决。从这个意义上,"混合"国际条约,即由国家和欧盟共同批准的条约,被认为是欧盟法律的组成部分。被申请方声称,ECT 签署后的行为也证实了其解释。被申请方提到了欧盟各机构,特别是代表欧盟签署了 ECT 的欧盟执行机构欧盟委员会所表达的立场。被申请方还指出,欧盟为遵守 ECT 而颁布的文书中没有提到欧盟内部的争端,这表明欧盟不认为该公约可适用于此类争端的解决。

在申请方提及的案例 Eastern Sugar v. 捷克共和国案,Eureko v. 斯洛伐克案和 Electrabel v. 匈牙利案的裁决中,被申请方辩称,这些案件不构成本仲裁庭的有关先例,因为它们所指的情况完全不同。在这些案件中,有关国家在加入欧盟之前已经签署了双边条约或 ECT 协议,而西班牙的情况则不同。事实上,如今成为 ECT 成员国的欧盟成员国之间没有双边投资协定。西班牙强调必须确保法治的系统性一体化、一致性、和谐性和确定性,在这方面,欧盟法院在欧盟内的专属管辖权应予保留,以实现可预测性和确定性,并避免作出不一致的决定。被申请方还认为,ECT 第 16 条不适用,因为欧盟法律与 ECT 之间不存在不一致。如果欧盟法律与 TFEU 第 351 条发生冲突,则 TFEU 第 351 条优先于该国加入欧盟的任何后续条约。在最后的陈述中,被申请方重申了欧洲联盟委员会表达的立场,即在 ECT 中存在着关于欧盟内部关系的分离条款。最后,被申请方辩称,将争议提交给 ECT 而不是提交给欧盟的争议解决机制,将违反西班牙法律的公共政策,如果仲裁庭作出裁决,则可能会导致无法执行或撤销该裁决。

2. 申请方:ECT 适用于这一争端,不违反欧盟法律

申请方称,TFEU 和 ECT 是适用范围不同的文书。TFEU 规定了欧盟的运作,为欧盟公民确立了自由。而 ECT 则侧重于对能源部门的投资,并建立了一个对任何国家开放的法律框架,以促进能源领域的长期合作。ECT 中规定的投资权利和具体保护在欧盟法律中更为广泛或根本没有,欧盟法律通常规范欧盟能源流通的经济和法律方面。申请方引用了各仲裁庭的裁决,这些裁决在分析欧盟法律与投资条约之间的关系时得出的结论是,两者的适用领域不同,投资条约适用于欧盟内部争端。ECT 和欧盟法律之间的兼容性已得到各仲裁庭以及欧盟成员国的国家法官的承认。在任何情况下,ECT 第 16 条将有利于投资者解决与任何其他国际协议可能存在的不一致问题。

申请方辩称，ECT 符合欧盟的司法体系，因为他们是基于违反 ECT 而非欧盟法提出索赔。被申请方提到的 TFEU 第 258 条涉及的是不同的案件，在该案件中，欧盟委员会针对某成员国违反条约义务的行为提起了侵权诉讼，使其有资格向欧洲法院起诉。该仲裁既不是成员国之间的仲裁，也不是国家与欧盟之间的仲裁，而是 ECT 缔约方与另一缔约方之间的仲裁。被申请方在这方面援引的欧盟法院判决与本案无关，也与国家间的争端无关，因此与本案无关。尽管目前的争端并不涉及欧盟法律而仅涉及 ECT，但申请方认为，虽然欧盟法院有权对欧盟法律进行明确的解释，但是仲裁庭和其他国家法院可以而且应该在必要时适用这一法律来解决争端。根据《维也纳条约法公约》第 31 条和第 32 条对条约的解释，申请方认为，对 ECT 第 26(1)条的字面解释只要求投资是在一缔约方的领域内进行的，而且该缔约方违反了其根据 ECT 对另一缔约方的投资者所承担的义务。本案中，投资是在西班牙领域上进行的，违反 ECT 的是西班牙，申请方来自荷兰和卢森堡。至于西班牙关于区域经济一体化组织领域的论点，ECT 实际上区分了两类领域，即缔约方的领域和区域经济一体化组织领域。当向一个成员国提出索赔时，其领域将是相关的；如果是区域经济一体化组织，则有关领域将是区域经济一体化组织的领域之一。如果 ECT 签署方的意图是为了排除构成区域经济一体化组织一部分的国家之间的内部索赔，那么就会明确规定这种例外。根据被申请方和欧盟委员会关于 ECT 中存在针对欧盟成员国的观点，根据该条款，该条款将不适用于共同体内部的关系，申请方认为，很明显，断开条款在 ECT 中并不以明确的方式存在，尽管签署国知道并事实上将其应用于不太相关的问题。被申请方称，在 Charanne 和 Construction 公司面纱背后，仲裁中的实际申请方是两名具有西班牙国籍的自然人何塞・戈米斯・坎埃特先生和路易斯・安东尼奥・德尔索・赫拉斯先生。根据被申请方的说法，进行投资的法人实体，无论其成立地如何，均不受 ECT 的保护，只要该实体受投资所在国的国家投资者控制。这是因为 ECT 第 26(1)条要求提出仲裁要求的国籍多样化。被申请方辩称，尽管仲裁中对申请方的国籍有正式的解释权，但有更适当的解释权要求法人具有有效的国籍。因为制定投资条约是为了鼓励外国投资，而不是鼓励本国国民的投资。根据后一种解释，"外国"特征不仅是形式上的要求，而且是客观条件，它使仲裁庭能够揭开公司的面纱，向公司的实际控制人揭示情况,并在实际控制人显然是被申请方国国民的情况下拒绝管辖。西班牙认为,无论其决定是否在ICSID仲裁而不是ECT框架内作出,该国将决定中的推理作为支持其立场的依据是完全有效的。无论如何,该决定都与旨在建立机制的文件有关,以解决在国家与其他国家国民之间的商业关系中出现的问题。被申请方还进一步辩称,在这种情况下,如果确认管辖权并且由仲裁庭作出裁决,则承认该形式的另一种管辖权待遇将违反作为仲裁所在地的西班牙的公共政策。这种待遇将取决于所选择的投资的形式,而不是处于同样情况下的西班牙国民。

三、仲裁裁决

根据ECT和斯德哥尔摩商会仲裁规则指定下列签署的仲裁员,经正式宣誓,并充分听取双方如上所述的证据和陈述,决定:

(1) 驳回申请方的全部索赔。

(2) 命令申请方共同和分别向被申请方支付:

① 仲裁费用总额为134 604.14欧元和5 155美元。须另加所适用的增加增值税。

② 根据《仲裁规则》第44条支付的合理费用,合计1 176 181.31欧元。

③ 所述数额将按裁决之日后直至付款之日,其利息按照西班牙实行的法定汇率。

葛胤佐译　欧阳雪、张正怡校

Antaris GmbH 和 Dr. Michael Göde v. 捷克

常设仲裁院裁决

案号：PCA Case No. 2014 - 01

裁决时间：2018 年 3 月 2 日

申 请 方：Antaris GmbH（德国），Dr. Michael Göde（德国）

律　　师：保密

被申请方：捷克共和国

律　　师：Marie Talašová，Karolína Horáková，Paolo Di Rosa，Dmitri Evseev，David Alexander，Stephen P. Anway，Rostislav Pekař，Zachary Douglas

仲 裁 庭：Lord Collins of Mapesbury（首席仲裁员），Gary Born 先生，Peter Tomka 法官

一、案件事实

（一）条约

《能源宪章条约》（以下简称“ECT”）第 10（1）条规定：“各缔约国应遵照本条约的规定，鼓励和创造稳定、公平、有利和透明的条件，使其他缔约国的投资者在其领域内进行投资。这些条件应该包括承认在任何时候给予缔约另一方的投资者以公平公正待遇。这些投资项目还应一直享有保护和安全，任何缔约方均不得以任何形式的不合理或歧视性措施损害投资项目的管理、维护、使用、行使权力和处置……”

1990 年 10 月 2 日签订的《德意志联邦共和国与捷克和斯洛伐克联邦共和国关于促进和相互保护投资的协定》(以下简称"BIT")的第 2(1),2(2)和 2(3)条规定:"第 2 条(1) 缔约一方应在其领土内尽可能促进另一缔约方投资者的投资,并根据其立法接受该投资。缔约各方在任何情况下均应给予投资公平公正待遇……(2) 缔约任何一方均不得以任何方式或歧视性措施损害缔约另一方投资者在其领土上的投资的管理,维持,使用或享有。(3) 投资和投资收益,以及如果将其再投资,则其收益应在本条约下得到充分保护。第 4(1)条规定:缔约一方投资者的投资在缔约另一方领土内应享有充分的保护和安全。"

(二) 当事方基本情况

1. 申请方

Antaris GmbH(以下简称"Antaris")是一家德国公司,2013 年 7 月 16 日由 Antaris Solar GmbH 改名为 Antaris。Antaris 是拥有 FVE Úsilné s. r. o.(以下简称"Úsilné"),FVE Mozolov s. r. o.(以下简称"Mozolov"),FVE Stříbro s. r. o.(以下简称"Stříbro")和 FVE Holýšov I s. r. o(以下简称"Holýšov")的瑞士公司 Antaris Solar AG(以下简称"Antaris AG")的最终母公司。Antaris AG 由 Antaris 瑞士分公司 Zweigniederlassung Kreuzlingen(以下简称"Antaris ZNL")全资拥有。

另一名申请方 Michael Göde 博士(以下简称"Göde 博士")是一名德国国民。

Antaris 隶属于为 Göde 博士所有的 Göde Holding GmbH & Co. KG。

TCS Taurus Service s. r. o.(以下简称"Taurus")为 Göde 博士和 Antaris ZNL 共同所有的公司,购买了 FVE Osečná s. r. o.(以下简称"Osečná")的 100%的股份。上述两个公司(以下简称"Czeth SPV")均是在捷克注册成立的专用汽车公司。

2. 被申请方

捷克为本仲裁中的被申请方。

(三) 各方争议

申请方认为,被申请方违反了 ECT 和 BIT 规定的义务,废除了激励安排,以违反其担保的方式吸引投资者从事光伏发电。

被申请方称,仲裁庭无权裁决 ECT 下的请求,并进一步提出,仲裁庭对与 Mozolov 工厂有关的请求没有管辖权,因为其营业执照是"通过不正当手段获得的",而 Holýšov 工厂则是由于"申请方未能提出表面证据来支持其与主张有关的索赔"。根据案情,被申请方认为,这些措施并未违反 ECT 或 BIT,基于以下三点理由:"(1) 捷克从未对申请方作出确定的承诺,(2) 捷克在其他方面没有违反任何合理期待,(3) 这些措施是为实现适当和合理的国家目标而合理采取的。"

二、法律分析

(一) 当事方的救济请求

1. 申请方

(1) 申请方在申请书中要求仲裁庭:

(a) 宣布被申请方的行动,尤其是逐步废除激励制度:(i) 构成不公平不公正的待遇,违反了 ECT 和 BIT;(ii) 通过不合理,任意的措施实施,从而损害了申请方,违反 ECT 和 BIT 的投资的维护、使用、享受和处置;(iii) 可能构成违反 ECT 和 BIT 的间接或不当征收;(iv) 违反了 ECT 和 BIT 中包含的保护伞条款,未能遵守被申请方对申请方投资的义务。

(b) 命令捷克:(i) 赔偿申请方因捷克共和国的违约行为给他们造成的所有损失,赔偿额将在仲裁过程中更准确地确定;(ii) 就裁定的任何损害赔偿金,向申请方支付裁决前和裁决后的利息;(iii) 赔偿申请方本次仲裁的所有费用和支出,包括法律和专家费用,仲裁庭任命的任何专家的费用和支出,仲裁庭的费用和支出以及仲裁的所有其他费用。

(2) 申请方在其申请书中要求仲裁庭:

(a) 声明被申请方的行为:(i) 违反公平公正待遇,并未提供全面保护和安全的义务,违反了 ECT 和 BIT;(ii) 通过不合理和任意措施的实施,违反 ECT 和 BIT,从而损害了申请方对投资的维护、使用、享受和处置。

(b) 命令捷克:(i) 赔偿申请方因捷克共和国的违约行为给其造成的所有损失(包括预付利息);(ii) 从最终裁决之日起至全额支付之前,就所判给的任何损害赔偿金额,向申请方支付利息后的利息;(iii) 赔偿申请方本次仲裁的所有费用和支出,包括法律和专家费用,仲裁庭任命的任何专家的费用和支出,仲裁庭的费用和支出以及仲裁的所有其他费用,包括因第三方参与而产生的任何费用。

(3) 申请方在其答复中要求仲裁庭:

(a) 驳回被申请方提出的管辖权异议。

(b) 宣布被申请方的行为:(i) 违反公平公正待遇,并违反 ECT 和 BIT 的义务,未提供全面的保护和安全;(ii) 通过不合理和任意的措施实施,从而损害了申请方违反 ECT 和 BIT 的投资的维护、使用、享受和处置。

(c) 命令捷克:(i) 赔偿申请方因捷克共和国的违约行为给他们造成的所有损失(包括预付利息和税收总额);(ii) 从最终裁决之日起至全额支付之前,就所判给的任何损害赔偿金额,向申请方支付利息后的利息;(iii) 赔偿申请方本次仲裁的所有费用和支出,包括法律和专家费用,仲裁庭任命的任何专家的费用和支出,仲裁庭的费用和支出以及仲裁庭的所有其他费用。仲裁,包括由第三方参与引起的任何费用。

(4) 申请方在 2017 年 4 月 6 日的信中将其从捷克克朗(包括预付利息和税款总额)减免的赔偿要求调整为 30 653 万捷克克朗(包括预付利息和税款总额)。

2. 被申请方

(1) 被申请方要求仲裁庭:

(a) 宣布仲裁庭对申请方关于 ECT 规定的税收措施的主张没有管辖权;

(b) 宣布仲裁庭对太阳能征费延期主张不具有管辖权;

(c) 宣布仲裁庭对申请方的主张没有管辖权,因为他们没有根据案情实质公开表面证据;

(d) 宣布捷克未违反 ECT;

(e) 宣布捷克未违反 BIT;

(f) 驳回申请方的全部请求；

(g) 命令申请方全额赔偿支付这些仲裁程序的费用，包括仲裁庭费用以及捷克共和国承担的法律和其他费用；

(h) 命令申请方就裁定给捷克的任何费用支付利息，该费用由仲裁庭决定。

(2) 被申请方要求仲裁庭：

(a) 声明申请方的 ECT 和 BIT 请求因缺乏管辖权而被驳回；

(b) 关于仲裁庭得出结论认为其具有管辖权的任何主张，宣布捷克没有违反 ECT 或 BIT 所规定的任何义务；

(c) 如果对申请方的任何请求具有管辖权，并认定捷克有责任，请声明申请方无权获得赔偿；

(d) 要求申请方支付所有仲裁费用，包括捷克的法律和专家费用及支出的总额，仲裁庭的费用及支出以及收取的费用；

(e) 向捷克授予其认为适当和适当的额外救济。

(3) 被申请方表示，要求宣布缺乏管辖权，具体如下：宣布申请方对 Mozolov 和 Holýšov 工厂的 ECT 索赔(根据任何一项条约)，由于缺乏管辖权而被驳回。

(二) 管辖权问题

1. 仲裁庭对管辖权问题的裁决

就《能源先章条约》第 21(1)条而言，太阳能税是否被认为是一种税收?

申请方不同意仲裁庭对 ECT 项下的申请方的主张具有管辖权。综上所述，被申请方认为，被申请方对激励机制的修正案，包括引入和延长太阳能税，废除所得税免税和缩短折旧期限，均属于本条规定的“税收措施”ECT 第 21(1)条规定：

除本条另有规定外，本条约的任何内容均不得对缔约方的税收措施创设权利或施加义务。如果本条与条约的其他规定有任何抵触之处，则以本条为准。

ECT 第 21(7)(a)条将“税收措施”一词描述为包括：(i) 与缔约方或其政治分支或地方当局的国内法或国内法中有关税收的任何规定；(ii) 为避免双重征税的任何公约或其他任何缔约方受其约束的国际协定或安排的税收有关的任何

条款。

第21(7)条进一步规定：

“(b) 所有对总收入，总资本或收入或资本构成部分征收的税收，包括对转让所得收益的税收，应视为对所得或资本征收的税收财产税、房产税、遗产税和赠与税，或实质上类似的税金，企业支付的工资或薪金总额的税以及资本增值税。

(c)‘主管税务机关’是指根据缔约双方之间生效的双重征税协定的主管机关，或在无该协定有效的情况下，指负责税收的部长或部委或其授权代表。

(d) 为免生疑问，‘税收规定’和‘税收’一词不包括关税。”

综上所述，被申请方认为，该仲裁庭无权受理任何申请方的ECT请求，因为其在ECT第26(1)条下的管辖权仅限于ECT的第10至17条所规定的“涉嫌违反义务的争端”。被申请方认为，“在仲裁中，被申请方的措施包括：引入太阳能税”，废除所得税免税和“延长太阳能税”是ECT所指的所有“税收措施”，因此，不在第26条争端解决条款的范围之内。

申请方放弃了有关折旧措施的请求，并明确表示，不反对废除所得税豁免构成ECT第21(7)条下的“税收措施”。被申请方在听证会上强调了这一点，听证会将此解释为“申请方承认他们不反对基于废除所得税免税的ECT索赔被第21条禁止，”并且申请方未对此发表评论。毋庸置疑，废除所得税免税构成了ECT的“税收措施”。因此，仲裁庭得出结论认为，其无权受理因这项措施引起的申请方的请求。

但是，关于太阳能税，申请方认为，就ECT第21(7)条而言，不能将其定为“税收措施”。申请方认为，ECT税收的减免及其对国内法的引用应按照《维也纳条约法公约》(以下简称“VCLT”)中对国际条约的解释规则进行解释。根据第31(1)条的一般解释规则，申请方认为，第21(7)条的“税收措施”的定义和提及国内法的相关性必须以“善意”解释，牢记相关表述的“上下文”和ECT的“目的和宗旨”。国际条约中所含术语的一般含义应根据其宗旨和目的来确定。正如被申请方所言，仅依靠东道国的国内立法来界定ECT的税收分摊范围，这将使东道国“通过简单地将一种措施作为一种税收来逃避它在ECT中的国际义务。”但是，与申请方认为的“旨在促进能源领域的长期合作”的ECT的宗旨相矛盾。

申请方认为,ECT 的税收分摊必须仅限于真实征收的税收。运用这一原则,申请方遵循了 Yukos 案类似的 Hulley 案和 Veteran 案中仲裁庭所采取的方法,并得出结论,确定某项特定监管措施是否符合《欧盟税收协定》第 21(7)条的"税收措施"的相关标准。ECT 是"是否属于'善意税收行动'的定义,即出于为国家增加一般收入的目的而进行的行动"。申请方称,太阳能税不符合该善意标准,无论根据捷克法律如何寻求对这种措施进行特征描述。在任何情况下,根据申请方,被申请方将"太阳能税"定性为捷克法律和某些非 ECT 仲裁庭适用的自治标准所规定的税项是不正确的:"太阳能税"既不构成捷克法律也不构成税项。

仲裁庭同意,ECT 第 21 条必须按照 VCLT 进行解释。此处适用的规定是第 31 条中条约解释的一般规则,其中规定:"(a)条约应根据条约用语在其上下文中所具有的通常含义,并参照条约的目的和宗旨,善意解释条约。"

ECT 的第 21(7)条未对"税收措施"单独做出定义。取而代之的是,ECT 的第 21(7)(a)条规定此类措施包括"与国内法税收有关的任何规定。缔约方或其政治分支机构或其所在地的地方主管机关"以及"任何避免双重征税的公约的税项规定或受其约束的任何其他国际协议或安排的任何税项规定"。

仲裁庭注意到,双方均未提出作为一项"税收措施"的太阳能税符合 ECT 第 21(7)(a)条第二段(即根据可适用的国际文书),但缔约方将所有观点都集中在涉及缔约方的国内法的第 21(7)(a)条第一段中。

缔约双方就如何解释此规定持不同意见,申请方认为,对国内法的明确提及并不减损"对 ECT 税法分摊的解释是对捷克法律的一种实践。"申请方认为,必须根据 VCLT 第 31(1)条的一般性条约解释规则,解释第 21(7)条规定的"税收措施"和与国内法有关的内容,对条约还应善意地解释,并且时刻关注"上下文"的相关表达和 ECT 的目的和宗旨。被申请方持不同观点,仲裁庭仅需要考虑引入和后来扩展太阳能税构成的规定的捷克立法条款是否与捷克共和国国内税法有关联,以确定这些措施是否属于 ECT 的税收分摊范围。而据被申请方,太阳能税是捷克法律规定的一种税收,其符合 ECT 的税收分摊政策。

仲裁庭认为,为了确定推定的税收措施是否符合 ECT 第 21 条的规定,需要进行两步分析:根据国内法进行特征描述,然后采用第 21 条的限制。

这种分析必须从国家依靠税收分割来确定假定税收措施的特征出发。按被申请方的话说,“必须遵守捷克的国内法”才能确定太阳能税费是否符合 ECT 第 21 条“与税收有关的规定”。仲裁庭认为为了适用 ECT 第 21 条,东道国的国内法必须将该措施定性为自然和实质的税收。从 ECT 的第 21(7)(a)(i)条中可以明确看出,该案针对的是所涉国家的“与国内法税收有关的任何规定”。正如被申请方所述,此说法直接将调查重点放在依赖 ECT 第 21 条的国家的国内法上。

这种解释符合被申请方明确认可的根据 VCLT 和可适用的国际法规则对 ECT 包括第 21 条进行解释的必要性。根据 VCLT 解释 ECT 的第 21 条要求具有效力。第 21(7)条的一般含义是指依赖 ECT 的税收分摊法的国家国内法。

VCLT 第 31(1)条除了要求根据一般含义解释条约用语外,还要求仲裁庭根据 ECT 的目的和宗旨来解释 ECT 第 21 条的用语。这种解释也符合第 21 条的目标,即在第 21 条的范围内允许各缔约方将特定措施排除在 ECT 的某些国际保护范围之外。简而言之,根据 VCLT 第 31(1)条解释的第 21 条的条款,需要参考采用特定措施的国家的国内法,以确定该措施是否构成国内法中的税收措施。相反,除非一项措施根据其国内法构成一项税收措施,否则第 21 条的目的不能适用。第 21 条仅适用于 ECT 缔约方在其国内法律体系内(或在可适用的国际公约内)定性为税收措施的措施。

如果根据东道国的国内法认定推定税收措施构成税收措施,则如下文所述,在第二步中,根据 VCLT 第 31(3)条对 ECT 税收范围的解释必须考虑 ECT 第 21 条对这些措施施加的限制。然而,可能适用这些限制之前,根据国内法,推定的税收措施必须首先构成税收措施。

仲裁庭认为,在分析某种措施是否应按照国内法归类为税收措施时,对实质性的考虑应优先于形式主义的方法。仲裁庭初步认为,依靠《税收管理法》调整“太阳能税”这一事实并不能解决“太阳能税”是否实质上构成一项税收的问题。《税收管理法》中所包含的税收“定义”扩展到了许多付款,这些付款从本质上来说不是税收。因此,依赖于《税收管理法》就其支配的付款是否本质上是税收,不适合给出结论性答案。

如果 ECT 仲裁庭仅考虑措施的形式而不是其实质，则将为滥用 ECT 的税收措施提供余地，因为各缔约国将能够逃避其根据第三部分承担的义务。仅通过将政府行为标记为“税收”措施，即可对 ECT 进行赔偿，并因此而承担因其违反行为而应承担的责任，ECT 中没有表明。ECT 仲裁庭的管辖权并不涵盖对特定措施是否构成适用于 ECT 第 21 条的“税收措施”的确定。因此，ECT 仲裁庭必须根据相关事实对措施进行实质性确定，而不是简单地采用缔约国自己对措施的正式描述。

确实，太阳能税的目的之一是增加国家预算的收入（作为支付太阳能投资者补贴成本的来源之一），但至关重要的是，太阳能税的结构本身是为了改变其上网电价水平而不是增加收入，其结构仅涵盖某一类太阳能生产商，并按上网电价补贴的百分比计算。仲裁庭认为，这一点已得到太阳能税的一小部分人的确认（从而限制了所筹集的收入），太阳能税的计算方法（减少了上网电价的影响）和收款方法得到了证实。以及 FiT（“Feed-in Tariff”，电价补贴，以下简称 FiT）的付款（其中包括从 FiT 中扣留给太阳能投资者的款项）。在这些方面，太阳能税的主要目的是降低某些投资者的上网电价。

如上所述，捷克最高行政法院和捷克宪法法院以及捷克财政部在向宪法法院提交的意见书中均得出结论，太阳能税实质上是减少了应付给某些人的上网电价。太阳能生产商。被申请方的专家 Kotáb 先生承认，捷克法律已明确确立了太阳能税的实质性降低上网电价的特征，尽管他认为这并不一定意味着太阳能税不是一种税。在听证会上，他承认“‘太阳能征税是减少 FiT 的特征’已经由包括宪法法院在内的法院反复表达，因此我们可以坚持此处表达的想法，无论从本质上还是实质上，这包括减少 FiT”。这一措施的制定过程中的政府声明以及该措施的结构都进一步证明了这一点。仲裁庭认为，记录中的证据（包括专家证词）证实了“太阳能税费”的实质是某些 FiT 的减少。

根据这一原则，仲裁庭得出结论，“太阳能税”不属于 ECT 第 21 条的范围。太阳能税的主要目标是减少应付某些太阳能投资者的上网电价水平，而不是增加收入；从许多方面来看，太阳能税的结构是一种税，目的是减少国际法对捷克共和国提出索赔的风险。

被申请方制定了“太阳能税”的结构（在许多方面类似于税收），其主要目的是使 FiT 的减少不在包括 ECT 在内的若干国际投资条约所规定的保护范围之内。仲裁庭并不暗示被申请方是有恶意的行为。被申请方很可能已经尝试以与其法律义务(包括其投资保护义务)相一致的方式减少上网电价。仲裁庭只是发现,这些尝试,包括使太阳能税服从《税收管理法》规定的程序,不能改变以下事实:“太阳能税”实质上是一项旨在降低上网电价水平的措施,支付给某些类别的太阳能投资者,而不是为国家筹集收入。

2. *有关太阳能税延期而产生的通知义务*

申请方是否履行了符合 BIT 和 ECT 的义务,由法令 310/2013 有关太阳能税延期而进行通知。

被申请方未作书面意见,也未提起反请求。

2011 年 6 月 10 日的争端通知书涉及第 402/2010 号法案,该法案引入了太阳能税。第 310/2013 号法案扩张了太阳能税的范围。

仲裁庭对申请方的论点表示认同。与“太阳能税”延期有关的申请在实质上与争议通知中包含的争议相同,并且不需要与原申请分开的通知和冷却期。

(三) 实体诉求:合理期待和任意的或不合理的行为

正如已经指出的那样,仲裁庭接受申请方的案子,即为了确立合理的期望,不要求有明确的稳定规定,并且申请方只要建立明示或暗示的承诺就足以产生稳定的合理的期望。

本质问题在于:(1) 起保证作用早期的推广激励制度,(2) 从 2011 年起,第 137/2010 号法案故意取消对电网并网的太阳能发电厂的 5%限制,并且从 2011 年 3 月 1 日起废除了第 330/2010 号法案的支持,(1)和(2)结合产生了合理的预期——太阳能投资者认为 2010 年不会有其他变化会影响他们的投资。为此,基于上述原因,视征收太阳能税为此类变化。

三、仲裁裁决

(1) 根据仲裁庭对案情得出的结论,引出尚未引起关注的问题:① 被申请方遵守仲裁庭的裁决是否会成为国家的援助;② 是否非法禁止有关 Mozolov 工厂的索赔；③ 是否有关于 Holýšov 工厂的表面证据案件；④ 损害赔偿额。综上，申请方的请求被驳回。

(2) 申请方应在裁决作出后 28 天内向被申请方支付总计 175 万美元和 178 125.50 英镑。

(3) 仲裁费用按英镑计价，根据《联合国国际贸易法委员会仲裁规则》第 41(5)条，PCA 所持有的任何余额均应分摊给各当事方。

曾钰涵译　郭爽、张正怡校

Isolux Infrastructure，B. V. v. 西班牙

斯德哥尔摩商会仲裁院裁决

案号：V2013/153

裁决时间：2013 年 7 月 12 日

申 请 方：Isolux Infrastructure Netherlands，B. V.

律　　师：Hermenegildo Altozano García-Figueras 先生，Coral Yáñez Cañas 先生

Bird & Bird LLP(西班牙)

Fernando Mantilla-Serrano 先生，John Adam 先生

Latham & Watkins LLP(巴黎)

被申请方：西班牙

律　　师：José Luis Gomara Hernández 先生，Diego Santacruz Descartin 先生，

Fernando Irurzun Montoro 先生

仲 裁 庭：首席仲裁员 Yves Derains 先生，Guido Santiago Tawil 教授，Claus Von Wobeser 先生

缩略语含义

IIN or Isolux INBV：申请方 Isolux Infrastructure Netherlands B. V.

特殊制度(Special Regime)：第 54/1997 号法律最初制定的电力生产和电能分配制度

ECT：1994 年 12 月 17 日的《能源宪章条约》

FET：公平公正待遇

T-Solar：T-Solar Global S. A. Group

RD：皇家法令

RDL：皇家法令法律

一、案件事实

Isolux Infrastructure Netherlands(以下简称“申请方”)是一家根据荷兰法规于2012年6月13日成立的荷兰公司，办公地址在荷兰的阿姆斯特丹Strawinskylaan。以下西班牙公司是该公司的直接/间接多数股东：T-Solar Global，S. A.集团(T-Solar Global Operating Assets，S. L.，以下简称“TGOA”)和Tuin Zonne Origen，S. L. U.(以下简称“TZO”)，TGOA和TZO拥有117个西班牙个人有限责任公司的全部或大部分资本，也是西班牙用于生产和发电的太阳能光伏电站的所有者。

申请方于2012年10月29日完成了对T-Solar的控制，当时该公司收购了62 434 220股T-Solar股票。2013年7月24日，I申请方收购了T-Solar的32 813 861股票(相当于社会资本的285 051%)。

T-Solar控制了TGOA，拥有其51%的资本，而TGOA同时也是TZO 100%资本的所有者。

TGOA和TZO成为117个西班牙个人有限责任公司的全部或大部分资本的所有者，他们拥有34座太阳能光伏电站，用于在西班牙发电。申请方了解这些工厂的清单。

申请方维持其对这34家光伏电站的利益主张。

二、当事方的观点

(一) 仲裁庭的管辖权

1. 被申请方的观点：仲裁庭没有管辖权

被申请方西班牙认为，本案仲裁庭缺乏对本案的管辖权的依据，主要是以下管辖权异议。

管辖权异议一：由于没有受 ECT 保护的投资者，仲裁庭缺乏管辖权。

管辖权异议二：由于没有受到 ECT 第 1(7)条保护的另一缔约方的投资者，仲裁庭缺乏管辖权。

管辖权异议三：根据 ECT 第 1(6)条，缺乏投资活动。

管辖权异议四：仲裁庭缺乏管辖权，存在滥用程序。

管辖权异议五：因为仲裁庭就 ECT 第 17 条的情况拒绝申请方适用 ECT 第三部分，因此，仲裁庭缺乏基于"自愿"的管辖权。

管辖权异议六：仲裁庭对被申请方西班牙根据第 15/2012 号法律引入的 IVPEE 违反第 10(1)条等规定的义务缺乏管辖权。

管辖权异议七：由于未能按照 ECT 第 21(5)(b)条的要求向主管国家税务机关提交争议，被申请方因第 15/2012 号法律引入 IVPEE 而导致申请方指控被申请方违反了 ECT 第 13 条所承担的义务，不具有可受理性。

ECT 第 21 条将强加的征税措施排除在 ECT 的范围之外，即"i) 缔约国国家立法的税收规定……"。

第 10(1)条等不适用被申请方采取的税收措施，因此，其不同意将引发争端的根据税收措施例如根据第 15/2012 号法律对电力生产的价值征税(以下简称"IVPEE")提交仲裁。

因此，申请方援引的 ECT 第 10(1)条不适用于被申请方采取的税收措施，因此认为被申请人未同意将由税收措施引起的争议提交仲裁，例如根据第 15/2012 号法律对电力生产的价值征税。

被申请方表明，没有理由认为税收所追求的目的超出了为国家获取收入的目的。这一目的在第 15/2012 号法律的序言中提出，这项税收和任何税收一样，"主要目的是获得必要的收入来支持公共支出"。

被申请方认为，如果 ECT 第 13 条适用于税收，则与 ECT 第 10(1)条相反，关于 IVPEE 的性质根据 ECT 第 13 条的主张不予受理，因为该问题已提交给国家税务主管部门，相对于被申请人征收 IVPEE 而言，根据 ECT 第 21(5)(b)条是强制性的，与申请方的要求相反。申请方解释根据《西班牙宪法》第 96 条，西班牙法律规定了提交有关 IVPEE 是否被从主管税务当局征收的问题的程序。

ECT 已是西班牙法律体系的一部分，可以在主管税务机关之前援引。在 2015 年 10 月的听证会上，被申请方指出，审理该资源的主管当局是税务总局（以下简称“DGT”）。

2. 申请方的观点：仲裁庭有管辖权

申请方提出了自己的观点，表明仲裁庭具有 ECT 第 26(1)条的管辖权，因此对 Isolux INBV 具有可受理性。

(1) 根据 ECT 第 26(1)条规定仲裁庭有管辖权。

第一，投资者与投资做出地之间的地域差异；

第二，符合国籍多样性的标准（根据 ECT 第 1(7)条）；

第三，申请方根据 ECT 第 1(6)条进行了投资；

第四，没有挑选法院。

(2) 受理申请方的请求应当被接受。

第一，被申请方不得追溯适用 ECT 第 17 条；

第二，ECT 第 21 条下的反对是没有根据的；

第三，被申请方有向主管税务机关提供补救机制。

(二) 争议的基础

1. 申请方的观点

(1) 西班牙以一个稳定和可预见的特别制度的承诺吸引了投资。

申请方认为，西班牙的邀请是针对 RD 661/2007 和 RD 1578/2008 的，它们适用于特定类别的投资者，即对其特征和登记时间有严格要求的投资者。

接受仲裁的工厂符合这些要求，并已按 RD 661/2007 和 RD 1578/2008 的特别制度妥善收集。

随着 2013 年 7 月 14 日起生效的 RDL 9/2013 的通过，以及新的具体薪酬制度，投资者在做出投资决策时没有考虑的因素被应用。西班牙从未承诺致力于一个不可改变的法律框架，但它确实有义务确保稳定、透明和可预测的法律和经济领域。

西班牙保证了稳定和可预测的工厂经济框架。

被申请方保证了工厂的长期公平公正待遇。

西班牙已逐渐弱化最后废除了特别制度。

西班牙废除了特别制度,代之以具体的薪酬。

西班牙所采取的措施是无法预见的。

西班牙采取的措施是不合理的。

(2) 被申请方违反 ECT 的义务。

申请方声称被申请方首先违反了 ECT 第 10 条等规定的义务,而 ECT 第 13 条关于征收表明申请方有权利要求赔偿,因此其有权利要求赔偿。

2. 被申请方的观点

关于案件的实体,被申请方首先对交易的事实作出答复。然后被申请方对申请方提出的观点作出答复,指出它没有违反 ECT 第 10(1)条,并且没有违反第 13 条。最后,被申请方认为申请方无权获得赔偿,因为投资收益没有减少。

三、法律分析

(一) 管辖权

管辖权异议一:仲裁庭不认为欧洲委员会的“替代性”邀请是一项程序性请求,而是其本身被宣布为不称职的替代性建议。此类建议属于法庭之友的职责范围,欧洲委员会在任何方面都没有超出其职权范围。但是,在没有任何一方要求的情况下,仲裁庭不能中止仲裁程序。被申请人方不要求中止程序,如果被申请方提出反对,则申请方将予以反对。在这种情况下,仲裁庭不必对此作出裁定。

管辖权异议二:仲裁庭驳回被申请方的管辖权异议 B,认为不能满足 ECT 第 26(1)条所要求的投资人与缔约方之间国籍多元化的管辖权要求。

管辖权异议三:仲裁庭驳回被申请方关于 Isolux INBV 未根据 ECT 第 1(6)条所定义的投资在西班牙实现的管辖权异议。

管辖权异议四:仲裁庭驳回被申请方认为仲裁庭因程序存在滥用而缺乏管辖权的管辖权异议。

管辖权异议五:仲裁庭将被申请方的管辖权异议重新界定为可受理性异议

后，予以驳回被申请方的管辖权异议。

管辖权异议六：对于西班牙王国因第15/2012号法律引入IVPEE而违反了ECT第10(1)条引起的义务的争议，仲裁庭没有管辖权。

管辖权异议七：仲裁庭在决定仲裁费用时，应考虑申请方就适用第21(5)(b)(i)条等所作行为的影响所提出的意见。

(二) 争议焦点分析

1. 有关违反ECT第10条的主张

申请方解释，根据ECT第10(1)条，被申请方有以下义务：为在其领土上进行投资创造稳定和透明的条件，确保对申请方的投资进行充分的保护和安全，在西班牙对投资申请方的管理，维护，使用，享受或清算不采取任何过分或歧视性损害措施，并履行义务与申请方或其在西班牙的投资达成协议。

申请方确认，西班牙违反了上述每一项义务。

但是，与申请方的主张相反，仲裁庭在本条中并未发现缔约双方有义务鼓励并为其领土内的投资创造稳定和透明的条件，而这种违反本身会产生有利于另一缔约方投资者的权利。例如，对投资保护和安全等给予公平待遇，则该投资者可就未能为其境内的投资创造稳定透明的条件而对国家提出主张要求其赔偿，这是荒谬的。

申请方解释说："该标准禁止缔约方建立旨在吸引投资的监管框架——如被申请方已做出后来从根本上又取消了该投资框架"。但这不过是说明尊重投资者合法期望的义务的例证。实际上，申请方并未对其方法提供任何令人信服的法理的支持。相反，Plama仲裁庭采取了与当前仲裁庭类似的立场，表示"稳定而公正"显然是ECT下公平公正待遇标准的一部分。实际上，申请方默示表示在该标准下，应根据投资者的合理期望权衡合理性和相称性措施，该期望值受FET标准保护。因此，仲裁庭将不会单独审查西班牙违反了为在其领土上进行投资创造稳定和透明条件义务的主张。

与申请方相反，RD 661/2007和RD 1578/2008并没有明确设计为"为了寻求外国投资"。事实上，在IIN建立之前，对工厂最初的投资是在西班牙。西班牙曾对T-Solar、电厂和最终的IIN收购进行表态，但并不是专门针对投资者或缔约方投资者的投资做出的。因此,仲裁庭的结论是,由于西班牙王国没有与申请方或在西班牙的投资订立具体义务,因此没有必要审查它是否未履行这些义务。

仲裁庭认为申请方没有证明西班牙违反了(以下简称"FET")公平公正待遇义务。

公平公正待遇标准的主要目的是保证投资者免受第三方和国家行为者的侵害时,申请方可能将标准与ECT和措施的可预测性问题相混淆。申请方没有声称它是这种行为的受害者。在无法通过确保FET义务证明其保护合理的情况下,保护性担保标准不能干预以保护投资者免遭框架变更。在这方面,仲裁庭在AES Summit会议案件中与仲裁庭立场相同。在该案中匈牙利认为:

"……为投资提供最长期保护和安全的责任是国家采取合理步骤保护其投资者(或使其投资者能够保护自己)免受第三方和/或国家行为者干扰的义务。但是,标准当然不是严格的责任之一,尽管它可以在适当的情况下扩展到人身安全的保护范围之外,但它当然不能免除国家(如本案的情况)以某种可能的方式立法或监管的权利,对国家的投资产生负面影响,但前提是国家在此情况下采取合理的行动并以实现合理客观的公共政策目标为条件。"

即使在不合理的意义上,仲裁庭也不认为所采取的措施超出规定。仲裁庭分享了Saluka Investments v. 捷克一案。在该案中,仲裁庭正确地指出:在这种情况下,"合理性"标准的含义与其所关联的"公平公正待遇"标准的含义没有不同,关于"非歧视"的标准也是如此。因此,在这种情况下,"合理性"标准还要求表明国家行为与某种理性政策具有合理关系,而"不歧视"的标准则要求对外国投资者的任何差别待遇有合理的理由。因此,就行为标准而言,违反无损规定与违反"公平公平待遇"标准没有本质区别。非减损要求仅确定任何此类违规行为的更具体后果,即在操作方面。

仲裁庭驳回了申请方关于被申请方违反ECT第10条承担的义务的请求。

2. 有关违反ECT第13条的主张

申请方称,根据提出的一系列观点西班牙违反了ECT第13条,这些观点可以概括如下:

申请方的投资受到ECT第13(1)条,该条款禁止征收ECT第1(6)条含义

内的投资,并且不保护获得的权利;

西班牙的管理权不能规避其根据 ECT 第 13 条承担的责任;

西班牙采取的措施具有征收 Isolux INBV 的投资的效果,因为它导致了大量的投资损失。

仲裁庭认为,法院在 Electrabel 案中的立场以及许多国际仲裁庭在这方面的立场都非常明确,普遍认为直接或间接征收会影响投资及其控制。影响必须是"实质性的",也就是说,这些措施对投资者的权利或资产的影响必须如此之大,以至于其投资损失其全部或相当一部分价值,这相当于剥夺其财产。

仲裁庭认为,申请人的投资没有被征收,因为投资时的收益不超过 6.19%,工厂目前的盈利能力远高于该收益率,达到 7.11%。根据申请方自己所接受的标准,不能认为损失"严重"或"过重"。

仲裁庭得出结论,西班牙王国所采取的措施不是征收,因此将国家管制权的相对例外作为排除获得赔偿权的特权来决定是徒劳的,也没有必要审查双方关于申请方所要求的损害赔偿的争论。

根据上述论述,仲裁庭驳回了申请方关于西班牙违反 ECT 第 13 条的请求。

四、仲裁裁决

出于上述原因,仲裁庭决定:

(1) 宣布仲裁庭对于西班牙因第 15/2012 号法律引入 IVPEE 而违反了 ECT 第 10(1)条规定的义务的争议没有管辖权。

(2) 除第 1 项中提到的事项外,驳回其他所有被申请方管辖权的例外,并有权解决该争议。

(3) 必要时驳回被申请方对可受理性的异议。

(4) 驳回申请方的请求。

(5) 决定由双方共同和各自承担下列仲裁费用。

① Yves Derains 先生 225 592 欧元的费用,4 459.83 欧元的开支以及总计 2 000 欧元的差旅费,此外,申请方将负责支付以下金额的 20% 增值税:67 677.6 欧元(相当于费用的 30%)和 1 337 949 欧元(相当于支出的 30%);

② Guido Tawil 教授 135 355 欧元的费用,5 948.09 欧元的开支以及总计 2 500 欧元的差旅费;

③ Claus Von Wobeser 先生 135 355 欧元的费用和 12 161.66 欧元的开支;

④ SCC 管理费 41 849 欧元;

⑤ 此外,申请方将负责支付 12 554.7 欧元的税率的 25%增值税(相当于管理费的 30%),这些款项将提前由各方支付给 SCC。

申请方承担这些费用的 70%,被申请方承担 30%。

(6) 裁定申请方向被申请方付款:

① SCC 确定的仲裁费用为 113 044.11 欧元;

② 被申请方合理费用为 139 401.2 欧元。

(7) 第 6 项中提到的款项将从本裁决书之日起至有效付款之日,按照西班牙有效的法律费用,向被申请方支付应计利息。

(8) 各方的所有其他要求均被驳回。

智明、张珍译　张正怡校

RREEF v. 西班牙

国际投资争端解决中心裁决

案号：ICSID Case No. ARB/13/30

裁决时间：2016 年 6 月 6 日、2018 年 11 月 30 日

申 请 方：RREEF Infrastructure（G. P.）Limited 和 RREEF Pan-European Infrastructure Two Lux S. à r. l.

律　　师：Judith Gill QC，Jeffrey Sullivan，Marie Stoyanov，Virginia Allan，Ignacio Madalena，Lauren Lindsay，Tomasz Hara，Stephanie Hawes

被申请方：西班牙

律　　师：José Manuel Gutiérrez Delgado，Antolín Fernández Antuña，Roberto Fernández Castilla，Patricia Froehlingsdorf Nicolás，Mónica Moraleda Saceda，Elena Oñoro Saínz，Amaia Rivas Kortázar，María José Ruíz Sánchez，Diego Santacruz Descartín，Javier Torres Gella

仲 裁 庭：Alain Pellet（主席）；Robert Volterra（申请方选定的仲裁员）；Pedro Nikken（被申请方选定的仲裁员）

一、案件事实

（一）当事人基本情况

根据《能源宪章条约》（以下简称为“ECT”或“条约”）和《关于解决国家与其他国家国民之间投资争端公约》（以下简称“ICSID 公约”），本案涉及的争端提交

国际投资争端解决中心(以下简称“ICSID”或“中心”)。ECT 于 1998 年 4 月 16 日起生效,ICSID 于 1965 年 3 月 18 日在华盛顿缔结,并在 1966 年 10 月 14 日生效。

申请方是 RREEF 基础设施有限公司(以下简称“RREEF 基础建设”或“第一申请方”)和 RREEF 泛欧基础设施勒克司有限公司(以下简称“RREEF 泛欧”或“第二申请方”),两者共同出现时简称为“申请方”或“RREEF”。

RREEF 基础建设是一家私营有限责任公司,依据新泽西州的法律于 2005 年注册成立。RREEF 泛欧也是一家私营有限责任公司,依据卢森堡的法律于 2006 年注册成立。

RREEF 专门从事基础设施的投资,对包括发电行业在内的不同行业都有投资经验。2013 年,RREEF 成为德意志银行集团的成员,与德意志银行资产和财富管理的分支共同运作,并统一更名为德意志资产与财富管理公司。

第一申请方是 RREEF 泛欧基础设施基金有限合伙企业(以下简称“PEIF”)的普通合伙人。PEIF 持有第一申请方 100%的股本,并通过第一申请方间接获得第二申请方 100%的股权。

被申请方是西班牙王国(下文简称“西班牙”或“被申请方”)。

申请方和被申请方统称为“争端当事双方”。

(二) 争端和救济请求

本案争端涉及西班牙的可再生能源发电装置。

争端的核心是申请方主张被申请方通过其机关、机构和法律主体的作为和不作为对被申请方在西班牙电力系统上的投资造成重大损失,指控被申请方的行为违反了 ECT 规定的国际义务。西班牙电力系统涵盖发电、运输、配电和电能销售。本案涉及以风能和集中式太阳能为主的可再生能源发电。

根据申请方主张,他们投资西班牙的可再生能源发电项目是因为西班牙稳定的经济体制,该体制与其他一起受皇家法令 661/2007(以下简称“RD 661/2007”),RDL 6/2009 和 RD 1614/2010 保护和制约。之后,西班牙修改了管理框架,采取一系列措施改变了投资者在风能和集中式太阳能领域的投资回报条件。这些措施包括 15/2012 号法律,RDL 2/2013、9/2013,24/2013 和 RDL 413/

2014以及2014年10月14日颁布的行政令IET/1882/2014,以下统称为“引起争端的措施”。

申请方认为,这些修改违反了ECT第10(1)条中被申请方的义务,即提供公平公正待遇并履行根据ETC第10(1)条最后一项保护伞条款所需承担的义务。根据ETC和国际法的规定,申请方认为其有权获得充分赔偿。他们还要求被申请方赔偿因违规所造成的所有损失。申请方特别向仲裁庭提出以下请求:

(a) 宣布西班牙违反了ECT第10(1)条的规定;

(b) 要求西班牙:(i) 恢复西班牙违反ECT之前的情形,并向申请方就恢复发生之前遭受的所有损失进行赔偿;或(ii) 向申请方赔偿因西班牙违反ECT而遭受的所有损失;并且无论如何:(iii) 裁决作出前产生的利息按每月2.07%的复利率支付给申请方;(iv) 裁决后的利息每月按仲裁庭决定的复利率支付,直至完全付清为止;(v) 全额承担本次仲裁的费用,包括仲裁员、ICSID、申请方的律师、专家和法律咨询所产生的或将要产生的所有费用;以及(vi) 仲裁庭认为公正、适当的任何其他进一步的救济。

然后,驳回(i) 西班牙有关集中式太阳能工厂装机容量的申请;(ii) 关于管辖权的其余异议(税收异议)。

被申请方则认为,对西班牙电力行业的调整修改是遵守包括条约在内的国际义务的。对于被申请方而言,必须进行监管方面的调整,以此纠正回报过高的情况,帮助受到关税赤字影响的电力行业能够在经济上持续稳定。产生争端的措施试图在西班牙电力行业持续发展的条件下,保证合理的回报率。被申请方还确定,西班牙的管理体系不属于稳定条款的范围(稳定条款保证制度不可变动),因此可以调整修改。然而,申请方是知道他们投资回报的方式会受制于法规的更改。

在此基础上,被申请方请求仲裁庭:

(a) 宣布自身无权裁决关于西班牙王国通过第15/2012号法案引入电能生产价值税(以下简称‘TVPEE’)违反《欧共体条约》第10(1)条的指控主张。

(b) 驳回申请方关于其他有争议措施的所有请求,因为西班牙遵守声明中提及的规定,未以任何方式均违反ECT。

(c) 另外,鉴于申请方无权根据本声明获得赔偿,请求驳回申请方所有索赔要求。

(d) 命令申请方支付因以下原因而产生的所有仲裁费用和支出,包括管理费用和仲裁员的费用,西班牙雇用专家、顾问和法律代表的费用,以及可能发生的任何其他费用或支出,还有所有这些费用依照合理利率从产生之日起至实际支付之日为止的利息。

二、法律分析

(一) 管辖权税收异议

仲裁庭列出了争议当事双方就税收异议提出的主要观点。

1. 被申请方的观点

被申请方认为,仲裁庭没有管辖权来审理申请方根据西班牙法律 15/2012 中的"税收措施"提起的申请,因为被申请方未曾准许仲裁有关税收措施的争议。被申请方尤其认为:

西班牙王国准许仲裁的条件仅限于其在 ECT 第三部分中的义务引起了潜在侵害。由于第三部分未针对缔约双方采取的税收措施规定任何义务,因此不符合当事方自愿的原则(ratione voluntatis),仲裁庭没有管辖权裁决依据西班牙法律 15/2012 提出的申请。

除 ECT 第 21 条中规定的特殊情况外,ECT 不对税收措施赋予权利或施加责任。而申请方寻求依据的是 ECT 第 10 条,不属于特殊情况。

电能生产价值税(以下简称"TVPEE")是 ECT 的一项"税收措施"。

税收措施必须推定为善意。

TVPEE 是一项具有普遍适用性的善意税收措施。

2. 申请方的观点

申请方认为西班牙法律 15/2012 中的实施措施不是第 21 条规定的"税收措施"。另外:

(1) 7%的税款是一种"关税削减"形成的税收,目的在于逐步消除并最终废除 RD 661/2007 规定的激励措施。这是因为尽管普通管理制度下传统能源的电力生产者和特殊管理制度下可再生能源的电力生产者都征收7%的税，但作用于两者的效果是不平等的。普通管理制度下传统能源的电力生产者可以通过提高电价，将额外7%的税收成本转嫁给消费者。特殊管理制度下可再生能源的电力生产者无法这样做，原因在于他们很大程度上依赖于固定金额的付款，这些金额不受市场价格左右。这些生产者无法通过调整有效地转嫁征收的7%税款。

(2) 由于这7%的征收不是善意实施的，因此不适用ECT的税收条款。

(3) 税收措施必须是善意的，且不得推定为善意。此外，如果有初步证据表明该税收措施不是善意的，举证责任将转移到另一方当事人。

(4) 征收7%不是一项善意的措施，而是一个削减关税的做法，目的是剥夺ECT中规定的申请方的权利。

3. 仲裁庭对税收异议的分析

仲裁庭认为，7%费用征收显然是一种税收。无论考虑到ECT第21(7)条给出的定义，还是西班牙国内法中该词的通常含义，都是如此。

仲裁庭同意，正如Isolux案仲裁庭所解释的那样："如果税收措施不是善意的，那么基于ECT第21(1)条规定可以考虑使用电能生产价值税(IVPEE)的假设仍然是无效的。"

在包括投资纠纷的国际案件中，仲裁庭通常认为："申请方必须在案件中提出主张，任何一方在主张事实时承担举证责任。"

因此，问题不在于是否有税收是善意推定的，而在于这项税收是否出于善意制定的。在审查了争议当事双方在这一争议上交换的观点之后，仲裁庭认为在这种情况下7%的征税是善意进行的。7%的税收是西班牙有关环境保护的全球政策的一部分。如第15/2012号法案序言第3段所释，"这项税收改革的基础之一是电力生产所引起的环境成本内部化"，实际上除了"标题Ⅰ下征收的电能生产价值税"。同时，第15/2012号法案中规定的"促进能源可持续性的税收措施"涉及另外两种新的税收法规，标题Ⅱ下分别针对核燃料的生产和放射性废料的储存规定了税收，标题Ⅲ修改了西班牙法律38/1992关于天然气供应特别税的规定。此外，按照该法案第4条的规定，该税无差别地适用于所有电力生产商。

最后,被申请方认为,西班牙的安达卢西亚政府对 TVPEE 的违宪上诉以及欧盟委员会就上述税款与欧盟法律的兼容性进行的相关调查,均未使该措施的税收性质受到质疑。被申请方特别主张西班牙宪法法院和欧盟委员会已经确定了 TVPEE 的税收性质并批准了其合法性。

仲裁庭认为,ECT 第 21(1)条的规定是对仲裁庭管辖权的排除,因此,在 ECT 框架下仲裁庭不会就征税的合法性做出决定。但是,该仲裁庭认为,征税会影响申请方投资的收益,所以在对申请方应得的合理收益进行国际评估时必须将此点纳入考量。

(二) 责任

申请方称,西班牙王国采取的措施导致其违反 ECT 规定的义务,其中包括:(1) 给予申请方公平公正待遇;(2) 不得以不合理或歧视性措施减损申请方对投资的使用、收益或处分;(3) 遵守先前就申请方投资达成的义务。仲裁庭须依次审查争端当事双方的申请。为此将审查适用于争端的法律和争端的一般框架(即 ECT 的目的和宗旨,国家的监管权和国家裁量权的适用性)。在审查每项申请的实体问题之前,仲裁庭将审查声称因被申请方的措施侵犯的实体权利保障的适用标准。

1. 适用法律

(1) ICSID 第 42 条,确定适用于该争议的法律相关规定是 ICSID 第 42(1)条和 ECT 第 26(6)条。

ICSID 第 42 条规定:

① 仲裁庭应根据当事各方可能同意的法律规则对争端作出裁决。如无此种协议,仲裁庭应适用作为争端一方的缔约国的法律(包括其冲突法规则)以及可能适用的国际法规则。

② 仲裁庭不得借口法律无明文规定或含义不清而暂不作出裁决。

③ 第一款和第二款的规定不得损害仲裁庭在双方同意时按公允及善良原则对争端作出裁决的权力。

ECT 第 26(6)条规定,仲裁庭应"根据本条约和国际法可应用的有关规则和原则,对争端中出现的问题作出裁决"。

在本案中，当事双方尚未授权仲裁庭按公允及善良原则对争端作出裁决。因此，当条约规则无规定时，仲裁庭有义务根据 ICSID 第 42 条和 ECT 第 26(6)条以及相关的"国际法规则和原则"作出决定。

争端当事双方提醒仲裁庭需注意与本案相似且已经作出最终裁决的案例。仲裁庭在给予适当注意的同时，对摆在面前的法律问题发表了看法，并根据本案的具体情况适用了对应的法律规则，不受前仲裁庭的任何决定束缚。

(2) 欧盟法律的相关性。如上所述，2018 年 1 月 29 日—3 月 22 日，争议当事双方在仲裁庭给予许可的情况下提交了 5 份新文件，并就这些文件提出了进一步的意见。所有这些意见主要围绕本案与欧盟法律的相关程度展开。

① 被申请方的观点。被申请方主要以国家援助决定和 Achmea 案判决为依据。

在对国家援助决定的意见表述中，被申请方的主要论据如下：

(a) 国家援助决定对西班牙具有约束力；

(b) 欧盟法律优先于一般国际法规则；

(c) 特别是国家援助决定第 164 段所述，"在国家援助计划的背景下，公平公正待遇原则的范围不能超出欧盟法律中关于法律确定性和国家援助计划中合理期待的概念"；

(d) 新制度必须被视为《欧盟运行条约》第 107(1)条所指的国家援助；

(e) 根据该决定，参考欧盟法院的判例法，"原则上，国家援助的受援助国不能对没有通知欧盟委员会的援助是否合法抱有合理期待"，并且"从事实的角度来说，任何投资者都无法从不合法的国家援助中取得合理期待"。

因此，申请方在本案中声称的期待是不具有合法性的，并且"任何投资者都不能对西班牙的支持计划是否保留或获得 40 年内一直不变的能源补助拥有客观合理的期待"。

被申请方辩称，由于"ECT 是成员国之间缔结的国际条约"，因此"对当前争端的适用欧盟法律和原则决定了仲裁庭没有管辖权来审理当前争端"，而仅可以由欧洲法院根据《欧盟运行条约》第 267 条和第 344 条解决。

关于实体部分，被申请方依旧表示"确定投资者的合法期待也很重要，这些投资者声称特定数量的国家援助保持超过 30 年不变"，并且"应采用欧盟法律来评估行为的恰当性和争议措施的合理性,因为被申请方必须遵守欧盟法律规定的界限”。此外,例如参考 Total v. 阿根廷一案,被申请方声明仲裁庭不能忽视欧盟法律,因为它“反映了 28 个国家共同的传统”。

② 申请方的观点。在答复西班牙对国家援助决定的评论时,申请方的观点如下:

(a) 国家援助决定不涉及原本已有的制度,而仅涉及新制度;

(b) 只有国家援助决定的执行部分具有约束力;

(c) 管辖权异议与案件无关,因为仲裁庭已就管辖权作出决定;

(d) 在任何情况下,欧盟法律都不会强制要求西班牙废除原先的监管制度;

(e) 国家援助决定与申请方的合理期待没有关系,也和恰当性或透明度无关。

申请方认为 Achmea 案判决与本案无关,因为:

(a) 判决明确指出,该判决仅适用于欧盟本身不是缔约方的条约,这与 ECT 的情况不同;

(b) ECT(欧盟为缔约方的条约)与欧盟法律之间不存在不兼容的情况。该仲裁庭已经做出决定,如果有不一致之处,则以 ECT 为准;

(c) ECT 对欧盟具有约束力,并对由于欧盟机构可能采取的欧盟措施而导致违反 ECT 的争议提供仲裁这一解决方式。换句话说,如果根据 ECT 可以向欧盟提出条约请求,并且这从定义上不与欧盟法律相抵触,则可以得出结论,ECT 下的投资者-国家仲裁机制也不与欧盟法律相抵触;

(d) 与荷兰和斯洛伐克的双边投资条约不同,ECT 规定投资人与国家之间的争议应根据本条约(ECT)和国际公法解决,而不是根据东道国的法律(和欧盟法律)解决。

③ 仲裁庭的分析:

仲裁庭认为,关于欧盟法律与其管辖权的相关性,讨论已经结束,有关问题在第一次审理之后不会重新展开。

仲裁庭关于管辖权的推理也会对案件本身的实体问题产生影响:如果 ECT 与欧盟法律之间存在不兼容性或差异,则以前者为准。仲裁庭还在其管辖权的决定中指出:“在可能的情况下,如果两项条约平等或不平等地适用,对它们的解释必须以不互相矛盾的方式进行。”而且，本仲裁庭同意被申请方的观点：“欧盟法律反映了 28 个国家在诸如合法期望以及对 ECT 的一般解释等重要的事项上的共识，而仲裁庭不能忽视这些共识。”

考虑到这一点，仲裁庭指出，尽管在欧盟法律的作用和相关性的问题上，Achmea 案判决成为争议当事双方的争论焦点，但在本案中是不适用的：在这种情况下，适用的法律是荷兰王国与捷克和斯洛伐克联邦共和国于 1991 年缔结的双边投资条约，这是两个欧盟成员国之间专门缔结的欧盟内部文书。如上所述，这与 ECT 的情况不同，“ECT 一方面将欧盟及其成员国连接在一起，另一方面将非欧盟国家连接在一起”。最终以与欧盟法律不符的借口对非欧盟国家实施 ECT 的全面修改是非常不适当的。

最后，在本案欧盟法律的相关性讨论中，仲裁庭认为有义务否定欧洲法院关于所谓的商业仲裁和投资条约仲裁之间区别的主张。在这两种情况下，仲裁义务的产生均来自争端双方的合意，无论争端当事方是国家还是个人。仲裁庭对其是否具有管辖权作出的决定中明确指出，在本案中，当事双方均同意依据有关法律文件进行仲裁，这里指的文件对被申请方而言就是 ECT。一旦达成合意，欧洲法院的任何事后决定都无法撤销该合意。如果欧洲委员会认为欧盟成员国在此类同意方面违反了欧盟法律，则是欧盟法律的内部事务，不会影响根据 ECT 成立的国际仲裁庭的适用。

2. 一般框架

ECT 的目的和宗旨，国家的监管权力和国家裁量余地原则的适用性。

(1) 申请方的观点

申请方称，根据《维也纳条约法公约》(以下简称“VCLT”)的要求，仲裁庭必须遵守善意原则并按照其条款所赋予的一般含义解释 ECT。特别是被申请方必须按照 ECT 的目的和宗旨行事，根据第 2 条相关部分的规定，该条约“根据 ECT 的目标和原则，在互补和互利的基础上，为促进能源领域的长期合作而建立的一个法律框架”。

申请方主张，ECT 的基本目标是通过减少政治和监管风险来促进能源领域的交易和投资。申请方还对这一基本目标进行细化分解，得出以下几项：(a) 在稳定和公平的法律框架内进行能源投资；(b) 国家层面提供透明的法律框架；

(c) 尽可能减少能源投资的非商业风险。

能源投资与其他类型的投资不同,因为它们"通常会在项目中涉及高价值和长期的财务承诺,这些项目无法针对投资条件的短期变化而作成本和融资结构上的调整,所以对法律和政治上的变化以及其他相关风险尤为敏感。"在此基础上,申请方继续表达意见:为了满足能源领域具体的需求并实现其目标,与大多数双边条约相比,ECT 提供了更有力的保护措施和更高水平的保障,因此,"不能将 ECT 的规定与自由贸易协定中的任何其他投资条约或有关章节等同起来"。

在回应西班牙关于 ECT 不是保障政策的说法时,申请方称:"恰恰是因为能源行业具有战略意义并受到严格监管,缔约双方都知晓各国可能试图干预或使用其监管权力,ECT 必须真正意义上提供非常广泛的保障。"

ECT 在国际层面上提供了额外的法律保护,这将在最大程度上减少政治和监管性质的"非商业风险",从而确保对投资者而言稳定的法律框架。他们声称,这种理解受到多边组织、多边论坛以及 ECT 秘书处的读者指南的支持。

申请方进一步认为,能源领域的特殊需要也证明,ECT 赋予各国监管权力极为有限,而且比双边投资协定的范围要窄得多。他们认为,这反映在对条约的适用,特别是对实质性的投资保护以及 ECT 文本本身所承认的极少数情况上。

关于国家监管权的问题,申请方提出以下意见:监管权是指一个国家在不承担国际责任和损害赔偿责任的情况下能够做出决定的程度。一个国家不会因加入 ECT 而宣布放弃其监管的权力。相反,一个国家即使违反了国际责任也可以自由地进行监管,但它必须为这些违法行为向任何受影响的投资者进行赔偿。因此,摆在仲裁庭面前的问题是,ECT 是否包含任何例外情况,可以使西班牙避免承担责任。

申请方进一步提出,ECT 不包含适用本案的例外情况,因为一方面,ECT 的第 10 条与第 13 条(征收)不同,没有为所谓的政策权力提供辩护;另一方面,ECT 的缔约方们谨慎地限制了国家在不承担责任的情况下为公共利益进行监管的能力范围。关于另外一个问题,申请方指出了第 24(2)(b)(i)中具体规定,"保护人类、动物或植物生命或健康所必需的措施"若违反了 ECT 第 10 条,则仍需承担赔偿责任。具体来说,申请方认为:"ECT 的缔约方决定,对投资者的保护将优先于保护人类、动植物的生命或健康的需要。”

因此，申请方得出结论，ECT 的缔约国“仔细思考后选择严格限制签署国的监管空间”，并谨慎地划定了它们监管权的范围，在 ECT 第 24 条中保留了六项明确不适用条约的例外情况。

关于“国家裁量权原则”的适用性，申请方认为：“国家裁量权原则”涉及对国家决策应给予何种适当的尊重标准或应实施何种程度的审查。这一概念主要是在适用《欧洲人权公约》的保护条款过程中，随着实践判例不断发展起来的。当仲裁庭或法院对国家拥有特定技术或宪法权限时制定的决策进行审查时，这项原则可能是适用的。国家裁量余地原则是有范围的，它不是法律标准，而是一个可以根据特定情况进行调整的分析方法。

申请方进一步主张：“ECT 没有明确规定或分析国家裁量权原则，争端当事双方都不认为它属于适用国际法的规则。”在此基础上，他们得出以下结论：“国家裁量权作为额外的审查标准”“既无必要，也不合适”。

最后，申请方在提及一名仲裁庭成员提出的问题时指出，西班牙不仅没有提出必要的抗辩，而且还没有证明产生争议的措施是“紧迫的社会需要”或“西班牙修改了法律和法规，是为了符合公共利益的基本治理要求”。此外，申请方还认为，即使假设把关税赤字当作是“紧迫的社会需求”，这也不足以避免承担赔偿的责任。

(2) 被申请方的观点

被申请方同意申请方的意见，即为了解释 ECT 的实质性保护，仲裁庭必须依据 VCLT 第 31 条、术语在各自背景下的一般含义和 ECT 的宗旨和目的进行分析。

据被申请方主张，ECT 谈判并签署之时的目的与当前是一致的。那就是依据不歧视原则和市场价格体制的原则，开放和促进柏林墙倒塌后的西方国家和社会主义阵营国家之间的自由能源市场。因此，被申请方认为：“ECT 保护投资者的主要目标是实现自由市场，使投资者不因自身国籍受歧视，自由地开展能源活动。被申请方拒绝接受申请方将 ECT 描述为一项主要保护投资的条约。50 条条款中仅有 7 条专门讨论投资，基于市场规则和非歧视性原则，保护投资只是实现整个欧洲能源市场高效总体目标的一种方式。”

根据被申请方所述:“国家不愿意限制自己在能源等具有战略意义的行业中的监管权,这导致ECT的签署方对以下两种情况做出区分:(1)所谓的‘投资程序’(ECT第10(2)条和第10(3)条)为尚未签署的‘补充条约’保留签署条件,该条件确保了国民待遇和最惠国待遇的实现。(2)尽管有一定的限制,在完成投资之后,外国投资者仍然适用国民待遇和最惠国待遇。”

因此,被申请方称,一旦进行了投资,ECT给予投资者和外国投资的最佳保护就是“国民待遇”,因为ECT第2条反映出条约的目的是消除市场中的歧视。然而,这并不意味着被申请方声称的公平公正待遇条款仅保护投资者不受歧视。这和市场价格体制的原则一样,是ECT的主要目标之一。

ECT的标的就是对能源领域的投资,这是一个具有高度战略性和良好监管的领域。同样地,因缔约双方签署ECT,投资者就认为拥有了一种“保障政策”,能够阻止被申请方在战略性领域进行监管改革,并为国际投资者提供优于国内投资者更好的保障,这是不合理的。在这个问题上,被申请方反对申请方的指控,不认为因投资性质的不同,ECT比其他条约规则(如双边投资协定)提供更高水平的保护。

此外,被申请方指出,在补贴和公共援助的情况下,ECT第10(7)条所反映的国民待遇对投资的保障受第10(8)条所体现的重大例外的约束。该例外的内容如下:“第7款的实施形式,即有关缔约方为能源技术研究和开发提供补助或其他财政援助计划,或订立合同,应保留给第4款所述的补充条约中。”

被申请方认为,此例外情况适用于本案,因为申请方要求为电力生产支付补贴或国家援助。由于尚未签署本款所述的补充条约,被申请方得出结论认为,ECT的签署国仍然没有义务向投资者提供像赠款或财政援助有关项目中的东道国给予的“国民待遇”。

被申请方进一步认为,“除了国际法的最低标准之外,ECT不对国家的监管权力设置任何限制,条约的目的是消除歧视。被申请方再次声称在补贴或公共援助问题上,这种待遇并不普遍”,尽管ECT为实现上述投资保障和投资者保护而对监管权力进行了限制,但它并不是宣告其监管权力无效。

相反,被申请方认为,出于公共利益的考虑,国家保留修改相关监管框架和行使宏观经济控制的权力。作为ECT的一部分,《能源宪章条约》明确认可了这一点。

被申请方还声称,国家在修改可再生能源的回报制度和补贴金额上保留了“一定的自由裁量权”。西班牙最高法院在 2005 年至 2009 年期间做出的判决证实了这一点,这些判决都记录在案。

(3) 仲裁庭的分析

仲裁庭注意到双方就 VCLT 第 31 条所体现的“一般解释规则”的适用性达成协议。仲裁庭将酌情在本案决定中应用这项“一般规则”。

条约的目的在第 2 条中有述,涉及“1991 年 12 月 17 日在海牙会议决议文件中通过的《欧洲能源宪章》的目标和原则”。作为背景的一部分,需要根据《欧洲能源宪章》对 ECT 的目的和宗旨进行分析,因为它是由缔约各方制定、接受并达成条约的有关文书。《欧洲能源宪章》在目标中表达阐述了以下原则:“在国家主权和能源资源的主权框架内,本着政治和经济合作的精神,(签署国)促进发展遍布整个欧洲的高效能源市场和一个功能更完善的全球市场。这两者均建立在不歧视原则和市场价格体制的原则之上,并充分考虑环境因素。他们决定通过实行能源领域的市场原则,创造一个有利于企业运作、资金和技术流动的环境。”

仲裁庭认为,ECT 的当事方旨在通过该领域的市场机制,在国家对能源资源的主权与创造有利于资金流动的环境之间实现平衡。

尽管事实上仲裁庭承认能源投资是种特殊的投资,与其他投资具有一致性和差异性,并且在经济、商业、基础设施、金融、市场和其他特别的领域,能源投资与其他投资是有区别的。仲裁庭认为,在谈判双方觉得适当的范围内,考虑这些特殊性并将其反映在迄今为止有关的条约中。在本案中,鉴于能源市场的特殊性,仲裁庭必须通过评估缔约方认为有必要纳入 ECT 的特定规则对条约进行解释。

但这并不意味着 ECT 对本案可能涉及的所有问题进行了全面完整的规定。如上所述,根据 ECT 第 26(6)条和 ICSID 第 42(1)条,当条约规则无规定时,仲裁庭必须根据其他可以适用的国际法规则和原则对裁决争议问题。因此,ECT 必须被排除而不是能被排除的原因,事实上不是因为 ECT 没有明确规定各国的监管权力,也不是因为没有正式承认对其有利的国家裁量权。

在这方面,毫无疑问,各国在国际公法中享有一定的国家裁量权,而在各国实施ECT时,必须更具体地承认行使这一原则。ECT的共同目标是“促进了一个有效的欧洲能源市场”,为了“创造一个有利于企业运作、资金和技术流动的环境”。这种共同目标可以通过不同方式实现,具体取决于每个国家或地区的情况。

但是,这种国家裁量权原则是有所限制的。首先,只有在缔约国不违反由ECT建立的适用于成员国内部和成员国之间能源领域的特别法律制度时,才可以实施这一原则。

此外,如判例法中所确立的那样,不能推定国家有放弃或拒绝行使其监管权力这样一种强加的国际义务,因为“国际法通常高度尊重国内当局在本国境内监管事务的权力”。监管权力对于实现国家目标而言至关重要,因此放弃行使监管权力是一种非常特殊的行为,必须要有明确的承诺;当国家面临严重危机时,明确的承诺更是非常必要。正如大陆法系仲裁庭所指出的那样:“国家承诺不随着时间和需求的变化而修改其法律,或者在出现任何类型或缘由的危机时通过这种规定来束缚自己,这些都是不合理的。这种承诺将触及国家的核心力量,难以想象国家会以默示的方式放弃这些权力。国家保证其法律秩序的稳定,放弃监管权力的行使,这是一项条约的义务,该项义务必须以明确的方式作出,而不能通过一般、模糊的表达推定。”

Blusun案仲裁庭对该问题进行了清晰而完整的评价:“到目前为止,仲裁庭都拒绝将法律视为承诺。例如,Charanne案仲裁庭很明确地表示:根据国际法在缺乏对稳定性的明确承诺时,投资者对监管框架不具有合理期待,例如本次仲裁中争议涉及的:在任何时候都不得为了适应市场需求和公共利益,修改与案件有关的监管框架。”

埃尔帕索(El Paso)案仲裁庭也作出了类似的区分:“根据公平公正待遇条款,外国投资者可以期待在没有经济、社会或其他性质的正当理由时,规则条款保持不变。但相反,如果一个国家可以对所有外国投资者做出总体承诺,承诺在任何情况下都不改变其法律,这是难以想象的,而且投资者依靠这种冻结求得稳定也是不合理的。”

仲裁庭将尽可能视需要依据这些非常普遍的原则,来决定争议当事双方之间产生争议的各种问题,在进入本案所提出的核心法律和事实问题之前,须处理最后一个初步问题。

ECT 第 10(1)条规定:“每个缔约方应给予在其境内的其他缔约方投资者的投资及相关活动,包括管理、维护、使用、享用或处置的待遇,应不低于给予本国或其他缔约方的投资者或第三国的投资者及相关活动的待遇,以上的任何一方都应享受最优惠待遇。”

但是,关于“缔约方提供赠款或其他财政援助的方案”,第 10(8)条将这种特殊待遇适用的形式保留在第 4 款缔结的补充条约中。

仲裁庭明确认为,本案至少部分涉及补贴或国家援助的支付。因此,仲裁庭认为 ECT 第 10(8)条原则上是适用的,或更确切地说,如果缔结了第 10(4)条所规定的“补充条约”,则第 10(8)条的规定适用。但这与本案情况不同。被申请方主张由于未缔结“补充条约”,可以推出基本结论:“ECT 的签署国仍然没有义务在项目上给予外国投资者‘国民待遇’。”仲裁庭不同意该意见:如果没有条约明确规定的方式,应当依据一般国际法进行推理。

三、仲裁裁决

基于上述理由,仲裁庭的决定如下:

一致认为:仲裁庭对 7%的征税没有管辖权;被申请方违反了 ECT 对新制度追溯适用的义务,这一违约涉及风力发电厂,又涉及属于申请方的发电厂。

多数认为:对于每一个工厂,只要每个工厂的回报率低于仲裁庭规定的 WACC + 1%,被申请方就违反了确保申请方的投资获得合理回报的义务;驳回双方的所有其他主张和请求;指示当事各方根据仲裁庭的调查结果,就被申请方违反上文第(3)和(4)段所规定的义务应向申请方支付的赔偿数额达成协议;如未能在按照下文第(7)段规定的期限内达成协议,仲裁庭将提名一名独立专家协助计算最后的损害赔偿数额;指示各方在本决定通知后 10 天内就执行上文第(5)段的合理时间表达成协议,如果在这一点上不能达成协议,仲裁庭将为此制定一个时间表;利息、税收和费用问题被保留,并将在最后裁决中解决。

张君玲译　郭爽、张正怡校

Antin Infrastructure Services Luxembourg S. À. R. L. 和 Antin Energia Termosolar B. V. v. 西班牙

国际投资争端解决中心裁决

案号：ARB/13/31

裁决时间：2018 年 6 月 15 日

申 请 方：Antin Infrastructure Services Luxembourg S. À. R. L.，一家根据卢森堡法律于 2011 年 3 月 22 日注册成立的公司，以及 Antin Energia Termosolar B. V. 一家根据荷兰法律于 2011 年 6 月 27 日注册成立的公司

律 师：Judith Gill QC，Jeffrey Sullivan，Marie Stoyanov，Naomi Briercliffe，Tomasz Hara，Stephanie Hawe，Jack Busby，Karolina Latasz

被申请方：西班牙

律 师：Diego Santacruz Descartin，Javier Torres Gella，Yago Fernandez Badía，Antolín Fernández Antuña，Amaia Rivas Kortazar，Elena Oñoro Sanz，Arturo Fernández，Alfonso Olivas，Raquel Vázquez

仲 裁 庭：Eduardo Zuleta Jaramillo，Francisco Orrego Vicuna，J. Christopher Thomas QC

一、案件事实

这一争端涉及被申请方在可再生能源部门采取的某些措施，以及被指控违

反了其在 ECT 和国际法下对申请方及其投资的义务。

西班牙于 1997 年 11 月 27 日颁布了第 54/1997 号法律，部分开放了电力部门的竞争并结束了以前由国家控制的系统。这项法律确立了西班牙电力部门的总体法律框架，包括其管理原则。第 54/1997 号法律在序言中规定："建立在市场逐步自由化基础上的能源政策，与实现其他目标（如提高能源效率、减少消费和环境保护）相一致。特别发电制度、需求管理方案，尤其是推广可再生能源，改善了可再生能源融入我们法律体系的方式。"

为了鼓励可再生能源的生产，第 54/1997 号法律区分了适用于常规能源生产的"普通制度"和适用于由非消耗性可再生能源发电的 50 兆瓦以下电力生产设施的"特殊制度"。2013 年 12 月 26 日，被申请方通过了第 24/2013 号法律，取代了第 54/1997 号法律，并正式取消了普通制度和特别制度之间的区别。其间，申请方与被申请方就多项被申请方颁布的条例产生争端。

申请方所作的投资包括于 2011 年收购位于西班牙南部格拉纳达的两个经营性集中太阳能发电（"CSP"）Andasol - 1 工厂和 Andasol - 2 工厂的股权（合称"Andasol 工厂"）。申请方认为，根据适用于可再生能源设施的新制度，其中包括 Andasol 工厂，可再生能源生产商有权获得除其生产的电力市场价格之外的特别付款，而不能在固定电价和溢价选择之间作出选择。CSP 设施只有在 25 年的监管使用寿命内，而不是在设施的整个使用寿命内，才有权获得特别付款。此外，特别付款是参照标准贷款计算的，不考虑每个特定贷款的具体情况，也不考虑因当地法律或法规而产生的费用或投资。最后，特别付款的目的不超过允许可再生能源生产商获得合理回报率的最低限度，在现有设施中计算的回报率为 7.398%。

由于上述原因，申请方主张，自 Antin 投资 Andasol 公司以来，适用于 Andasol 工厂的管理制度发生了很大变化。申请方认为，这些变化对 Andasol 公司的投资产生了重大的有害影响。他们的自由现金流和权益现金流也明显减少。因此，申请方打算在本仲裁中追回他们由于被申请方提出的监管变动而遭受的损害。

二、法律分析

(一) 管辖权

1. 仲裁庭是否缺乏属人管辖权

(1) 被申请方观点

西班牙主张,申请方不是ECT第26(1)条所要求的"另一缔约方"的投资者,ECT不适用于欧盟投资者和欧盟成员国之间的争端。被申请方认为,申请方未能遵守ECT第26(1)条规定的要求,因为争端不是在缔约一方和不同缔约方的投资者之间产生的。

(2) 申请方观点

申请方主张,在本案中,ECT第26条中的每一项要求均已得到满足,因为西班牙是ECT的"缔约方",每一个申请方都是"另一缔约方的投资者"。西班牙于1994年12月17日签署了ECT,并于1998年4月16日对西班牙生效。根据ECT第1(7)(a)(ii)条,缔约方的"投资者"是"根据适用于该缔约方的法律成立的公司或其他组织"。申请方是根据卢森堡和荷兰法律成立的公司,每个公司都是ECT的"缔约方"。

(3) 仲裁庭分析

被申请方对管辖权的异议是基于ECT第26条,特别是与"一缔约方与另一缔约方的投资者"之间的争端有关的文本。

第26条规定如下:

"(1) 一缔约方与另一缔约方的投资者之间关于后者在前者领域的投资的争端,涉及据称违反前者在第三部分下的义务,如有可能,应友好解决。

(2) 如果在争端任何一方要求友好解决之日起的3个月内,此类争端无法按照第(1)款的规定解决,争端的投资方可选择将其提交解决:

(a) 争端缔约方的法院或行政仲裁庭;

(b) 按照任何适用的、事先商定的争端解决程序;或

(c) 依照本条下列各段。

(3) (a)除(b)和(c)项另有规定外，各缔约方在此无条件同意根据本条规定将争端提交国际仲裁或调解。”

上述条款必须按照 VCLT 的规则解释，特别是其中第 31 条和第 32 条规定：

“第 31 条。一般解释规则

1. 条约应根据条约条款在其上下文中的一般含义，并根据其目的和宗旨，善意地加以解释。

2. 解释条约的上下文，除正文外，包括序言和附件：

(a) 与条约缔结有关的所有缔约方之间就该条约达成的任何协定；

(b) 一个或多个缔约方就缔结条约而订立并被其他缔约方接受为与条约有关的文书的任何文书。

3. 应结合上下文考虑：

(a) 缔约方随后就条约的解释或条约条款的适用达成的任何协议；

(b) 在适用该条约时确立缔约国对其解释的协议的任何后续做法；

(c) 适用于双方关系的任何有关国际法规则。

……

第 32 条补充解释手段

可诉诸补充解释手段，包括条约的筹备工作和缔结情况，以确认适用第 31 条所产生的含义，或在根据第 31 条作出解释时确定含义：

(a) 使意思模糊不清；或

(b) 导致明显荒谬或不合理的结果。”

西班牙于 1994 年 12 月 17 日签署了 ECT，并于 1997 年 12 月 11 日批准了 ECT，ECT 于 1998 年 4 月 16 日对西班牙生效。在卢森堡于 1994 年 12 月 17 日签署并于 1997 年 2 月 7 日批准 ECT，荷兰于 1994 年 12 月 17 日签署并于 1997 年 12 月 11 日批准 ECT 之后，ECT 于 1998 年 4 月 16 日对卢森堡和荷兰各自生效。因此，西班牙是缔约国，卢森堡和荷兰都是申请方的国籍国，符合第 1(2)条的定义，因此是 ECT 的缔约国。申请方是根据荷兰和卢森堡法律成立的公司或组织，因此是 ECT 第 1(7)(a)(ii)条规定的缔约方的投资者。

关于西班牙为支持其异议而援引的 ECT 的具体规定，仲裁庭不认为这些规

定将导致一大批投资者排除在 ECT 的管辖规定之外:

第一,确实,第 1(3)条中对区域经济一体化组织的定义意味着区域经济一体化组织的成员可以将某些事项的权限移交给该组织。然而,该条款中没有任何内容可以解释,欧洲经济共同体成员国在能源投资方面的所有权限,以及在欧洲经济共同体于 1994 年签署 ECT 时转移给欧洲经济共同体的权限,也没有任何内容表明这一观点已被其他欧洲经济共同体缔约方传达或接受。

第二,第 36(7)条也确实可以说承认了权限划分的可能性,即在就其有权限的事项进行表决时,给予相当于其成员国数目的 REIO 表决权。但是,这并不意味着,根据被申请方在 ECT 的结论时存在的特定的能力分配,也不包括条约中的例外,例如西班牙所主张的或与 ECT 的明确语言相矛盾的例外。

第三,第 25 条确实载有消除或禁止"经济一体化协定"成员之间歧视性待遇的规定,使之不受欧洲共同体最惠国义务的约束。但这些规定不支持被申请方的解释。缔约方必须商定一项限制相互歧视的制度的可能性并不妨碍这些缔约方同意另一条约制度下的其他义务。

此外,仲裁庭认为,欧盟也是 ECT 第 1(2)条和第 1(3)条所界定的缔约方和"区域经济国际组织"这一事实并不妨碍仲裁庭的管辖权。同时,西班牙、荷兰和卢森堡作为 ECT 缔约方,连同欧盟,在各自的条约下都有义务。

仲裁庭同意仲裁庭在光伏投资者 v. 西班牙一案中阐述的以下分析:

"ECT 第 26(1)条中的'在前(缔约方)区域'是指投资者发起的特定争端。如果投资者开始对欧盟成员国(而不是对欧盟本身)进行仲裁,则'区域'是指根据第 1(10)条第一句,作为缔约方的国家'该成员国的领土'。在这种情况下,相关区域是西班牙领土(不是欧盟领土),因此,如果投资者是西班牙以外的缔约方,并且投资是在西班牙领土上进行的,则符合区域要求的多样性。如果欧盟本身是被申请方,情况可能会有所不同。在这种情况下,'关于"区域经济一体化组织"'(第 1(10)条第二句),相关地区将是整个欧盟地区,必须满足该地区的多样性要求。然而,这不是仲裁庭面临的情况。"

因此,承认 REIO 根据 ECT 条款可能作为被申请方并不改变卢森堡的"投资者"(如 Antin Luxembourg)和/或荷兰的"投资者"(如 Antin Termosolar)就"区域"内的"投资"向西班牙提出索赔的权利。关于被申请方的索赔,即由于申请方和被申请方均位于欧盟的地理区域内，而欧盟本身是 ECT 的缔约方，因此申请方并非来自另一缔约方的领土，因此申请方不能根据 ECT 第 26 条援引仲裁。

最后，西班牙向其他“缔约方”的“投资者”提出通过国际仲裁解决争端的长期提议。在本案中，作为“另一缔约方的投资者”的申请方接受了这一提议，并提交了仲裁请求书，表示同意仲裁。

因此，仲裁庭驳回西班牙的管辖权异议。

2. 仲裁庭是否对申请方就根据条约确定为受保护投资的“利益”提出的主张拥有管辖权

(1) 被申请方观点

被申请方主张，申请方援引为“投资”的某些资产应排除在本仲裁之外，因为这些资产不属于 ECT 第 1(6)条所指的投资。申请方确定为其投资的资产的间接所有权不属于他们，而是属于最终受益人有限合伙人。由于 Antin 卢森堡不直接或间接拥有任何此类资产，因此根据 ECT 第 1(6)条，它没有“投资”。

(2) 申请方观点

申请方认为其持有许多直接和间接权益，这些权益在 ECT 下属于“投资”。关于 Antin Luxembourg 和 Antin Termosolar，很明显，股东在一家公司中的权益包括对该公司资产的权益，包括其在法律下的权利、对金钱或经济业绩的债权。

(3) 仲裁庭的分析

申请方认为，Antin Luxembourg 和 Antin Termosolar 直接和间接拥有和控制“利益”，因此，仲裁庭具有事项管辖权。

ECT 第 1(6)条规定：

“(6)‘投资’系指由投资者直接或间接拥有或控制的各类资产，包括：

(a) 有形和无形、动产和不动产、财产以及任何财产权利，如租约、抵押、留置权和质押；

(b) 公司、企业或者公司、企业的股份、股票或者其他形式的参股，公司、企业的债券和其他债务；

(c) 根据具有经济价值并与投资有关的合同提出的金钱要求和履约要求；

(d) 知识产权;

(e) 回报;

(f) 法律或合同授予的,或依据法律授予的从事能源部门经济活动的任何许可证和许可证授予的任何权利。"

根据ECT第1(6)条的规定,投资必须是:(i) 由投资者直接或间接拥有;或(ii) 由投资者直接或间接控制。

ECT的文本或上下文中没有任何东西支持西班牙的立场。第1(6)条提到直接或间接控制或所有权,但在其文本或ECT的上下文中,没有要求只有真正的和最终的所有人或受益人可以提交仲裁。西班牙寻求支持其在经济转型期筹备工作中,特别是在经济转型期小组筹备工作中提出的"间接所有权"概念。西班牙的主张没有说服仲裁庭。

西班牙进一步主张,申请方不得在本仲裁中就对公司资产造成的所谓损害提出索赔(即Andasol工厂的权益、对金钱的索赔、据称由RD 661/2007和RD 1614/2010授予的回报和权利)。根据西班牙的规定:"缺乏对仲裁庭审理申请方对可再生能源生产厂所称损害赔偿的索赔,因为这种索赔的合法性仅相当于拥有这些生产厂的西班牙公司。"西班牙认为,仲裁庭的管辖权仅限于Antin Termosolar对Andasol公司股份和贷款的直接所有权,因此Andasol公司的资产应排除在本仲裁之外,因为它们不受ECT保护。

仲裁庭回顾,ECT第1(6)(b)条下的"投资"定义涵盖"投资者直接或间接拥有或控制的每一种资产",包括"股份""公司"或"企业""收益"和"法律赋予的任何权利"。

西班牙没有对申请方援引的不同仲裁庭的裁决以及支持其立场的裁决提出异议,而是依据ST-AD v. 保加利亚以及Poštová v. 希腊两个仲裁庭的裁决来支持主张,即投资条约不允许股东就所谓的"反射损失"提出索赔。仲裁庭不同意。在ST-AD案中,仲裁庭认为,尽管子公司的权利与母公司的权利不同,后者有权根据条约就针对子公司并影响子公司资产、导致申请方母公司所持股份价值损失的仲裁提出索赔。最终,ST-AD仲裁庭认定,它缺乏时效上的管辖权和自愿管辖权、事项管辖权。在Poštová案中,仲裁庭宣布,投资者没有进行投资,因为投资者的索赔不是基于其在相应公司的股份,而是基于据称对资产本身的直接利益。因此,上述案件的事实与本仲裁庭审理的案件有很大不同,不支持西班牙的反对意见。

最后,被申请方主张,ECT 第 17(1)条关于拒绝利益的规定支持其观点,即只有作为占有链最后一个环节的"投资者"才有资格获得 ECT 的保护。

第 17(1)条一方面确认,申请方实体不必是最终受益所有人,另一方面,拒绝对非缔约方拥有或控制的索赔实体提供保护。该规定不限制缔约方"投资者"拥有或控制的中介公司提出的主张。

申请方要求归还其投资所依据的法律和管理制度。在另一种情况下,申请方要求损害赔偿"其投资的公允市场价值损失,包括历史和未来现金流损失"。

仲裁庭的结论是,申请方有权根据条约就西班牙的措施提出主张,尽管这些措施针对的是 Andasol 公司及其资产,但据称给申请方造成了损失。

因此,仲裁庭驳回西班牙的主张。

3. 是否缺乏司法管辖权来审理因 TVPEE 引起的侵权主张

(1) 被申请方观点

西班牙对仲裁庭关于 TVPEE 索赔的管辖权提出异议,西班牙没有通过采取任何税收措施特别是 TVPEE 来承担任何义务。因此,西班牙尚未同意就因采用 TVPEE 而引起的任何与所称违反 ECT 第 10(1)条有关的争端进行仲裁。同时,西班牙认为,从国际法的角度来看,TVPEE 无疑是一种税收。因此,对 TVPEE 进行任何额外检查是不适当的。

(2) 申请方观点

申请方主张,如果被质疑的措施不是一种真正的税收,则不适用 ECT 第 21 条规定。因此,仲裁庭必须确定第 15/2012 号法律所载的 TVPEE 是否是一种真正的税收,或是否是一种以税收为名实施的措施。这项评估需要事实调查。本案中,从西班牙的行为来看,TVPEE 显然不是一种真正的税收,而是一种旨在剥夺申请方在 RD 661/2007 监管制度下设施权利的措施。因此,西班牙不能利用 ECT 第 21 条"本条约中的任何规定均不得就缔约方的税收措施创设权利或规定义务"规定的免税。

(3) 仲裁庭分析

西班牙对仲裁庭裁决申请方有关 TVPEE 的索赔的管辖权提出了异议。被申请方认为,鉴于ECT第21条的规定,ECT第10(1)条不适用于税收措施。

申请方称,西班牙部分违反了根据ECT第10(1)条向FET提供投资的义务,采用了第15/2012号法律引入的TVPEE。申请方认为,ECT确实产生了与非善意征税措施有关的义务;如果被质疑的措施不是善意征税,则条约中规定的征税不适用。

西班牙管辖权异议的核心是ECT第21条和第10条。根据条约第21(1)条:

"税收

(一)除本条另有规定外,本条约不得就缔约国的税收措施设定权利或规定义务。如果本条与条约的任何其他规定有任何不一致之处,应以本条为准。"

虽然"税收措施"一词在条约中没有全面界定,但第21(7)(a)条指出,"税收措施"包括:

"(i)关于缔约方国内法或其政治分支机构或其地方当局的任何税收规定;和(ii)关于避免双重征税的任何公约或对缔约方有约束力的任何其他国际协定或安排的任何税收规定。"

毫无疑问,根据西班牙法律,TVPEE是一种税收。引入TVPEE的第15/2012号法律是西班牙国会通过的国内法。法律第15/2012号第1条明确规定,"对电力生产价值征税是直接和真实性质的征税",适用于整个西班牙。甚至,申请方承认,TVPEE属于"税收"一词的"字面"定义。然而,他们主张,"西班牙将某项措施贴上'税收'的标签不能剥夺投资者在ECT下的保护","如果不是这样,那么国家的任何税收措施,无论性质如何,将根据ECT获得豁免。"

仲裁庭的结论是,根据西班牙法律,TVPEE是一种税收而不仅仅是任何类型的国家措施的标签,这一事实通过7%的征税的计提、申报和支付方式,以及税务总局和会计与会计审计协会的报表得到确认。

申请方还承认,TVPEE符合西班牙提出的关于国际法规定的税收特点的三项标准:① 税收由法律规定;② 此类法律对一类人规定了义务;③ 这种义务涉及为公共目的向国家支付款项。申请方的论点是,就本争端而言,这是不够的。

仲裁庭认为,如果一项措施具有适用的国内法和国际法所采取的一般做法所规定的税收特征,则该措施极有可能因实施ECT第21条而被排除在外。但是，在特殊情况下，如果申请方能够证明被申请方缺乏诚意，具有这种特征的措施就不能由于免税被排除。

国际法已明确规定，在滥用权利的情况下，求偿权需要很高的举证门槛。因此，仲裁庭必须确定西班牙是否采用 TVPEE 的确切目的是滥用其在 ECT 项下的权利，针对性地创建 TVPEE，以限制投资者在条约项下的所谓权利，其方式是滥用税收豁免。在这方面，仲裁庭认为，申请方缺乏证据。

仲裁庭认为，第 15/2012 号法律和 TVPEE 不仅是一项被贴上税收措施标签的措施，而且显然是一项普遍适用于可再生能源和常规能源部门所有公司的税收，以实现被申请方确定和追求的公共目的。第 15/2012 号法律及其引入的税收措施是出于一般公共目的而设计的，而不是为了用税收来破坏申请方的投资。

基于上述理由，仲裁庭接受西班牙根据 TVPEE 对申请方索赔提出的管辖权异议。

4. 是否满足冷却期要求

（1）被申请方观点

被申请方认为，申请方未能根据 ECT 第 26 条的要求，就第 24/2013 号法律、第 413/2014 号决议、第 IET/1045/2014 号部长令和第 IET/1882/2014 号部长令向西班牙请求友好解决办法或遵守 3 个月的冷却期，仲裁庭无权审理有关这些措施的任何主张。

（2）申请方观点

申请方坚持认为，仲裁庭应具有管辖权，因为冷却期的反对意见涉及与进一步措施有关的主张的可受理性，而不是涉及仲裁庭对这些索赔的管辖权或裁决权。

此外，ECT 第 26(3)条不支持西班牙的解释，这就清楚地表明，同意仲裁并不以遵守冷却期为前提，因此，不遵守冷却期并不是管辖障碍。

（3）仲裁庭的分析

西班牙的初步反对涉及 ECT 第 26 条规定的要求，即投资者和条约缔约国在将争端提交仲裁之前，试图在 3 个月内友好解决争端。

仲裁庭认为，申请方 2013 年 4 月 26 日和 2013 年 7 月 30 日要求谈判的信函将双方之间的争端描述为西班牙涉嫌违反其在ECT下的义务,在申请方根据并依赖RD 661/2007进行投资之后,西班牙对CSP工厂的法律制度进行了多次修改,大大改变了其投资的法律框架。申请方认为,这些措施对他们的投资造成了严重和实质性的损害。

仲裁庭在2013年4月26日和2013年7月30日的信函中对申请方对争端的描述与申请方在仲裁中对争端的描述是一致的:"西班牙未能履行其在RD 661/2007和RD 1614/2010项下的承诺,构成对ECT的违反。"因此,仲裁庭的任务是确定是否可以将与西班牙有关的、申请方寻求友好解决的争端视为包括初步措施和进一步措施。申请方坚持认为,初步措施和进一步措施构成了一系列相关措施,这些措施(特别是RD 661/2007)最终取消并除去了进行投资所依据的经济刺激措施。

申请方认为其在西班牙投资是为了依赖于第661/2007号决议确立的制度,该制度在第1614/2010号决议中得到加强。根据申请方的说法,缩减并最终撤销这种经济制度的初步措施包括第15/2012号法律(其中包括以关税赤字形式对第661/2007号决议制度的限制)、第2/2013号决议(这将进一步缩减第661/2007号决议制度的适用范围),以及RDL 9/2013(实施"紧急措施……以保证电力系统的财务稳定性",该措施将彻底改革当前和未来设施的RD 661/2007经济制度)。

仲裁庭认为,必须驳回被申请方的这一反对。

首先,被申请方本身承认初始措施与进一步措施之间不可分割的关系。毫无疑问,第24/2013号法律进一步发展了RDL 9/2013中规定的原则。诚然,2013年第24号法律比2013年第9号法律要宽泛得多,但2013年第24号法律废除并取代了2013年第9号法律的部分。反过来,第413/2014号决议制定了第24/2013467号法律和第IET/1045/2014号部长令,其本身补充了第413/2014号决议。因此,这些措施都不能被视为单独的,更不用说与其他措施无关。其次,申请方为耗尽冷却期而提出的争端是指"西班牙未能履行其在第661/2007号和第1614/2010号决议项下的承诺,构成对ECT的违反"。进一步的措施对第661/2007号决议和第1614/2010号决议制度作了进一步的修改,因此,显然与申请方提交的争端有关。最后,西班牙没有对申请方提交的信函作出答复，因此，被申请方不能主张每项措施都应用尽一个冷却期，因为西班牙没有答复，表明这种用尽办法是徒劳的。

因此，仲裁庭认为，如申请方在 2013 年 4 月 26 日和 2013 年 7 月 30 日的信函中所述，初步措施和进一步措施是双方之间正在进行的单一争端的一部分。仲裁请求是在条约规定的谈判期结束后提交的。因此，仲裁庭认为没有必要在其决定中处理当事方提出的其余论点，包括冷却期是管辖权还是程序性要求。

综上所述，申请方在要求就争端开始谈判以及在开始仲裁前 3 个月的冷静期届满方面，遵守了 ECT 第 26 条规定的要求。

（二）实体主张

1. 申请方观点

申请方称在西班牙再保险部门投资了大约 1.395 亿欧元，基于其 CSP 工厂将产生定期和可持续收益的预期，这将允许申请方偿还债务并获得投资回报。然而，与这些预期相反，西班牙采取了各种不法措施，由于所依据的适用法律和监管框架发生了根本性的变化，这些措施给申请方的投资造成了重大损失。因此，申请方称，西班牙的措施违反了 ECT 第 10(1)条。

2. 被申请方观点

(1) 西班牙遵守 ECT 第 10(1)条的 FET 标准；

(2) 没有违反申请方的合法期望；

(3) 西班牙的措施是合理的，不存在保护伞条款。

3. 仲裁庭的分析

申请方主张，ECT 中的 FET 标准是一个独立自主的标准，在根据 ECT 的目的和宗旨解释 FET 标准时，必须根据 VCLT 第 31 条和第 32 条确定其具体的法律含义。他们在西班牙投资是依赖于第 661/2007 号条例规定的监管框架，并得到第 1614/2010 号条例的加强。他们对第 661/2007 号条例的稳定，特别是对经济体制的稳定的期望是合理的。

申请方的情况是，尽管有妥协，但被申请方还是删除了 RD 661/2007 制度的所有关键特征，从而违背了申请方的合法期望，并违反了根据 ECT 提供公平公正待遇的义务，特别是西班牙(1) 取消了使用天然气生产电力的资格根据第

15/2012 号法律规定的天然气,然后通过 IET/1882/2014 号部长令限制天然气用于基本技术目的;(2) 引入了 TVPEE,这构成了一种变相和不合理的分割;(3) 通过 RDL 2/2013 消除了溢价;(4) 用较低的指数代替了与 CPI 相关的拟合更新机制同样通过 RDL 2/2013;(5) 通过 RDL 9/2013,完全取消了 RD 661/2007 经济体制,并引入了一个基本上不太有利的体制。

被申请方主张,其并未违反 ECT 第 10(1)条规定的公平公正待遇标准。虽然同意必须根据 VCLT 第 31 条对 ECT 进行解释,并认识到 ECT 提供了一定程度的保护,限制了签署国的监管权力,但被申请方认为,ECT 既没有取消也没有极大地削弱国家的监管权力,对国家监管权力的限制超过了国际法的最低标准,而这一标准并没有被西班牙违反。关于申请方主张西班牙违背了他们的合理期望,被申请方认为申请方的期望既不合法,也不受 ECT 的保护。申请方不能合理地预期 RD 661/2007 制度仍然被冻结或未经修改。申请方只有权得到合理的回报。因此,在 FET 标准下必须分析的是,"合理回报权"原则是否得到尊重。

本仲裁庭裁决的问题涉及涉嫌违反 ECT 第 10(1)条。在相关部分,本规定如下:"各缔约国均应根据本条约的规定,鼓励和创造稳定、公平、有利和透明的条件,使其他缔约国的投资者在其领域内进行投资。这些条件应包括承诺随时给予其他缔约方投资者公平公正的待遇。"

"公平"和"公正"这两个词的一般含义在词典中常见。根据《牛津英语词典》,"公平"是指"公正、无偏见、平等、中立、合法"。反过来,"公正"又被定义为"以公平或公正为特征",其中"公平"是指"公平、中立、不偏向"。在西班牙语中,《西班牙语词典》将"公平"定义为"符合正义和理性","公正"定义为"有公平",即"平等处置",更具体地说,定义为"倾向于给予每个人应得的东西的处置"。然而,这些术语不能脱离条约的背景、目的和宗旨来解释。

根据 ECT 第 2 条,条约的目的是:"建立一个法律框架,以便根据《欧洲能源宪章》(以下简称"《宪章》")的目标和原则,在互补和互利的基础上,促进能源领域的长期合作。"

正如仲裁庭在 Eiser v. 西班牙案中所指出的那样,ECT 声明的目的强调了条约在提供促进长期合作的法律框架方面的作用,表明 ECT 被认为是增强这种合作所需的稳定性。《宪章》的目标和原则进一步证实了这一点，该《宪章》是构成 ECT 基础的政治宣言，ECT 第 2 条明确提到了这一宣言。

《宪章》第一章题为“目标”，规定各签署国除其他外，将在能源领域进行合作，其中包括“制定稳定和透明的法律框架，为开发能源创造条件”。同样，《宪章》第二章第四节专门述及执行《宪章》关于促进和保护投资的目标规定如下：“为了促进投资的国际流动，签署国将在国家一级根据有关投资和贸易的国际法律和规则，为外国投资提供一个稳定、透明的法律框架。它们申明，签字国必须谈判和批准具有法律约束力的促进和保护投资协定，以确保高度的法律安全，并使投资风险保障计划得以使用。”

仲裁庭注意到，ECT 第 10(1)条的措辞不仅仅是对缔约方的建议或建议。其他缔约方投资者在另一缔约方地区投资的条件的稳定性是 ECT 文本中的主旨之一，在《宪章》中得到了明确的加强。

双方对 ECT 所载鼓励和创造稳定条件的义务的范围和程度意见不一。申请方认为，稳定意味着，RD 661/2007 号文件所载的制度应在已登记的这些工厂的整个运营期内保持不变。被申请方认为，稳定并不意味着冻结法律制度，即使欧盟贸易委员会限制了签字国的监管权力，但它既不取消也不极大地削弱国家的监管权力，根据被申请方的说法，如果它保持“合理的回报率”，稳定的义务得到遵守。

仲裁庭同意被申请方的意见，即 ECT 限制了签署国的监管权力，但不取消或“极端限制”国家的监管权力。然而，仲裁庭不同意西班牙在 ECT 不再限制国家的监管权力低于国际法的最低标准的意见。

在本案中，申请方主张，除此之外，被申请方违反了 ECT 下的公平公正待遇标准，因为它采取的措施违背了对继续适用原制度的合理期望。因此，申请方在这方面的指控与其对法律框架稳定性的主张密切相关。双方一致认为，保护投资者持有的合法预期是 ECT 下公平公正待遇标准的一部分。然而，双方对申请方的期望的内容以及在本案中是否违背了这些期望存在分歧。双方援引了国际仲裁庭的各种裁决，以支持各自的立场。

在本案中，无可争端的是，西班牙通过第 661/2007 号决议中提出的赔偿制度，试图鼓励对其可再生能源部门的进一步投资，以实现包括 CSP 系统在内的某些技术的目标增长。

RD 661/2007 第 44(3)条规定:

"本款所述的调整电价和上限和下限的修订,不应影响在修订实施年份的次年 1 月 1 日前授予委托契约的设施。"

与此相关,RD 1614/2010 第 4 条规定:"对于 5 月 25 日第 661/2007 号皇家法令下的太阳能热电技术设施,上述皇家法令第 44(3)条中提及的关税、保险费和上下限的修订,不应影响能源和矿业政策总局于 2009 年 5 月 7 日在生产设施行政登记处正式登记的设施,也不应影响根据第四次过渡期在薪酬分配前登记处登记的设施 4 月 30 日第 6/2009 号皇家法令的规定,并履行第 4(8)条规定的义务,延长至 2013 年 12 月 31 日,适用于与 2009 年 11 月 13 日部长会议协定所设想的第 4 阶段有关的设施。"

申请方主张,RD 661/2007 第 44(3)条和 RD 1614/2010 第 4 条明确地表明,任何将来对契合制度的变更都不会影响已经满足其中提及的注册要求的现有设施。被申请方援引 Charanne v. 西班牙案中的裁决,主张"在 RAIPRE 登记只是一项能够出售能源的行政要求,并不意味着登记的设施拥有获得特定报酬的获得权"。

仲裁庭认为,即使 RD 661/2007 第 44(3)条和 RD 1614/2010 第 4 条本身不能产生一种合理的预期,即适用于 Andasol 工厂的赔偿将保持完全不变,上述条款确实反映了西班牙致力于确保现有经济体制的稳定性和可预测性。

综上所述,仲裁庭认为,在申请方投资 Andasol 工厂时,西班牙(1) 认识到再投资项目需要大量的前期资本投资;(2) 理解为促进该部门的投资,根据其政策目标,需要制定更适当的激励措施;(3) 发布了 RD 661/2007 提供激励措施,鼓励对某些可再生能源技术(包括 CSP 项目)的投资,以及(4) 通过其法案和条例,表明适用于可再生能源项目的经济制度将保持稳定和可预测。

依据 Channe v. 西班牙一案,被申请方主张申请方不可能有合法的期望,即 RD 661/2007 建立的监管框架在其整个工厂的使用寿命内将保持不变,因为承认存在这样的期望将导致监管框架的冻结。仲裁庭同意这一观点。条约对稳定的要求并不等同于法律框架的不变性。国家当然有权行使其主权权力,修改其规章制度,以应对公共利益不断变化的情况。然而,任何此类变化都必须符合国家提供和 ECT 要求的关于监管框架稳定性的保证。

仲裁庭关于投资者合法期望的意见与 Charanne v. 西班牙案一致，即如果东道国消除了投资者在进行长期投资时所依赖的监管框架的基本特征，这种期望可能会落空。仲裁庭认为，只要修改不是随机的或不必要的，比例要求就能得到满足，而且这些修改不会突然和意外地消除现有监管框架的基本特征。

总之，仲裁庭认为 2010 年的条例不能被视为违反了 ECT。事实上，这些规则引入了修改，这些修改仅限于在投资时适用的监管框架，而不排除其基本特征，特别是在设施的整个使用寿命期间保证有关税。申请方没有证明 2010 年的条例由于不合理、武断、违背公共利益或不成比例而违背了他们在 ECT 下的合理期望。也没有任何证据表明这些规定不公平或前后矛盾。最后，申请方没有证明 2010 年条例的通过违反了西班牙法律规定的正当程序要求。

最后，西班牙主张，采取这些有争端的措施是为了解决关税赤字和保持电力系统的可持续性。事实上，记录表明，这些措施的主要目的是解决上述赤字。毫无疑问，关税赤字给西班牙带来了一个合理的公共政策问题。然而，双方专家一致认为，关税赤字起源于西班牙拥有任何重大再生产能力之前。被申请方的建议是，根据原制度提供的激励措施造成了赤字，因此无法实现。此外，Brattle 还表示，“西班牙 2000—2011 年向 CSP 提供了 6 亿欧元的累计财政支持，这不到 1 180 亿欧元的发电以外的监管活动累计成本的 0.6%”。因此，仲裁庭不认为适合 CSP 的工厂在累积关税赤字方面发挥了重要作用。

仲裁庭不能同意关税赤字证明有理由取消 RD 661/2007 制度的主要特点，并用一个完全新的制度取代，而不是以任何可确定的标准为依据。

综上所述，根据本仲裁记录中记载的事实，仲裁庭不能得出西班牙遵守第 9 条及第 10(1)条规定的义务的结论。

(三) 赔偿

1. 申请方观点

(1) 西班牙违反 ECT 的国际责任；

(2) 估价方法和估价日期；

(3) 被申请方对申请方提出的损害赔偿计算的批评；

(4) 申请方的替代损害赔偿计算。

2. 被申请方观点

(1) 所谓的损失完全是推测性的;

(2) 根据原则,根据情况,DCF 方法是不适当的;

(3) IET/1045/2014 部长令中为 Andasol 工厂制定的标准涵盖了所承担的投资成本;

(4) Brattle 报告存在严重缺陷;

(5) 使用 DCF 的辅助计算为申请方带来了积极的财务影响;

(6) 申请方提出的税收总额不当。

3. 仲裁庭的分析

仲裁庭裁定,被申请方违反了 ECT 第 10(1)条规定的向申请方提供场效应晶体管的义务。因此,仲裁庭必须考虑适当的赔偿标准。在请求救济时,申请方要求仲裁庭作出裁决,命令被申请方:

(a) 通过重新确立西班牙违反 ECT 之前存在的情况,以及赔偿归还前遭受的一切损失,向申请方提供全面赔偿;

(b) 向申请方赔偿因西班牙违反 ECT 而遭受的所有损失。

关于上述(a)项下的请求,申请方主张:"西班牙有义务撤回本诉状中投诉的所有有害法律法规(即第 12/2012 号法律、第 2/2013 号法律、第 9/2013 号法律、第 24/2013 号法律、第 413/2014 号法律和 2014 年 6 月的命令的相关条款),并将申请方置于该等法律法规之下,从而恢复原状。"

针对申请方的赔偿要求,被申请方主张:"自 1997 年至今,法律和规范制度一直给予同样的合理回报。因此,没有理由要求从未被剥夺的权利,也没有理由不提及任何类型的损害。"

仲裁庭注意到,虽然申请方仅用其诉状中的两段来说明其要求赔偿的要求,但除了上文引述的反诉状的陈述外,被申请方没有对这种要求作出答复。双方随后的诉状或听证会都没有充分讨论这一主张。但是在本案中,根据当事人的申诉并与仲裁庭自己的调查结果相一致,仲裁庭将不给予申请方的请求,即被申请方应被命令"重新确立在西班牙违反 ECT"之前存在的情况。

(1) 补偿适用标准。在讨论申请方专家提交的估价和被申请方及其专家提出的批评意见之前，仲裁庭将讨论西班牙提交的对损害估价有影响的两个问题：历史损害赔偿和税款补足。

(2) 历史损失。考虑到历史损失不包括在损害赔偿的计算中，仲裁庭是否对涉及对这部分索赔征收能源生产税的索赔拥有管辖权的问题就成了一个悬而未决的问题，因为这并不影响申请方损害赔偿的计算。

(3) 补税要求。仲裁庭认为应由申请方证明将来裁决所确定的任何赔偿税是否或在多大程度上可能到期。记录上没有证据证明赔偿裁决可能应缴的税款的类型和数额，以及这种税款是否会受到申请方作为纳税人在特定管辖区所受制度的影响。在这种情况下，仲裁庭无法确定是否会产生具体的税务影响，需要像申请方所要求的那样补税。因此，这部分申请方的索赔请求不支持。

(4) 未来现金流损失赔偿金。仲裁庭认为在本案中确定赔偿额的适当办法是通过确定有争端的措施而损失的现金流量的现值，来评估申请方投资的公平市场价值的减少。

(5) DCF 方法。仲裁庭认为申请方及其专家采用的现金流量折现法是适当的，并认为，在这一特定业务中，5 年的业绩记录并不妨碍计算超过 BDO 所称 5 年或 7 年的时间。仲裁庭将着手分析的另一个问题是，是否应根据被申请方所称 25 年或以下的电厂的假定运行寿命或申请方所提交的 40 年进行计算。

(6) Andasol 工厂的使用寿命。根据记录的证据，仲裁庭认为，就计算损害赔偿而言，Andasol 工厂的使用寿命为 25 年。

(7) 未来现金流损失索赔。申请方提出的未来现金流价值为 1.48 亿欧元，仲裁庭必须扣除 3 600 万欧元，这相当于仲裁庭认为不受支持的工厂 35 至 40 年服务估计数与仲裁庭认为可以接受的 25 年寿命之间的差额。这导致了 1.12 亿欧元的差额，仲裁庭认为这是对申请方损失的公平衡量。因此，申请方有权获得 1.12 亿欧元的赔偿金。

(8) 被申请方对申请方提出的方法的其他异议。仲裁庭认为上述争端不具说服力和不可支持，因此得出结论，认为这些争端不会导致仲裁庭调整其关于赔偿款额的裁决。

(9) 利率。仲裁庭裁定自 2014 年 6 月 20 日起至本裁定作出之日的利息为 2.07%，按月复利，并认为相同的每月复利 2.07% 的利率应足以激励本案中的裁定支付。因此,仲裁庭裁定利息自裁定之日起至支付之日止,利率为2.07%,按月复利计算。

(四) 成本

1. 申请方观点

申请方要求仲裁庭命令被申请方承担本次仲裁的费用以及申请方的法律代理费用,数额为4 364.062英镑。此外,申请方称其不应对被申请方的任何仲裁或代理费用负责。

2. 被申请方观点

被申请方要求仲裁庭"命令申请方支付本次仲裁产生的所有费用和开支,包括ICSID产生的管理费用、仲裁员的费用、西班牙的法律代表、专家和顾问的费用以及任何其他费用或所发生的费用,包括从所述费用发生之日起至其有效支付之日止的合理利率"。

3. 仲裁庭分析

仲裁庭的结论是,被申请方应自行承担其法律代理费用和开支。被申请方还应支付仲裁费用的60%(即1 059 052.84美元中的635 431.70美元)和申请方法律代理费用的60%,其中包括申请方的法律费用和相关的解散;申请方的专家费用和相关的支出,以及申请方发生的其他支出(即4 078 347.68英镑中的2 447 008.61英镑)。

三、仲裁裁决

基于本裁决书所述理由,仲裁庭一致决定如下:

(1) 仲裁庭根据ECT和ICSID公约对申请方的主张具有管辖权,但因TVPEE引起的对ECT的指控违反除外。

(2) 被申请方未能对申请方的投资给予公平公正待遇,从而违反了ECT第10(1)条。

(3) 由于被申请方违反ECT,申请方被裁定赔偿,被申请方应支付1.12亿欧元作为赔偿。

(4) 被申请方应于 2014 年 6 月 20 日至本裁决之日，按 2.07%的利率按月复利支付上述第 3 项裁定款项的利息，并按 2.07%的利率按月复利支付从裁决之日至支付之日的利息。

(5) 被申请方应向申请方支付 635 431.70 美元，作为支付其仲裁费用份额的出资，并支付 2 447 008.61 英镑，作为支付其法律代理费用和开支的出资。

(6) 驳回双方其他的主张或请求。

徐一诺译　欧阳雪、张正怡校

Eiser Infrastructure Limited 和 Energia Solar Luxembourg S. À. R. L. v. 西班牙

国际投资争端解决中心裁决

案号：ICSID Case No. ARB/13/36

裁决时间：2017 年 4 月 5 日

申 请 方：第一申请方 Eiser Infrastructure Limited，英国

第二申请方 Energia Solar Luxembourg S. À. R. L.，卢森堡

律　　师：Judith Gill QC，Jeffrey Sullivan，Marie Stoyanov，Virginia Allan，Ignacio Madalena，Lauren Lindsay，Naomi Briercliffe，Tomasz Hara，Lucy Judge，Stephanie Hawes

被申请方：西班牙

律　　师：Diego Santacruz，Javier Torres，Antolín Fernández，Mónica Moraleda，Elena Oñoro，Amaia Rivas，José Luis Gómara，Álvaro Navas，Ana María Rodríguez

仲 裁 庭：John R. Crook，Stanimir A. Alexandrov，Campbell McLachlan QC

一、案件事实

（一）基本案情

该争端与西班牙（以下统称“西班牙”或“被申请方”）旨在修改可再生能源项目的法规和经济制度所实施的措施有关。因投资遭受重大损害，第一申请方

Eiser Infrastructure Limited(一家根据英国法律注册成立的私人有限公司,是第二申请方的全资所有人)以及第二申请方 Energia Solar Luxembourg S. à. r. I.(一家根据卢森堡法律注册成立的私人有限责任公司)(两者以下统称为“Eiser”或“申请方”)对西班牙提出仲裁请求。

基于 661/2007 号皇家法令(以下简称“RD 661/2007”),Eiser 获知有在西班牙的 Aires Solar Termoelectrica S. L.(以下简称“ASTE”)太阳能项目进行投资的可能性。申请方主张 RD 661/2007“使监管制度更加稳定和可预测”,并且这构成其评估在西班牙进行聚光太阳能发电(以下简称“CSP”)投资可能性的核心要素。CSP 发电厂于 2012 年 3 月和 2012 年 5 月开始运营之前进行了数年的规划工作,并于当年秋天正式注册,申请方在此过程中投资了超过 1.26 亿欧元。

2012 年 12 月,议会未经事先通知 CSP 生产商,通过了第 15/2012 号法律,对电力生产商进入国家电网的所有能源的总值征收 7%的税。随后,2013 年 2 月 1 日的第 2/2013 号皇家法令(以下简称“RDL 2/2013”)完全取消了溢价期权,使 CSP 生产商仅能选择市场价格或固定费率。同时,RDL 2/2013 取消了根据消费物价指数更新上网电价的机制,而用比 CPI 低的指数代之。

2013 年 7 月 12 日,随着第 9/2013 号皇家法令(以下简称“RDL 9/2013”)的颁布,变化更为重大。该立法对 1997 年《电力法》第 34 条进行了修订并废除 RD 661/2007。2013 年 12 月,被申请方通过了 24/2013 号法律,该法律取代了 1997 年《电力法》,并完全消除了普通制度和特殊制度之间的区别。

2014 年 6 月,被申请方通过了第 413/2014 号皇家法令(以下简称“RD 413/2014”),该法令规定了一种在假设的“有效”发电厂基础上计算出规定合理报酬的监管制度。2014 年 6 月 16 日 IET/1045/2014 号部长令(以下简称“IET/1045/2014”)设置了“标准”设施的报酬参数,包括新监管制度下所适用的估计的“标准成本”。IET/1045/2014 标志着 RD 661/2007 制度的最终终结。

这些变化使发电厂的收入几乎不足以支付新制度下的运营、维护和融资成本。在寻求友好谈判无果后,2013 年 12 月 9 日,申请方根据 1994 年 12 月 17 日《能源宪章条约》(以下简称“ECT”)第 26(2)(c)条向国际投资争端解决中心(以下简称“ICSID”)对西班牙提出仲裁请求。

(二) 申请方的请求及法律依据

1. 申请书中申请方的请求

(1) 主张被申请方违反了 ECT 的第 10 条和第 13 条。

(2) 要求被申请方就因西班牙违反 ECT 和国际法而造成的投资损失向申请方作出充分赔偿,赔偿的形式为:

① 通过恢复西班牙违反 ECT 之前的原有体制,向申请方全额赔偿,并赔偿在恢复先前体制之前遭受的所有损失。

② 就西班牙违反 ECT 所造成的所有损失向申请方赔偿。

③ 以及在任何情况下:

i. 按每月 2.07%的复利向申请方支付裁决前利息;

ii. 支付裁决后的利息,按每月由仲裁庭决定的利率计算复利,直至完全付清为止。

(3) 全额赔偿本次仲裁中仲裁员的费用,包括申请方就仲裁员、ICSID、法律顾问和专家而产生或未来产生的所有费用。

(4) 在此情形下,仲裁庭认为适当的其他救济措施。

2. 申请方在其关于被申请方新答辩意见的补充意见中进一步请求

申请方请求驳回西班牙的新答辩意见——CSP 发电厂的相关装置不符合特殊制度的规定,申请方不得期待所获报酬继续适用 RD 661/2007 第 36 条的规定。

此外,鉴于新反驳意见过于迟延,且显然没有任何根据,申请方要求西班牙应支付与新反驳意见有关的所有费用。

3. 关于管辖权,申请方在其意见书中请求

就管辖权异议而言,申请方还要求仲裁庭:

(1) 驳回所有被申请方的异议。

(2) 命令被申请方承担管辖权异议的费用。

(三) 被申请方的请求及法律依据

根据前文提出的主张,西班牙提请仲裁庭:

(1) 宣布对申请方的主张没有管辖权，或宣布不具有可受理性；

(2) 如果仲裁庭裁定对本争议具有管辖权，则驳回申请方关于本案的所有实体请求，因为西班牙并未以任何方式违反 ECT；

(3) 驳回申请方提出的所有索赔要求，因为其无权主张；

(4) 命令申请方支付当前仲裁产生的所有费用，包括 ICSID 产生的管理支出，仲裁员的费用以及西班牙的专家顾问等法律代表费用，以及产生的任何其他费用或支出，并且包括从以上这些费用产生之日至付款之日的合理利息。

二、法律分析

(一) 管辖权争议

1. 异议一：欧盟内部异议

(1) 被申请方观点

西班牙认为，仲裁庭没有属人管辖权，因为 ECT 不适用于涉及其他欧盟国家的投资者在欧盟境内进行投资的争端。签署 ECT 的英国和西班牙都是欧洲经济共同体(即后来的欧盟，以下简称“EEC”)的成员国。欧盟是 ECT 的缔约方，因此申请方并非是源于 ECT 的第 26 条要求进行仲裁的“另一缔约方”。ECT 第 26 条中规定的仲裁争端解决机制不适用于当前欧盟内部争端。

(2) 申请方观点

申请方对被申请方的欧盟内部异议提出反对，认为其无视投资仲裁庭和国家法院审议并否决了该异议的多项决定。

(3) 仲裁庭分析

被申请方主张，ECT 第 26 条关于解决“缔约一方与另一缔约方的投资者”之间的争端，不构成对申请方主张的管辖权。仲裁庭根据《维也纳条约法公约》(以下简称“VCLT”)第 31 条和第 32 条的解释规则，对 ECT 第 26 条的有关规定进行解释。

ECT 第 1(2)条将“缔约方”定义为“已同意受本条约约束且该条约对其生效的国家或区域经济一体化组织”。卢森堡和英国满足此定义，是缔约方。ECT

第1(7)(a)(ii)条将缔约方的“投资者”定义为“根据缔约方的法律组建的公司或其他组织”。申请方是根据英国和卢森堡法律组建的公司或组织,因此是缔约方的投资者。

ECT第10条规定缔约各方对“其他缔约方的投资者”及其投资负有重大义务。ECT第13条补充,除非满足特定条件,否则“缔约一方投资者在缔约另一方地区的投资”不应被国有化或征收。然后,第26条载有ECT缔约方对“缔约方与另一缔约方的投资者之间的争议”有义务进行仲裁的承诺。这些条款的一般含义与仲裁庭受理申请方请求的管辖权相一致。

但是,被申请方认为ECT第26条包含一个隐含的重要例外,该例外禁止欧盟成员国的投资者对加入ECT的欧盟成员国提出任何救济请求。

第1(3)条中“区域经济一体化组织”(以下简称“REIO”)的定义的确考虑到REIO的成员可以将某些事务的权限转移给该组织。但是,这并不表示EEC成员国在1994年签署ECT时就已将能源投资和对欧洲的保护权转移给了EEC,正如被申请方在审理中回答仲裁庭的问题时所承认的,直到2007年12月,其才签署了《里斯本条约》,通过该条约将在投资保护领域的专有权移交给欧盟。

仲裁庭不同意被申请方关于申请方无法根据ECT第26条进行仲裁的主张,仲裁庭认为:“尽管欧盟是ECT的缔约国,但欧盟成员国仍是ECT的缔约国。根据ECT的规定,欧盟和其成员国都可以具有被申请方的法律地位。”根据任何缔约方的法律组建的投资者均符合ECT第1(7)(a)(ii)条的字面要求成为该“缔约方”的“投资者”。而且,涉及该投资者和另一缔约方的关于该缔约方“区域”内投资的争端满足ECT第26(1)、(2)条规定的强制性争端解决的字面要求。

被申请方的分析对来自欧盟成员国的任何投资者都施加了未说明的限制。被申请方认为,这样的投资者失去了国家特性,并主要成为欧盟投资者,因为其母国也是欧盟成员国,并且受欧盟法律的约束。投资者和假定的被申请方位于同一“区域”内,因此不存在ECT第26(1)、(2)条要求的差异性。

这种分析的困难在于,尚不清楚如何有一个满足ECT第1(7)(a)(ii)条定义的“欧盟投资者”。欧洲法律中没有跨国机构来规范商业单位的组建,这一问题仍然要遵守成员国的国内法。因此,在该定义的框架内,不可能有“欧盟投资者”。投资者只能作为“缔约方”的“投资者”存在。

最后，被申请方援引 ECT 第 26(6)条，规定在投资者与 ECT 缔约方之间的争议中适用的法律，并指示仲裁庭“应根据本条约和可适用的国际法规则和原则对争议中的问题作出决定”。被申请方认为，建立了 EEC 和欧盟并分配欧盟委员会及其成员国之间权限的条约，欧盟的内部立法和欧洲法院的裁决构成了“适用的国际法规则和原则”。ECT 第 26(6)条规定的国际法相关原则使仲裁庭无法处理申请方的主张，因为“欧盟法律禁止存在除欧盟条约规定的争端解决机制以外的任何其他争端解决机制，因为这可能会违反欧洲共同体干扰共同市场的基本原则”。

ECT 背景下，被申请方的主张反映出一种观点，即来自 EEC 国家的谈判者意欲使新条约不影响 EEC 的内部市场，因为“这是他们将主权移交给当时的欧洲共同体的一个领域”。VCLT 第 32(a)条显示，如果根据第 31 条作出的解释“含义不明确或含糊不清”，可以考虑“包括条约的筹备工作及其缔结情况”的补充手段。仲裁庭认为对 ECT 第 26 条的解释没有歧义，因此不需要甚至不允许采用补充解释手段。

因此，仲裁庭得出结论，根据 VCLT 规则解释的 ECT 相关条款的一般含义是明确的，并支持申请方有权提出请求。

2. 异议二：未能证明投资者已根据 ECT 和 ICSID 公约进行了“客观意义上的”投资

(1) 被申请方观点

被申请方主张，仲裁庭没有属事管辖权，因为申请方并未证明他们“客观地”进行了投资，即申请方出资，承担风险并进行了长期投资的投资。

(2) 申请方观点

申请方主张，他们的投资是满足 ECT 条件并受 ECT 保护的合格投资。

(3) 仲裁庭分析

被申请方就管辖权的第二个异议提出了三个问题：

① 申请方是否已明确且准确地证明他们是 ECT 之下的合格投资者？

② ECT(以及 ICSID 公约第 25 条)是否对受保护的投资在出资、风险和期限方面有要求？

③ 如果是这样,那么申请方是否满足了这些要求,或者有限合伙人(在本案中不是申请方),甚至有限合伙人的投资者承担了出资和风险?

关于第一个问题,被申请方对申请方身份的异议似乎没有被认为是对管辖权的反对。相反,其似乎是在主张申请方必须以令人满意的方式表明自己的身份,而他们没有这样做。仲裁庭对此表示不同意。

有证据表明,第一申请方 Eiser Infrastructure Limited 是一家英国公司。第一申请方以普通合伙人身份全权拥有第二申请方 Energia Solar Luxembourg S. à. r. l.(拥有 ASTE 36.95%的股份和 Dioxipe Solar S. L(以下简称“DIOXIPE”) 33.83%股份)。

除了请求提供更多文件外,被申请方似乎也没有就申请方对其结构或所有权的描述提出异议。在该结构下,Eiser Infrastructure Limited 具有法人资格,具有代表其作为普通合伙人的合伙企业提出仲裁申请的能力。这一点无可争议。

ECT 的第 1(7)(a)(ii)条将缔约方的“投资者”定义为“根据适用于该缔约方的法律所组建的公司或其他组织”。第一、二申请方均满足该要求。

然后,仲裁庭必须考虑申请方是否必须满足 ECT 投资定义中或 ICSID 公约第 25 条中未提及的其他要求,并表明其投资符合出资、风险和期限的要求。

即使 ECT 和 ICSID 公约要求投资具有被申请方所主张的特征(仅为一种假设),本争议中的投资也显然具有这些特征。案卷显示,申请方以购买股票、贷款和向拥有 CSP 发电厂的西班牙法人注资的形式,进行了大量的资金投资。被申请方主张投资的资金不是申请方自己的,而是来自其他有限合伙人。但是,投资者投资资金的来源与管辖权无关。

最后,风险显然是存在的。申请方称,由于被申请方称其有违反 ECT 义务的不可预见的行为,其大量投资实际上已丧失了全部价值。

综上,被申请方的第二项异议被驳回。

3. 异议三:非股东请求

(1)被申请方观点

被申请方的第三个异议是,仲裁庭缺乏属事管辖权,无法受理申请方就其持有少数股权的运营公司直接引致的损失所提出的请求。

(2) 申请方观点

申请方反对被申请方的异议，并在答复中确认"申请方正就其在运营公司中的股权价值造成的损害提出请求"。

(3) 仲裁庭分析

如上所述，双方同意，申请方可就被申请方使其股份价值减少且涉嫌违反 ECT 的行为提出仲裁申请。

仲裁庭对申请方的主张持同样看法。申请方的经济专家 Brattle Group 的报告明确指出，申请方作出该请求是由于其投资建造和运营 CSP 发电厂的西班牙公司的公平市场价值显著减少。相对于一般情境下持续适用原始监管制度而言，西班牙违反 ECT 的行为使 EISER 的 CSP 资产中经济利益的公平市场价值从 2014 年 6 月起减少了 1.93 亿欧元。

被申请方的第三项异议被驳回。

4. 异议四，对税收措施无管辖权

(1) 被申请方观点

被申请方的第四个异议是，仲裁庭没有管辖权来审理申请方的请求，该请求涉及第 15/2012 号法律规定的 7%的电能生产价值税(以下简称"TVPEE")。

(2) 申请方观点

申请方主张，根据西班牙法律，有意将 7%的税额定为一种税，目的是背弃西班牙对申请方的承诺，而不承担 ECT 的任何责任。这意味着该税收不是善意的，因此西班牙不能依靠分离出来的税收来逃避其根据国际法承担的义务。

(3) 仲裁庭分析

正如被申请方所主张和申请方所承认的那样，TVPEE 具备合法税收的典型特征。它是根据法律设立的，对确定类别的人员施加义务，产生的收入归国家所有，并用于公共目的。因此，TVPEE 符合 ECT 第 21(7)条中"税收措施"的字面定义。

仲裁庭在这方面回顾了在经双方充分讨论的"Yukos v. 俄罗斯"一案中所使用的"善意税收"的概念。在有关涉嫌滥用税收措施的案件中，仲裁庭认为："ECT 第 21(1)条的拆分只能适用于善意的税收行动，即以增加国家一般收入为目的而做出的行动。"

只有西班牙知道或应该知道 RD 661/2007 费用不能进行重大更改,却通过第 15/2012 号法律故意违反其在 ECT 下的义务时,申请方认为西班牙恶意征税的主张才能得到支持。证据不足以支撑这一主张。被申请方当时显然认为其行为是合法的,因为在这些程序中其有力的辩护证明了这一点。

征税权是一项毋庸置疑的核心主权权力。ECT 第 21(1)条以及许多其他双边和多边投资条约中关于税收的相应规定反映了各国对此的坚决态度,即税收事项不能成为投资者与东道国之间仲裁的对象,除非是在谨慎限制的情况下。因此,ECT 第 21(5)(a)条允许对通过征税实现征收所提起的仲裁请求,但要受国家税务机关对仲裁请求进行审查的限制程序的约束。本案中,事实并非如此,即税收执行措施被认为是旨在摧毁申请方的行为模式的一部分,因此,如果有这样的案子,仲裁庭对是否存在这样一种例外情况没有达成一致意见。

仲裁庭不能无视 ECT 关于此问题的明确条款,这并未表明税收权力的任何不当使用或滥用。因此仲裁庭认为,仲裁庭对于申请方提出的,关于 TVPEE 违反了西班牙根据 ECT 第 10(1)条所承担义务的请求没有管辖权。由于对该请求没有管辖权,并且鉴于仲裁庭对第五项异议的裁决,因此在任何可能的损害赔偿裁决中都不能考虑据称是因 TVPEE 造成的损害赔偿。

5. 异议五:未向主管税务机关提交

(1) 被申请方观点

西班牙的第五项异议是,申请方对于西班牙通过根据第 15/2012 号法律征收 7%的能源生产税收而非法地征用申请方的部分投资的指控不可受理,因为申请方违反了 ECT 第 21(5)(b)条。

(2) 申请方观点

首先,申请方主张第 15/2012 号法律不涉及善意税收,因此不适用第 21(5)(b)条。但如果该条适用,申请方主张他们已遵守该规定,2012 年 10 月 11 日,他们和其他投资者向西班牙主管税务局对 7%的税收提出异议。申请方还列举他们 2013 年 4 月 26 日致西班牙总统的信,主张符合该要求。申请方最终主张,任何提交都是徒劳的,投资法体系证实,在这种情况下,他们“不需要遵守程序上的要求。”

(3) 仲裁庭分析

仲裁庭没有接受申请方的观点，即第 15/2012 号法律不是一项善意的税收。仲裁庭首先判断申请方引用的两份来文是否满足第 21(5)(b)条的要求，即投资者向税务主管机关提出涉及税收征用的异议，将主张请求提交给主管税务机关，以触发该机关与外国税务机关之间的磋商程序。

这里涉及两个问题：这些来文是否直接传送给了适当的主管部门？它们提及有关问题的方式是否足以告知收件人来文的目的，以及是否需要按照第 21(5)(b)条规定的程序作出答复？

关于第一个问题，第 21(7)(c)条将"税务主管机关"定义为"缔约双方之间生效的双重征税协定所规定的主管机关。"因此，相关主管机关是西班牙和卢森堡之间以及西班牙和英国之间的双边双重征税协定下的主管机关。而且，第 21(5)(b)条似乎设想了在双边双重税收协定中确定的国家税务机关之间的双边磋商程序，即投资者母国与东道国之间的磋商。根据 ECT 的英文文本，要求投资者所提出指控中所涉及的税收措施对于"相关税务主管机关"是征收，但并未明确"相关"机关属于投资者母国还是东道国。

仲裁庭假设(但未裁决)，通过一名申请方与被申请方税务主管机关的适当沟通，即可满足第 21(5)(b)条的要求。因此，申请方将问题提交给西班牙财政部长就足够了，并且应认识到部长的头衔在不同文件的记录中有不同的表述。

第二个问题是，申请方引用的两封来信是否向部长"提及"对于 7%的税属于征收的主张从而根据第 21(5)(b)条进行审议和磋商。

第一封来信有两页，日期为 2012 年 10 月 11 日，致三位西班牙政府部长，包括财政和公共行政部长。这封信是由八位外国投资者的代表签署的，包括代表 Eiser Infrastructure Partners 的 Hector 先生。这封信简要说明了签署者对第 15/2012 号法律草案的担忧，并大体提及了采取国际法律行动的可能性。信中不涉及 ECT，更不涉及第 21(5)条。信中也不包含"征收"一词。信中没有任何内容表明寄信人将未来(尚未颁布)的税收视为征收，或者他们试图将"税收是否属于征收的问题"提交给部长以根据第 21(5)条采取行动。

根据 VCLT，关键术语"指控"必须真实地并按照其一般含义进行解读。鉴于此，从 ECT 第 21(5)(b)条的目的出发，无法将该信函视为指控。此文件无法合理解读为，收件人可据此得知发件人认为该拟议税款属于征收，从而接收者应启动第21(5)条所设想的国际磋商程序。

申请方引用的第二封来信在这方面不那么令人信服。这是Allen&Overy代表申请方于2013年4月26日写给首相Mariano Rajoy Brey的信。这封信简要列出了对CSP法律制度所做的许多更改，并指出这些更改不符合西班牙根据ECT应承担的义务。它要求根据ECT第26条进行谈判，以达成友好解决方案，并保留Eiser有权在无法解决的情况下提出仲裁请求的权利。

申请方未提供任何证据表明首相是有关税收协定中的"主管当局"，而且如此高级的国家官员似乎不太可能履行这一职能。更重要的是，这封信的内容，对于一个谨慎的读者而言，还不足以表明投资者声称该税收措施属于征收性的，并试图根据ECT第21(5)(b)条将该问题提交国际磋商。

因此，仲裁庭认为，申请方没有将其第15/2012号法律规定的涉及7%的能源生产税的征用性指控提交给ECT的第21(5)(b)条要求的"税务主管机关"。

申请方的最终主张是，仲裁庭应无视任何不遵守第21(5)条要求的情况，并在这方面主张"投资条约体系已确认，在现有情况下，提交是徒劳的，投资者不必遵守这一程序性的要求"。

申请方简要提出了三个主张，以表明向主管税务机关提出指控是徒劳的，因此是不必要的。前两个主张指出，申请方两次将其对第15/2012号法律的担忧告知西班牙，但西班牙未对这些问题做出回应。

关于第三个，申请方认为，他们的请求及引起的措施"对于西班牙税务机关来说，范围太广、太复杂，以至于在6个月之内无法解决"，因此将这个问题提交审议是徒劳的。该主张似乎是基于这样一个论调，即提交的主张将涵盖申请方与西班牙之间的全部争议，而不是仅关于7%税是否属于征收的问题。

第三个主张很大程度上取决于申请方的猜测，即猜测西班牙对据第21条提交的主张如何反应。仲裁庭不能假定，正如申请方所主张的那样，西班牙当局将不理会这种指控，尤其是在ECT似乎允许申请方向其母国税务机关求助的情况下。该主张还反映出一个明显的误解，即对指控的任何回应都完全是西班牙事务。反之，尽管起草得可能不够完善，但第21(5)条似乎设想了国家税务机关之间就国际法难题(一项税收措施是否属于征收)进行互动的程序。尽管如此，

ECT 缔约方仍要确保不让商定的程序造成对未来仲裁请求的阻碍。

申请方没有按照 ECT 第 21(5)(b)条的要求将其主张移交给主管税务机关，他们也没有坚持认为遵守这一程序是徒劳的，因此不遵守可以被忽略。

被申请方的第五项异议因此得到支持。申请方主张 7%的税属于征收在某种程度上是不能接受的，因为在此阶段，仲裁庭无法裁定该请求，因为申请方未遵守 ECT 第 21(5)(b)(i)条。

如果仲裁庭的最终裁决中反映出申请方对能源生产征收 7%的税属于征收的主张，那么 ETC 第 21(5)(b)(i)条将要求仲裁庭将该税收问题转交给适当的国家主管部门进行审议。结果将是程序的进一步延误，尽管这不必超过 6 个月。

但是，正如下文所述，仲裁庭认为，不必裁定申请方关于征收的指控，因为该案可以在其他基础上适当解决，所以没有必要采取 ECT 第 21(5)(b)(i)条所指示的行动。

6. 异议六：冷却期

(1) 被申请方观点

被申请方对管辖权的第六个异议是，申请方未遵守 ECT 第 26 条的要求，即要求进行谈判以解决有关 24/2013 号法律、RD 413/2014 和 IET/1045/2014 的争议，且在有关这些措施的仲裁开始前，需遵守 3 个月的等待期。因此被申请方主张，仲裁庭对涉及这些措施的请求没有管辖权。

(2) 申请方观点

申请方反对被申请方的异议，认为引用的三项措施是西班牙对 RD 661/2007 制度的逐步更改。当事方之间的争议与西班牙未能履行其在 RD 661/2007 制度中对申请方的承诺有关。

(3) 仲裁庭分析

申请方在 2013 年 4 月 26 日的信中列出了 CSP 发电厂法律制度的几处变更，其中指出“这些及其他措施”大大改变了 CSP 投资的法律框架。其重申“西班牙的行为不符合 ECT 规定的义务”，并要求根据 ECT 第 26(1)条进行谈判，“以期以友好方式解决争端”。申请方随后于 2013 年 5 月 15 日的信中再次提到“争议”，在 2013 年 7 月 30 日的信中再次提到制度的变更，包括但不限于指定措施，主张这些变更违反了 ECT，并再次提出要求，“商议这一争议可能的友好解决方案。”

正如信件中明确描述的那样,争议并没有集中在任何具体措施上,而是涉及更广泛的问题,即西班牙被指未遵守 ECT 规定的义务。这三封信满足第26(1)、(2)条中以友好方式解决“争端”的要求。它们明确告知被申请方争议的存在,并表达了申请方希望按照第 26 条的要求寻求友好解决。

因此,此案涉及一个争议:申请方主张被申请方通过一系列不断演变的措施改变了 CSP 发电厂的经济制度,违反了其在 ECT 下的义务。

被申请方主张所涉及的特殊措施不是新的争议,也不能根据 ECT 第 26 条触发对另一项谈判请求的要求。ECT 第 26(1)、(2)条不要求在谈判请求提出后的后续争端中,对出现的新问题或新因素提出友好解决的额外要求。在不断变化的情况下,对第 26 条作出解释,要求将争端分为多个部分,每个新的事态发展都需要提出额外的谈判要求,然后再提出单独的额外的仲裁要求,这是不合理且效率低下的。这类似于“Enron v. 阿根廷”一案中的情况,在该案中,认定 Enron 仅涉及一项关于省级税收的纠纷,因此在将其他省份添加到其请求中前,无须给予进一步的通知或一定时间的冷却期。

被申请方异议的不合理性在这里尤其明显,申请方发出了多封信,表达了他们希望友好解决的愿望,每封信都援引了 ECT,并明确表达了争议在于西班牙对 RD 661/2007 制度的修改。被申请方唯一的答复是,如果未“更正”并以西班牙语提交,则第一个请求将被“假定”撤回。没有任何内容表明,进一步请求谈判以确定西班牙的后续措施能更有效地确保友好解决。

因此,仲裁庭认为,申请方在 2013 年 4 月、5 月和 2013 年 7 月发出谈判请求的通知,以及在提交仲裁请求之前遵守了随后的 3 个月冷却期,符合 ECT 第26(2)条的规定。

被申请方的第六项管辖权异议被驳回。

(二) 法律责任分析

1. 准据法

该仲裁是在 ICSID 公约框架内进行的。ICSID 公约第 42(1)条规定:

仲裁庭应依照双方可能同意的法律规则对争端作出裁决。如无此种协议,仲裁庭应适用作为争端一方的缔约国的法律(包括其冲突法规则)以及可能适用的国际法规则。

根据 ECT 第 26(3)(a)条的规定,作为 ECT 的缔约方,被申请方无条件同意与另一缔约方的投资者就争端进行仲裁。申请方根据 ECT 第 26(2)(c)条选择提起仲裁,同样同意根据第 26 条解决争端。

ECT 第 26(6)条规定:"根据第(4)款设立的仲裁庭应根据本条约和国际法适用的规则和原则解决争议问题。"

因此,各缔约方同意适用第 26(6)条规定的法律规则解决争议问题,仲裁庭将根据 ECT 的条款和国际法适用的规则和原则来解决这些问题。

2. 被申请方的新反驳意见

在申请方依规定日程就案情提交最后一份书面陈述之后,被申请方在 2015 年 11 月 27 日的对案情和管辖权的反驳意见中提出了全新的主张。申请方要求就此新反驳意见作出补充回应并得到获准,并于 2016 年 1 月提交。

申请方的补充意见书陈述了相关背景:

1997 年《电力法》区分了两种不同的制度:(i) 普通制度,适用于常规发电设施,在批发电力市场中以批发价出售电力;(ii) 特殊制度,适用于装机容量小于或等于 50 兆瓦的可再生能源装置。为了获得 RD 661/2007 规定的经济奖励,每个装置都必须在特殊制度登记处,或在该部管理的特别产品生产登记管理机构(以下简称"RAIPRE")中进行注册登记。在 RAIPRE 上注册后,该装置才符合 RD 661/2007 经济制度的要求。

(1) 被申请方观点

被申请方在其新的反驳意见中主张,申请方投资的 CSP 发电厂的装机容量超过 50 兆瓦,因此不符合特殊制度的规定。在被申请方的陈述中"否认投资的存在",表明申请方根据 RD 661/2007 第 36 条,认为其投资有权适用该制度的请求并不合法。

(2) 申请方观点

申请方主张,应驳回西班牙提出的新反驳意见,因为所涉发电厂已在 RAIPRE 注册登记,收到了确认其登记且符合 RD 661/2007 制度资格的正式文件,并已经收到适用该制度的相应报酬。此外,这三座发电厂已经由主管监管机构进行了检查,检测其装机容量在50兆瓦以下。

(3) 仲裁庭分析

申请方主张对被申请方提出的新的反驳意见不予支持,因为被申请方的官员以多种方式承认了申请方有资格参加特殊制度。申请方还主张,特殊制度的参加资格问题是一个西班牙法律的问题,被申请方的主张必须通过西班牙的法律程序提出,并不适合本仲裁庭解决。但仲裁庭不接受其无权认定被申请方举证是否达到证明标准的主张。尽管被申请方的反驳意见提出一个涉及西班牙法律适用的问题,即申请方是否有资格参加特殊制度,但在判定涉嫌违反ECT第三部分的索赔问题上,仲裁庭拥有裁决该问题的权力。

相关法规(RD 661/2007的第3.1条以及后续相应的法律规定)明确定义了确定特殊制度认定资格的方法。RD 661/2007第3.1条规定:“在某些标准温度、海拔等条件下,额定功率应为发电机或交流发电机规格铭牌上规定的功率。”毫无疑问,这三个发电厂的设备规格铭牌符合RD 661/2007的要求。

仲裁庭还认定,西班牙主管当局在2013年或2014年对这三个发电厂进行了检查,认为它们符合特殊制度的法律要求,这一证据具有说服力。仲裁庭认为,被申请方对其主张所依据的事实承担证明责任,被申请方在其新的反驳意见上并未达到此要求。仲裁庭裁定,驳回被申请方的新反驳意见。

3. 索赔请求

(1) 司法经济问题

仲裁庭经审议申请方的各项请求之后,据ECT第10(1)条即可得出结论,被申请方有义务给予投资者公平公正待遇,在此法律背景下,仲裁庭对此作出的决定完全解决了申请方的请求。在这种情况下,对其余请求的决定不会改变实质结果或影响申请方有权获得的损害赔偿。因此出于经济的考虑,仲裁庭无须对与关键问题无关的请求作出裁决。

(2) 公平公正待遇的保障

仲裁庭认为,由于不存在各国直接向投资者保证不会改变其法律法规的明确承诺,因此投资条约不能消除各国为适应不断变化的情况和公共需求而修改其监管制度的权利。被申请方在财政赤字下面临公共立法政策问题,仲裁庭不质疑西班牙当局采取合理措施解决这一问题的适当性,但西班牙必须在履行

ECT 义务的前提下行事。

在整个仲裁程序中，被申请方强调，其行为符合西班牙法律和宪法所规定的合理回报保证的要求，并屡次得到西班牙法院的支持。被申请方提请仲裁庭注意西班牙最高法院于 2015 年 12 月 17 日作出的判决，该判决认可了 RDL 9/2013 的合宪性。但这不足以回应申请方的请求，对被申请方在 ECT 下承担的义务仍需进行检验。实际上，西班牙最高法院在 2015 年 12 月 17 日的裁决中指出，根据西班牙法律，遵守西班牙宪法和符合 ECT 要求是两个独立的问题。

① 对遵守公平公正待遇义务的理解。ECT 第 10(1)条规定：

每一缔约方应遵照该条约的规定，创造稳定、公正、有利且透明的条件，鼓励其他缔约方的投资商在其区域进行投资。这些条件应承诺，始终对其他缔约方的投资商所进行的投资项目给予公平公正待遇。

ECT 第 2 条"条约目的"强调了条约在提供促进长期合作的法律框架中的作用，可以认为此条约增强了该合作所需的稳定性。此外，这也符合 ECT 前身《欧洲能源宪章》的目标和原则。在解释 ECT 给予公平公正待遇的义务时，解释者必须谨记保持法律制度稳定和透明的商定目标。

综合 ECT 的背景、目的和宗旨，仲裁庭得出结论，ECT 第 10(1)条中的给予公平公正待遇的义务必然包括对投资者长期投资所依赖的法律制度的基本特征中提供基本稳定的义务。

② RDL 9/2013 发生的根本性变化和后续措施。在 2013 年和 2014 年，被申请方更剧烈地改变了其监管制度。新制度的基础是 RDL 9/2013，它最终取代了 RD 661/2007。它采用并实施了一种全新的监管方法，冲销了申请方投资的财务基础。与以前的制度相比，新制度使申请方的 ASTE 1－A 发电厂的预计收入减少了 66%。这些发电厂的杠杆率很高，正如被申请方的监管机构所预计的，这一收入削减对投资产生了严重影响。

在整个过程中，被申请方强调，根据西班牙法律，申请方仅有权获得合理的投资回报，不可持有其他任何期望。西班牙的新监管制度下，这种合理的报酬是假设的"有效"发电厂的虚拟资产价值的 7.398%的税前收益，相当于虚拟资产价值的 5.2%的税后利益。新制度不考虑现有 CSP 发电厂的实际成本和实际效率，现有发电厂的报酬是根据其发电能力和监管机构对假设每单位发电的标准下的假设资本和运营成本的估算得出的。

被申请方的新制度允许其在设定未来薪酬时，考虑 CSP 发电厂在 2014 年更换新系统之前可能获得的超额收益。因此，监管机构认为如果 CSP 发电厂以前收到的款项超过了实现理想目标收益所需的金额，原则上可以减少或完全取消补贴。但是，仲裁庭没有得到任何证据证明以这种方式减少对申请方的经营公司的付款。实际上，这些发电厂只是在 2014 年实施新制度之前的短短过渡期内投入运营，因此根本没有“超额收益”可被收回。

被申请方替换了一种完全不同的监管制度，对申请方的投资造成了毁灭性影响，当申请方做出关键的投资决定时，西班牙监管机构能预料到，CSP 发电厂将涉及大量的前置资本投资，并将被高度杠杆化。Eiser 及其合作伙伴从外部贷方借来了大量资金，Eiser 的内部文件显示，向运营公司提供的贷款超过 6.4 亿欧元。因为 RD 661/2007 对一些产品提供了可预测的补贴出售价格并保证优先接入电网，所以申请方所投资的运营公司能够获得如此高的无追索权融资。2014 年通过 IET/1045/2014 生效的新制度实质上剥夺了申请方的投资总额。用于确定申请方现有发电厂薪酬的假设“标准发电厂”未考虑他们的现实情况。数年前设计高产能发电厂的决定反映出，发电厂的历史资本成本比新制度下的“有效”水平高出约 40%。他们的运营成本比那些新假设的“标准”发电厂成本高出 13%—18%。

运营公司 2014 年的财务报告(仲裁庭可获得的最新年份)显示，新制度下的报酬远低于支付发电厂实际融资和运营成本所需的水平，更不用说从投资中获取任何报酬或可继续用于投资。收入从 RD 661/2007 体制下的预期水平急剧下降，迫使运营公司与外部贷方重新进行债务安排。经过这些谈判，在接下来的几年中，超过 ASTE 运营成本的所有收入都将流向外部贷方，因而无力偿还投资者的贷款或作为资本返还。

4. 损害赔偿

申请方主张被申请方恢复其投资所依据的原有监管制度，或对其损失进行赔偿。在本案中，仲裁庭认为恢复 RD 661/2007 制度的补救办法并不适当。如前所述，仲裁庭并不否认被申请方行使主权为公众利益而采取相应措施的适当性，但被申请方必须为其违反 ECT 项下义务而承担赔偿的责任。

仲裁庭同意申请方主张，即通过确定因争议措施而损失的现金流量的现值来评估申请方投资的公平市场价值的损失。在确定损害赔偿时，仲裁庭主要对以下三个涉及重大索赔额的问题进行分析。

(1) 发电厂的运营寿命

申请方主张以 40 年发电厂的运营寿命为基础计算损害赔偿。仲裁庭认为，申请方应对其主张的损害赔偿请求承担相应的举证责任。文件的记录有限且并不一致，但从设计或工程的角度分析该项目所引用的主要文件——Garrigues 尽职调查作出了 25 年运营寿命的假设。两位专家证人都提出了充分的论述。Mancini 博士的报告指出："有理由假设"这些工厂将有 40 年的寿命，这些工厂"可以运行 40 年"。Servert 博士则明确指出，这些发电厂是为 25 年的使用寿命而设计的。Servert 博士的证据引起了对 Mancini 博士观点的几个关键前提以及指导此类工厂设计的工程方法的疑问，这些问题并未得到令人满意的回答。从现有证据出发，没有其他证据表明发电厂的实际设计使用寿命为 40 年，这些证据不足以支持申请方以预计的 40 年使用寿命为前提的 6 800 万欧元的损害赔偿要求。

(2) 税费"补偿"请求

申请方主张为使其恢复原状，应追回税款，估值税收总额为 8 800 万欧元。然而，并未有任何证据表明是否裁决应缴纳或裁决应缴纳多少数额的税款，对于该请求所引发的问题只呈现出有限的论证。基于此，申请方的这部分损害赔偿请求不予支持。

(3) 历史性损失的赔偿请求

申请方主张由于被申请方在 2014 年 6 月完全变更 RD 661/2007 监管制度之前所作的一系列政策上的变更而造成的发电厂净收入的历史性损失。仲裁庭认为申请方所称的这一系列变更并未违反 ECT，因此对申请方的这部分索赔请求不予支持。

三、仲裁裁决

基于本裁决书正文所述理由，仲裁庭作出以下决定：

(1) 仲裁庭根据ECT及ICSID公约对申请方的请求有管辖权,但支持被申请方对申请方主张其税收措施(尤其是15/2012号法规所规定的电能生产价值的7%税收)的初步反对违反ECT。

(2) 被申请方未给予申请方公平公正待遇,违反ECT第10(1)条。鉴于这一决定,仲裁庭无须对申请方其他有关被申请方违反ECT的主张作出裁决。

(3) 因被申请方违反ECT,申请方请求成立,被申请方应支付损害赔偿1.28亿欧元。

(4) 被申请方自2014年6月20日起至本裁决作出之前,应依照第3条所裁定款项支付利息,按2.07%的利率按月计算复利;自本裁决作出之日起,按2.50%的利率按月计算复利,直至付清。

(5) 各当事方应承担各自的律师费和其他费用,平均分担"仲裁庭成员的费用开销和中心的使用费"。

韩敏译　郭爽、张正怡校

Masdar Solar & Wind Cooperatief U. A. v. 西班牙

国际投资解决争端中心仲裁庭裁决

案号：ICSID Case No. ARB/14/1

裁决时间：2018 年 5 月 16 日

申 请 方：Masdar Solar & Wind Cooperatief U. A.

律　　师：Judith Gill QC，Jeffrey Sullivan，Yacine Francis，Simon Roderick，Ignacio Madalena，Tomasz Hara，Stephanie Hawes

被申请方：西班牙

律　　师：Diego Santacruz，Antolín Fernández，Javier Torres，Mónica Moraleda，Amaia Rivas，Elena Oñoro，Roberto Fernández，Patricia Froehlingsdorf，Javier Castro

仲 裁 庭：首席仲裁员 John Beechey CBE 先生；仲裁员 Gary Born 先生；仲裁员 Brigitte Stern 教授；仲裁庭秘书：Luisa Fernanda Torres 女士

一、案件事实

（一）当事方基本情况

申请方 Masdar Solar & Wind Cooperatief U. A.（以下简称申请方）是一家根据荷兰法律并于注册成立的私人有限责任公司。被申请方是西班牙（以下简称被申请方）。

本案申请方的请求是由2008年11月以及2009年7月在三个CSP工厂(2008年投资的Gemasolar和2009年投资的Arcosol and Termesol)所作的投资而产生。双方之间争端的基础是被申请方实施的投资措施产生的影响,申请方主张,被申请方修改可再生能源项目的一般监管和经济制度,尤其是在太阳能热电装置上,该项措施的影响造成了申请方的重大损失。

本案所涉及的争端已提交国际投资争端解决中心(以下简称"ICSID"),本案根据1998年4月16日在荷兰和西班牙生效的《能源宪章条约》(以下简称"ECT")和1966年10月14日生效的《解决国家和其他国家国民之间投资争端公约》(以下简称《ICSID公约》)来处理该争端。

(二) 案件背景

申请方Masdar由阿布扎比未来能源公司(以下简称"ADFEC")拥有和控制,该公司拥有申请方99%的股份。ADFEC成立于2007年,是阿布扎比(阿布扎比酋长国是阿拉伯联合酋长国最大的酋长国)经济多元化计划的一部分。ADFEC的主要目标是在阿布扎比及海外对可再生能源和可持续技术进行投资。ADFEC完全由Mubadala发展公司(以下简称"Mubadala")控制,而Mubadala又由阿布扎比酋长国的政府拥有。

被申请方西班牙于2007年5月25日颁布的第661/2007号皇家法令(以下简称"RD 661/2007"),被认为是更容易吸引投资和基于新能源补贴政策("FIT")机制。RD 661/2007的颁布为ADFEC首席执行官Tassabehji先生及其团队进行的事实调查提供了动力。2007年下半年,他们确定了Sener Grupo deIngeniería,SA(以下简称"Sener")为西班牙CSP项目投资的潜在合伙伙伴,并委托法国巴黎银行对RD 661/2007制度进行尽职调查(报告以下称"BNP报告")。

根据ADFEC高级管理层以及随后的Mubadala投资委员会的批准,ADFEC于2008年3月12日与Sener签订了合资协议,以创建Torresol Energy Investments SA(以下简称"Torresol Energy")。Torresol Energy将获得三个CSP工厂的使用权,这也是本案争端的核心,即Gemasolar,Termesol和Arcosol。

2008 年 5 月 27 日，Mubadala 投资委员会授权 ADFEC 资助申请方 Masdar 对 CSP 工厂投资 7 937 万欧元，以使 Masdar 能够收购 Torresol Energy 40%的股权。为了通过 Gemasolar 2006 S. A 来开发 Gemasolar 项目，申请方向 Torresol Energy 出资。Sener 代表 Torresol Energy 负责为三个工厂中的第一个工厂 Gemasolar 寻找项目融资。

2010 年 4 月，申请方分别通过 Arcosol - 50 S. A. 和 Termesol - 50 S. A. 为 Arcosol 和 Termesol 项目向 Torresol Energy 出资。Gemasolar 工厂于 2011 年 4 月 29 日在西班牙行政登记处(以下简称“RAIPRE”)注册。2011 年 12 月 23 日，Arcosol 和 Termesol 工厂在 RAIPRE 注册。

(三) 当事人双方的请求

1. 申请方请求

(1) 确认被申请方违反了 ECT 的第 10(1)条。

(2) 请求由被申请方就因西班牙违反 ECT 和国际法而造成的投资损失向申请方作出充分赔偿，该赔偿的形式为：第一，通过恢复在西班牙违反 ECT 之前的情形，向申请方全额赔偿，并赔偿在恢复先前体制之前遭受的所有损失；第二，赔偿申请方因西班牙违反 ECT 而遭受的损失；第三，在任何情况下，每月向申请方支付 1.60%的复利率以及支付裁决后的利息，按每月由仲裁庭决定的利率复利，直至完全付清为止。

(3) 全额赔偿本次仲裁的所有费用，包括仲裁员、国际投资争端解决中心、法律顾问和专家的费用和开支，以及所引起的或将要发生的所有费用。

(4) 在这种情况下，仲裁庭认为适当的其他救济措施。

申请方保留修改或补充此项救济的权利，并有权要求适当的其他替代或不同的救济。

申请方关于管辖权寻求如下额外救济：“就西班牙的管辖权异议而言，第一，驳回西班牙的所有管辖权异议；以及第二，责令西班牙承担提出管辖权异议的费用。”

2. 被申请方请求

(1) 对申请方的主张以及管辖权提出异议。

(2) 即使仲裁庭裁定对该争端具有管辖权,也应该驳回申请方关于案情的所有主张,并要求申请人支付当前仲裁产生的所有成本和费用,包括 ICSID 产生的行政费用、仲裁员的费用、西班牙及其专家和顾问的法律代表费用,以及产生的任何其他费用,包括从产生费用之日起至其实际付款之日的合理利率的利息,因为西班牙没有以任何方式违反 ECT 的规定。

(3) 西班牙保留根据《ICSID 公约》《ICSID 仲裁规则》和仲裁庭的指示对这些意见进行修改或补充的权利,并根据需要提出任何其他论据,以便对申请方关于此事的所有主张作出回应。

二、法律分析

(一) 管辖权问题

1. 基于"属人原则"而缺乏管辖权的异议

(1) 被申请方观点

被申请方认为,申请方的行为应被视为阿布扎比酋长国的国家行为,因为阿布扎比政府对于申请方的控制体现在申请方的任何投资都必须通过 Mubadala 得到阿布扎比政府的批准,阿布扎比政府向其提供资金,并通过 Mubadala 对在仲裁中所涉投资提供担保。因此,根据国际法,申请方的行为应归因于阿拉伯联合酋长国(以下简称"阿联酋"),特别是归因于非 ECT 成员国的阿布扎比酋长国。被申请方认为,本案实际上是两国之间的争端,即为阿联酋(阿布扎比)和西班牙之间的争端,而不是缔约国与投资者之间的争端,后者是缔约国另一方的国民。由于争端发生在两个国家之间,因此本案的当事方尚未达到 ECT 第 26 条和《ICSID 公约》第 25 条的要求。

(2) 申请方观点

申请方认为被申请方所提及的控制问题是错误的法律意见,并认为在引起这一问题的所有案件中,没有一个仲裁庭反对。申请方指出,第一,对工厂的投资是由 Sultan 博士和 Tassabehji 先生领导的 ADFEC 倡议,投资决定是由 Mubadala 投资委员会作出的。阿布扎比本身没有参与投资这些工厂的决定,而且该提议也没有提交 Mubadala 董事会，因为投资委员会的权威足以使其获得批准。在进行投资的过程中，没有阿布扎比政府官员是申请人或 ADFEC 的董事会/投资委员会成员。第二，盈利是 Masdar 的首要目标。在西班牙的投资是与 Sener 合作的商业投资，目的很明确，就是盈利。申请方投资这些工厂的决定不是根据阿布扎比政府的指示作出的，而是基于财务利益而不是社会经济利益的考虑。综上所述，申请方坚持认为，其投资三家电厂的行为是“典型的商业活动”。

(3) 仲裁庭分析

本案仲裁庭毫不犹豫地驳回了被申请方对于管辖权的反对。

第一，申请方的行为是否可以归因于阿布扎比国的行为？

本案管辖权的问题是审查申请方作为一个单独实体的行为是否可以归因于阿布扎比国，或者是因为它行使政府权力(“公共权力”)，还是因为它在投资活动中受到国家的有效控制。

首先，仲裁庭采用 CSOB 仲裁庭的推理。申请方 Masdar 显然并未“担任政府的代理人或正在履行政府的职能”。事实上，被申请方已明确承认 Masdar 不行使任何公共职能的特权，因为被申请方一直主张的是 Mubadala 的行为构成国家行为。其次，被申请方没有以任何令人信服的方式表明阿布扎比国既行使对申请方的一般控制权，也行使对其投资决定的控制权。因此，被申请方提出本案是两国之间的争端的说法不能成立。

其次，申请方是否满足 ICSID 和 ECT 的主体要求？

由于申请方不能等同于阿布扎比国家，所以必须考虑它是什么，即一个商业公司。为了核实仲裁庭基于属人原则的管辖权，下一步是确定申请方是否具有受《ICSID 公约》和 ECT 保护的投资者所在国家的国籍。《ICSID 公约》没有具体规定确定法人国籍的任何具体标准。在国际法(以及 ICSID 判例法)中，确定法人国籍的标准是公司注册地。正如 Amco Aisa 仲裁庭所指出的，《ICSID 公约》中的国籍概念是：“这是一种经典的标准，它的基础是法人所依据的法律。”根据 ECT 第 1 条，投资者的定义是：“‘投资者’是指：(a) 就缔约方而言：(i) 具有该缔约方国籍的自然人，或根据其适用法律永久居住在该缔约方中的自然人；(ii) 根据该缔约方适用法律成立的公司或其他组织……”根据这两个条约的规定,申请方因在荷兰注册并根据该国法律组织,也就是说,申请方的国籍是荷兰,即《ICSID公约》第25条所指的缔约国和ECT缔约国。因此满足《ICSID公约》和ECT的国籍要求。仲裁庭最终认定,根据ECT和《ICSID公约》的语言和解释,根据ECT第1(7)(a)(ii)条和ICSID公约第25条,申请方是"投资者"。因此,被申请人的"基于属人原则的理由"的反对无效。

2. 基于"对事原则"而缺乏管辖权的异议

(1) 被申请方观点

被申请方认为,根据《ICSID公约》第25条或ECT第26(1)条和第1(6)条的规定,申请方未能在西班牙进行合格的"投资"。申请方对Torresol Energy的股权投资是由Mubadala通过ADFEC融资,并且由西班牙银行向Torresol提供的银行融资,由Mubadala和ADFEC的股东担保承保,结果是申请方没有提供任何资金,也没有承担任何投资风险,因为申请方Masdar只是一家空壳公司,这是一家纯粹为税收目的而成立的幽灵公司,目的是能够充当阿布扎比政府在西班牙投资的渠道。所以,Masdar没有进行任何投资。资金和承担风险的责任由Mubadala来承担。

(2) 申请方观点

申请方驳回了被申请方的反对,并强调其Torresol能源公司的股份和股东贷款符合ECT第1(6)条中"投资"的定义,而申请方是这些资产的所有者并拥有控制权。

申请方认为,根据ECT的第1(6)条和第26(1)条中的"投资"一词似乎已被接受,或至少没有被被申请方反对,所以应给予广义的解释,申请方提到投资在Salini案中将满足以下四个条件:① 期限;② 投资者的出资;③ 对东道国发展的贡献;④ 承担风险。在这方面,申请方指出:首先,申请方作为Torresol Energy的股东,申请方(与ADFEC)对履行合资公司的所有权利和义务承担连带责任(包括认购和支付股份,运用合理的努力来促进、发展和支持Torresol Energy的业务;对Torresol Energy商业计划中提供的投资和资金的贡献,承诺以股权或股东贷款的形式提供"其他融资")。其次,它向Torresol Energy和工厂的投资中贡献了约119 028 669欧元的股权和股东贷款;作为Torresol Energy的股权投资者和根据股东贷款的债权人,完全承担了电厂运营的风险。

(3) 被申请方进一步反对

被申请方认为，申请方在 Torresol Energy 中的股权及其向 Torresol Energy 的股东贷款不能被视为 ECT 或《ICSID 公约》下的“投资”，而 Mubadala 通过 ADFEC 提供的关于申请方对 Torresol Energy 的股权投资和西班牙银行向 Torresol Energy 提供的融资的股东担保也不止如此。

申请方反驳了该观点。申请方认为用于进行投资的资本来源对于 ECT 或《ICSID 公约》的管辖权而言并不重要，关于风险，与可再生能源投资的情况一样，申请方在 Torresol Energy 中所持股份的价值仍然存在风险，并持续存在风险，并且持续时间也很长，申请方的承诺将长期存在。

(4) 仲裁庭分析

首先，关于“投资”的定义，仲裁庭认为，《ICSID 公约》没有“投资”的定义，因此容易受到 ICSID 仲裁庭的解释工作的影响，特别是在 salini 案中。ECT 第 1(6)条的确包含了投资的定义，规定：“投资”是指投资者直接或间接拥有或控制的各种资产，包括：

(a) 有形和无形，动产和不动产以及任何财产权，例如租赁、抵押、留置权和抵押；

(b) 公司或商业企业，或公司，商业企业的股份，股票或其他形式的股权参股，以及公司或商业企业的债券和其他债务；

(c) 根据具有经济价值并与投资有关的合同的金钱索赔和履约索赔；

(d) 知识产权；

(e) 收益；

(f) 法律或合同授予的任何权利，或根据法律授予的任何许可证和许可证，从事能源部门的任何经济活动。

仲裁庭提到，正如许多仲裁庭指出，“投资”是一个非常宽泛的定义，例如在 Energoalliance 案中：ECT 第 1(6)条中“投资”的定义应比其他有关投资保护的行为更广泛地被承认。在 Romak 案的裁决中，联合国贸易法委员会仲裁结果是《ICSID 公约》不适用，理由是“投资”一词的一般含义，根据上下文并根据条约的目的和宗旨确定《维也纳条约法公约》(以下简称“VCLT”)第 31 条的解释规则。在 Isolux 案中仲裁庭采纳的观点：ECT 投资概念的定义本身就足够。随着仲裁理论的发展,投资概念的客观定义现在包括:① 出资;② 收益的收取;③ 风险的承担。据此,仲裁庭认为,在本案中申请方完全符合 ECT 第 1(6)条和《ICSID 公约》第 25 条中所规定的"投资"一词的含义,且该定义已得到满足。

其次,仲裁庭处理"资本起源"异议。Yukos 案仲裁庭的裁定:"ECT 的第 1(6)条中的投资定义不包括任何关于资本来源或注入外资的必要性的结论是仍然具有说服力的。"Arif 案同样支持 Yukos 案中仲裁庭的结论:"ICSID 的判例,仲裁庭通常认为投资所用资金的来源并不重要,资金的来源也与管辖权无关。"

最终仲裁庭认为,根据《ICSID 公约》的语言和解释,申请方已根据《ICSID 公约》第 1(6)条的含义作出了"投资"。因此,被申请人的反对无效。

3. 基于"自愿原则"而缺乏管辖权的异议(拒绝利益)

ECT 第 17 条("在某些情况下不适用第三部分")规定:"各缔约方保留拒绝本部分规定的权利:(1) 如果是第三国的公民或国民拥有或控制该法人,并且该法人在其所在的缔约方区域内没有实质性的商业活动……"

(1) 被申请方观点

被申请方强调,该条款中没有任何内容说明如何或何时行使权利。它提出了三个要求:① 可能被拒绝享有利益的法人实体在缔约方的领土内合法成立;② 该实体必须由第三国国民拥有或控制;③ 法人实体在其设立的领土内没有实质性的商业活动。被申请方对于申请方在荷兰注册成立,并最终由 ADFEC 拥有和控制,没有争议。但是,第一,ECT 提到了"许多商业活动",而申请方仅仅是一个空壳公司,只是为了方便而建立,并且在荷兰没有进行任何实质性的商业活动。第二,被申请方及时充分地通知了其打算根据 ECT 第 17(24)条拒绝提供利益的意图。第三,申请方没有达到其在 ECT 保护下的投资要件。

(2) 申请方观点

申请方根据 ECT 第 17 条反对被申请方的观点。申请方认为,第一,被申请方没有根据第 17 条给予申请方,该条约所涵盖的投资者合理的通知,从而就拒绝给予其利益的任何决定;第二,即使它已经有效地援引了第 17 条,只要涉及任何否认利益,被申请人的通知就只能具有预期的效果;第三,第 17 条不适用于在荷兰从事"实质性商业活动"的申请方。申请方是实体。它是一家控股公司,不仅仅在西班牙拥有大量投资。除电厂外，申请方的资产还包括伦敦可再生能源海上风电场和 Dudgeon 项目，英国可再生能源项目以及约旦的 Tafila 风能项目，所有这些都是高价值的资本密集型项目。根据 Al Ramahi 先生的解释，Masdar 委员会每年至少在荷兰举行四次会议：监督 Masdar 拥有的投资和资产，并确保资金，管理得当。申请方委员会的会议在申请方在阿姆斯特丹的注册办公室举行。申请方在其投资的财务管理中享有自主权，承担自己的财务风险并提供担保。

(3) 仲裁庭分析

ECT 第 17 条“在某些情况下不适用第三部分”规定如下：

“各缔约方保留拒绝本部分规定的权利，如：

(1) 法人实体，如果第三国的公民或国民拥有或控制该实体，并且该实体在其组织所在的缔约方区域内没有实质性的商业活动。

(2) 投资，如果拒绝缔约方确定该项投资是拒绝缔约方与或与之有关的第三国投资者的投资：

(a) 没有维持外交关系；

(b) 采取或维持以下措施：(i) 禁止与该国的投资者进行交易；(ii) 如果本部分的利益是给予该国的投资者或其投资，则将受到侵犯或规避。”

第一，拒绝利益的时间。

被申请方的观点是，可以在有人提出管辖权异议之前做出拒绝决定，以及拒绝的可能性。申请方认为，根据第 17(1)条被申请方行使拒绝利益的权利之前给予肯定通知的要求与 ECT 第 2 条指出的目的和宗旨是一致的。仲裁庭多数成员认为：ECT 旨在为能源领域的投资建立可预测的法律框架。只有在投资者可以提前知道其是否有权获得条约保护的情况下，这种可预测性才能实现。如果在条约签订后的任何时候被剥夺利益，在东道国进行了投资的投资者，将发现自己处于高度不可预测的状况。这种不确定性将阻碍投资者评估是否在任何特定国进行投资的能力，这将违反该条约的宗旨。

第二，拒绝的影响。

仲裁庭认为，在作出投资和发生争端之后，缔约国可追溯性地否认利益的做法与 ECT 的宗旨相抵触。这将与 ECT 的透明性，合作性和稳定性目标背道而驰,并导致异常结果。考虑到该问题,仲裁庭得出的结论是,在争端发生之前,缔约国必须采取行动,或通过立法普遍地(或对一个或多个部门)拒绝给予利益,或颁布针对特定投资者的措施。这既切合实际,又符合ECT的目标和宗旨——合作、透明和可预见性。

第三,ECT第17(1)条的累积条件。

根据ECT第17(1)条的累积条件,申请方符合成为第三国公民或国民拥有或控制的当事方的标准。申请方在荷兰的组织也没有争议。第三部分涉及的问题,即申请方在荷兰是否有"大量商业活动"。

ECT本身没有"实质性商业活动"的定义。但仲裁庭考虑到AMTO仲裁庭的裁决,该裁决得出的结论是:"实质"是指"实质而不仅仅是形式"。这并不意味着业务活动的规模必须"庞大",重要性才是决定性的问题。仲裁庭采用这种分析。其一,申请方援引的证据不容质疑,特别是关于其作为一家受其控制的国际资产的控股公司的地位,以及同样未经质疑的证据。其二,Al Ramahi先生的证据有力地证明了申请方在荷兰开展业务的真实范围和重要性。其三,被申请方未能证明申请方在荷兰没有实质性业务活动。因此,被申请方没有根据ECT的第17(1)条剥夺利益的依据。

4. 基于"自愿原则"而缺乏管辖权的异议(征税行为)

(1) 被申请方观点

根据被申请方西班牙2013年1月1日起生效的第15/2012号法律:"对直接和真实性质的电力生产价值征税,对电力生产及其并入西班牙电力系统征税。"

被申请方认为,首先,征税是ECT第21(7)条所指的"税收措施"。其已获得众议院代表大会和西班牙参议院的批准,是西班牙和国际法规定的"真实税收"。因此,仲裁庭没有管辖权来受理申请方关于征税的主张。其次,被申请方认为,就所有可再生能源生产者而言,均适用于所有电力生产者,并无任何歧视,该措施的效果保持中立。并且该税收符合在EnCana,Duke Energy以及Burlington案中裁决所确认的所有四个标准:一部法律、对个人类别施加责任、支付给国家、用于公共目的。最后,被申请方指出,申请方已经接受征税。因此,被申请方认为征税符合ECT第21(1)条中的范围,仲裁庭无权裁定引入征费是否构成违反根据 ECT 第 10 条被申请方承担的义务。

(2) 申请方观点

申请方认为仲裁庭应考虑到：VCLT 第 31(1)条规定、1966 年的国际法委员会关于条约法的条款草案及其评论(以下简称“ILC 条款”)、国际法院的判例、VCLT 第 26 条,以上法律法规对善意(good faith)运用的强调。

申请方主张,第一,被申请方不能简单地将一项措施定为一种税收,然后以一项符合西班牙国内法的措施为基础,寻求更多的手段来利用 ECT 第 21 条第 1 款。如果这样做的话,它将表现为:“根据其严格的法律权利,以构成对这些权利的滥用”。第二,不能假定根据西班牙国内法(或者,如被申请方所建议的欧盟法律)采取的税收措施可能不会被视为国际法的不法行为。申请方援用了 ILC 条款的第 3 条:“一国不得为了逃避现行国际法或现行条约规定的义务而援引其本国宪法。”第三,申请方认为由于没有一个国家有可能明确宣布其所主张的税收措施是有误的,因此仲裁庭有必要全面考虑被申请方的行为,并确定其征税行为是否是善意的。

经过分析,申请方认为,征税不是普遍适用的征税措施,被申请方征税的真正目的是解决可再生能源基础设施中的关税赤字和产能过剩。所以,申请方认为被申请方引入征费违反了 ECT 第 10(1)条的行为。

(3) 仲裁庭分析

ECT 第 21(1)条规定:“除本条另有规定外,本条约不得就缔约国的税收措施创设权利或规定义务。如果本条与条约的任何其他条款之间有任何不一致之处,应以本条为准。”

仲裁庭认为其本身无法评断被申请方的行动是否在善意行事。仲裁庭同意在 Isolux 和 Eiser 案中的裁决：被申请方的征税行为具有通常与合法税有关的特征,是根据法律设立的,对确定的人员类别强加了义务,产生了流向国家的收入,这些收入用于公共目的。因此,其行为属于 ECT 第 21(7)条中“税收措施”的字面定义。征税权是一项不可或缺的核心主权权力。ECT 第 21(1)条对税收的“制定”以及许多其他双边和多边投资条约中的相应规定反映了各国的决心,税收事项不会成为投资者与国家之间的仲裁事项。因此,仲裁庭得出结论认为,其无权审理因引入征费而引起的索赔。

5. 欧盟内部反对

(1) 国籍多样性的反对

① 被申请方观点

被申请方认为,ECT的第26条不适用于欧盟内部争端。第一,被申请方认为,申请方是欧盟成员国的国民而被申请方是欧盟成员国的事实意味着不可能满足ECT第26(1)条的规定,即"要进行仲裁,争端必须在缔约方与不同缔约方的投资者之间进行。"因此,被申请方认为,本案仲裁庭根据ECT的规定,仲裁庭对欧盟投资者在欧盟内部电力市场和欧盟成员国内的权利有关的争议不具有管辖权。被申请方着重援用了2015年2月12日欧洲委员会(以下简称"委员会")的仲裁庭之友意见书。第二,被申请方建议仲裁庭可以将之前的一些裁决与本案中的情况区分开来,因本案中所涉及的国家在成为欧盟成员国之前已经签署了ECT。在此案中,加入ECT的投资者注册国荷兰和被申请方都已经是欧盟成员国。第三,被申请方主张本案仲裁庭对于本案没有管辖权因为"ECT不适用于与欧盟内部投资有关的争端,而荷兰同西班牙一样,是欧盟的成员国"。

② 申请方观点

申请方认为,ECT第26条的普通含义是明确的:适用于ECT的任何缔约方与任何其他缔约方的投资者之间的争议。ECT中没有明确说明第26条的条款不适用于欧盟成员国之间的关系。申请方认为,无论如何,ECT的文本中没有任何内容可以支持对投资者和缔约方进行区分的建议。

③ 欧洲委员会的仲裁庭之友意见书

委员会在其"仲裁庭之友"意见书中表示,仲裁庭对该争端缺乏管辖权,并请仲裁庭基于以下理由拒绝管辖权:"在签署ECT时,缔约双方均无意向欧盟投资者授予依赖投资国对成员国进行仲裁的权利。"委员会进一步指出:① 欧盟投资者依赖投资国对另一欧盟成员国的仲裁将违反欧盟条约;② 根据《欧洲联盟运作条约》(以下简称"TFEU")第344条和欧洲法院在委员会诉爱尔兰案(C-459/03)中的判决,出现了一项一般性原则即"欧盟成员国不能同意,有关欧盟法律解释或适用的欧盟内部争端可以采用与欧盟成立条约不同的争端解决方法";③ 被申请方已根据TFEU第108(3)条将有争议的措施通知委员会。

④ 仲裁庭分析

被申请方认为，如果根据 ECT 对此类欧盟内部争端进行仲裁，将既违反欧盟内部市场规则，也违反欧盟法律的自治原则。

仲裁庭认为：第一，被申请方未提供任何解释说明为何与前述案件应采用不同的处理方法。ECT 的第1(2)条将“缔约方”定义为：“一个同意受本条约约束且对该条约有效的州或区域经济一体化组织（以下简称“REIO”），这是完全正确的”；并且 ECT 第 1(3)条将“区域经济一体化组织”定义为：“一个组织，由某些事务上已将管辖权移交到该组织的国家组成，其中一些事务受本条约管辖，包括有权对其作出约束的裁决。”欧盟就是这样的 REIO，当然，其本身就是 ECT 的缔约方。

第二，根据 ECT 第 1(10)条对“区域”进行了定义：“区域，是指作为缔约国的国家：(a) 处于其主权下的领土，对于作为缔约国的 REIO 缔约方，区域是指根据建立该组织的协议所载规定，该组织成员国的区域。”在定义“区域”概念时，由 ECT 第 1(10)可以看出，区域既指缔约方的区域(ECT 第 1(10)条第 a 项)，也指欧盟的区域。因此，可以合理地推断出，由于它指的是在缔约方“区域”内进行的投资，因此，对于欧盟成员国而言，ECT 第 26(1)条既指一国的区域，也指欧盟本身的区域，ECT 中没有任何条款可能导致不同的解释。

第三，仲裁庭援引了 Isolux 案、Charanne 案、Isolux 案，同本仲裁一样，本身也涉及来自荷兰的投资者和西班牙的投资。就 ECT 第 1(10)条而言，仲裁庭最终得出的结论是，虽然荷兰和西班牙是欧盟地区的一部分，但根据 ECT 第 1(10)条的规定，“毫无疑问，荷兰和西班牙对其各自行使主权国家领土。”因此，欧盟的“区域”涵盖了荷兰和西班牙的领土这一事实并不能阻止它们各自在 ECT 范围内也保留“区域”。最终，仲裁庭驳回了被申请方的意见。

(2) “欧盟法律优先”的反对

① 被申请方观点

被申请方的异议是基于欧盟法律“优先于或优于任何其他法律，取代了其他任何国内或国际规定”。优先考虑共同体法，不允许与其他法律进行比较。简而言之，在处理欧盟内部关系，欧盟法律优先于其他任何其他法律。

② 申请方观点

即使 ECT 和欧盟法律涵盖同一事项，申请方也认为，被申请方的陈述不正确,因为ECT第16条规定:“如果两个或两个以上的缔约方订立了先前的国际协议,或订立了随后的国际协议,无论哪种情况,其条款均涉及本条约第三部分或第五部分的主题。(1) 本条约第三部分或第五部分中的任何内容均不得解释为减损该另一协议的此类条款的任何规定或对该协议项下的与此相关的解决争议的权利;和(2) 其他协议中的任何条款均不得解释为减损本条约第三部分或第五部分的任何规定,或与本条约有关的解决争端的权利。”

③ 仲裁庭分析

仲裁庭通过援引Electrabel案、Charanne案和最近的Isolux案,仲裁庭最终驳回了被申请方这一反对意见,第一,正如Isolux的仲裁庭所裁决的那样,仲裁庭具有适用欧盟法律的权力和义务。第二,欧盟法律与ECT第四部分所载的投资者与国家之间的仲裁条款(包括《ICSID公约》下的国际仲裁)并不矛盾,而且,根据ECT和《ICSID公约》,欧盟法律中的任何内容都不能解释为排除投资者与国家之间的仲裁。

出于上述原因,仲裁庭驳回了被申请方对仲裁庭管辖权的“欧盟内部”反对。

(二) 责任问题

1. 申请方主张的概述

申请方主张,通常,投资的资产在受监管的部门下运作,这些部门保证东道国在资产的整个生命周期内提供稳定和可预测的收入来源。根据RD 661/2007在2007年5月在西班牙引入的监管制度,Masdar在西班牙可再生能源领域进行了投资,特别是在以下三个工厂中进行了投资:2008年11月的Gemasolar和2009年7月的Arcosol及Termesol。这些投资是通过合资企业Torresol Energy进行的,其中Masdar拥有40%的股份,负责提供和采购开发成本的Sener持有60%的股份。

(1) 监管制度保证稳定

RD 661/2007是一种措施,是西班牙于2007年5月采取了一项协调一致的战略来吸引可再生能源投资,即对于第二年1月1日已投产的CSP工厂,未来关税制度所做出的任何更改都不会对其影响(RD 661/2007第44.3条)。但是被申请方通过在2012—2014年间采取一系列措施违反了投资者的合理期待,申请方主张被申请方废除了 RD 661/2007 制度。

(2) 申请方的期待

在本案中,两个投资决策至关重要:(i) 在 2008 年 3 月投资 Gemasolar 工厂;(ii) 在 2009 年 6 月投资 Arcosol 和 Termesol。申请方认为,它有合理的预期认为这些设施将在整个使用寿命内受益于 RD 661/2007 制度,并且一旦按照"关税窗口"要求进行了资格鉴定,就不会有追溯变更。a. 尽职调查。首先,在 2006 年,ADFEC 在西班牙对可再生能源可能的投资进行了尽职调查,特别是 CSP 工厂,ADFEC 因为知道新法案 RD 661/2007 的存在,所以与 Sener 和西班牙银行进行了讨论,3 个 CSP 工厂都将以符合 RD 661/2007 关税的条件及时运营,西班牙银行也将这些项目视为低风险项目,可预见和安全地获得收入。其次,在针对项目的尽职调查方面,法国巴黎银行受托编写有关 Gemasolar 和 Termesol 的报告,并于 2008 年 1 月 24 日提交了针对 SENER CSP 项目的投资分析,即 BNP 报告。该报告得出结论:"西班牙可再生能源的法律框架非常稳定。"最后,在后期申请方收到的有关 Arcosol 和 Termesol 投资的尽职调查报告中得出的结论是,这两种设施均有望符合 RD 661/2007 关税制度,并且还考虑到 RDL 6/2009 的预分配注册表。b. 注册过程方面。首先,三个工厂都在预分配注册中心进行了注册;其次,申请方认为,西班牙能源政策与矿产局在有关 Gemasolar,Termesol 和 Arcosol 工厂的决议中的陈述并不等于西班牙的承诺,而是(a) 它可以继续修改条款;(b) 不排除特别修订的可能性;最后,2011 年 4 月 28 日,Gemasolar 工厂在 RAIPRE 注册。申请方认为,所有这三个工厂因此在其使用寿命内均符合 RD 661/2007 制度的要求。c. 争议措施方面。申请方指出争议措施具有以下效力:(i) 第 15/2012 号法律剥夺了工厂在其年产量的任何部分中使用天然气并仍获得 FIT 的权利。(ii) 第 15/2012 号法律同样引入了 7%的征费,适用于生产收入而非利润。第 15/2012 号法律适用于普通和特殊制度的生产者,但是,实际上并没有。(iii) RDL 2/2013 将 RD 661/2007 的保险费降低为零,其结果是,溢价的 FIT 选项消失了,仅保留了固定关税选项。(iv) 在数周内,RDL 9/2013 于 2013 年 7 月 12 日颁布。(v) 2013 年 12 月 26 日,第 54/1997 号法律本身被第 24/2013 号法律取代。(vi) RD 413/2014 的生效几乎是在 2014 年 6 月 16 日的部长令之后进行的,目的是消除 RD 661/2007

的其他规定。

(3) 根据西班牙对 RD 661/2007 的观点,Masdar 的期待客观上是有根据的和合理的

申请方认为,被申请方非常清楚有必要将监管不确定性降至最低。被申请方在 2007 年提出了为特殊制度的法规提供依据的必要标准:“该法规必须提供足够的保证,以确保经济在设施的整个使用寿命中稳定且可预测。”但是在与 RD 661/2007 颁布日期相一致的新闻稿中,被申请方通过工业、能源和旅游部表示:政府在新的皇家法令中优先考虑了获利能力和稳定性。申请方认为,如果被申请方具有这些稳定性条款,被申请方可以更改规则,可以更改关税;但是不能将其追溯到已经在不同监管制度基础上进行了资本投入的设施,因为它们无法更改已花费的资金,无法更改已订立的债务融资安排。RD 661/2007 是一项引导投资的明确战略决策,而且被申请方西班牙对 RD 661/2007 的观点,也足以印证申请方 Masdar 的期待客观上是有根据的和合理的。

(4) 申请方对违反 ECT 的主张

申请方针对违反 ECT 第 10(1)条提出三项具体主张:

① 违反公平公正待遇(以下简称“FET”)规定。因为:(a) 申请方的合理期待未得到满足;(b) 西班牙的行为并不透明;(c) 西班牙采取的措施是不合理和不相称的;(d) 西班牙未能根据第 10(1)条提供稳定的法律框架。申请方认为,任何一项违规行为都构成了对 FET 规定的违反。

② 违反非损害标准。依据 ECT 第 10(1)条,面对国家承诺维持稳定的法律框架,申请方没有质疑被申请方更改法律的权利。但如果这种变更导致违反了 ECT 中规定的保护措施,则国家对既得权利和合法期望造成的损害应承担赔偿投资者的责任。

③ 违反“保护伞条款”,包括西班牙在 RD 661/2007 和 2010 年 12 月 28 日部长级决议中承担的义务。RD 661/2007 规定了 25 年的资费,只有在根据第 17 条进行注册后才能获得该资费。但西班牙没有兑现 RD 661/2007 第 44.3 条所作的承诺。

(5) 关税赤字

被申请方以不合理和武断的方式提高关税赤字,作为对申请方 FET 损害索

赔的抗辩。申请方认为，被申请方的关税赤字防御措施不能满足制定合理的政策目标的要求，也不能满足采取适当措施和比例措施的要求。给 CSP 带来好处的 RD 661/2007 法令并不会造成关税赤字，更不会提高关税赤字。申请方主张，西班牙本来可以解决关税赤字，而不必违背其根据 RD 661/2007 对 CSP 投资者的义务。

2. 被申请方主张的概述

被申请方基于申请方的主张有六项反驳观点：(1) 进行投资的实体的性质；(2) 发电活动；(3) 薪酬制度；(4) 国际金融危机的影响；(5) 有争议的措施：西班牙电力系统的经济可持续性和超额报酬的更正；(6) 对所采取措施的评估。

(1) 投资时的西班牙电力系统。被申请方声称，西班牙电气系统是一个"技术、经济和法律实体"。首先，西班牙电气系统的一般原则已编入第 54/1997 号法律，被申请方认为这些基本原则即经济和技术上的可持续性以及以尽可能低的成本向消费者提供电力是任何投资者都必须意识到的问题。其次，在西班牙法律体系中，法规层面的法律标准不能凌驾于法律之上。如果法律规定了系统的经济可持续性，或确定投资者可能期望的回报是合理的回报，则应遵循这些原则，不能被法规所取代，无论如何，国家可以采取措施纠正薪酬不足或过高的情况。被申请方也指出西班牙的法律制度是最高法院制定的成文法和判例法的混合体，其决定对包括公共当局在内的所有合法经营者具有约束力。

(2) 2012 年 10 月的发电活动。申请方选择根据第 54/1997 号法律设立的特别制度投资于电力生产。该法第 27.1 条规定："在下列情况下，并且在装机容量不超过 50 兆瓦的发电厂进行上述活动时，应批准在特殊制度下运行电能生产。"第一，被申请方西班牙认为，对可再生能源的支持系统是公共援助支持市场的整个制度的一部分，如欧洲指令中也规定了旨在促进可再生能源发电发展的条文，因此，国家有责任采取相称的措施，在此基础上，被申请方认为回报率不能是无限的。第二，这是确保可再生能源生产商在与传统电力生产商的竞争中有一个公平的竞争环境的情形。被申请方并没有试图完全消除传统的发电机，而是试图让可再生能源生产商站稳脚跟，以便其可以与普通电力平等竞争。

(3) 薪酬制度。被申请方认为，"合理回报"的概念是特别制度薪酬计划的基础，它是第 54/1997 号法律第 30 条第 4 款的目标。西班牙最高法院也一贯在其判决中强调目标是实现合理的回报率，但尚未确定应如何实现目标。所以，被申请方主张合理回报的评估起点是可再生能源计划(以下简称“PER”)，PER和法规的颁布是为了使法律生效。

(4) 金融危机的影响。在金融危机之后，被申请方迫切需要解决关税赤字问题。危机加剧了该问题，因为需求下降(以及相应的收入减少)并没有导致成本的相应下降。被申请方采取的一系列措施，目的是从系统中节省成本。后续措施的目的是“保证系统的经济可持续性并纠正高额报酬”。

(5) 西班牙电力系统的经济可持续性和超额补偿的纠正。被申请方认为，RD 436/2004第40条和RD 661/2007第44.3条引入的连续关税变化，并不排除采用旨在建立或确保经济可持续性和纠正过度的后续措施。被申请方认为新措施保留了被取代的制度的实质。仍然基于一个合理回报的概念：投资者收回了投资成本和运营成本，并根据估计的25年安装寿命获得了合理的回报。

3. ECT第10(1)条：公平公正待遇

(1) 申请方观点

申请方主张，被申请方违反了向其提供公平公正待遇的义务，因为它所投资的合理期待没有得到满足。被申请方违反了ECT的第10(1)条，并且要求被申请人就因西班牙违反ECT和国际法而造成的投资损失向申请方进行全额赔偿。申请方列举了本案的相关事实和被申请方法律文件对于工厂的要求，而且它也已完成了确保RD 661/2007体制适用于这三个工厂的所有必要工作。但是，西班牙政府迅速颁布的“有争议的措施”，使申请方的合理期待破灭。

(2) 被申请方观点

被申请方认为，申请方未能提供任何违反其合法期望和FET标准的证据。被申请方认为：① 根据国际法，有争议的措施没有追溯力，因为没有设法收回投资者已经享有的报酬；也没有违反西班牙最高法院认可的国家监管权的限制；② 最高法院明确拒绝了可以使现有的薪酬制度不受其后修正的影响的建议；③ 监管机构对薪酬制度作出追溯修订的权力，须符合“电力行业遵守的有关合理投资回报的法律规定”。除此以外，被申请人否认违反了ECT第10条所规定的FET标准，也否认没有提供稳定的投资条件。所采取的任何措施也没有违反关于追溯力的国际原则，因为这些措施并不是要撤销既得权利，而是适用于未来。

(3) 仲裁庭分析

ECT 第 10(1)条规定:“每一缔约方应依照本条约的规定,鼓励并为其他缔约方的投资者在其区域内进行投资并创造稳定,公平,有利和透明的条件。此类条件应包括承诺在任何时候均应给予其他缔约方投资者的投资公平和公正的待遇。此类投资也应享有最恒定的保护和安全,任何缔约方均不得以不合理或歧视性的方式损害其管理、维护、使用、享受或处置。在任何情况下,都不应给予此类投资以低于国际法要求的待遇,包括条约义务。缔约方应遵守与任何其他缔约方的投资者或投资者的投资所承担的任何义务。”1969 年 VCLT 规定,对条约的解释是“真诚地根据在条约的范围内并根据其目的和宗旨赋予条约条款的一般含义”。但仲裁庭认为在引用公平公正标准时,目的是要确保投资者可以确信: ① 进行投资的法律框架不会受到不合理的限制或不合理的修改;② 法律框架的修改不得违反对投资者的特定承诺。

① 没有不合理或不合理的修改。毫无疑问,一国有权修改其立法。但这项权利并没有受到束缚,例如,CMS 案的仲裁庭对此进行了解释:“这不是法律框架可能随时都需要发展并适应不断变化的情况而被冻结的问题,但也不是在相反的具体承诺出现时是否可以完全放弃该框架的问题。已经制定了外国投资法及其保护法,其具体目标是避免这种不利影响。”这一结论反映在后来的一系列裁决中,如在 Eiser 案中的仲裁庭也以下列方式提及了国家立法权的限制:“缺少直接向投资者提供的明确承诺,并保证各国不会改变其法律或法规,投资条约并没有消除各国为适应不断变化的情况和公共需求而修改其监管制度的权利。”

② 如果有具体承诺,则不做修改。该事项的问题是确定哪种具体承诺可以引起受保护的合法期望。关于这个问题有两个学派的观点,即一方认为此类承诺可以源自一般法律或法规中的一般性声明,另一方认为任何此类承诺都必须是具体的。

从第一学派的观点来看,RD 661/2007 和其他文本中包含的稳定条款的事实足以排除对法律的任何修改,只要投资者是根据该条款进行投资。第二学派认为,引起合理期待的具体承诺不能源于一般法规,还需要更多。它坚持一个原则,即法律中作出的稳定承诺与其他相关法律一样,都可能发生变化。国家立法权的局限性只能从内部法律秩序中的宪法原则以及国际法律秩序中的强制法规则中得出。但对于第二学派的支持者而言，一般立法或政治公告(例如新闻等)中提供的稳定规定不能产生合理的期待。

本案中，首先，重要的是审查已经实行的程序，寻求从西班牙在RD 661/2007号关税中受益的投资者必须遵守该程序。如果投资者在一定时间内满足一定数量的程序性和实质性条件，则国家保证利益的稳定性。这是国家提出的非常具体的单方面要约，一旦投资者满足了工厂建设的实质条件和规定的正式注册条件，则该投资者将被视为已接受。该程序的要素之一是首先在预分配注册表中进行注册，然后在RAIPRE中注册。这三个工厂分别于2011年4月29日(Gemasolar)和2011年12月22日(Arcosol和Termesol)在RAIPRE进行了注册。

很难想象有比西班牙发布的专门针对每个运营公司的决议更具体的承诺，该决议确认了每个工厂都符合RD 661/2007经济制度的"运营寿命"要求。由于做出了这些具体承诺，并且无论RD 661/2007的一般规定是否足够(如第一学派所主张的那样)，仲裁庭得出结论认为，无论如何，申请方期待RD 661/2007授予的许可将保持不变是合理的。

基于本案的事实，并且由于RD 661/2007制度的丧失以及根据争议措施在索赔中应享有的权利，仲裁庭认为被申请方违反了其根据ECT第10(1)条履行的公平公正待遇义务。

三、仲裁裁决

基于本裁决书中所述的理由，仲裁庭特此声明并作出以下裁决：

(1) 除非仲裁庭在被申请方的税收措施主张上支持被申请方反对其管辖权，尤其是第15/2012号法律规定的对电能生产价值征收7%的税，违反了ECT，因此，仲裁庭裁定根据ECT和《ICSID公约》的规定本案具有对申请方的主张管辖权。

(2) 根据ECT第10(1)条，被申请方未给予申请方公平公正待遇。

(3) 被申请方应当根据仲裁庭多数决定，向申请方支付6 450万欧元的损失赔偿。

(4) 被申请人应就 2014 年 6 月 20 日至本裁决书生效之日期间第 3 项所裁定的款项支付利息，年利率为 0.906%，按月复利计算，并应在本裁决书生效之日至所有到期应付款项支付之日期间，根据仲裁庭多数决定，按年利率为 1.60%，按月复利计算。

(5) 各方应承担其法律和其他费用。

(6) 仲裁庭成员的费用和开支以及使用国际投资争端解决中心设施的费用应由当事双方平均承担。

张珍译 欧阳雪、张正怡校

Blusun S. A. ,Jean-Pierre Lecorcier 和 Michael Stein v. 意大利

国际投资争端解决中心裁决

案号：ICSID Case No. ARB/14/3

裁决时间：2016 年 12 月 27 日

申 请 方：Blusun S. A. 公司，Jean-Pierre Lecorcier，Michael Stein

律 师：Barton Legum，Anne-Sophie Dufetre，Niccolo Castagno

被申请方：意大利

律 师：Gabriella Palmieri，Sergio Fiorentino，Paolo Grasso，Giacomo Aiello，Maria Chiara Malaguti，Giuseppe Stuppia

仲 裁 庭：James Crawford AC 法官(主席)，Stanimir Alexandrov 博士，Pierre-Marie Dupuy 教授

一、案件事实

(一) 当事方基本情况

Blusun S. A(以下简称“Blusun”)公司于 2009 年 12 月 20 日根据比利时法律注册成立，由 Lecorcier 先生和 Stein 先生完全持有和控制。Blusun 掌握 Eskosol S. p. A. 公司(以下简称“Eskosol”)80%股份和 Societa Interconnessioni Brindisi S. R L. 公司(以下简称“SIB”)50%的股份。Eskosol 和 SIB 都是意大利的公司。Jean-Pierre Lecorci 先生是一个持有 Blusun 66%股份的法国人。

Michael Stein 先生是一个持有 Blusun 公司 34%股份的德国人。被申请方是意大利共和国(以下简称"意大利"或"被申请方")。

(二) 申请方的申请救济及法律依据

在申请的陈述中,申请方对于主张说明如下:

(1) 声明意大利共和国违反了《能源宪章条约》(以下简称"ECT")中第三部分规定的义务。

(2) 要求意大利共和国根据申请方无法在投资中获取的原本资本收益和在投资中的损失支付赔偿金,在听证中这笔数额将会得到证明但目前申请人预计这笔金额为 1.878 亿欧元。

(3) 要求意大利共和国按三个月期的债券的利率,按月复利计算,自首次违约之日起至裁决之日止,支付上述款项的利息。

(4) 要求意大利共和国根据《解决国家和其他国家国民间投资争端公约》(以下简称《ICSID 公约》)第 61(2)条支付申请人就这些仲裁程序产生的费用,包括专业支出费用,并支付仲裁庭成员和使用中心设施的费用。

(5) 要求意大利共和国按三个月期的债券的利率,按月复利计算,自裁决之日起到意大利全部清偿为止。

(6) 要求将所有款项支付给律师专业赔偿基金会为本案设立的一个子账户,该基金会由法国巴黎律师协会管理。

(7) 要求其他更多仲裁庭在本案情况下认为合适的救济。

(三) 被申请方的申请救济及法律依据

被申请方要求仲裁庭作如下处理:

(1) 仲裁庭没有管辖权,因为项目不满足可被《ICSID 公约》和 ECT 保护的投资条件。

(2) 或者,因为声称的投资违反了国内法律、本国以及国际诚信原则和 ECT 环境保护的规则,仲裁庭没有管辖权。

(3) 再或者,拒绝受理申请方声称利益的保护,因为构成声称的投资是不合法的实施行为,因此被禁止寻求救济。

(4) 仲裁庭应决定本案的管辖权并且根据事实声明,根据 ECT 第 10(1)条和第 13 条,所有申请方提出的索赔请求都是没有根据的,因为被质疑的被申请方的行为和项目结果之间完全没有任何因果关系;无论如何,被申请方的行为不会构成违反规定。

(5) 在此情况下,声明申请方提交的证人陈述不适于证明证据事实,因为 Lecorcier 先生和 Stein 先生属于仲裁程序的一方,且索赔要求没有一致的证据支持。

(6) 如果仲裁庭承认申请方的一项索赔的合法性,并承认对申请方的某种形式的赔偿,则应宣布适当赔偿损失的计算方式和被申请方提出的利息,包括计算的利息。

(7) 然而赔偿数额中不包括由申请方的行为导致的共同过失,因为申请方对项目的消极结果的责任在任何方面远超出被申请方的责任。

(8) 根据 ICSID 公约第 61 条,要求申请方支付就意大利在仲裁过程中产生的费用,包括专业支出费用,并支付仲裁庭成员和使用中心设施的费用。

(四) 事实背景

此次争端是关于一个在 Puglia 区域的 120 兆瓦的能源项目,在意大利 Brindisi 自治市和 Mesagne 省(以下简称"Puglia 计划"或"项目")。根据申请方,这个项目由大约 120 个光伏电站彼此相连,并将两个变电站连接到国家电网。申请方项目所包括的光伏电站的最初是由 12 个当地公司(特殊目的公司)在当地投资者的赞助下开发的。2009 年 9 月 23 日,Lecorcier 和 Stein 先生通过他们持有和控制的一个瑞士公司 Energy Solution Concept(以下简称"ESCO")与意大利咨询公司 Oikonomia Dante & Partners(以下简称"Oikonomia")签署了一个非排他性的谅解备忘录决定进行位于 Puglia 的 120 兆瓦的项目。

1. 建造许可

在国家层面,第 387/2003 号法令建立了一个可再生能源建设工厂的简化授权程序,根据该程序,可再生能源项目只需要获得有关当局参与评估申请的联合会议批准的单一授权(以下简称"AU")。容量在 20 千瓦以下的太阳能发电厂则采用不同的申报程序(以下简称“DIA”)。有两项区域法都允许对容量不超过 1 兆瓦的太阳能电厂使用 DIA 程序。

2. 国家输电网和地方电网连接的许可

意大利国家输电网由 Terna S. p. A.(以下简称“Terna”)运营,国家输电网和地方电网的连接由电能和天然气管理局(以下简称“AEEG”)监管。在 GOAL Resolution 中,申请方需要提交申请并向 Enel 支付费用,提出解决连接电网的方案:这被称为“通用最低技术解决方案”(以下简称“STMG”)。在申请人接受 STMG 后,Enel 发布了详细的最低技术解决方案(以下简称“STMD”)。负责监管可再生能源行业以及从可再生能源工厂购买和转售电力的公司是 Geslore dei Servizi Energelici(以下简称“GSE”)。

3. 申请方的投资

在设立 Blusun,SIB 和 Eskosol 前,12 个当地企业已经从配电和输电网络的运营商获得了将电站连接到配电网和两个变电站连接到国家电网的许可证。

在 2008 年 6 月和 2009 年 6 月间,当地的开发公司申请了 119 家太阳能电厂的 DIA 授权。

2008 年 12 月,意大利政府试图在宪法法院上挑战 Puglia 第 31/2008 号地区法的合宪性。这一合宪挑战的主要原因之一是允许对装机容量超过第 387/2008 号立法法令所规定的阈值(也就是 20 千瓦)的太阳能电厂批准了 DIA,Puglia 第 31/2008 地区法(允许对 1 兆瓦以下的太阳能电厂使用该程序)与第 387/2003 立法法令相矛盾。在 2010 年 3 月 26 日,宪法法院认定 Puglia 第 31/2008 地区法第 3 条的第 1 和第 2 段违宪。

在 2011 年 3 月 3 日,意大利政府颁布了第 28/2011 号法令(以下简称《罗马民法令》),规定《第三能源计划法令》通过的能源补助法令只适用于 2011 年 5 月 31 日之前投产的工厂(而不适用于 2013 年 12 月 31 日之前投产的工厂)。《罗马民法令》还规定,在农业用地上建造的任何太阳能发电厂,只有该发电厂的发电能力不足 1 兆瓦,所占土地面积不足 10%才有资格获得能源补助。但是,这一限制不适用于那些在《罗马民法令》生效后一年内开始运作的工厂(即 2012 年 3 月 29 日)。

2011 年 5 月 5 日通过了第四能源计划。申请方强调了三个方面:

首先,在 2011 年 6 月 1 日至 2012 年 12 月 31 日期间,第四份能源计划将针对"大型电厂"的激励措施限制在具体数额之内。

其次,被申请方建立了一个由 GSE 管理的符合能源补助条件的电厂登记系统。在 2011 年 8 月 31 日或之前投产的大型电厂自动获得能源补贴,而在 2011 年 9 月 1 日—2012 年 12 月 31 日投产的大型电厂则必须登记。根据 GSE 第 4(2)条规定的成本限制,登记册上所列的工厂只有在登记册上的排名被允许的情况下才能获得能源补助。

最后,第四能源计划规定,为了分配能源补助,"属于或归属于同一责任人的、位于同一地块或相邻地地块内的若干光伏电站应被视为单个电站,其容量应等于单个电站的累计容量"。

2011 年 7 月 15 日,GSE 发布了一份名单,将符合 2011 年能源补助条件的太阳能电厂列入第四能源计划,随后,GSE 又公布了两次排名,参与 Blusun 的 Puglia 项目的电厂数量始终保持在 113 家。

Lecorcier 和 Stein 先生说,2011 年秋季 Eskosol 陷入了财务困境。这导致其股东拆分了该项目,并在 2012 年 3 月 29 日的最后期限前建造了 27 座太阳能发电厂(而不是 113 座)。在他们看来,出售这些工厂将使他们得以清算 Eskosol 和 SIB 的债务。

2011 年 11 月 17 日,当地的环境保护部门检查了 Eskosol 的建筑工地,2011 年 11 月 25 日,警方向当地检察官通报了有关情况。2011 年 12 月 19 日,Brindisi 市启动了自我纠正程序。2012 年 1 月 11 日,Brindisi 市发布了一项停工令。然而,2012 年 3 月 7 日,区域行政法院以越权为由撤销了 Brindisi 市启动自我纠正程序和发布停工令的决定。

自 2012 年 1 月 24 日(其生效日期)起,在农业用地上建造的太阳能发电厂将不再受益于《罗马尼法令》中规定的激励措施。但在农业土地上建造的电厂有特殊情况的仍然有资格获得。

2012 年 7 月 5 日,意大利政府通过了第五个能源计划,为了从第五个能源计划的能源补助中获益,Lecorcier 和 Stein 先生探讨了将 120 兆瓦项目转化为一系列单一活动的可能性。但他们最终决定放弃该项目。

二、法律分析——管辖权

争议首先由被申请方提出，仲裁庭将会首先考虑由被申请方主张的管辖权和可受理性的问题。

（一）申请方的投资

被申请方否认申请人有一笔受保护的投资，无论是不是遵循了 ECT 或者《ICSID 公约》。对于 ECT 的第 1(2)条，包括了一个对于“投资”的典型定义并且说明了其适用于“任何与能源领域内经济活动有关的投资”。ECT 第 5(1)条定义了能源领域的经济活动“是经济活动涉及除了附件 NI 中所包含的能源原料和产品的勘探、萃取、精炼、生产、储存、陆路运输、传输、分配、贸易、营销或销售等经济活动，或者是关于多个经营场所的能量分配”。发电厂的建设和运营，包含由风能和其他可能再生能源提供动力的。仲裁庭认为“建设和运营”并没有规定一个累积的要求；如若他们规定了，那么投资者购买一个已经建造好的工厂是不被计算在内的。无论何种仅是准备工作的情况，例如准备投标或谈判让步，一旦一个涉及大量资源的能源项目施工过程开始，仅仅准备的阶段就结束了，该项目就可以被视为投资。ECT 没有对合法性作出明确的要求，但仲裁庭认为不会包括那些根据东道国法律在作出投资时实际是非法的投资，因为对这些投资的保护将会违背国际公共秩序。从另一方面来说，申请者依靠一个许可的个人工厂的 DIA 系统（一个已经被 12 个发展公司使用的许可系统）不能使项目一开始就是不合法的。在记录显示的范围内，他们从未对项目作出虚假陈述，除非随后根据 DIA 程序获得了单独授权的多块地块。申请方总结 Puglia 项目不符合第 31/1998 区域法所规定的单一项目的标准：这些地块从未属于单一所有权。关于这一点，双方都没有提出专家证据，仲裁庭只能尽其所能利用意大利的法律材料。在这种情况下，仲裁庭认为至关重要的是意大利机构对该项目的反复批准，特别是 AU 程序批准的环形电网和变电站，以及在第四能源计划的大多数拟议电厂的重复清单，这些都是在申请方没有任何欺骗性或错误陈述的情况下发生的。虽然有疑问的投机型投资处于初级阶段，一旦通过实质性措施来解决这个疑问,包括金融风险的假设,投资就是真实存在,并且相应的从一开始就受条约保护。鉴于该项目是 ECT 第 1(6)条下的一项投资,它几乎不需要证明也被《ICSID 公约》所涵盖,该公约没有对“投资”的单独定义。

(二) 诚信

被申请方认为索赔应不予受理因为申请方缺少诚信或者在推进项目中存在恶意的行为。这个问题已经在项目合法性的名义下得到了实质性的处理。没有证据表明 Eskosol 公司“在光伏电站的实际规模和名义功率上欺骗能源服务运营商”,这是 2014 年 2 月 5 日刑事上诉法院判决的关键依据;在没有任何这样的证据的情况下,该理论就没有任何依据。因此,仲裁庭没有必要判定国际投资法中是否存在诚信的一般性反对或不可采信的理由。

(三) 欧盟法律和内部问题

1. 可受理性

仲裁庭已经做出裁决,其有义务确定自己的管辖权,与此相关的欧盟法律规则是该仲裁庭适用法律的一部分。

2. 可适用的法律

双方实际同意,确定这一问题的适用法律是国际法,特别是《维也纳条约法公约》(以下简称“VCLT”)的相关规定。仲裁庭同意,但指出这并不排除适用欧盟法律的任何相关规则,这些规则将适用于作为国际法的一部分或作为意大利法律的一部分。仲裁庭显然不能行使赋予欧洲法院的特殊司法权,但在相关情况下可以适用欧盟法律。

3. ECT 原本的范围

作为国际法的一种,根据 VCLT 的第 31—33 条,第一个问题便是在其订立之日(1994 年 12 月)ECT 是否适用于欧盟成员国内部关系。

ECT 中没有任何相互排斥的迹象,ECT 第 1(2)条将“缔约方”定义为同意受本条约约束且条约有效的国家或区域经济一体化组织。欧盟成员国和欧盟均为缔约方。欧盟是 ECT 缔约国的这一事实并不意味着欧盟成员国没有资格在条约中承担内部义务。仲裁庭认为欧洲成员国仍然是“缔约方”,ECT 确实为欧洲成员国创造了内部义务。

4. 对内部事务的随后修订

被申请方和欧洲委员会认为,即使 ECT 最初涉及的方面是内部事务,但后来欧盟成员国签订了其他协议,涵盖了 ECT 的投资和争端解决方面。任何争执都不是由相关的双边贸易协定的不兼容性引起的,是出于欧盟法律是否适用于先前的入盟程序的反对引起的。欧盟法律没有在 ECT 和《ICSID 公约》下明确排除投资者与国家仲裁。被申请方和欧洲委员会也就解决条款 ECT 第 26 条,与《欧盟运作条约》(以下简称"TFEU")第 344 条不兼容,TFEU 第 344 条说明了"各成员国承诺不就条约的解释或适用对条约规定以外的任何解决方法提出争议"。在仲裁庭看来,没有不兼容性。在仲裁庭之前的争端不是一个国内的争议。根据第 26 条,这是一个"在缔约方和另一个缔约方投资者之间"的争论。由仲裁庭决定与国内争议相关的第 27 条是否与 TFEU 第 344 条不兼容是没必要的。由于这些原因,仲裁庭认为 ECT 的其他义务没有立即被欧盟法律修改或推翻。

5. 法律渊源

无论是被申请方,还是欧洲委员会作为干预者,在每个案例中提出的主要反对意见是,加入欧盟已经终止或部分取代了之前签订的相关的双边贸易协定。无论是根据 VCLT 第 59 条还是第 30 条提出的反对意见,决定这些反对意见的关键是 ECT 与欧洲法律的兼容性。仲裁庭一贯拒绝这些反对意见。仲裁庭认为,无论是 ECT 本身,还是欧盟成员国这一事实,都不能阻止一个欧盟成员国被 ECT 另一个成员国的投资者提出主张。即使 TFEU 第 267 条说明在 ECT 第 27 条下,没有一个临时仲裁庭可以解决欧盟内部的争端,这也不排除 ECT 第 26 条中投资者和国家之间的仲裁庭的管辖权。最后,仲裁庭认为 ECT 与欧盟法并不存在冲突,并坚持对该争端的管辖权。

6. 申请方为瑞士永久居民的相关性

仲裁庭已经裁定,根据 ECT 第 26 条,Blusun 确实是一个"投资者",但仍将考虑其他申请方的国籍。

2009 年 1 月,身为该公司的大股东,Lecorcier 先生成为瑞士的永久居民。持有其余股份的 Stein 先生直到 2011 年 1 月才成为瑞士永久居民,当时大部分时间都已经发生,因此不能构成其任何主张的基础。仲裁庭认为,"只有在某一缔约国与投资所在国不同的情况下,该国的永久居民才会被当作国民对待"。但它承认,投资者可能是相关条约的第三个缔约国的永久居民。主要原因是"欧盟法不允许成员国在欧盟法律之外就投资保护规则达成一致"。当前相关协议是在意大利和瑞士之间达成的,而不是欧盟成员国之间。根据《ICSID公约》第42条,授予管辖权的规定与确定实体法之间没有同一性的必要。如果违约的主要损失者是一家公司,任何补救措施通常都应符合该公司的利益。申请方明确表示,他们的主要索赔要求是"Blusun"本身,无论如何这是欧盟内部的索赔。

7. 结论

出于这些原因,与考虑过该问题的其他投资仲裁庭一样,该仲裁庭驳回欧盟内部对其管辖权的反对,并认为,ECT在国家间继续适用,就像在欧盟成员国之间一样,接受国际法的管辖。相应地,仲裁庭对三位申请方提出的主张有管辖权。

三、法律问题:实体

申请方提出的实体问题相对而言比较简单。在开庭时已陈述到:项目失败是由于缺乏建筑项目的资金,而这又是意大利政府造成的法律不安全的结果。因此,在这方面,意大利所采取的一系列措施与该项目的失败之间存在着明显的因果关系。2010年3—9月间,由于国家造成的法律不安全感持续存在,潜在投资者被阻止投资该项目。申请方承认了项目失败的直接原因是没有建设融资,没有完全的收入和大量的债务。项目公司的破产是不可避免的,意大利应该对这次项目失败负责。

为了支持该主张,申请方分别依据ECT的第10(1)条第一句(法律稳定性)、第二句(公平公正待遇,合法期待)和第13条(征收)。这三项主张将会依次处理。

(一) 法律稳定性:ECT第10(1)条

ECT第10(1)条规定:

“每一缔约方应遵照该条约的规定、创造稳定、公平、有力且透明的条件,鼓励其他缔约方的投资商在其区域进行投资。这些条件应承诺,始终对其他缔约方的投资商所进行的投资项目给予公平且有力的待遇。这些投资项目也应一直享有保护和保障的措施,任何缔约方都不能采取任何形式的不合理或歧视性措施来损害投资项目的管理、维护、使用、行使权力的处理。在任何情况下,这些投资项目都不应被给予劣于国际法,包括条约义务中所要求的待遇。每一缔约方在与另一缔约方的投资商或投资项目签订合约时,应当履行相应义务。”

1. 第 10(1)条的解释

对其法律稳定性而言,主要义务是“鼓励和创造稳定、公平、有力且透明的条件,鼓励其他缔约方的投资商在其区域进行投资”,还应提及第 1(8)条中的定义:“进行投资”或“投资”指的是建立新的投资,获取现有的全部资本或部分资本,或进入不同领域的投资活动。

仲裁庭在强调政府态度和政策变化的相关性的同时,得出结论:“稳定不能存在于法律不断地、无休止地变化的情况下,正如其解释和实施一样。”对 ECT 第 10(1)条是否可以适用类似的分析,还有待观察。

第一,第一句话是模糊和泛化的,与以下各句重叠,所以倾向于将第 10 条第一句理解为一般义务的解释,作为法律的起首部分,整个第 10(1)条其中包括对各国的具体和有约束力的义务(如少数和不歧视原则)。第 10(1)条中的所有五句话都被界定为明显同等重要的义务,而且都使用强制性的“应当”。诚然,“鼓励”“有利”和“透明”等术语允许有相当大的灵活性,但“公平”也是如此。基于“稳定”一词并不意味着固定或不变,第一句话仍然可以有效。

第二,被申请方阅读第 1(8)条的定义时强调词语“进行投资”限制的范围。只要申请方已经获得关于这个项目的土地和权利,他们已经完成了投资:之后没有建立新的将全部或部分资金到其他领域的投资。

仲裁庭认为,对以第 1(8)条为基础的解释性论点几乎没有改变,因为第 10(1)条第二句接着规定,第一句中规定的稳定条件“应包括承诺在任何时候都给予其他缔约方或投资者公平和公正的投资待遇”。事实上,正如各仲裁庭所指出的,创造稳定条件的义务被视为 FET 标准的一部分,该标准根据第二句通常适用于投资。

投资者有一种合理的期待,即当修改现有的投资基础时,国家不会做出不合理、不成比例或侵犯公众利益的行为。

就相称性而言,仲裁庭认为,只要变化不是反复无常或不必要的,不等于突然和不可预测地消除现有管制框架的基本特征,就满足这一标准。

仲裁庭得出以下结论:

(1) ECT 第 10(1)条的五句话按照其规定体现了对投资的承诺。

(2)"鼓励和创造稳定、公平、有利和透明的条件,让其他缔约方的投资者在其领域进行投资"的要求不仅限于最初的投资,还包括随后的投资扩展以及形式的改变。

(3) 但核心承诺是在第二句中,明确包括在第一句中,始终给予其他缔约方投资者的投资公平公正待遇。这包括国际习惯法和仲裁庭所适用的公平公正的待遇标准。

(4) 该标准保留东道国制定和修改其法律和规章的权利以适应不断变化的需要,包括财政需要的管理权力,但须尊重所作的具体承诺。

(5) 在缺乏具体承诺的情况下,国家没有义务给予补贴,如能源补助。但是,如果这些权利是合法授予的,而且有必要加以修改,则应以与立法修正案的目的不相违背的方式进行,并应适当考虑到在前一制度的基础上承诺提供大量资源的接受者的合理信赖利益。

2. 法律稳定性的主张

申请方列举了与 Puglia 项目有关的四个破坏法律稳定的情况:① 宪法法院的决定及其后果;②《罗马尼法令》和第四能源计划;③ GSE 公布多个合格工厂名单所带来的不确定性;④ Brindisi 停工令和有关事件。因此,是否存在违反 ECT 第 10(1)条第一句话的情况,必须通过审查针对 ECT 标准的每一个国家行为来确定。

(1) 宪法法院在 2010 年 3 月 26 日的 119 号决定

在 2010 年 3 月 26 日的裁决中,宪法法院裁定,2008 年第 31/2008 号区域法第 3(1)(2)条违反了第 387/2003 号法令第 12(5)条,并宣布其违宪。

关于这一事件，仲裁庭将会分析以下各方面：

① 政府向宪法法院提出的质疑已被适当提起，并且可以反驳。

② 这项质疑早在申请人投资之前就提出了，并且这一事实是众所周知的，并且申请方也知晓。

③ 该决定并没有导致 Blusun 或其附属公司的权利丧失。诚然，最初市场似乎存在一些不确定性，政府可能在消除这些不确定性方面做得更多。但是，在宣布违宪的情况下，对适用的法律制度没有真正的怀疑，而且政府也采取了适当的努力。

④ 在任何情况下，东道国公法的内容（包括其确定法律是否符合宪法的过程）是投资者和其他任何人一样可以获得独立意见的问题。如果政府避免了完全的错误陈述，则不提供这方面的保证。

⑤ 最后，在充分了解即将到来的宪法挑战的情况下，申请方在进行项目时冒着挑战可能成功的风险，这可能会导致项目及其经费的延误。

基于以上原因，宪法法院的决定和之后的事宜没有违反 ECT 的第 10(1)条第一句。

(2)《罗马尼法令》和第四能源计划

《罗马尼法令》和第四能源计划，适用于包含在 ECT 第 10(1)条第 1 句和第 2 句中的法律稳定标准，仲裁庭将分析以下各方面：

① FIT 的减少是相当巨大的，但是本身并没有削弱。此外，这是对真正财政需求的一种回应，因为在早先的核算中，能源支出占了很大比例。

② 与 2010 年光伏技术成本的降低幅度相比，激励措施的削减幅度相对较小，意大利的补贴水平高于德国、法国和西班牙。

③ 维持 20 年期间保证关税的原则。

④ 合格的标准，也就是与电网的连接也是如此。

⑤ 为保持原有的电价水平，即 12 个月的上网宽限期是合理的。

⑥ 第四次能源账户适用于 2011 年 6 月 1 日—2016 年 12 月 31 日接入电网的光伏电站，为未能满足 12 个月的截止期限的项目提供了一些补贴。

⑦ 对符合能源补助条件的大型电厂进行登记的规定有助于法律保障。

⑧ 对农用地使用的限制是出于有效的农村规划考虑，尽管这些限制对

Puglia 项目的具体影响是仲裁庭将要讨论的问题。

由于这些原因,仲裁庭得出结论,总体而言,《罗马尼法令》和第四能源计划并不是不成比例的,也没有违反对光伏电站推广者的具体承诺,也没有违反 ECT 的第 10(1)条第一句话。

(3) GSE 大型电厂列表的公布

2011 年 7 月 29 日,GSE 公布了一份经修订的第四能源计划下适用于能源补助的光伏发电厂的数据的清单,其中包括申请方项目 120 个光伏电站中的 113 个。因此,这 113 个电站被列入 2011 年 9 月 16 日的 GSE 最终名单。

当时,申请方欢迎 GSE 的清单程序,认为它提供了确定性,尽管实际上有一段时间没有达到确定性。但是,几乎所有申请方的工厂都列在所有清单上,考虑到 Blusun 在目前较短的时间范围内在获得资金和完成项目方面遇到的其他困难,在讨论因果关系时将回到这一问题,但就目前而言,鉴于迅速变化的建造情况,意大利诚意地执行了编制一份完整清单的艰巨任务,而且这样做并不违反任何适用的尽职调查标准。

(4) Brindisi 停工令

仲裁庭提出两个独立的问题:事件是否涉及违反 ECT,以及对项目失败的影响?这里只考虑前一个问题。Brindisi 市对这些工程的合法性提出了一致的关切,尽管地方行政法院不愿接受。最重要的是,申请方能够对停工令提出异议,立即获得临时救济,并在不到两个月的时间内作出最后决定。仲裁庭认为,停工事件不涉及任何违反 ECT 的行为。这也不是"法律不稳定"的一个表现。这项命令是暂时生效的,是通过正当法律程序和合理的迅速处理的,不是武断或歧视性的,但完全属于工业企业的法律风险范围,特别是基于有争议的监管理由的风险。

(5) 不同时期的积累影响

仲裁庭认为,这里所控诉的各种行为并没有达到或违反这一标准,而不仅仅是单独地达到或违反这一标准。停工令是针对该项目采取的唯一具体措施,它得到及时批准,并根据法律标准被撤销。诚然,《罗马尼法令》和第四能源计划对奖励办法作了重大的改变,但并未取消发电厂经营者已经取得资格的奖励办法,并规定了一段合理的时间(12 个月),让未来的经营者取得资格。关于这些措施,ECT 第 10(1)条第一句话所述的违反稳定承诺的情况,如果将这些措施综合起来而不是单独采取,并不会在实质上影响加重。

(二) 违反公平公正待遇标准: ECT 第 10(1)条第 2 句(合法期待)

非正式的陈述可能造成困难,这就是为什么仲裁庭越来越坚持明确和有适当的权力作出对国家有约束力的承诺。同样,关于国家未来行为的陈述可以以法律的形式作出,并且表达得足够清楚。但是,法律承诺或合同承诺之间仍然有明显的区别,即在法律仍然有效的情况下,创造权利和义务的或多或少具有一般性的规范。在一种特定关系下的合同承诺和期望之间还有进一步的区别: 不管期望多么合理,在适用其他规范时,需要考虑的更多的是后者,而不是它们本身的规范。很明显,所提供的激励措施是根据不断变化的费用和改进的技术等因素加以修改的。在没有具体承诺的情况下,国家没有义务给予能源补助,或一旦给予就保持不变。但是,如果这些权利是合法授予的,而且有必要加以修改,则应以与立法修正案的目的不相违背的方式进行,并应适当考虑到在前一制度的基础上承诺提供大量资源的接受者的合理信赖利益。但是,对某些情况的合理的市场预期,无论是否合理,都不是将风险转移到公共部门。

综上所述,被申请方没有对申请方作出关于扩大和执行 FIT 的特别承诺,也没有具体承诺意大利的有关法律将保持不变。由于这些原因,申请方没有违反 ECT 第 10(1)条第二句。

(三) 与 ECT 第 10(1)条相关的因果关系问题

申请方根据第 10(1)条提出的索赔的核心是一项事实主张,即项目完全失败的真正原因是意大利的法律不稳定,这是由一系列事件引起的,从 2010 年 3 月 26 日宪法法院的决定开始,到 2012 年 1 月市政当局的干预达到高潮。申请方认为这是无视他们的权利,无视通过各种能源账户向投资者作出的有效承诺。但即使所有(或部分)构成违反 ECT,如果它们没有导致项目的失败,申请方也无法获得赔偿。

仲裁庭考虑了如下因素:

1. 作为一个统一的方案DIA的现状和项目

仲裁庭认为,被申请方国严重低估了当地的风险水平,监管部门警告,文件反对将授权了DIA的小型工厂聚集在一起,Puglia项目的经济规模完全是聚集在一起的,而该项目在其整个"运营周期"内都是融资的。仲裁庭认为,该项目冒着引起法律或行政问题的重大风险,即使这些问题可以(大部分情况下可以被)克服。它的成功绝不是必然的。

2. 未能获得项目融资的失败

Puglia项目的成功依赖于大量和及时的项目资金,而它却从未获得这些资金。仲裁庭认为,申请方提供的书面证据只不过表明有时其不愿提供必要的资金。2011年1月21日,Blusun的财务顾问汇丰银行发了一封电子邮件给Stein先生,相对乐观,充满了对这个项目的兴趣。然而,也许更重要的是,在给出的六项不提供资金的理由中,只有一项明确提到了"政治风险担忧",一项提到了扣缴所得税问题,还有四项特别提到了DIA授权的不确定性。这份文件充满了对"意愿"的提法,传达出近期明显缺乏为该项目融资的意愿。事实证明如此,Eskosol未能支付第一批电池板20%的首付款,西门子暂停了EPC合同的履行,该合同从未恢复。Eskosol在《罗马尼法令》颁布之前就没有支付。

3. "法律稳定性"索赔的证据

除了(简短的)停工令的例外,被申请方从未否认当时Puglia项目的合法性,或一旦组成该项目的工厂连接起来并开始发电,就有FIT的潜在可用性。

市场很清楚DIA和AU授权之间的区别,这一区别的认知早于该项目。此外,这些交易表明,Puglia项目在2011年的头几个月就已经陷入了严重的财政困难,而且与《罗马尼法令》无关。事实上,2012年1月11日市政停工令中断的建设是另一种情况,只建造两座工厂是无法挽救这个项目的。这些最后的努力都不能使仲裁庭相信该项目的失败是意大利造成的。

4. 因果关系的结论

仲裁庭认为,申请方没有履行举证责任,证明意大利国家的措施是Puglia项目失败的主要原因。更重要的是继续依赖项目融资,而未能获得融资的原因既在于项目的规模,也在于对项目合法性所依赖的DIA授权范围的合理担忧。既然如此,根据ECT第10(1)条提出的关于项目损失的索赔在任何情况下都将不成立。

5. 对于 ECT 第 10(1)条的所有结论

基于以上原因,仲裁庭认为,没有对 ECT 第 10(1)条的违反情况。

(四) 征收主张: ECT 第 13 条

申请方认为,该项目的最后失败应归咎于已经处理过的市政停工令。值得注意的是,基于 Eskosol 未支付初始保证金,西门子在《罗马尼法令》颁布之前单方面中止了该建设合同,而且该合同从未恢复。至于出售,没有证据表明有可靠的买家愿意承担在 2012 年 3 月 29 日前完成交易的风险。这个版本的征用案例同样失败了。在这种情况下,申请方无法确定投资的哪一部分是被征收或被采取相应措施,违反 ECT 第 13 条。申请方从未丧失对土地的所有权,这是一块农业土地,是 Eskosol 破产的资产。在这种情况下,由于自身的投资决策,尤其是未能吸引到足够的资金,导致了 Blusun 未能建设这些工厂或将它们与电网连接起来,意大利不应该被要求为 Blusun 的失败买单。Blusun 以过高的价格收购了农田。在任何时候,申请方都知晓自己必须做些什么来释放土地上的额外价值。任何额外的损失都由申请方自己承担风险,不能根据 ECT 第 13 条获得赔偿。基于以上仲裁庭所持的原因(以多数意见、仲裁或异议),ECT 第 13 条规定的征收主张不予支持。

四、仲裁裁决

根据上述原因,仲裁庭决定:

(1) 对申请人提出的权利主张有管辖权。

(2) 驳回在实体问题上的主张请求。

(3) 要求被申请方向申请人支付 29 410.69 美元作为其的程序费用。

(4) 驳回其他所有关于费用的赔偿请求。

费用总计(美元):

仲裁庭费用和开支

James Crawford AC 法官	130 102.07
Stanimir Alexandrov 博士	144 473.98
Pierre-Marie Dupuy 教授	135 223.00
其他的费用(估计)	78 022.33
国际投资争端解决中心管理费用	96 000
国际投资争端解决中心租金	25 000
总计	608 821.38

彭嘉雯译　欧阳雪、张正怡校

Energoalliance Limited v. 摩尔多瓦

临时仲裁庭依据《联合国贸易法委员会仲裁规则》裁决

案件编号：无

裁决日期：2013 年 10 月 23 日

申 请 方：Energoalliance Limited

律　　师：Viacheslav Lych 先生

　　　　　Galina Sineokaya 女士

被申请方：摩尔多瓦共和国

律　　师：Mikhail Buruiana 先生

仲 裁 庭：Mikhail Yuryevich Savransky 先生

　　　　　Viktor Kornelyevich Volchinsky 先生

　　　　　Dominic Pellew 先生(主席)

一、案件事实

在仲裁程序的框架内，申请方 Energoalliance 有限公司(根据乌克兰法律设立和登记的法人实体)要求赔偿申请方据称因摩尔多瓦共和国(以下简称"被申请方")的侵权行为而遭受的损害，1995 年 8 月 29 日签署的《乌克兰政府和摩尔多瓦共和国政府关于鼓励和相互保护投资的协定》(以下简称"BIT")和《能源宪章条约》(以下简称"ECT")规定的对申请方的义务。

特别是，申请方认为，其对摩尔多瓦国有企业"Moldtranselectro"("Moldtranselectro")的债务的权利已经因为政府、被申请方的审计署和州法院在

2001—2013年间的某些行动或疏忽而贬值。债权是在向Moldtranselectro供电时产生的。

(一) 双方

申请方是一家私营公司,在乌克兰生产和分配电力,有许可证。

截至2000年10月,Moldtranselectro是摩尔多瓦的一家国有企业,负责被申请方电网的运行。除其他功能外,还对电网进行调度控制,通过高压电网进行配电,满足国家电网与邻国电网并网运行的要求。Moldtranselectro(连同其他公司)是摩尔多瓦共和国电力批发市场的参与者,拥有电力进口和贸易许可证。摩尔多瓦共和国工业和能源部是Moldtranselectro的创始人。

(二) 合约

1. 合约编号24/02(合约编号24/02及编号06-20)

1999年2月1日,申请方与乌克兰国有企业Ukrenergo和Moldtranselectro签署了第1/01号合同。第1/01号合同的主题是申请方在1999年期间从乌克兰电力批发市场上的乌克兰电力公司购买电力,以便随后向摩尔多瓦共和国出口电力。在第1/01号合同的框架内,申请方于1999年2月24日与Moldtranselectro和Derimen Properties Ltd(以下简称"Derimen")签署了第24/02-99ea号合同(后称"第24/02号合同")。Derimen在第24/02号合同中被称为瑞士公司;然而,目前双方已同意,事实上,它是根据《英属维尔京群岛(BVI)法》在英属维尔京群岛(BVI)成立的。

第24/02号合同,根据《1990年国际贸易术语解释通则》"边境交货"(D. A. F.)条款提供电力供应。申请方将在交货后的80个日历日内收到Derimen每月的货款,Derimen将收到Moldtranselectro公司的货款。Derimen和Moldtranselectro在第24/02号合同的各个附件中分别规定了以申请方为受益人的付款价格和以Derimen为受益人的付款价格。

除1999年5月、6月和7月外,Derimen在1999年和2000年期间根据第24/02号合约提供电力。Moldtranselectro公司向Derimen支付了2000年的全部电费,1999年1月的电费和1999年2月的部分电费。这些付款主要是通过物物交换(例如,通过转让发电设备)或通过转让债权。1999 年剩余的补给品仍未支付给 Moldtranselectro。因此,截至 2000 年 1 月 1 日,Moldtranselectro 对 Derimen 的债务总额为 18 132 898.94 美元。但是,Derimen 公司对申请方没有任何债务,因为它用现金支付了所有电力供应给申请方。

2000 年 5 月 30 日,Derimen、申请方和 Moldtranselectro 签订了第 06-20 号合同("第 06-20 号合同"),根据该合同,Derimen 将对 Moldtranselectro 的索赔金额为 18 132 898.94 美元,该金额是第 24/02 号合同项下产生的。

2. 合约编号 53/21(合约编号 53/21 及编号 07-20)

除了在 2000 年 5 月 30 日购买金额为 18 132 898.94 美元的债权外,申请方还在同一天从 Derimen 购买了针对 Moldtranselectro 的另一项索赔。1998 年 12 月 1 日,Ukrenergo、Moldtranselectro 和 ZAO Stal(一家拥有电力供应许可证的乌克兰公司)签订了第 460/01-ER 号合同。双方同意,ZAO Stal 将向 Ukrenergo 提供电力,作为补偿,Moldtranselectro 将根据另一项合同向 ZAO Stal 付款。

1998 年 12 月 30 日,Moldtranselectro、ZAO Stal 和 Derimen 签署了第 180/1298 号合同。根据该合同,双方同意(i) ZAO Stal 向 Ukrenergo 提供了 1.324 亿千伏时的电力,以补偿 Moldenergo 没有按时收到的电力;(ii) Moldtranselectro 将根据单独的合同向 Derimen(而不是 ZAO Stal)支付这批货物的运费;(iii) Derimen 将向 ZAO Stal 公司支付同样的运费。

1998 年 1 月 27 日,Moldtranselectro 和 Derimen 签署了第 53/21 号合同("第 53/21 号合同")。根据该合同,双方再次同意 ZAO Stal 根据 1998 年 12 月 1 日的第 460/01-ER 号合同和 1998 年 12 月 30 日的第 180/12-98 号合同向 Ukrenergo 提供了 1.324 亿千瓦时的电力,该电力的成本为 4 888 900.97 美元(C11)。此外,双方同意,一旦 Derimen 提供上述行动的书面确认,Moldtranselectro 将分配 4 888 900.97 美元的财务负债给 Derimen。同时,Derimen 将获得 Moldtranselectro 的义务,支付 4 888 900.97 美元给 ZAO Stal。

Derimen 于 2000 年 5 月 30 日将这一特别债务转让给申请方。根据 2000 年 5 月 30 日的第 07-20 号合同(以下简称"第 07-20 号合同"),Derimen 将根据第 53/21 号合同产生的对 Moldtranselectro 的索赔金额 4 000 496.35 美元转让给了申请方(C15)。(1998年1月—2000年5月,债务从4 888 900.97美元降至4 000 496.35美元)。

二、法律分析

仲裁庭将首先审理仲裁庭在ECT和BIT下的管辖权问题。

(一) 仲裁庭在ECT下的管辖权

根据ECT,仲裁庭有权处理"缔约一方与缔约另一方投资者之间关于后者在前者领域的投资的争端"(ECT第26条)。

ECT于1998年4月16日对摩尔多瓦共和国生效,1999年1月27日对乌克兰生效。这一争端涉及被申请方所指称的最早可追溯至2000年10月2日(摩尔多瓦第1000号法令的日期)的行动。因此,根据ECT仲裁庭对审理这一争端具有时间上的管辖权。

被申请方在陈述书中声明,申请方的要求因时效期满而无效。被申请方的观点显然是根据摩尔达维亚法,该法规定了三年的时效期间。但仲裁法院认为,关于在ECT下,仲裁庭是否对审理该争端有时间上的管辖权,应适用国际法,而不适用摩尔多瓦法律。被申请方没有将其观点建立在国际法的基础上,仲裁庭也不知道国际法中有任何限制原则可以阻止申请方根据案件的情况提出其索赔。因此,应驳回被申请方的主张。

两个主要的悬而未决的问题,需要一个积极的答案,以确定这个仲裁庭是否有管辖权来审理ECT下的争端:

- 属人管辖权:就ECT而言,申请方是"投资者"吗?
- 属物管辖权:它是否与ECT的"投资"有关?

关于适用的法律,仲裁庭注意到ECT第26(6)条规定,仲裁庭审理投资者和缔约方之间的争端时,应"根据本条约(ECT)和适用的国际法规则和原则"来决定争端的问题。这并不意味着乌克兰法律和摩尔多瓦法律不包括仲裁庭适用ECT的问题。某些问题显然应根据本法处理。

关于ECT的解释问题,仲裁庭也将受《维也纳条约法公约》(以下简称《维也纳公约》)的规定管辖,因为被申请方和乌克兰是《维也纳公约》的缔约国,而且他们分别在 1993 年和 1986 年,即在加入 ECT 之前加入了《维也纳公约》。《维也纳公约》第 31 条规定:

"一般解释规则:

1. 一项条约应根据条约条款在其范围内的一般意义,并根据其目的和宗旨,善意地加以解释。

2. 为了解释一项条约,除案文外,还应包括序言和附件:

(a) 所有缔约国之间就缔结该条约而达成的与该条约有关的任何协定;

(b) 一个或多个缔约国为缔结该条约而作出并为其他缔约国接受为与该条约有关的文书的任何文书。

3. 应同时考虑到以下各点:

(a) 缔约方之间关于本条约的解释或适用其规定的任何后续协定;

(b) 随后在适用该条约方面的任何作法,确定缔约国对条约的解释达成协议;

(c) 在双方关系中适用的任何有关国际法规则。

4. 如果确定当事人有此意,则术语应赋予特殊含义。"

《维也纳公约》第 32 条还规定:

"补充解释方法:

为了确认第 31 条的适用所产生的意义,或根据第 31 条的规定解释时所确定的意义,可以求助于补充解释手段,包括条约的筹备工作和缔结条约的情况:

(a) 意思含糊不清;

(b) 导致明显荒谬或不合理的结果。"

鉴于上述情况,仲裁庭认为有必要始终铭记其序言中所述的签署《欧洲能源宪章》(1990 年 11 月 21 日签署)的目标,特别是在界定不同理解的事件和关系时应考虑到的目标。会员国的这些目标除其他外包括:决心建立更紧密、互利的商业关系,促进能源投资;深信必须促进能源产品的自由流动和发展有效的国际能源基础设施以便促进以市场为基础的能源贸易的发展。

由于这一争端的仲裁地点是巴黎,仲裁庭根据法国关于国际仲裁的法律,也认为有必要考虑到法国的执行惯例,根据这种惯例,先例很少是一项孤立的决定,它是演变的结果。

现在,仲裁庭将处理上述两个问题。

1. 属人管辖权:申请方是否“投资者”

ECT 第1条规定,“投资者”的含义是:(a) 关于缔约一方:(i) 具有缔约国国籍或国籍的自然人,或根据其适用法律长期居住在该缔约国的自然人;(ii) 按照该缔约国适用法律成立的公司或者其他组织。(b) 对于“第三国”,一个自然人、公司或其他组织在作必要修改后,满足(a)项为缔约一方规定的条件。

(1) 申请方观点

申请方称它是根据乌克兰法律设立和登记的法律实体。因此,满足上述定义的要求。

(2) 被申请方观点

在仲裁的不同阶段,被申请方对仲裁争议的表述是不同的。以下是其在结案陈词中所陈述观点的简要说明:

(a) 申请方实际上不是乌克兰的法人实体,因为 Moldtranselectro 拥有申请方 30%的股份;

(b) 申请方寻求行使的是 Derimen 拥有的权利;

(c) 申请方只是一个机构,它必须协助追回对 Derimen 的债务;

(d) 对 BIT 和 ECT 下的保护机制的访问应诚信执行;

(e) 申请方没有“在摩尔多瓦共和国(地区)投资”;

(f) 申请方和 Derimen 协调他们的行动;

(g) 在乌克兰国家登记册中没有以 Energoalliance Ltd. 的名义存在的法律实体。

(3) 仲裁庭分析

仲裁庭首先注意到,申请方是根据乌克兰法律建立和登记的法律实体。申请方特别提出了乌克兰国家统一登记册[乌克兰国家企业和组织统一登记册(USREOU)]的声明作为证据。仲裁庭还注意到,在摩尔多瓦法院的许多司法文件中确定了申请方以乌克兰登记的法人实体的身份存在,这些文件已列入案件档案。

对于被申请方的第一个观点，即申请方实际上不是乌克兰的法人实体，因为Moldtranselectro拥有申请方30%的股份。它包括两个方面：第一，申请方只是“形式上”是乌克兰的法人实体；第二，Moldtranselectro（即摩尔多瓦实体）拥有申请方30%的股份。

仲裁庭将上述两项观点合在一起理解为一项声明，即申请方在ECT下被承认为“投资者”，不仅应在另一个“缔约方”正式注册，而且其100%的股份应由具有该“缔约方”国籍的自然人持有。

然而，ECT对拥有“投资者”的自然人或公司的国籍没有任何要求。唯一的要求是，“投资者”本身应根据缔约方的法律设立。仲裁庭还了解到其他仲裁庭在投资争端中作出的许多裁决，根据这些裁决，在投资条约中对投资者的最终所有者（而不是其注册地）没有任何具体要求的情况下，仲裁庭不应假定存在这种要求。因此，根据上述事实，被申请方的观点应被驳回。

关于被申请方的第二个观点，即申请方寻求行使Derimen所拥有的权利，仲裁庭并不完全理解被申请方的观点。显然，被申请方声明，由于Derimen公司不是ECT的“投资者”（没有在ECT的“缔约方”中注册），申请方也不能是“投资者”。仲裁庭不接受这种说法的逻辑。被申请方的观点显然是基于一种错误的认识，即Derimen在2000年5月30日将这些权利分配给申请方，而这些权利现在是申请方对被申请方的索赔主体。但是，Derimen将债权转让给申请方，据称，它对Moldtranselectro拥有债权，而对被申请方没有。Derimen不能将其对被申请方的索赔权转让给申请方，这仅仅是因为被申请方当时（2000年5月30日）还没有做出任何被指控的行为，而根据申请方的说法，这些行为违反了被申请方在BIT和ECT下的义务。

因此，被申请方的第二个理由应被驳回。

关于被申请方的第三个观点，即申请方只是一个必须协助追讨Derimen债务的机构，它在更大程度上涉及申请方是否作出了一项合格的“投资”的问题。

被申请方的第四个观点是，应善意地实施ECT项下的保护机制，这是基于这样一个假设，即Derimen对其投资的转让并不善意，即仅是为了允许申请方利用BIT和ECT下保护机制的优势。被申请方辩称，对国际法有诚意的当务之急，这不允许仲裁庭承认他们在这种情况下具有管辖权。被诉人提到了

Phoenix Action, Ltd. v. 捷克共和国一案,背后的自然人是一名捷克公民,在提出索赔前两个月,他将所有权转让给了两家捷克公司,而这两家公司的资产据称已被征用。在这一案件中,仲裁庭得出结论,认为有人滥用解决投资争端国际中心的国际投资保护制度,并拒绝接受对这一案件的管辖权。同样,被申请方在Société Générale v. 多米尼加共和国一案中提到了该裁决,在该裁决中,仲裁庭指出,投资转让应是善意的,而不是在指控的国家开始征收以使国民获得没有资格获得条约以获取不当司法管辖权优势的国家。

这一观点应以若干理由予以驳回,其中最明显的理由如上所述,即在Derimen将其权利转让给申请方之前,未发生任何行为或未采取任何行动来代表被申请方违反其在ECT下的义务。根据仲裁庭的说法,在这种情况下,不再接受裁决中其他不公平做法的证据。此外,没有证据表明申请方曾威胁要提出索赔,甚至在2010年之前考虑过向被申请方提出索赔的选择。被申请方认为,申请方对Moldtranselectro提出的索赔是为了有机会提出这样的索赔,但仲裁庭不能接受这一假设,因为证据不足,而且在对被申请方提出索赔的10年之前就已经出现了申请方涉嫌恶意的最大怀疑。

仲裁庭注意到被申请方还指出,Derimen向Energoalliance转让的目的是让Energoalliance能够利用独联体国家缔结的《民事、家庭和刑事问题法律援助和法律关系公约》(1997年)和/或《民事和刑事案件法律援助和法律关系协定》(1995年摩尔多瓦共和国与乌克兰之间)的优势。但是,如果申请方没有善意地接受这些国际协定规定的任何权利,那么这个问题将由乌克兰或摩尔多瓦的适当国家法院管辖,申请方应提出行使这些权利的索赔。这一争论与申请方是否在ECT下善意取得其权利的问题无关。

因此,被申请方关于申请方涉嫌恶意的抗辩应被驳回。

被申请方关于申请方没有在摩尔多瓦共和国境内投资的第五个观点(为了在BIT中定义"投资者"一词,而不是ECT)涉及的问题是,该争议是否指在BIT下的"投资"。在随后一系列与解决该争端的BIT的适用性相关的其他问题中,解决这一问题将是合理的。

被申请方关于申请方与Derimen协调其行为的第六个观点,显然与被申请方关于申请方涉嫌"恶意"的观点有关,这一点已经论述过了。然而,这一观点同时是承认申请方和 Derimen 在进行所谓的“投资”时的相互关系。

最后，关于被申请方的观点，即在国家注册簿中没有以 Energoalliance Ltd. 名义存在的法人实体，仲裁庭既不理解该观点的事实依据，也不理解其对申请方是否是“投资者”这一问题的所谓法律意义。据仲裁庭了解，被申请方的观点是申请方根本不存在，或者申请方未在乌克兰注册。这些假设均无证据支持。被申请方的观点完全基于这样一个事实，即在与申请方有关的所有乌克兰语正式文件中，包括统一国家注册簿中的相应记录，申请方名下的第一个字母为乌克兰字母“Ye”(从乌克兰语译为“Yenergoalyans”)，而在其他所有情况下，当申请方出于俄语文件目的(包括在本仲裁框架内的请求)而音译其名称时，申请方则使用字母“E”(“Energoalyans”作为俄语译音)。仲裁庭无法理解它可能以何种方式影响申请方的存在或它是根据乌克兰法律注册的。无论如何，仲裁庭指出，申请方宪章绝对清楚地表明，两种不同语言使用了不同的拼写。因此，该观点应予驳回。

最后，仲裁庭认定，就 ECT 而言，申请方是“投资者”。

2. 实质管辖：争议是否与 ECT 下的“投资”有关

如上文所述，该问题还涉及一个额外的方面，即申请方的投资是否在被申请方的领域做出。这两个问题是一起解决的。

ECT 的第 1(6)条包含以下定义。

“投资”指投资者直接或间接拥有或控制的各类资产，包括：

(a) 有形和无形、动产和不动产、财产以及租赁、抵押、留置和质押等任何产权；

(b) 公司或企业，或公司或企业的股份、股票或其他形式的参股，以及公司或企业的债券和其他债务；

(c) 对货币的索求和根据具有经济价值的合同对履行的索求以及与投资有关的索求；

(d) 知识产权；

(e) 回报；

(f) 法律或合同授予的，或依法授予的从事能源部门任何经济活动的任何许可证和许可证授予的任何权利。

"投资"是指与能源部门的经济活动有关的任何投资,以及缔约方在其领域内指定为"宪章增效项目"的投资或投资类别,并已通知秘书处。

出于这些目的,仲裁庭认为没有必要审查 ECT 中"区域"一词的定义。

(1) 申请方观点

申请方声明,其在第 06 - 20 号合同项下从 Derimen 取得的索赔(关于第 24/02 号合同项下向 Derimen 取得的 1 810 万美元债务)和在第 07 - 20 号合同项下从 Derimen 取得的索赔(关于第 53/21 号合同项下向 Derimen 取得的 400 万美元债务)构成"资产",分别属于上述 BIT 和 ECT 中"投资"定义的范围。申请方还声明,上述索赔更具体地构成 BIT 第 1(c)条和 ECT 第 1(6)(c)条所指的"金钱索赔",并且同样构成"权利"。就 BIT 第 1(e)条而言,是"通过合同授予……",在 ECT 第 1(6)(f)条所指的范围内,是"通过……合同授予……从事能源部门的经济活动的权利"。至于 ECT 的第 1(6)(f)条,申请方还提到 ECT 的第 1(5)条将"能源部门的经济活动"定义为"关于……的经济活动""能源材料和产品的贸易、营销或销售";同时指出,"能源材料及制品"的列表,在附件 EM 等包括"电力"。

申请方指出,相对于合同权利产生的资产中的现代投资保护协议,ECT 提供了最广泛的"投资"定义,ECT 在其"投资"的定义中未包括任何内容。排除某些资产的限制性规定,例如 1992 年 10 月 7 日的《北美自由贸易协定》(NAFTA),该协定有意从其"投资"定义中排除"仅因商业合同而产生的金钱索赔:(i) 在一国境内的国民或企业向另一国境内的企业出售商品或服务的情况;(ii) 与商业交易有关的信贷延期;(iii) 任何其他涉及金钱的索偿,但不涉及任何利益类别"。

因此,根据申请方的具体观点,在 ECT 的含义中,申请方提供电力的本质是一种投资,最初有一些投资要素。但是,由于申请方和代理人之间的法律责任分配,由于申请方没有直接向 Moldtranselectro 提出索赔,因此不能允许后者正式提出作为投资者的索赔。申请方已收到关于第 24/02 号和第 53/21 号合同所提供电力的第 06 - 20 号和第 07 - 20 号合同所规定的债务的索偿书,获得最后一个要素,该要素在法律上具有作为一个真正投资者的所有个别特征。发起投资的日期相当于签订第 24/02 号和第 53/21 号合同的日期。申请方取得投资的日期相当于签订第06-20号和第07-20号合同的日期。

(2) 被申请方观点

被申请方关于“投资”/“投资”的存在或不存在的观点并不总是措辞清楚和完整；此外，被申请方并不总是区分这个问题和申请方是否是一个适当的投资者。仲裁庭列举了被申请方在结案陈词中陈述的观点。仲裁庭在其认为合理的范围内，对上述观点进行了解释和重新措词，而不是引用被申请方的原始措词。

(a) Nemo dat quod non habet。被申请方的主要观点与上文所述相同，即申请方是否是适当的“投资者”/“投资者”；也就是说，由于 Derimen 在 BIT 或 ECT 下没有权利，申请方在获得 Derimen 的索赔时不能获得该权利。

(b) 货物供应合同不是“投资”/“投资”。被申请方还表示，无论在任何情况下，Derimen 的权利或申请方在第24/02号合同项下的权利（该合同项下产生的债务金额为1 810万美元）都不能构成 BIT 或 ECT 的“投资”/“投资”，因为货物销售合同并不是 BIT 或 ECT 保护范围内的“投资”/“投资”。关于400万美元的债务，ZAO Stal 和 Ukrenergo 签订了基础供货合同，即乌克兰两个法人实体之间的合同；因此，它不能构成对被申请方领土的投资。

(c) 申请方对 Moldtranselectro 的索赔不是“与投资相关”的权利。

(d) 申请方对 Moldtranselectro 提出的索赔不构成进行经济活动的权利。

(e) 申请方没有对摩尔多瓦经济进行投资。

(f) 如果进行了一项“投资”/“投资”，则是非法的，因此应剥夺其保护利益。

(3) 仲裁庭分析

在公司层面，签署了下列文件。

• 1999年1月1日乌克兰天然气公司、能源联盟有限公司和摩尔多瓦国家电力公司签订的关于在乌克兰批发电力市场购买电力的合同（合同）第1/01号，该批发市场指定向摩尔多瓦共和国出口。

• 1999年2月26日第24/02号合同（C10），其中 Energoalliance 为供应商，Derimen 为买方（付款人），Moldtranselectro 为接收方。

• 1999年3月1日第50号合同，内容涉及乌克兰和摩尔多瓦之间沿乌克雷纳尔戈西南电力系统边界的所有电压等级的电力交换记录和电力损耗检测程序,以及计量和控制系统维护的相互作用程序。

• 2000 年 7 月 25 日关于计量和控制系统维修相互作用程序的第 200 号合同,以及记录乌克兰和摩尔多瓦之间沿乌克雷纳尔戈南部电力系统边界的所有电压等级的电力交换和检测电力损失的程序。

• 2000 年 3 月 1 日电力供应合约第 24/02 号增编第 1 号。Derimen 对 Moldtranselectro 的索赔是根据第 24/02 号三方合同提出的。考虑到以上讨论的签订合同的原因,以及供方和付款人的情况,可以得出结论,即通过供方和付款人的活动满足了用电人的要求(合同的目的)。然后是:

• Derimen 对 Moldtranselectro 的索赔起因于 Energoalliance 在摩尔多瓦共和国领土内与电力供应有关的活动。

• 索赔源于申请方的投资活动,并与"投资"有关;并且由于转让而回到"投资者"手中,债权也随着 ECT 保护条款的范围而下降。

• 2000 年 5 月 30 日,Energoalliance 根据第 24/02 号合同从 Derimen 公司获得对 Moldtranselectro 公司的索赔,并继续向摩尔多瓦共和国境内供应电力,直到 2000 年 10 月;因此,取得这些资产与申请方在取得这些资产之前和之后就向摩尔多瓦共和国提供电力的活动有关。

在此,需要指出的是,根据第 06 - 20 号合同以及相应的 Moldtranselectro 的债务义务(可以从案例的材料中理解,本质上,正如前面在这个裁决中分析的那样)转让给申请方的权利是一种对金钱的索赔,它产生于申请方与 Derimen 共同执行的复杂业务交易,并构成其财务结果。在这方面,需要对交易的每个要素(包括个别民事法律交易)进行单独检查,以确保其符合"投资"的任何标准,这并不遵循 ECT 条款。该条款的应用作为公法保护机制,意味着所有参与者在发生的商业交易中的法律和事实角色的总体资格,包括在被申请方涉嫌侵犯申请方权利的时候。

根据上述情况,除其他外,考虑到当事各方已接受的事实,即 Derimen 与申请方之间最初存在密切的相互关系,仲裁庭没有足够的理由得出结论,即在第 24/02 号合同和第 06 / 20 号合同所产生的复杂关系中,申请方主要起收债代理人的作用。

仲裁庭审查了被申请方提出的异议,即申请方没有提出证据证明通过转让从 Derimen 取得索赔具有补偿性质。仲裁庭指出，根据其法律性质，转让(包括适用于第 06－20 号合同的乌克兰法律)是一种抽象的交易，暗示可以获得和有效的理由。因此，如果其中一方对转让理由提出质疑，则该方应承担证明该理由不存在或无效的责任。由此可见，转让取得的权利的价值应当以其公允价值为准。被申请方的这一异议应分别予以驳回。

在审查了被申请方关于电力供应不构成“投资”的观点，即货物销售合同不属于 ECT 保护范围内的“投资”，以及申请方各自的反对意见后，仲裁庭得出结论，认为申请方的“投资”与能源部门的经济活动有关。“电力贸易”属于“能源部门的经济活动”一词的定义范围，申请方的权利与这种活动“有关”，因为它们是电力销售的直接结果。这个结论来自 ECT 的第 1(5)和第 1(6)条。仲裁庭的这一裁决列举了涉及商业交易参与者活动的职能方面的处置。因此，仲裁庭注意到，ECT 第 1(6)条中“每种资产……”一词的定义并不要求投资者在另一个国家的领土上进行与经济活动相关的资产投资。

ECT 中的“投资”是指“每一种资产，拥有或由投资者直接或间接控制的”，而在 ECT 列举投资的各个类别只占某些类型的资产的具体例子。然而，这些具体例子包括列举的完全相同“金钱请求权”(ECT 第 1(6)(c)条)，即申请方的索赔。

仲裁庭称，申请方对被申请方在“能源部门”开展活动的国有企业拥有 ECT 所指的“投资”。这一结论来自一个相当宽泛的术语“投资”的定义，该术语在 ECT 下被接受，并得到权威研究人员的支持，并且在投资争端的所有仲裁裁决中也得到了支持，在非常相似的情况下，存在解决此类争端的管辖权是被接受的。

考虑到上述观点，仲裁庭认为申请方在第 24/02 号和第 06－20 号合同项下的投资属于 ECT 第 1(6)条所指的“投资”。

关于根据 ECT 第 1(6)条的特定分段对本案进行的限定，如前所述，仲裁庭认为，对 ECT 的这一规则的解释为包含一份非详尽的资产清单，并说明其在实践中可能(但不是全部)实施的情况是真实的。这就是为什么对所列资产种类(基于对相应规则的字面解释)实现的引用在这种方法的限定条件方面并不重要。尽管如此，考虑到不同的处理办法，仲裁庭认为，在所列资产中，特别是在某一案件中，ECT 第 1(6)(c)条包括“要求赔偿”一词。本款还包括“根据具有经济价值并与一项'投资'有关的合同对履行的要求",因此除对金钱的要求(也指审查中的案件)外,还包括"对履行的要求",这些要求须加以评价,并与一项"投资"有关。

仲裁庭审查了被申请方的观点,即 Derimen 不符合为其在乌克兰的活动颁发许可证的要求。仲裁庭指出其没有证据证明需要颁发许可证,也没有关于乌克兰主管政府机构在这方面对 Derimen 提出的任何索赔的任何资料。因此,被申请方的这一观点应被驳回。

综上所述,仲裁庭指出,现代国际法适用一种既定的做法,即投资者只有在重大和蓄意违反东道国的立法的情况下才可构成对无管辖权作出裁决的理由。这特别符合 ECT 中设定的目标和原则。这种违反行为除其他外,包括腐败、欺诈和其他严重违反东道国法律或国际法的行为。这些事实应得到适当的证明,并应得到已生效的有管辖权的法院判决的特别肯定。被申请方未提交任何相关证据,因此,被申请方关于"投资"的非法性的观点应被驳回。

因此,考虑到上述情况,仲裁庭得出结论,它对第 24/02 号和第 06 - 20 号合同所引起的申请方的索赔有基于实质理由的管辖权。

关于合同第 53/21 号和第 07 - 20 号。

仲裁庭指出,Derimen 对 Moldtranselectro 的索赔(根据第 07 - 20 号合同分配给申请方)不是由申请方与 Derimen 共同进行的向摩尔多瓦供电的商业交易引起的(例如,根据第 24/02 号合同),但与第三方(Ukrenergo)与 Moldtranselectro 的电力供应有关,随后 Derimen 参与解决与该供应有关的财务问题(由 1998 年 12 月 30 日第 180/12 - 98 号合同和 1999 年 1 月 27 日第 53/21 号合同正式确定,Ukrenergo 没有参与)。在这方面,Derimen 的作用是承担 Moldtranselectro 对 ZAO Stal 的财务义务,这是由于 ZAO Stal 为支持 Ukrenergo 而进行的电力补偿性供应,与此同时获得对 Moldtranselectro 的财务索赔,并支付该供应的款项。

在 ECT 第 1(8)条中,"投资"一词指的是"建立新的投资,获得全部或部分现有投资,或进入不同的投资活动领域"。因此,出现了一个问题,申请方是否可以被视为作出了"投资"的实体。

鉴于上述情况,仲裁庭不能将申请方视为一个实体,认为其做出了"投资:

对第 07 - 20 号合同项下获得的权利(即获得 4 000 496.35 美元的权利)进行了投资,并表示不方便审查与管辖权有关的其他具体情况,因此仲裁庭得出结论认为其没有审理上述索赔的管辖权”。

(二) 仲裁庭在 BIT 下的管辖权

根据 BIT 第 9.1 条,仲裁庭有权审理“缔约一方投资者与缔约另一方投资者就在该缔约方领土上进行的投资发生的争议”。

摩尔多瓦共和国于 1996 年 3 月 6 日批准了 BIT,且于 1996 年 5 月 27 日对乌克兰生效。这一争端涉及被申请方所指称的最早从 2000 年 10 月 2 日开始的行动(摩尔多瓦第 1000 号法令)。因此,根据 BIT,仲裁庭对审理该争端在时效上具有管辖权。

- 属人管辖权:就 BIT 而言,申请方是“投资者”吗?
- 属物管辖权:它是否与 BIT 的“投资”有关?

关于适用的法律,仲裁庭声明 BIT 不包含任何关于法律选择的条款。然而,在这种情况下,仲裁庭认为,在选择法律方面,可以对 BIT 采用与 ECT 相同的方法。这意味着仲裁庭将决定问题的争端,包括一些解释的问题,依照规定本身,依照国际法的规则和原则参照乌克兰立法和摩尔多瓦的立法在各自的情况下(规定允许的范围内适用的国际行为)。

仲裁庭注意到,BIT 中“投资”一词的第一部分规定,一项资产(据称是一项投资)必须“由缔约一方的投资者在缔约另一方的领土内进行与经济活动有关的投资”。这将 BIT 的各自规定与 ECT 区别开来,后者不包含此类要求。因此,仲裁庭认为,为了根据 BIT 进行适当的投资,投资者必须在各自的资产获得时在缔约另一方的领土内进行经济活动,或者在获得资产后,该投资者必须在该国开始新的经济活动。

在这种情况下,申请方对 Moldtranselectro 的债权(根据第 06 - 20 号合同和第 07 - 20 号合同获得)不是与申请方在被申请方领土内的任何现有经济活动有关。据仲裁庭所知,申请方与被申请方领土有关的唯一经济活动是申请方在第 24/02 号合同下以供应商的身份进行的活动。但是,申请方根据第 24/02 号合同进行的活动,虽然显然对被申请方的领土产生了重大的经济影响,但并没有在该领土进行,因为申请方只向摩尔多瓦边界供应电力。

基于上述情况,仲裁庭得出结论,即仲裁庭对根据 BIT 提出的任何索赔均无管辖权。

在这种情况下,仲裁庭认为该争议与 BIT 第 1 条意义上的“投资”无关,因此排除了对根据 BIT 产生的申请方的任何索赔进行审查的可能性。在这一点上,仲裁庭可以不解决其他问题,特别是在确定申请方是否属于 BIT 下的“投资者”时,申请方是否实际上“投资于摩尔多瓦共和国领土”。

基于上述情况,仲裁庭得出结论,即仲裁庭对根据 BIT 提出的任何索赔均无管辖权。

考虑到这一结论,仲裁庭声明没有必要进一步听取双方关于 BIT 第 10.1 条所指的索赔是否可被受理的争论(关于在 6 个月内进行谈判的要求)。

三、仲裁裁决

基于上述理由,仲裁庭作出下列决定:

(1) 被申请方摩尔多瓦共和国,以申请方为受益人,支付 MDL 195 547 212 给 Energoalliance 有限公司,作为申请方的投资成本。

(2) 被申请方应向申请方付 MDL 357 916 008,作为截至 2012 年 5 月 31 日 MDL 195 547 212 的利息。

(3) 被申请方应向申请方支付 MDL 39 417 175 作为 2012 年 6 月 1 日起至裁决生效之日止 MDL 195 547 212 的利息。

(4) 被申请方应向申请方支付 20 万美元,作为对申请方律师费和服务的补偿。

(5) 被申请方应向申请方支付 34 万美元,作为对申请方预付的仲裁庭费用的补偿。

(6) 所有其他主张均应被驳回。

迪雅、吴清玄译　张正怡校

State Enterprise “Energorynok” v. 摩尔多瓦

斯德哥尔摩国际商会仲裁机构最终裁决

案号：SCC Arbitration V (2012/175)

裁决时间：2015 年 1 月 29 日

申 请 方：State Enterprise “Energorynok”

律　　师：Sergei Adamovitch Voitovich 先生

被申请方：摩尔多瓦

律　　师：Mihail Buruiana 女士

仲 裁 庭：Nancy B. Turck 女士（主席），Rolf Knieper 教授，Joseph Tirado 先生

一、案件事实

申请方是一家乌克兰国有企业，于 2000 年 6 月 8 日注册，其办公室位于乌克兰基辅市西门市街 27 - 01032 号。被申请方是摩尔多瓦共和国，是一个主权国家。

1993 年 3 月 20 日，乌克兰和摩尔多瓦政府签署了一项关于电力领域合作的协定（CCLA - 117）。该协定第 2.4 条规定，“缔约各方应通过有关组织及时就利用现有和在建设电力设施的技术程序达成协议”。1995 年 2 月 20 日，根据该协定，乌克兰能源、工业和电气化部（下称“乌克兰部”）和摩尔多瓦共和国能源工业和能源部（下称“摩尔多瓦部”）就乌克兰和摩尔多瓦能源系统的并行运作达成了一项协定（下称“APO”）。APO 第 9.3 条规定，“未经双方同意，各方在本协议项下的权利和义务不得转让给任何第三方。”APO 第

10 条将 APO 产生的“技术和操作条件的履行”授予了两家国有企业，一家是乌克兰国家控制中心(“NCC”)，另一家是摩尔多瓦国家控制中心(“Moldenergo”)。

1998 年 10 月，从乌克兰到摩尔多瓦发生了 5 000 万千瓦时的电力，根据 APO 第 4.3 条，应支付的赔偿金 1 662 297.81 美元。电力溢出的事实和其赔偿金额是没有争议的。本仲裁所涉争端除其他外，涉及是否已作出赔偿，如果尚未作出赔偿，则涉及向谁作出赔偿。

根据乌克兰内阁部长于 2000 年 5 月 5 日通过的第 755 号决议，Energorynok 在此之前是乌克兰的一个部门，是作为一个独立的国有企业成立的。申请方在其 SoR 第 56 段中指出，摩尔多瓦根据 APO 所欠的债务已经进行了转移，这已由乌克兰缔约方向乌克兰燃料和能源部批准的《分离资产负债表》《适当的分离议定书》和《乌克兰共和国的第 23 号命令》正式确定。申请方在 SoR 第 57 段中总结道，根据这三份文件，它是“根据 APO 摩尔多瓦一方债务的接收方的合法继承人”，因此有权要求根据合同授予的款项。

申请方的律师在 2014 年 9 月 9—10 日在斯德哥尔摩举行的仲裁听证会上表示，申请方 5 年多来一直试图从 Moldtranselectro 获得赔偿，但没有成功。在这一尝试失败后，申请方于 2002 年在基辅经济法院对摩尔多瓦经济部提起诉讼。2002 年 12 月 25 日，基辅法院命令摩尔多瓦政府向申请方支付 1 745 412.71 美元和诉讼费用(以下简称“2002 决定”)。申请方声明，根据 2002 年的决定，其对金钱的索赔不仅是合同授予的权利，而且是法律授予的权利。

从 2003 年开始，申请方要求承认和执行 2002 年在摩尔多瓦的决定。多位法官在 5 年多的时间里，将此案发回重审 5 次。2009 年 7 月 4 日，摩尔多瓦最高法院驳回了摩尔多瓦两部委的上诉，从而执行了 2002 年的决定(“2009 年决定”)。如申请方的各种诉状所述，摩尔多瓦国有企业 Energoato 将该债务转让给 Remington Worldwide Limited，后者随后又将债务转让给另外两方，最后一方是摩尔多瓦实体 Pinar-Com。

二、法律分析

(一) 仲裁中的主张和救济请求

1. 申请方观点

申请方认为：(1) 依照 2002 决定所产生的金钱索赔是与能源有关的金融资产，根据《能源宪章条约》(以下简称 ECT) 构成对摩尔多瓦能源部门的投资；(2) 仲裁庭有权根据 ETC 审理争议；(3) 被告法院将申请方的请求拖延了 7 年之久，以执行 2002 决定，这违反了摩尔多瓦法律和国际法；(4) 申请方的投资实际上被没收，这违反了 ECT 第 13(1)条；(5) 被申请方还违反了第 10.1 条(公平公正待遇规定)和第 10(12)条("有效手段规定")。申请方根据其仲裁请求第 60 段，寻求以下救济：

a. 声明摩尔多瓦共和国违反了 ECT 第 10(1)条、第 10(12)条和第 13(1)条，以及被申请方根据一般国际法承担的义务；

b. 责令被申请方赔偿申请方损失 1 745 754.84 美元；

c. 责令被申请方根据总额支付利息，自 2003 年 1 月 20 日起，按每年复利计算，直至支付完成为止；

d. 责令被申请方支付仲裁费用；

e. 责令被申请方支付法律费用；

f. 责令被申请方支付 7.7 万欧元，作为对申请方 2013 年 4 月 23 日支付的仲裁费用的补偿，以及支付该款项每年 9%的利息，从 2013 年 4 月 10 日开始计算，直至支付完成为止；

g. 责令被申请方支付 18 634.50 欧元，作为对被申请人在 2014 年 6 月 6 日支付的仲裁费用的进一步份额的补偿，以及该款项每年 9%的利息，从相关付款日期开始累积，直到付款完成。

2. 被申请方观点

被申请方认为：(1) 仲裁庭缺乏裁决该仲裁的管辖权；(2) 被申请方未违反其根据 ECT 的义务；(3) 摩尔多瓦法院未因 2002 决定违反摩尔多瓦和国际法；

(4) 2002 决定违反国际和国内法;(5) 2002 决定不合法且不可执行。被申请方主张下列救济:

a. 声明仲裁庭对申请方的请求没有管辖权;

b. 仲裁庭驳回申请方的所有请求;

c. 声明被申请方没有违反 ECT 规定的任何义务;

d. 责令申请方支付仲裁费用;

e. 责令申请方支付被申请方产生的法律费用。

(二) 适用法律

在仲裁程序中,仲裁庭受 ECT 的程序规定(特别是 ECT 第 26 条),斯德哥尔摩商会仲裁院(以下简称 SCC)规则的管辖,并且由于斯德哥尔摩是仲裁地点,因此受瑞典仲裁法的强制性规则以及仲裁庭的程序命令约束。

仲裁庭在下文的分析中,不仅考虑了该裁决中概述的当事方的观点,而且还考虑了当事方各自的书面陈述(包括判例法)和 2014 年 9 月 9—10 日在斯德哥尔摩举行的听证会上的详细观点。

当申请方根据 ECT 提出主张并指控其违反国际法时,仲裁庭将在确定其管辖权时适用 ECT 的规定并适用国际法的一般原则。当事方(其法律顾问是乌克兰和摩尔多瓦的律师)提到了乌克兰和摩尔多瓦的法律,与他们的主张的许多方面有关。如下所示,仲裁庭认为没有必要决定摩尔多瓦或乌克兰的法律问题,以解决该仲裁中的主张。

(三) 管辖权

1. 申请方观点

申请方主张根据 ECT 第 26 条仲裁庭对此事项拥有管辖权,该条在有关部分规定:"(1) 一缔约方与另一缔约方的投资者之间关于后者在前者领域内投资的争端,涉及违反了前者根据第三部分所承担的义务,如有可能,应友好解决。(2) 如果此类纠纷在任何一方请求友好解决之日起三个月内无法按照第(1)款的规定友好解决,则争议的投资方可以选择提交解决国际仲裁或调解。"

申请方声称,ECT 第 26(3)(a)条包含被申请方无条件的仲裁同意,并且申请方已经通过其仲裁请求第 12 段同意了本案仲裁。因此，申请方称，双方之间存在有效的仲裁协议。

申请方声称自己是投资者，并拥有一项 ECT 项下的投资。ECT 第 1(6)条将"投资"定义为"投资者直接或间接拥有或控制的各种资产"，包括：

"a. 有形和无形、动产和不动产、财产以及租赁、抵押、留置和质押等任何财产权；

b. ……

c. 与投资有关的对货币和对合同履行的具有经济价值的请求；

d. ……

e. ……

f. 法律或合同授予的任何权利，或根据法律授予的任何许可证或许可证，从事能源部门的任何经济活动。"

申请方在仲裁过程中改变了观点。申请方声明其主张是因 2002 决定而产生的金钱索赔。申请方声称，其对 2002 决定产生的款项的索赔是一项投资，因为(a) 索赔是一项"与能源有关的金融资产"，是"由于两个能源系统的具体并行运行而将电能功能转移到摩尔多瓦"，(b) 根据 ECT 第 1(6)(c)条的要求，与能源部门的经济活动有关，根据 ECT 第 1(5)条，该经济活动包括"输电、配电""能源、材料和产品的贸易和销售"。根据申请方，"毫无疑问地在能源部门经济活动的定义之内"，"能源部门是由 Energorynok 进行的"，这意味着 Energorynok 的投资"与能源部门的经济活动相关"，这是"ECT 第 1(6)条第 3 款所要求的"。

申请方还主张其对货币的索赔已得到 2002 决定的承认，获得了作为法律或合同授予的权利的投资的附加特征，符合第 1(6)(f)的标准。

申请方认为，(a) 由于 APO 第 4.3 条规定了对过剩能源的补偿，因此，APO "产生了乌克兰方面的支付义务和各自的合同权利"，(b) "根据第 1(6)(c)和(f)条，APO 项下的电能过剩的补偿权利完全由受保护的投资承担"。

申请方还认为，根据《2004 年摩尔多瓦商业活动投资法》第 4 条，"一项投资"除其他外，可以采取"债务义务产生的权利或对投资者具有经济和财政价值的其他义务"的形式。

在仲裁过程中，申请方完善了其管辖权观点。申请方重申其"对 1998 年产生并于2002年得到法院确认的、由合同授予的金钱/权利/法律授予的权利的主张,符合ECT下受保护的'投资'的客观标准"。申请方认为其投资是"第1(6)(c)和(f)条所涵盖的资产",并且其投资具金钱索赔以及法律和合同授予的权利的"特征"。

在听证会上,申请方提到在法律继承过程中获得了其投资的所有权,而不是合同权利。申请方表示,其投资是获得补偿的权利,这一权利最初源自APO,并在2002决定中得到确认,该决定本身就是一份"反映根本经济运作的文件"。申请方的律师继续说:"我们不认为APO是一项投资,也不认为2002决定是一项投资。投资是能源相关资产,这是对未得到补偿的电力溢出要求赔偿的权利。APO和2002决定是两个文件,反映了同一投资赔偿的权利。"

申请方概述其对管辖权的立场如下:

Energorynok的"赔偿权利"由两项法律文书确定:APO和2002年的最初决定。这两项法律文书不能单独看待,它们共同构成受保护的投资。申请方认为,"APO不是一项投资"或"2002年的最初裁决不是一项投资"是不正确的。准确地说,申请方并没有断言"APO加上基辅法院的判决是投资,也没有断言投资是'溢出'。在ECT下,投资是一种资产(在这种情况下,是对溢出的补偿权),而不是法律文件(合同或法院判决)。这两项法律文书共同决定了最终由Energorynok拥有和控制。"

申请方依据几份仲裁裁决,即根据ETC第1(6)条,金钱索赔是受保护的投资,特别是Electrabel v. 匈牙利、Remington v. 乌克兰、Petrobart v. 吉尔吉斯共和国和Plama v. 保加利亚中的裁决。申请方还引用了双边投资条约(以下简称BITs)中产生的几个仲裁裁决来支持金钱索赔是受许多BITs保护的投资。仲裁庭将在其推理过程中酌情处理这些案件。

2. 被申请方观点

被申请方对管辖权的反对有两个方面:首先,申请方的索赔是申请方在2002决定中以欺诈和非法方式获得的,申请方无权享有ECT第28条规定的保护。其次,申请方不符合ECT提出索赔的要求。

关于2002决定是通过欺诈和非法获得的论点,依据的案件是Inceysa v. 萨尔瓦多和World Duty Free v. 肯尼亚。具体而言,被申请方认为:

a. 仲裁庭可以独立于摩尔多瓦和乌克兰法庭的判决来决定这个问题；

b. 申请方不是 APO 的当事方，因此，2002 年没有资格在基辅法庭对摩尔多瓦政府提出索赔；

c. APO 当事方具有双重身份，因此申请方不是 APO 当事方；

d. APO 是"两国以书面形式缔结的受国际法管辖的条约"。因此，被申请方认为，APO 应按照关于条约解释的国际法规则来解释。申请方认为基辅法院的决定是基于 2002 年乌克兰国内实体法；

e. 根据 APO 第 10 条，申请方不是 Ukrenergo 在 NCC 和 Ukrenergo 职能方面的合法继承人；

f. APO 第 7.3 条和第 7.4 条包含"国家间"仲裁条款，该条款"不为基辅经济法院受理 Enorgorynok 的任何索赔提供国际管辖权"；

g. 摩尔多瓦政府不是本案的适当被申请方，因为它与 NCC、Ukrenergo 或申请方没有关系，相反，Moldtranselectro 是适当的当事方。

关于被申请方的观点，即申请方不是 APO 的当事方故没有提起仲裁的资格这一观点，申请方称，被申请方在 2002 决定的相关诉讼中，以及在随后由申请方提起的任何摩尔多瓦诉讼中，都没有对申请方的资格提出质疑。

关于被申请方的观点，即申请方不是仲裁的适格当事方，因为双方没有同意向申请方转让乌克兰外交部在 APO 的权利和义务这一观点，根据第 9.3 条的规定，申请人声称，它不是一个第三方而是 NCC/Ukrenergo 的合法继承人，因此，申请人断言，第 9.3 条关于相互同意的规定是不适用的。

被申请方声称，如果仲裁庭认为 2002 决定是一个法律判决，但被其否认，那么申请方就不符合 ECT 的要求。具体而言，被申请方认为：

a. 根据 ECT，申请方必须证明其在摩尔多瓦共和国地区拥有受保护的投资，但它没有这样做。被申请方称，申请方不是 APO 的当事方，因此无权要求赔偿，即便它有要求赔偿，它也没有主张权利。被申请方称，申请方是乌克兰能源工业和电气化部的债务托收人，据被申请方称，乌克兰是 APO 的实际当事方。

b. 申请方的"金钱索赔"不是 ECT 第 1(6)条所涵盖的"资产"，因为申请方的金钱索赔不是作为经济投资过程的结果或与经济投资过程相关的。被申请方认为,将ECT的第三部分和第四部分结合时,ETC第1(6)条"规定,投资者因其投资活动而拥有的所有形式的资产,都应受到保护,即使这些资产不是直接或仅投资活动的结果",但"最初应该进行投资活动"。

c. 申请方的投资不符合Salini v. 摩洛哥案投资的特征,这些特征是:(a)货币或具有经济价值的其他资产的出资;(b)一定期限;(c)预期的商业利润;(d)风险因素;(e)对东道国发展的贡献。被申请方声称,申请方未能证明存在上述任何特征,因此没有做出投资。

d. 此外,金钱索赔不是ECT第1(6)(f)条规定的"法律赋予的权利"。

被申请方还声称,溢出资金由基金和Moldtranselectro公司全额赔偿,根据《担保协议》提供给Ukrenergo的设备从未退还给基金。

3. 仲裁庭分析

如上所述,被申请方对仲裁庭管辖权的异议是双重的:首先是基于一项指控,即2002年决定是非法和欺诈获得的,因此不能受到ECT的保护;其次,即使仲裁庭找到2002未以欺诈方式获得裁决,申请方也不满足ECT提出索赔的标准。

但仲裁庭认为,除非确定有权决定争端,否则无法确定是通过欺诈手段还是非法获得了2002决定。因此,仲裁庭必须首先考虑它是否具有ECT管辖权,如果确实如此,则必须考虑2002决定是否对该管辖权构成限制。

上文所述的ECT第26条涉及解决"投资者"与ECT缔约方之间的争端。申请方声称自己是投资者,并且是以自己的名义投资的。申请方注意到,作为一项原则问题,政府机构作为投资者在ECT的表述语言方面没有任何限制。仲裁庭认同ECT第1(7)条并不排除政府机构作为投资者的可能性。此外,第26(1)条提到缔约一方与"缔约另一方的投资者就后者在前者领域的投资所发生的争端……"问题是,根据ECT,是否有投资,申请方是否是投资者,如果有投资,投资是否在摩尔多瓦地区。

根据ECT第1(6)条,申请方声称:(a)其投资是对资金/溢出补偿权的索赔;(b)该补偿权是具有经济价值的能源相关资产。它补充说,这种与能源相关的资产(金钱索赔/补偿权)有ECT第1(6)条规定的三种形式:金钱索赔、合同授予的权利,以及法律授予的权利。申请方主张,赔偿权利起源于APO,但申请方声明 APO 本身不是一项投资。被申请方认为，APO 是各国之间关于能源电力市场准入和过境的合作协定/条约，而不是关于电力的销售、购买、供应或交付的协定；因此，被申请方认为，APO 不属于投资。

与之相反，仲裁庭认为，APO 本身就可以作为一项投资的证据。APO 是一项关于通过输配电网运输、分配和供应能源材料和产品的协议。电能是一种能源材料/产品。能源材料/产品在摩尔多瓦进行了输送/配送，为摩尔多瓦增加了经济价值。APO 由各部签署，第 10 条指定两个国家实体 NCC 和 Moldenergo（都不是 APO 的缔约国）履行 APO 的技术和运营职能，但这并不改变 APO 的性质。APO 赋予缔约方/部一项在东道国进行有关电力过境的经济活动的权利。仲裁庭认为，这种活动根据 ECT 构成了一种投资。但是，如下文所述，仲裁庭认为申请方在根据 APO 进行的经济活动中没有发挥任何作用。

仲裁庭还认为，溢额是一项投资，因为它在摩尔多瓦地区，且产生于 APO。申请方认为溢额是其索赔的"触发事件"，其本身不是一项投资。

仲裁庭认同 ECT 第 1(6)条要求投资者拥有或控制资产。但这是否意味着申请方只需拥有或控制对金钱的索赔，或者申请方是否必须直接或间接地拥有或控制与第 1(6)(c)条所述的金钱索赔有关的投资？在这方面，ECT 的理解如下：

"对投资的控制实际上是指在审查每一种情况的实际情况后确定的控制。在任何这种审查中，都应考虑所有有关因素，包括投资者的

(a) 投资的财务权益，包括股权；

(b) 对投资的管理和运营产生重大影响的能力；

(c) 对董事会成员或任何管理机构的选拔产生重大影响的能力。

投资者是否直接或间接控制一项投资，如有疑问，声称拥有这种控制的投资者有责任证明这种控制的存在。"

至于投资中的经济利益，申请方在收回其所获得的债务方面具有经济利益。但申请方没有提供任何证据证明其在其声称其投资产生的经济活动中拥有任何财务或权益。的确，如下文所述，申请方无法说明它在 APO 中或在向摩尔多瓦输送电力方面发挥了什么作用。

申请方似乎没有能力对 APO 下输电的管理和运作施加实质性影响，而且

从未有过这种能力。

申请方目前或过去似乎没有对董事会成员或任何其他管理机构的选择施加任何影响,这些机构参与了根据 APO 向摩尔多瓦输送电力的工作。

事实上,在听证会上的申请方无法对谁控制了 APO 作出答复,其声称“所有这些事情的事实方面超出了争端的范围,不是分析的主题”。尽管申请方有两名代表在出席听证会,其律师仍无法回答仲裁庭关于原告对 APO 第 10 条承担的具体责任(如有)和除已在资产负债表上“取得”溢项付款的债权外的其他原告与 APO 有何关系的问题(如有)。事实上,律师甚至无法在听证会上肯定地回答 APO 是否仍在有效期内。律师在与会议室代表进行商谈时回答说,“据我们所知”,APO 仍在运行,被申请方表示同意。在听证会上,申请方未作进一步澄清就说:“从乌克兰方面来看,APO 的绩效部分由能源部控制,部分由企业执行者 Ukrenergo 和 Energoroynok 进行控制。对于正在进行的活动,即根据 APO 向摩尔多瓦输电,申请方当然必须能够知道其具体作用(如果有)。”

也许因为记录上不清楚现在谁控制着 APO,申请方声称“现在谁控制 APO 对申请方的立场来说几乎不是重要的”。更重要的是,谁控制着因 APO 而产生的 5 000 万千瓦溢流补偿的权利——毋庸置疑,Energorynok 拥有并控制着这项权利。

申请方声称:“ECT 第 1(6)条唯一明确的要求是投资者拥有或控制能源相关资产(在东道国领土内)。”Energorynok 完全满足这一要求。“Energorynok 合法合理地期望从投资中获得回报。”经济运作(从乌克兰到摩尔多瓦的电力过剩)无疑有助于“东道国经济活动的发展”。申请方所称的资产是其投资,即金钱索赔,并不在摩尔多瓦境内。除了收到付款外,索赔要求还有“回报”。申请方紧接着声明,除非申请方同时声明其投资是输电(其预期投资回报为付款)溢额,否则毫无意义。但申请方两种说法都没有。申请方没有也从来没有在摩尔多瓦从事过输电工作;实际上,申请方既没有权利也没有义务来如此参与,因为投资者在 APO 下的合同地位从未分配给申请方。申请方在溢额出现时时并不存在,它的投资不能是溢额。总之,APO 似乎继续运作,但申请方在其中没有任何作用、控制或活动,而且从未在其中有任何作用、控制或活动。

申请方声明,无论是 APO 还是 2002 决定,“对投资的决定都明确指出了

ECT 领土的要求”。

申请方指出:“确定投资的法律文书(APO 和 2002 决定)明确指出了 ECT 区域关系的要求。”申请方首先说,电力是输送到摩尔多瓦并在该国消费的,因此,投资最初是在摩尔多瓦进行的。仲裁庭并不反对在摩尔多瓦进行的这种性质的投资,但这不是申请方所要求的投资。申请方声明,摩尔多瓦最高法院承认并批准在摩尔多瓦执行 2002 决定,因此,申请方要求赔偿的权利是对摩尔多瓦领土的投资。仲裁庭不能同意东道国法院在该东道国执行索赔的决定构成原告在该案件中在东道国领土上的投资。

仲裁庭认为,申请方对如何获得金钱索赔的描述令人困惑,而且前后矛盾。如何获得索赔对其是否是投资者很重要,尽管申请方否认这一点很重要。Energorynok 是如何获得赔偿权利的,以及谁是赔偿权利的原始所有者,在申请方的案例中是无关紧要的。在 ECT 的保护下,Energorynok 获得了赔偿的权利,这是很重要且毫无争议的。申请人认为其在法律继承过程中从 NCC 和 Ukrenergo 获得了 APO 规定的企业执行人的一般权利,但“具体的赔偿权利是在资产负债表中获得的”。申请方认为其“从 Ukrenergo(不是从某一部或任何其他政府机构)获得具体的赔偿权”,作为 APO 下的“所有权”,而不是“合同权利”。在听证会上,申请方律师称:“我们的立场是,Enorgorynok 拥有资产负债表上的所有权,而不是合同权利。”因此,问题不在于这些实体之间的合同关系,而在于 Energorynok 被赋予了所有权,不管 APO 中写了什么。仲裁庭认为,申请方知晓,如果它获得或转让了作为合同权利的赔偿权利,根据第 APO 第 9(3)条,就需要摩尔多瓦外交部的同意。但是该条款并未授予任何此类同意。

申请方进一步认为,“一方面”它是“根据有关规定执行 APO 下的一般财务结算,另一方面……经乌克兰外交部批准……获得 Ukrenergo 的所有权,以补偿其资产负债表中 5 000 万千瓦时的溢额。”然而,申请方承认:“该案件的记录并没有详细说明 Ukrenergo 是如何达成其在 APO 项下的权利或义务的,特别是在赔偿 5 000 万千瓦时溢电的权利方面。”除其他外,乌克雷纳戈是全国协调委员会在 APO 下的权利和义务方面应有的成熟的继承者。仲裁庭并不相信乌克兰方面如何能通过将资金转移到资产负债表,将前者的索赔权利传递给另一个实体。这种行为似乎使申请方与 APO 相脱离而不是相联系,并使其成为单一债务的托收人。事实上,乌克兰国家电力监管委员会和2000年部长决议都将申请方称为“乌克兰批发电力市场的结算经营者”。申请方的目标之一是“履行结算系统管理员和WEM(批发电力市场)基金经理的职能”。

确实,仲裁庭对申请方似乎从APO中脱离的做法感到震惊。一方面,申请方声称,它是乌克兰APO的“一体化方”的一部分,而不是第三方。仲裁庭认为,根据APO第9.3条,如果申请方是第三方,被申请方本来必须同意将权利转让给申请方。没有人要求或给予此类同意。但申请方补充说,“一体化政党”一词并不意味着申请方是乌克兰政府部门的一部分。相反,申请方使用的术语是“仅用于说明APO在双方各自政府机关和企业执行者的‘职能’方面的运作方式”。仲裁庭不认为申请方是APO的参与方,无论是一体化方还是其他。

申请方指出,如上文所述,另一项表明与APO保持距离的证据是,NCC和Ukrenergo之间的合同关系不是问题的关键。申请方强调,同时它声称自己是乌克兰统一党(APO)的一部分,是独立于该部(APO的法律方)的一个独立的法律实体。申请方不能两者兼而有之。申请方进一步认为没有必要争辩该部是投资者,也没有必要考虑如何根据APO处理赔偿,“因为超出了具体争议的范围……因为没有对超出1998年10月范围的事实进行太多的探索”。然而,如果该部不是摩尔多瓦输电的投资者,那么谁是呢?如果申请方认为没有必要争论(1)除了自己以外,谁是投资者谁会将投资分配给申请方(仅就索赔而言)以及(2)申请方在与其投资必须相关联的经济活动中拥有所有权或控制权。那么申请方的投资是如何与构成投资的经济活动相关联的?

综上所述,将“与一项投资相关”理解为与第6条第1(c)条所述的投资不同的一项投资,且申请方未满足证明其对根据APO进行的经济活动有任何直接或间接控制的举证责任,仲裁庭认为申请方未满足证明其对货币的主张与申请方所作的或有效分配的投资相关的ECT的举证责任。申请方获得了债务,或被授权收回债务,但没有获得ECT下的投资。

在作出这样的结论后,仲裁庭不需要考虑被申请方反对管辖权的第二个理由。

因此,仲裁庭得出结论,对这一争端没有管辖权。

三、仲裁裁决

仲裁庭在考虑了各方提出的主张和陈述，以及所有有关的陈述和证据的分析后，决定并宣布：

(1) 仲裁庭对申请方提出的申请没有管辖权。

(2) 双方共同并各自承担对 SCC 规则第 43 条规定的仲裁费用。仲裁费用为 134 806.89 欧元和 212 717.13 瑞典克朗。

(3) 双方各自应当对仲裁费用的 50%承担责任费用。

(4) 被申请方应在其承担的 50%的仲裁费用中承担 25%的瑞典增值税。

(5) 仲裁费用将从支付给 SCC 仲裁机构的预付款中扣除。

(6) 被申请方从未为仲裁费用支付过任何款项。在双方之间，摩尔多瓦共和国被要求偿还国有企业“energorynok”① 67 403.45 欧元和 106 358.56 瑞典克朗，作为被申请方在仲裁费用中所占的 50%份额，以及② 1 935.87 欧元和 26 589.64 瑞典克朗，作为对被申请方在仲裁费用中应支付的 25%瑞典增值税。

(7) 各方承担己方的法律顾问费用和其他费用。

吴清玄译　欧阳雪、张正怡校

Cem Cenzig Uzan v. 土耳其

斯德哥尔摩商会仲裁院裁决

案号：V2014/023

裁决时间 2016 年 4 月 20 日

申 请 方：Cem Cenzig Uzan 是一个 1960 年 12 月 26 日出生于伊斯坦布尔的土耳其公民。申请方目前居住在法国巴黎。

律　　师：Achilleas Demetriades 先生，Didier Bollecker 先生，Clifford Hendel 先生，Armando Betancor Alamo 先生，Pierre-Emanuel Dupont 先生

被申请方：土耳其共和国

律　　师：Veijo Heiskanen 博士，Matthias Scherer 先生，Laura Halonen 女士，David Bonifacio 先生，Emilie McConaughey 女士，Alptug Tokser 先生

仲 裁 庭：Bernardo M. Cremades 教授，Dominque Carreau 教授，Philippe Sands QC 教授

一、案件事实

申请方已根据《能源宪章条约》(以下简称"ECT")第 26 条和斯德哥尔摩商会仲裁院(以下简称"SCC")仲裁规则第 2 条启动程序。争端的起因是申请方在被申请方的领域内进行的一项投资，以及被申请方违反了 ECT 的若干规定非法没收和征收该投资。

申请方认为被申请方非法征用两个垂直一体化的电力公司：Çukurova

Elektrik A. Ş. ("ÇEAŞ")和 Kepez Eletrik T. A. Ş. ("Kepez")(合称"公司")。这两家公司分别于 1952 年和 1953 年成立。被申请方最初在 ÇEAŞ 持有 35%的股份,在 Kepez 持有 40%的股份。申请方认为,目前他:① 直接持有 8.64%,间接持有 2.7%ÇEAŞ 的股份;② 直接持有 9.89%,间接持有 6.09% Kepez 的股份。

两家公司自 20 世纪 50 年代起根据多项协议经营,并于 1998 年 3 月 9 日获批 50 年特许经营协议。申请方称,公司正常经营了数年,但最终,在激烈的政治斗争背景下,在申请方新成立的政党(Genç 党)和其后在土耳其掌权的政党之间,被申请方政府试图获取公司的资产和权利,通过制定歧视性法律和执行措施,旨在剥夺申请方的投资。申请方称,该行为包括终止特许协议和腐败的法院系统未能妥善救济非法措施,以及对申请方及其家属采取国家范围内的法律行动,其唯一目的是骚扰和恐吓申请方。相关行动发生在 2002 年 11 月或前后,据申请方称,诉讼活动至少持续到 2013 年。申请方认为被申请方在这方面违反了 ECT 的一系列规定。

被申请方声称,由于这些公司拒绝遵守有关在土耳其传输能源的新法律,这些特许经营协议因违约而终止。被申请方还主张,申请方提起一系列诉讼,他曾直接或通过 Uzan 家族拥有的公司,在土耳其地方法院和国际法庭提出许多不成功的主张。申请方及其家属已被判犯有若干欺诈罪,并已被判处与此有关的徒刑。这些司法程序是申请方关于司法骚扰和恐吓的指控的一部分。

被申请方对申请方的管辖权和证据能力的主张提出了一些初步反对,也对其滥用仲裁程序提出了反对。2015 年 7 月 20 日,仲裁庭在其关于担保费用和部分的裁决中,批准了被申请方就基于属人管辖权提出的反对分歧的请求。仲裁庭没有对被申请方的进一步初步反对意见作出分开处理,也驳回了被申请方对担保费用的请求。

二、法律分析

被申请方反对仲裁庭管辖权的理由是根据 ECT 第 26 条和第 1(7)(a)(i)条,申请方没有属人管辖权。仲裁庭概述了当事各方各自的立场及其就争端问题提出的意见。

(一) 申请方观点

申请方认为,仲裁庭有权审理案件,这是根据 ECT 第 26 条和第 1(7)(a)(i)条规定的。申请方称:"该问题涉及对条约第 1(7)(a)(i)条的严格的法律分析,而不是直接的有关事实的提交。"

1. 对 ECT 的解释

申请方称,他符合 ECT 第 1(7)(a)(i)条所界定的并适用于 ECT 第 26 条的"投资者"资格,从而使申请方有权使用 ECT 的第五部分内的争端解决条款。

ECT 第 1(7)(a)(i)条规定:"投资者是指,(a) 就缔约一方而言:(i) 具有该缔约方的公民资格或国籍的自然人,或根据其适用的法律在该缔约一方永久居住的自然人。"

ECT 第 26(1)条规定:"缔约一方与缔约另一方的投资者之间关于后者在前者领域内投资的争端,涉及所谓违反了前者根据第三部分所承担的义务,如有可能,应友好解决。"

申请方驳斥被申请方的观点,即习惯国际法禁止自然人向其本国提出条约请求。然而"即使认为这种限制是基于国际法,也有必要确定当事各方的意图不是通过同意这种特殊法制度来减损这种限制"。申请方称,ECT 显然允许国民向其母国提出请求,而土耳其作为 ECT 的缔约国已经同意了这一点。ECT 不需要明确规定一国国民可以对母其国提起请求,申请方在这方面依赖于 1922 年德国波兰关于上西里西亚的公约。申请方还引用了其他一些对投资者有类似定义的条约。

无论习惯国际法的解释如何,申请方认为,从 ECT 的通常含义来看,显然允许国民向其母国提出条约请求。申请方提到《维也纳条约法公约》(以下简称"VCLT")第 31 条,其中第 1 款规定:"一项条约应根据条约条款在其范围内的一般意义,并根据其目标和宗旨,善意地加以解释。"

申请方认为:"根据 ECT 的字面意思,投资者有权根据其在另一个缔约方的'永久居住'而起诉他的国籍国。"根据 ECT 第 1(7)(a)(i)条,申请方认为"'或'一词的使用……明确表明缔约双方有意创造其他条件以满足 ECT 下投资者的定义。”申请方还认为，在公民、国籍和永久居住的选择之间没有等级之分，这些用语的使用在性质上也不是累积的。申请方认为：“如果投资者选择了这三种选择中的任何一种，这种选择就排除了另一种。”使一方依赖另一方将会使另一方失去其效力，并与ECT第1(7)(a)(i)条的措词显然矛盾。

总之，申请方认为：①“根据条约解释的一般规则，ECT第1(7)(a)(i)条和第26(i)条关于如下事实毫无争议，即土耳其同意根据ECT第26条对个人根据其适用法律长期居住在另一缔约国的情况，不论其国籍，进行仲裁”；②“决定谁有资格‘永久居住在’……根据第1(7)(a)(i)条的有限目的是居住国的主权特权，由居住国管辖，并应由该国主管当局执行。”

2. 根据ECT第1(7)(a)(i)条申请方的投资者资格

申请方提出，其在所有有关时间均符合ECT第1(7)(a)(i)条所述的标准，有资格成为该条款下的投资者。

(1) 有关日期

申请方提出，为使仲裁庭根据属人管辖权决定其管辖权，唯一相关的日期应是请求仲裁的日期。然而，即使仲裁庭依赖其他可能有关的日期，申请方坚称他已符合管辖标准。

(2) 申请方在英国的住所

申请方认为，其暂时离开英国或被迫停留在土耳其都不能改变英国是他主要居住地的事实。申请方解释“常住”意味着“主要居住地”，很明显，因为该词汇的使用，该分类不会因为暂时不在国内而丧失。因此，申请方认为，不需要宣称或证明Uzan先生大部分时间都在英国。被申请方坚持书证的重要性是不恰当的。有关事实已由英国当局作出决定。

(3) 申请方在法国的住所

申请方提出，自2009年9月3日抵达法国以来，他一直“永久居住”在法国。申请方认为，从那时起他就没有离开过法国领土，因此，如果仲裁庭在这段时间要求与法国有任何事实联系，则是在此基础上实现的。申请方详述自从他来到巴黎在巴黎的住所、与一个法国公民的婚姻，以及加入巴黎的医疗体系。申请方认为这是无可争辩的，申请方的利益所在地在法国巴黎，自2009年以来，其家人、专业、经济和社会生活在巴黎。

申请方认为,毫无疑问,自从他2009年来到法国,申请方就“永久居住”在法国,因此是作为另一缔约方的“投资者”。

3. 申请方结论

根据上述主要观点,以及申请方在其书面意见书中进一步扩展的观点,申请方根据ECT第1(7)(a)(i)条和第26条的规定,在所有相关时间均符合投资者资格,而仲裁庭已充分考虑了这些观点。

(二) 被申请方观点

被申请方辩称,仲裁庭没有审理申请方案件的管辖权,因为申请方没有根据ECT第26条和第1(7)(a)(i)条确立他作为“投资者”的资格。被申请方提出,仲裁庭应驳回申请方目前对土耳其共和国提出的所有主张。

1. 对ECT的解释

被申请方提出,对ECT的解释符合VCLT,证实土耳其国民不能对土耳其提出ECT请求。被申请方解释,“国际法的基本原则之一是,国际法院和仲裁庭对纯粹的国内争端没有管辖权。”被申请方认为,土耳其必须明确无误地同意出席国际法院或仲裁庭。被申请方依赖一些“国际法的规则和原则”,这些规则和原则要求仲裁的同意必须是明确的,并认为这些是“根据ECT第26(6)条管辖当前争端的法律的一部分”。

关于ECT文本,被申请方认为ECT下有三类“投资者”“本国投资者”“另一缔约国投资者”和“第三国投资者”。被申请方认为这些是相互排斥的。被申请方还认为,“显然‘另一缔约国的投资者’的概念在第26条中有明确的含义,这并没有脱离ECT的其他部分。措词不包括土耳其国民对土耳其的请求,不论其是否符合第1(7)条规定的‘一国投资者’的资格。”因此,被申请方在解释第26条时称,申请方不能根据该条确立管辖权。

被申请方进一步声称,“永久居住”是一个附属环节,这一点已得到VCLT第31条的解释的证实。被申请方认为:“公民资格或国籍是优先于‘永久居住’的。”

2. 根据ECT第1(7)(a)(i)条申请方的投资者资格

被申请方认为,申请方在任何有关时间均不符合第1(7)(a)(i)条所述的标准,有资格成为该条下的投资者。

(1) 相关日期

被申请方提出,确定管辖权有两个相关日期,而申请方必须在这两个日期都满足相关标准。被申请方认为:"第一,必须符合 ECT 第 10 条和第 13 条的标准,在被指控违反这些规定时,才有可能发生这种违反。其次,必须符合 ECT 第 26 条的标准,当他调用仲裁庭的管辖权时,为了仲裁庭有这样的管辖权,被申请方认为,无论所指称的行为是瞬间发生的、缓慢发生的还是继续发生的,申请方必须在请求发生之日和向 SCC 提出之日都满足管辖要求。"

被申请方认为,申请方还必须在提交仲裁请求之日满足管辖要求,其理由是"申请方声称在该日土耳其同意根据 ECT 进行仲裁"。

(2) 申请方在英国的住所

被申请方认为,在 2002—2003 年间,申请方并非事实上永久居住在英国,而且申请方根据其适用的法律也不符合永久居住在英国的法律标准。被申请方提出,申请方实际上在这段时间内居住在土耳其。

(3) 申请方在法国的居所

被申请方提出,在申请方在向 SCC 提出仲裁请求时,根据其适用的法律并未确定他已在法国永久居住。

关于申请方自 2009 年以来的实际居住地,被申请方"反对申请方的结论,即在法国的永久居住地可以从未经证实的事实推断,即自 2009 年到达后从未离开过法国领土"。"如果被证实的话,这最多只能说明住在法国,而不是永久居住在那里"。被申请方对申请方提供的租赁协议提出质疑,并声称"没有任何证据表明他实际上居住在这些公寓中"。被申请方强调,申请方没有出示任何文件,表明其与协会、俱乐部或社会组织的联系,也没有出示任何文件,例如车辆保险单等,这些文件通常由在法国永久居住的人持有。

3. *被申请方结论*

基于上述主要观点,以及被申请方在其书面意见书中进一步扩展的观点,被申请方根据 ECT 第 1(7)(a)(i)条和第 26 条的规定,认为申请方在所有相关时间均不符合投资者资格,而仲裁庭已充分考虑了这些观点。

(三) 基于被申请方对属人管辖权异议的裁决

在了解了各方当事人的主要情况后,仲裁庭将处理被申请方基于属人管辖权提出的反对意见。

仲裁庭指出 SCC 仲裁规则第 22(1)条的规定:“仲裁庭应当根据当事人约定的法律或规则,对争议的是非曲直作出裁决。没有协议的,仲裁庭应当适用其认为最适当的法律或者法律规则。”

在提交的文件中,当事各方考虑各种国内法和国际法的若干不同法律渊源。因此,仲裁庭依赖当事各方就适用法律提出的意见,并根据每一个问题确定和适用商定的和最适当的法律。

1. ECT 第 1(7)(a)(i)条和第 26 条的解释

申请方试图对土耳其提出一系列关于申请方在土耳其所做的投资的主张,声称土耳其违反 ECT 的条款规定非法没收和征用其在土耳其的投资。

在争论申请方有权提出当前这些主张时,被申请方辩称,仲裁庭没有管辖权,因为申请方没有资格成为 ECT 意义上的“投资者”。

ECT 第 26 条题为“投资者与缔约方之间争议的解决”,规定了投资者与缔约方之间解决争议的方式。第 26(1)条规定了能够依照第 26 条下列各款解决的争端:“缔约一方与缔约另一方的投资者之间关于后者在前者领域内投资的争端,涉及所谓违反了前者根据第三部分所承担的义务,如有可能,应友好解决。”

第 26(1)条包括两个在 ECT 中单独定义的术语。ECT 第 1 条包含了定义部分。第 1(2)条将“缔约方”定义为:“同意受本条约约束且本条约已对其生效的国家或区域经济一体化组织。”

土耳其是 ECT 的缔约方,这是没有争议的。

第 1(7)条规定了“投资者”的定义,子条款(a)项规定了“投资者”对缔约一方的含义。申请方称,其符合 ECT 第 1(7)(a)(i)条所载的“投资者”定义,该条规定:“具有该缔约方的公民资格或国籍的自然人,或根据其适用的法律在该缔约一方永久居住的自然人。”

申请方试图援引“永久居住”的情形,以便使仲裁庭获得裁决申请方主张的管辖权。

仲裁庭很明确，要获得属人管辖权，申请方必须证明其符合第1(7)(a)(i)条规定的投资者的标准，这一术语包含在第26条中。第1条是定义部分，旨在涉及ECT的实质、范围和保护时对ECT中使用的术语赋予意义。

因此，仲裁庭裁决，自然人必须满足两项条件才能根据永久居住标准被视为投资者。本条的一般含义需要有事实和法律成分。后者毫无疑问，是对缔约国国内法的一种补充。仲裁庭必须参照有关缔约国的国内法来确定申请方是否有资格根据该法律永久居住在该国。但是，国内当局的决定虽然极具说服力，但并非绝对具有决定性，因此仲裁庭有权审查基本事实，以便根据适用的国内法确定申请方是否已长期居住在那里。关于事实部分，仲裁庭裁决“永久居住”一词的结构意味着还必须确定投资者实际上长期居住在缔约国领域内。这从文本的通常意义上和自然意义上是显而易见的。如果ECT第1(7)(a)(i)条下的意图只是指国内法所界定的自然人的法律地位，文本可能使用“永久居民”等字。使用“永久居住”似乎要求自然人既应在缔约国长期居住(这是一项事实要求)，又应使这种情形得到当地国内法的承认(这是一项法律要求)。这种解释避免了这样一种情况，即自然人可以从多个管辖区获得居住许可(例如成为该国的投资者)，以便利用该国的保护，而不必实际居住在这些国家中的任何一个。因此，投资者与缔约方之间的事实和法律联系在ECT下是非常重要的。

2. *申请方在英国的住所*

申请方称，在2002年和2003年期间，包括2003年6月11日，他“根据英国准据法，永久居住在英国”。

申请方称，他于1996年9月5日获准“留在英国”，并于1997年8月31日延长，此后每年续期。2000年11月10日，申请方被授予“无限期居留许可”。因此，在2002—2003年间，申请方据称的身份是拥有“无限期居留许可”。《英国移民规则》第230条规定了“投资者无限期居留许可”。要求投资者应以投资者身份在英国连续居住四年，并在此期间满足《英国移民规则》第227条的要求。如第227(4)条所述，其中一项要求是投资者“已将英国作为其主要居住地”。在此基础上，仲裁庭感到满意的是，根据《英国移民规则》第230条给予无限期居留许可，可以说是表示一种可能相当于永久居住的地位。缔约国之间关于永久居住权的法律是广泛的。一个自然人没有必要拥有如此精确的措辞，才能被视为 ECT 意义上的投资者。相反,仲裁庭决定,在适当的实际情况下,英国"无限居留欧许可"的地位可能造成一种相当于在 ECT 第 1(7)(a)(i)条意义内永久居住的情况,但须符合以下要点。

但是,正如仲裁庭已经指出的,具有相当于永久居民的法律地位并不意味着仲裁庭必须进行的调查工作就结束了。ECT 第 1(7)(a)(i)条进一步要求自然人事实上长期居住在缔约国内。被给予无限期居留许可的申请方有权永久居住在英国,但这并不自动得出这样的结论,即申请方所称,申请方实际上是永久居住在英国,包括 2003 年 6 月。"永久居住"一词不仅表明一人应有权在英国永久居住,而且表明其实际上应该在那里居住,而且是在永久居住的条件下居住。

在审查了当事各方在这些过程中提交的事实证据后,仲裁庭无法确定申请方在上述期间实际在英国逗留了多少天。仲裁庭也不能确切表述,为了被认为永久居住在英国,申请方需要在英国逗留多少天。但是,仲裁庭可以从提交给它的证据中得出一些结论,以便确定申请方的商业、法律、家庭和社会利益在这段时间集中在何处。

仲裁庭能从所有的证据中得出的唯一结论是,申请方在 2002—2003 年间,特别是 2003 年 6 月 11 日,没有"永久居住在"英国。因此,根据 ECT 第 1(7)(a)(i)条,该日的申请方不可能是投资者。

3. 申请方在法国的住所

申请方称,其符合事实和法律条件,以便被认为"根据其适用的法律在法国永久居住"。

申请方说,从土耳其逃离后,他于 2009 年 9 月 3 日抵达法国。在享受国民保护之前,申请方首先获得临时居住许可证。因此,问题是根据法国法律享受国民保护是否等于永久居住的行为。申请方认为:"就法国法律而言,绝对没有必要拥有永久居民的法律身份,使其被视为永久居住在法国。"当事各方已就这一点提出了详尽的法律意见,仲裁庭也听取了当事各方专家的意见。

仲裁庭同意,国民保护制度的目的是确保受益人在民事、经济和社会方面的一体化。这一制度似乎是为了使受保护的人充分融入法国社会而设计的。Beauvais 教授在其法律意见书中指出:"因此,国民保护不仅仅是一项简单的居留权(或居住权),还构成了与不再受其原籍国保护的个体的新的国家联系。因此,给予国民保护反映了对原国籍国的事实和法律关系的分割,甚至是破坏,并主要是与保护国建立了一种新的法律、民事和行政关系。在某种程度上,个人与保护国之间的联系部分地取代了原国籍国之间的联系。因此,保护国保证了现存的最强有力的国家保护之一。"

因此,虽然申请方仍然拥有土耳其国籍,但在向申请方提供通常由其母国提供的保护方面,法国实际上是接替了土耳其的责任。事实上,保护津贴的持有者获得这种地位的根据是他们的原国籍国对他们的迫害(如法国当局在本案中所确定的)。

仲裁庭认识到,法国向国民保护享有者提供了一系列保护和福利。国民保护享有者有权在法国境内建立家庭、职业和社会生活。仲裁庭认为,扩大这种保护的必要性并不影响其持久性。在法国持有永久居留证的个体可能被取消这种身份的原因有很多。这种许可可因一夫多妻制、对 15 岁以下儿童的暴力行为以及个人在第三国停留 3 年以上等原因而被取消。因此,认为任何永久居留肯定会永久存在的想法是不现实的。仲裁庭更倾向于基于永久居留权(ECT 的意义下)应该能够持续一个人的一生。它可能在未来某个时间点被撤销的事实无关紧要。国民保护能够持续一个人的一生。

被申请方认为,由于申请方的情况需要重新评估,因此申请方享有的国民保护不能被视为永久居留权。但是,仲裁庭认为,将这种地位建立在未来假设事件的基础上是不妥当的。仲裁庭已经声明,申请方不能说他在土耳其开始其政治生涯时他的永久居留权是在英国,而这取决于能否在土耳其政治上取得成功。同样,仲裁庭将很难得出结论,申请方收到从法国保护和福利没有一个明确的结束日期,但是因为重新评估可能在 1 年、5 年、10 年或者 15 年改变这个地位,申请方并不被认为在这个确切的时间点是永久居住在法国(ECT 的含义)。被申请方对国民保护的解释可能被视为过于形式主义,不符合受益人的实际情况,包括本案的申请方。因此,仲裁庭裁定,申请方从法国政府获得的国民保护足以认定申请方目前永久居住在法国,符合 ECT 的含义。

申请方还必须证明他实际上一直居住在法国,以满足 ECT 第 1(7)(a)(i)条的要求。仲裁庭不难得出这样的结论,即申请方已满足了这一要求。仲裁庭认为,自2009年申请方抵达法国以来,一直没有离开法国的司法管辖。申请方向仲裁庭提供进一步的细节,他在巴黎居住过一段时间。被申请方辩称,申请方提供的证据不足以建立他在法国永久居留的事实。虽然申请方有责任证明其在法国的永久居留权,但仲裁庭认为,自2009年起,申请方在法国的永久居留地并无其他选择。自申请方2009年9月抵达法国以来,仲裁庭一直没有收到任何其他永久居住地的证据。因此,仲裁庭只能依靠当前的证据,本案中,这些证据表明申请方自2009年以来一直在法国。

仲裁庭重申,决定一个人是否长期居住在一个国家不应以天数计算。但是,如果一个人(合法地)在一个国家内连续居住了六年以上,而又没有能力离开,就有力地证明该人在这段时间内长期居住。仲裁庭认为,自2009年以来,申请方在法国有家庭、社会、经济和职业生活。

但是,正如仲裁庭已经确定的那样,永久居住在缔约国并不足以根据ECT第1(7)(a)(i)条和第26(1)条确定申请方是投资者,因为申请方不是“另一个缔约国的投资者”。因此,尽管申请方长期居住在法国,但他没有资格成为投资者。因此,仲裁庭无法进一步在申请方的法国法律观点内确定管辖权。

4. 结论

仲裁庭考虑申请方当前的个人情况。然而,仲裁庭的任务是决定一些与申请方案件的实体法律和事实问题。在解释ECT时,仲裁庭力求根据条约的目标和目的,解释条款的一般含义。确定申请方在某一特定时间点可能符合“投资者”的定义只是调查的一部分。仲裁庭认为ECT第26(1)条在目前情况下并不寻求保护申请方。条文的措辞,以及ECT背后的目标和目的,都清楚地表明了该条约保护外国投资者免受“另一缔约国”侵害的意图。申请方没有证明他的案件事实符合这一定义。

即使认为申请方关于解释ECT第1(7)(a)(i)条和第26条的观点是正确的,仲裁庭也发现申请方在2002—2003年间并不是“永久居住”在英国,因此为申请方根据ECT获得赔偿的道路上设置了不可逾越的障碍。

此外,永久居住在法国的申请方不能基于未能满足ECT第26(1)条的标准而确定申请方是投资者。

仲裁庭根据ECT第1(7)(a)(i)条及第26条裁定申请方并非“投资者”。根据属人管辖权，申请方没有获得管辖权，仲裁庭也没有裁决申请方根据 ECT 对土耳其共和国请求的管辖权。

三、仲裁裁决

根据 ECT 和 SCC 仲裁规则指定下列签署的仲裁员，经正式宣誓，并充分听取双方如上所述的证据和主张，决定：

(1) 申请方就其对被申请方的主张而言，并没有建立属人管辖权。

(2) 申请方根据 ECT 提出的主张被驳回。

(3) 当事各方对仲裁费用负有连带责任。仲裁费用已确定如下：

① Bernardo M. Cremades 的费用为 189 900 欧元，补偿费用为 7 367.46 欧元，共计 197 246.46 欧元，以及增值税 41 006.17 欧元。

② Dominque Carreau 的费用为 113 940 欧元，补偿费用为 1 046 欧元，共计 114 986 欧元，以及增值税 22 997.20 欧元。

③ Philippe Sands QC 的费用为 113 940 欧元，补偿费用为 2 480.46 欧元，共计 116 420.46 欧元，以及增值税 23 084.01 欧元。

④ SCC 的管理费为 6 万欧元，以及增值税 1.5 万欧元。

(4) 双方分别产生的费用由双方各自自行承担。

(5) 提醒双方，应缴纳社会保障金，并向瑞典税务机关提交所得税申报表。

(6) 当事方可以自收到裁决书之日起 3 个月内提起诉讼，对裁决书进行修改。该诉讼应向斯德哥尔摩的 Svea 上诉法院提起。

(7) 当事方可以自收到裁决之日起 3 个月内就仲裁员的费用的裁决提起诉讼。该诉讼应向斯德哥尔摩地方法院提起。

郭爽译　张正怡校

Mamidoil Jetoil Limited v. 阿尔巴尼亚

国际投资争端解决中心裁决

案号：No. ARB/11/24

裁决时间：2015 年 3 月 30 日

申 请 方：Mamidoil Jetoil Limited，是一家根据希腊法律建立的石油股份有限公司，主要业务为储存、运输和买卖燃料和石油产品，现其唯一的股东为设立在阿尔巴尼亚当地的子公司

律　　师：Richard Happ，Georg Scherpf，Spygros G. Alexandris，Nassos Felonis

被申请方：阿尔巴尼亚共和国

律　　师：Hamid Gharavi，Sophia Von Dewall，Clea Bigelow Nuttall

仲 裁 庭：Rolf Knieper 教授，Yas Banifatemi 博士，Steven A. Hammond 先生

一、案件事实

申请方认为，被申请方在对待申请方在阿尔巴尼亚杜勒斯港口油库的建设和运营方面的投资和在当地加油站的建设和运营方面的投资时，违反了《希腊-阿尔巴尼亚双边投资协定》（以下简称希腊-阿尔巴尼亚 BIT）。

1999 年 6 月 2 日，申请方和被申请方签约租赁合同。合同根据申请方制定的商业计划明确了杜勒斯港口将近 1.4 万平方米的空地将被用作建立一个燃料储存中心。除非合同双方在终止项目的事务上达成一致或者承租方违反了合同第 10—15 条的任一责任，合同将于 2019 年 1 月到期，期限为 20 年。出租方需

要保证投入的设施的完备，承租方需要在合同第 2 条所述其运用设施的目的的范围运用设施。但业务计划和投资时间表都只是附上租赁合同中未正式签约的文件。

在和申请方洽谈商业事项的同时，阿尔巴尼亚政府也在和国际公共机构建立联系以寻现代化基础建设所需的资金和技术帮助。其中和世界银行下属机构(以下简称 IDA)的项目联系中，有一个“杜勒斯港口项目”在向其寻求建设自动化港口所需的资金帮助。1998 年 7 月 28 日，阿尔巴尼亚当局通过颁布法律文件第 8383 号“关于批准发展信贷协定”批准了 IDA。该法律文件于 1998 年 8 月 10 日生效。

1999 年 11 月 17 日，杜勒斯港口局负责人写信给申请方的阿尔巴尼亚子公司并告知：基于申请方无视其关于停止靠近该港口东部码头的加油站建设工程的口头通知并继续进行其工程等情况，当局再次通知申请方立刻暂停工作至 2000 年 1 月 IDA 的研究完成并为本港口制定的新的计划为止，否则将寻求主管当局的协助以使得申请方被迫中止。

2000 年 3 月，IDA 研究得出“土地使用计划”。该计划的建议之一是将杜勒斯港改建成集装箱码头并将油箱迁移到人口较少的地区。

申请方称，被申请方于 2000 年 6 月 3 日才通知申请方改变港口的建设计划，而此时申请方已经完成大部分的港口建设工作。申请方坚持认为先前被申请方的提醒信是寄给申请方阿尔巴尼亚子公司，而其非本案的申请方。

2000 年 7 月 14 日，在世界银行和阿尔巴尼亚政府的最高级会议上，世界银行重申了之前的提议，政府应要求投资公司(申请方等石油公司)尽快搬离油库到人口稀少的地方。政府官员 Nako 同样提出政府和公司皆需要 2—3 年的时间学习并执行这份计划。政府也需要时间确认给予投资商搬迁的补助资金。2000 年 6 月 13 日，阿尔巴尼亚政府的部长会议通过 IDA 主持下的(港口)土地使用计划，并在官方公报中刊登了这一决定。

2000 年 7 月 21 日，阿尔巴尼亚的公共经济和私有化部长和运输部部长通过信件告知申请方：因为不能预测燃料沉积物实际所在区域，为避免安全隐患，港口将不能被作此用。新计划中决定停止新储藏点的建设并将现有的出仓点搬离杜勒斯港口。考虑到已经在该区域重修和新建储存点的事实已产生合同义务,要求暂停未来的投资计划。

2000 年 12 月,在希腊政府干涉后,禁止在杜勒斯港口建设新的油罐储藏点的禁令解除。当申请方公司高级管理人员、其他在杜勒斯港口有项目建设的公司的管理人员在希腊政府的协助下和阿尔巴尼亚当局高级官员谈判之后,阿尔巴尼亚部长会议于 2000 年 12 月 21 日通过了第 704 项决定,该决定涉及阿尔巴尼亚《宪法》和《石油、天然气及其副产品的加工、运输和贸易法》,并引入了"临时贸易许可"概念以授权公司在杜勒斯港口进行石油及其副产品的贸易活动。

2001 年 2 月 16 日,经济私有化部长授予申请方阿尔巴尼亚子公司和其他希腊公司在阿尔巴尼亚的子公司 A 级别的"贸易许可",有效期自《杜勒斯港口沉积物流离失所决定》生效之日起 18 个月,但最长不得超过 10 年。

2011 年 1 月 27 日,在临时贸易许可证到期前,申请方向阿尔巴尼亚国家许可中心申请续签该许可证但遭到拒绝。被申请方要求申请方尽快搬迁油库。

双方在试图努力达成和解失败后,2011 年 7 月 8 日,Mamidoil Jetoil 希腊石油股份有限公司向国际投资争端解决中心(以下简称 ICSID)提交仲裁申请。2011 年 8 月 29 日,ICSID 将此申请抄送给被申请方(阿尔巴尼亚政府)。在双方交换书面主张后,确定了仲裁员人选和地点。2012 年 4 月 6 日,在位于法国的世界银行办公室(巴黎办公室)举行第一次会议。

二、法律分析

(一) 关于管辖权问题

基于 ICSID 的第 25(1)条和希腊-阿尔巴尼亚 BIT 的第 10 条的内容,在本案中,毫无争议的是:阿尔巴尼亚和希腊皆是 ICSID 的缔约国,因此适用于它们各自与另一国的投资者之间;投资时已生效的希腊-阿尔巴尼亚双边投资协定适用于当前争议;申请方是希腊国民,符合 ICSID 和 BIT 要求成为受保护投资者的条件;争议具有法律性质;双方尚未达成友好和解。

在申请书中,申请方认为根据被申请方中对 ICSID 的主张在《能源宪章条约》(以下简称 ECT)第 26 条内容中也能找到有关争端的仲裁，将 ECT 视为可以提起仲裁的补充依据。

仲裁庭决定仅以双边投资条约的基础，以 ECT 作为仲裁庭作为"适用法律"的管辖权的进一步依据。

1. 申请方投资的构成问题

申请方宣称，其动用了自己的资金建造了油库，自费提供管理，并创建了 Mamidoil Albanian 作为作业工具。一旦申请方子公司成立，申请人将其已融资的资产转让给了其多数股权，并在 2006 年以现金换取少数股份以通过收购进一步投资了其股票。申请方认为投资应包括申请方阿尔巴尼亚子公司和被告和油库的租赁合同，且后来指出，并不认为这样的租赁合同已被违反，而是认为这笔资产还投资在经营油库的公司的建设和运营，而现被间接征收。

被申请方辩称，根据"投资统一原则"，必须将申请方阿尔巴尼亚子公司的股份、租赁协议和油库建设运营视为一项投资。被申请方认为租赁合同因其缺乏贡献和风险要素，而且没有对东道国的经济发展作出贡献，因而本身不符合构成一项投资的条件。

仲裁庭认为申请方阿尔巴尼亚子公司的股权后由申请方完全掌握，而租赁合同和油库建设运营项目皆由申请方阿尔巴尼亚子公司掌控，申请方利用自己的资源进行长期项目合作的同时也应自己承担其带来的商业风险，根据 ICSID 第 25 条和 BIT 第 1 条和 ECT 第 1(6)条，仲裁庭认定申请方阿尔巴尼亚子公司的股份、租赁协议和油库建设运营被视为一项投资。

仲裁庭不必决定是否单独考虑其中一项，例如租赁合同，是否符合投资条件，仲裁庭必须对其整体进行评估。仲裁庭无疑已经满足了根据不同条约进行投资的要求。

2. 投资的合法性与善意的要求

申请方宣称其投资是合法的且符合所有必要的许可证和政府授权。申请方宣称其曾经申请环境许可、施工站点许可和施工许可，虽未得到阿尔巴尼亚政府未对其申请作出官方回应，但一直得到高级政府办公室的口头保证。申请方进一步宣称因为获得了贸易许可证，其在阿尔巴尼亚政府充分了解的情况下建造经营油库并正常缴纳税款，因此其投资行为是合法的。

申请方主张即使是正式的违反,并非每一种可能违反国内法律要求的投资行为都违反国际法。仅形式上的缺陷,例如未能获得本应获得的许可不足以构成不合法。申请方进一步主张只有严重违反国内法的行为,例如投资本身的非法性,或在投资中使用的欺诈或腐败行为,才可能构成投资商的非法行为。

申请方主张被申请方的行为违反了 ECT 和希腊-阿尔巴尼亚 BIT 中的公平公正待遇标准。

被申请方主张仲裁庭在此方面缺乏管辖权。希腊阿尔巴尼亚的 BIT 和 ECT 都不保护非法的投资行为。根据阿尔巴尼亚的法律,申请方的投资从未获得任何法律地位,因此,现在无法根据国际法提出索赔的依据。

被申请方进一步宣称申请人并未及时或以其他方式申请项目运行所需要的四个重要许可证(申请人已明确承认其重要性),并且从未发放过许可证。阿尔巴尼亚 1998 年 9 月 17 日颁布的《城市规划法》规定,投资商必须据此法申请建筑工地和建筑许可证;1993 年 1 月 21 日颁布的《环境保护法》规定,未获得环境许可证的活动将被完全或部分的关闭、禁止和打断;1998 年 9 月 10 日颁布的《建筑工程管制法》规定,开发许可证应在工程开始前就提出申请。因此,被申请方主张申请方的投资行为是不合法的。

被申请方进一步主张申请方将"非法"标准限制在"欺诈""腐败"或"投资非法"的情况下的观点是错误的。被申请方断言其并未违反 ECT 和希腊-阿尔巴尼亚 BIT 中的公平公正待遇标准。被申请方最后断言,申请方恶意投资,根据国际法,这种投资不在国际仲裁庭的管辖范围之内。

仲裁庭根据希腊-阿尔巴尼亚的 BIT 第 2 条和本案中相关的 ECT 中的规定,国际法仅保护合法的投资行为且该行为必须遵循东道国国内的法律。

仲裁庭驳回被申请方关于申请方理应做尽职调查再投资因而知道杜勒斯港口发展计划的变化的主张。仲裁庭认为,评估投资的实质合法性的决定性时刻是计划和进行投资时。当双方执行租约并将场地移交给申请方所有时,双方均未预料到杜勒斯港口的变化和限制。仲裁庭认为,该投资在实质方面并未受到非法性的影响,并驳回相反的论点。

仲裁庭主张,如果投资者不遵守投资程序相关的规范,则出于程序原因,意向投资可能被认定为非法行为。经过调查,仲裁庭认定关于四个重要许可证的申请的法律的规定是明确的，申请方未请律师来帮助自己完成法律程序性工作是不利于履行义务的。

仲裁庭认定，申请方未按照阿尔巴尼亚法律的要求就开始建造运营油库，并且被申请方也并未禁止此违法行为。仲裁庭驳回了不申请和没有签发许可证的论点，但认定双方均有轻微的管理错误。

仲裁庭主张，并非每一个琐碎的、轻微的违法行为都应导致拒绝管辖权，而是应该在两难处境中寻找一个平衡。一方面，当投资者违反其实质性或程序性法律进行投资时，申请方和仲裁庭均不得假定东道国放弃主权并同意对争端进行仲裁；另一方面，各国不得通过滥用仔细检查投资计划的过程以根除微不足道的违法行为为借口逃避自己的义务。

综上所述，仲裁庭认定其拥有对申请人提交申请的管辖权。

(二) 违反条约义务的行为

1. 征收

根据BIT第4(2)条和ECT第13(1)(a)至(d)条的要求，申请方主张被申请方构成“间接”征收，申请方认为被申请方从2000年土地使用计划的变更到2010年底拒绝续签营业执照的全部行为和不作为皆应被认作间接征收，且这样的征收是带有歧视性且缺乏正当程序的，从而导致申请人在杜勒斯港口建造运营的油库被迫停止运营。

被申请方辩称，首先，建造油库的投资是非法的，因为它是在没有必要许可条件下进行的，该项目的进行目前来说从未合法化，被申请方从未放弃过许可的必要性。其次，被申请方称该油库的建造是在杜勒斯港口将进行分区的计划已经公布后建造的，申请方未进行调研，应承担自身的过失和商业误判的后果，因此，申请方承担的损失并非是所谓征收行为造成的。最后，被申请方辩称，如果其行为被仲裁庭认定为征收，该征收行为也是合法的，因为该行为出于公共利益，且没有给予补偿并不影响该行为合法的性质。

仲裁庭认为，在认定被申请方的行为是否等同于征收前，应先分辨清楚哪些被提出的事实是真实无误的。仲裁庭未找到任何证据支持指控被申请方放弃其《杜勒斯土地使用计划》，并仅以公共政策为由的指控。仲裁庭不支持对被申请方不给予经营许可的行为被视作为不合理征收的指控,因为仲裁庭并未找到申请方提出许可申请的事实证据。仲裁庭认为,被申请方实施杜勒斯港口分区计划的结果并没有使得申请方丧失其财产的投资属性,申请人仍然有权继续占有、使用、控制和处置财产。因此,仲裁庭认为,被申请人没有直接或间接征收申请人的投资。

2. 公平公正待遇原则

申请方宣称被申请方的行为,构成 ECT 第 10(1)条中所述被申请方应履行的义务的违背,申请方认为被申请方没有提供稳定透明的法律支持,在面对合同纠纷时没有遵循合理期待原则,在解决纠纷时向申请方施加压力,且在司法上让申请人受到了不公正待遇。申请方已经提交了该主张方面的证据。

被申请方否认有任何违反 ECT 第 10(1)条中包含的或者规定的国际义务,并已提交了证据和相关解释。

仲裁庭将根据双方的立场,根据申请方所称的义务的违背,展开关于被申请方是否违反了 ECT 第 10(1)条规定的公平、公正待遇原则的调查。

ECT 第 10(1)条规定“每一缔约方应按照本条约的规定,鼓励并创造稳定、公平、有利和透明的条件……”。申请方认为,在此投资活动中,被申请方没有将杜勒斯港口计划告知申请方,没有明确规定哪些活动需要许可证和申请许可证需要的要求等行为,构成了没有为合作提供稳定透明的法律支持。

被申请方辩称:根据国际法中没有争议的、公认的原则,国际社会不承担为维护普通福利而采取的非歧视性措施的赔偿责任,且没有国家不会根据自身发展的经济、政治和社会情况的变化调整法律法规体系。

仲裁庭经过调查认定:没有证据支撑申请方对活动需要相关许可的申请,且被申请方为适应和执行《土地使用计划》并没有制定许多法规,也没有制定来回变化和矛盾的规范或行政程序,仲裁庭并不否认双方合作的不完善之处,如缺乏相关沟通,但并不因此认定被申请方没有为合作,并提供透明稳定的法律支持。

申请方称被申请方没有遵循申请方的合理期待违反了公平公正待遇原则。申请方宣称被申请方只遵循了申请方的部分合理期待,如批准了该投资项目,但是被申请方对于商业计划里隐含的要求持消极态度并不予批准,其 2000 年 12

月终止项目建设的要求不合申请方的合理期待。

被申请方辩称：基于阿尔巴尼亚正在转向开放市场和加大国际化贸易力度的基本情况，申请方对杜勒斯港口保持不变被用作油库的期待是不合理的，被申请方从未质疑过合同的有效性且一直遵守合同的条款。

仲裁庭认为，在本案中，仲裁庭需衡量的是申请方的期待和国家用权力为公共谋福利之间的矛盾，申请方的期待应该不会对事件发展造成不利后果才属于合理的期待。仲裁庭认为，当申请方没有获得许可即开始进行项目建设，并在明知港口将不会继续被用作油库时继续运输储存到港口的行为，是不符合合理期待的。因此，仲裁庭认为被申请方的行为并未违反条约中遵循合理期待原则。

申请方宣称，被申请方为了实现投资的重新谈判或撤销而对投资者施加压力、拒绝补偿申请人搬迁油库的行为没能遵循公平公正待遇原则。

被申请方否认申请方的主张并辩称：关闭杜勒斯港口是为了公共谋福利的善意行为且在 2000 年的"杜勒斯港口土地使用计划"中就已宣布。且被申请方从未强行禁止申请方使用油库也从未强行下令要求其搬迁，因此不能构成申请方所谓的"施加压力"。

仲裁庭认定，本案中，双方皆明白对方的立场且皆无法改变对方立场，但被申请方并没有强行施加压力以逼迫申请方妥协。仲裁庭并未发现事实证据证明被申请方以任何胁迫和骚扰的方式向申请方施加压力以实现投资的重新谈判或废除，因此，仲裁庭驳回申请方关于被申请方强行施加压力的主张。

申请方宣称，本案中阿尔巴尼亚最高法院判决地区民事法院对最初申请方的申请的裁决无效的行为和阿尔巴尼亚的宪法法院不受理对最高法院判决违宪性审查的申请，是在司法上让申请方受到了不公平待遇。

被申请方认为申请方在诉状中关于此项主张的表述是不具体的且没有根据的。被申请方认为，首先，公平公正的待遇标准并非邀请仲裁庭审查东道国法院作出的决定或进行第二次猜测。其次，只有在相关司法系统内的所有补救措施都已用尽的情况下，国家才会承担因拒绝向投资者伸张正义而违反公平公正待遇标准的责任。最后，宪法法院拒绝申请人的主张，是因为其并未发现最高法院的判决有违背任何宪法规定而是正确地运用了法律。

仲裁庭认为，根据公认的法理学学说，拒绝司法的要求不得与对国家司法机构的决定的上诉相混淆。仲裁庭并非一个更高级别的上诉庭,没有办法决定阿尔巴尼亚最高法院和宪法法院的裁决是否合理,国际法中司法上的不公平待遇的标准并不能保证使得申请人免受国内法院裁决的公正与否的侵害。通过审查所有收到的材料并仔细阅读最高法院的裁决,本仲裁庭可认定,该材料显然不适当、不可信且其对阿尔巴尼亚法律的无视令人震惊,而最高法院的裁决是理由充分的,可理解的且和阿尔巴尼亚国内的法律体系保持一致。因此,仲裁庭驳回申请方关于被申请方在司法上让申请方受到了不公平待遇的主张。

仲裁庭调查完所有申请方所称的义务的违背的主张,总结认定被申请方并未违反公平公正待遇原则。

3. 不合理和歧视性措施

希腊-阿尔巴尼亚 BIT 中并未规定不合理和歧视性措施的赔偿事项。

ECT 的第 10(1)条规定"任何缔约方不得以不合理或歧视性的方式损害另一方的管理、维护、使用、享有或处置的权利"。申请方认为被申请方的以下三个直接措施违反了该规定:第一,被申请方根据提货单而非准确的港口输出量评估虚拟数量,对石油产品的进口不合理地征税;第二,被申请方关闭杜勒斯港口;第三,被申请方允许当地的炼油厂和贸易商在市场上出售质量标准比国际贸易上被允许出售的标准低的柴油。

被申请方否认申请方的观点并认为其实完全没有根据的、令人困惑的和没有证据支持的。被申请方辩称主权国家享有决定税率的权利。对于关闭杜勒斯港口,被申请方认为此举一直是政策决定的正常实施行为。对于其规定的申请方柴油质量的衡量标准,被申请方辩称该措施仅生效六个月,直到阿尔巴尼亚宪法法院宣布其无效为止,而申请人并未证明被申请人在如此短的时间内严重损害了其投资。

仲裁庭认为:第一,关于征税问题,被申请方的措施是运用于所有进口商的,因此并不能被认定为不合理或歧视性措施;第二,关于被申请方关闭杜勒斯港口行为,仲裁庭已提出意见,认为国家建设需要和合理的政策保持一致,因此也并不能被认定为不合理或歧视性措施;第三,关于柴油质量标准问题,仲裁庭认定其为合理的政策决定。因此,仲裁庭认定被申请方并未对申请方作出不合理或歧视性举措。

4. 提供最持续的保护和安全

希腊-阿尔巴尼亚 BIT 中并未规定针对未能提供保护和安全的情况提供恢复。

ECT 第 10(1)款规定"投资活动应该得到最持续的保护和安全"。申请方宣称,被申请方不提供法律支持,尤其是对于管理逃税、燃油掺假的法律方面缺失的行为未能给申请方的投资活动提供持久的保护和安全。

被申请方辩称,根据国际法中无可争辩的原则,提供充分保护和安全的义务不是绝对的,也不意味着东道国承担严格责任。许多国际法庭认为习惯法仅要求国家根据保护和安全标准进行尽职调查,明确拒绝实行严格赔偿责任。重要的是,该标准并不能保护外国投资免受可能发生的每一种价值损失。被申请方认为其已经在困难重重和资源有限的情况下,对申请方及和申请方相似的其他投资商履行了提供持久保护和安全的义务。

仲裁庭经过调查认定以下事实:首先,在关闭杜勒斯港口前,申请方是能够成功运营的且申请方因为对阿尔巴尼亚的发展的普遍看好,足以说服其在阿尔巴尼亚投入大量资金入股;其次,阿尔巴尼亚政府奉行打击走私国家的政策,并通过向国际伙伴伸出援助之手以实现这一目标。因此,仲裁庭认定被申请者在其一般海关政策和特定措施中的尽职行动,被申请方行为不构成未能提供保护和安全。

三、仲裁裁决

仲裁庭多数仲裁员决定如下:

(1) 仲裁庭对申请方的主张有管辖权。

(2) 仲裁庭驳回申请方的全部实体申请。

(3) 根据 BIT 的第 10(2)、(9)条,被申请方应当赔偿申请方 149 759.14 美元。

邓文悦译　欧阳雪、张正怡校

Novenergia v. 西班牙

斯德哥尔摩商事仲裁院裁决

案号：SCC-Case No. 063/2015

裁决时间：2018 年 2 月 15 日

申 请 方：Novenergia II-Energy & Environment (SCA) SICAR

律 师：Fernando Mantilla-Serrano，Antonio Morales，John Adam，Rosa Espin，Aija Lejniece，Nora Fredstie，Latham & WatkinsLLP

被申请方：西班牙

律 师：Diego Santacruz Descartin，Fco. Javier Torres Gella，Monica Moraleda Saceda，Elena Oñoro Sainz，Amaia Rivas Kortazar，Antolin Fernandez Antuña，Alvaro Navas Lopez，Ana Maria Rodriguez Esquivas 女士，政府检察官办公室

仲 裁 庭：Johan Sidklev 先生（主席），Antonio Crivellaro 教授，Juez Bernardo Sepúlveda-Amor 法官

一、案件事实

（一）当事方基本情况

Novenergia II－Energy & Environment(SCA) SICAR(以下简称"Novenergia")是一家资本投资风险投资公司(SICAR)，该公司于 2017 年 2 月 1 日在卢森堡依法成立。Novenergia 于 2007 年 7 月 3 日通过 Novenergia Spain 子公司分别在 7

个公司名下建造管理 8 个光伏发电站，每个公司的名称与各自的光伏电站相同（除了 Fuente Alamo Norte 和 Fuente Alamo Sur 都是由同一公司建造和管理），这 7 个公司都由 Novergia Spain 直接控股，由 Novenergia 间接控股。此时申请人对 Novenergia Spain 直接全资控股。2015 年 12 月之后，Novenergia 对 Novenergia Spain 间接持有 60.27%的股份。

根据西班牙在 2007 年第 661 号皇家法令中明确提出的长期固定的、根据消费者价格指数进行有限的更新的新能源补贴政策的报价，2007 年 9 月 13 日，Novenergia 购得第一座光伏电站——Solarsaor 的 100%股权，并不断投入资金开发其他 6 个光伏发电站。但由于与 Novenergia 签订过渡协议的 BPI 未能如约提供资金，寻找新的融资方后 Novenergia 将光伏发电站的项目新融资协议中的投资日期延后。至 2008 年 9 月，所有光伏发电站都根据特别法规成功注册。西班牙在 2013 年颁布了 1997 年第 54 号法律的修正案，对其重要组成部分——2007 年第 661 号皇家法令中陈述的“合理的回报率”给出了具体内容，并认为该内容具有追溯效力。由此双方对 Novenergia 的投资日期及由此适用的新能源补贴政策产生争议。

在试图达成和解失败后，2015 年 5 月 8 日 Novenergia 根据 1994 年 12 月 17 日的《能源宪章条约》（以下简称“ECT”）第 26(4)(c)条的内容向斯德哥尔摩商事仲裁院提交仲裁。在双方进行了书面仲裁主张摘要的交换后，在斯德哥尔摩与 2015 年 9 月 3 日举行了准备会议，2017 年 6 月 12—16 日，关于管辖权和实体的听证在斯德哥尔摩进行。

（二）申请方的申请救济

在申请的陈述中，申请方对于申请的说明如下。

Novenergia 请求仲裁庭裁决西班牙：

(1) 声明违反了 ECT 第 10 条、第 13 条规定的义务；

(2) 赔偿因违反 ECT 而造成的损失和损害赔偿 6 130 万欧元；

(3) 支付本次仲裁的费用以及申请人就此而支付的所有相关法律费用；

(4) 支付仲裁庭裁决前后的所有赔偿的各种利息。

Novenergia 请求仲裁庭命令西班牙履行仲裁庭进一步要求的其他救济措施。

(三) 被申请方的申请救济

被申请方向仲裁庭申请:

(1) 宣告对本案无管辖权;

若仲裁庭认为有管辖权,则驳回申请方的所有请求,并且:

(2) 要求 Novenergia 支付西班牙参与仲裁的费用及相关利息;

(3) 驳回 Novenergia 所有的赔偿要求。

二、法律分析

(一) 关于管辖权的问题

1. 申请方观点

根据 1994 年 4 月 17 日签订的 ECT 第 26(1)条及《维也纳条约法公约》的内容,Novenergia 认为本仲裁庭具有管辖权而提起申请。卢森堡和西班牙皆为条约的缔约国。Novenergia 作为在卢森堡依法成立并且经营地在卢森堡的公司具有投资者的身份,获取了 Novenergia Spain 的股份以及给予 Novenergia Spain 信贷的活动,根据 ECT 内容构成投资。

(1) 本仲裁庭具有属人管辖权

ECT 第 26(1)条规定,"缔约方与另一缔约方的投资者之间的争端,涉及后者在前者地区的投资,违反了前者关于第三部分的义务"的,可以提交仲裁。卢森堡和西班牙皆为条约的缔约国,依上所述仲裁庭对卢森堡的 Novenergia 和西班牙均拥有属人管辖权。

(2) 本仲裁庭对欧盟内部的争端具有管辖权

2017 年的一项裁决没有反对"欧盟委员会对欧盟内部投资仲裁",基于该条约规定的程序性和实质性条款,根据投资条约(包括 ECT)进行仲裁的权利与欧盟法律的任何规定均不矛盾,也不受其排除。这足以消除被申请方和欧盟委员会所有基于所谓的欧盟法律在决定欧盟内投资争端中普遍存在而提出的管辖权异议。仲裁庭的管辖权取决 ECT 而不是欧盟法。

2. 被申请方观点

(1) 申请方不满足 ECT 中关于提起仲裁的条件

被申请方认为，由于卢森堡和西班牙都是欧盟成员国，因此 Novenergia 不满足 ECT 第 26(1)条规定的来自“另一缔约方”的“领域”（即非欧盟国家），不满足提起仲裁的条件。

(2) 未有先例体现 ECT 和欧盟法之间的优先性

欧盟法院在《双边投资条约》与欧盟法律之间的兼容性方面尚且还有两个案件等待审理。欧盟法院不对这些问题做出裁决，也不对 ECT 在欧盟内部关系中的仲裁与欧盟法律之间的兼容性做出裁决。

仲裁庭根据西班牙可再生能源立法的变化而裁决投资者的任何补偿，都将构成国家援助，但仲裁庭无权决定是否裁决，因为这属于欧盟委员会的专有权限。欧盟委员会的这项决定对西班牙具有约束力，因此进一步支持被申请人对申请人关于本仲裁庭的具有管辖权反对意见。

3. 仲裁庭对管辖权问题的裁定

根据 ECT 第 26 条，缔约一国与另一缔约国的投资者之间关于在缔约双方领土上的投资有关的争端可提交仲裁。由此得出结论，当事各方必须具有不同国籍。申请方是在卢森堡注册的法人，被申请方是西班牙，两者都是 ECT 的缔约国，因此申请方和被申请方之间存在着不同的领域和国籍。争端的焦点是——就 ECT 而言，申请人是否应被视为欧盟的而不是卢森堡的投资者。如果被申请人也是欧盟成员国，那么申请人的投资行为是否能视为是在 ECT 第 26 条所指的“领域”内做出的。

仲裁庭认为，欧盟本身是 ECT 的缔约方，但这不能消除欧盟成员国作为 ECT 的被申请人的独立地位。仲裁庭认为，根据《维也纳条约法公约》的解释，要正确执行 ECT 的第 26(1)条，除了投资者应是 ECT 缔约国的国民以外，不应有任何其他要求。

因此，本仲裁庭认为对本争端拥有管辖权并驳回被申请方的反对意见。

(二) 关于欧盟法律和 ECT 的适用问题

1. 申请方观点

欧盟法和 ECT 不存在兼容性问题，即使存在也应该优先适用 ECT。

首先,正如多个投资条约仲裁所认同的,ECT 和欧盟法律规范的并非关于同一事项。其次,ECT 第 26 条规定的争端解决机制与欧盟法律之间并没有冲突。《欧洲联盟运作条约》第 344 条不适用于有关 ECT 的纠纷,因为前者的"纠纷"是指欧盟成员国之间的纠纷,而不是欧盟成员国与投资者等私人团体之间的纠纷。再者,没有任何欧盟法律禁止仲裁庭适用 ECT 解决争端。

ECT 第 16(1)条明确规定:"两个或两个以上的缔约国已加入之前的国际协议,或加入了之后的国际协议,这些协议条款在任何情况下都要才参考该条约的第三部分或第五部分的主要内容,以使其由于其他协议中的此类条款的规定受到减损,或使任何该协议中的有争议的权利受到减损。"因此,即使认为 ECT 和欧盟法都涉及同一主题,当 ECT 的条款"对投资者或投资更为有利"时,ECT 仍将在欧盟成员国之间适用。投资条约仲裁一贯申明,根据 ECT 第 16 条,ECT 优于欧盟法律,因为它的保护投资者的权利,尤其是仲裁权利,即对投资者更有利。

2. 被申请方观点

(1) 欧盟法在欧盟成员间的优先原则不容被忽视

欧盟法第 25 条明确规定了欧盟成员内部的优先原则,"本条约的规定不得解释为使参加经济一体化协议的缔约方有义务通过最惠国待遇扩大到另一国家。"欧盟委员会在 2017 年 11 月 10 日的决定支持欧盟司法机构与能源仲裁庭之间关于欧盟内部投资争端的管辖权冲突应基于优先原则解决,即赞成适用欧盟法律。同样,必须考虑到,欧盟委员会于 2016 年 11 月 28 日对于捷克共和国提供国家援助作出的关于"促进可再生能源发电的决定"。在上述决定中,欧盟委员会对 ECT 在欧盟内部冲突中的适用做出了重申:"就 ECT 而言,仲裁庭已明确承认,ECT 的规定必须按照欧盟法律解释,在发生冲突的情况下,以欧盟法律为准。"

(2) ECT 中唯一提及欧盟法的内容与争端无关

ECT 第 25 条的适用将只允许必要的减损,以维护由于建立欧洲共同体的条约导致的更广泛的经济一体化进程而产生的优惠待遇。ECT 第 26(6)条要求仲裁庭根据 ECT 本身以及"以适用的国际法规则和原则"解决仲裁中的问题。欧盟法律是适用的国际法,因此不能被忽略。

(3) Novenergia Spain 援引的是欧盟法而不是 ECT 以维护自己的利益。

在面对西班牙政府的政策变化时,Novenergia Spain 选择援引欧盟法而不是 ECT 来维护自己的利益,这足以说明在此问题上应当适用欧盟法。

3. 仲裁庭对法律适用问题的裁定

首先,欧盟委员会通过关于"促进可再生能源发电的决定"是为了根据欧盟法律规范某些国家援助问题,而目前的争端不涉及受欧盟法律管辖的问题。相反,它涉及西班牙某些违反 ECT 的行为,特别是违反了 ECT 所指的给予外国投资者公平公正待遇的义务。

其次,仲裁庭注意到,申请在本仲裁中的所有申请仅根据 ECT 而非欧盟法中的规定提出,所以申请方依据的是 ECT 来维权。

再次,该仲裁庭的管辖权完全基于 ECT 的明确条款。本仲裁庭不是根据欧洲法律组成的,不受该法律调整。

简而言之,欧盟法和 ECT 不具有相同的规范内容,仲裁庭管辖权完全来自 ECT,并且事实证明欧盟法与 ECT 之间不存在冲突。因此,两者的兼容性问题变得多余,无须确定 ECT 与欧盟法律之间的等级关系。

ECT 仲裁庭在先前针对被申请人的其他类似案件中,均采用相同的方法,并基于上述相同理由驳回了被申请方的管辖权异议。

最终,仲裁庭决定适用 ECT,驳回被申请方的论点。

(三) 关于申请方投资时间的问题

1. 申请方观点

申请方的投资包括其在西班牙 Novergia Spain 的股权以及与该投资有关的回报。申请方于 2007 年 7 月 3 日成立了 Novergia Spain,以持有申请方对光伏电站的投资。为了并入 Novergia Spain,同一天转移了资金。2007 年 9 月 13 日,申请方收购了光伏发电站 Solarsaor 的 100%权益,获得了第一批光伏电站的权益,由此不可逆转地致力于投资西班牙光伏行业。

从此次购买开始,大量连续不断的资金用于 Solarsaor 和其他 6 个光伏电站公司的光伏设备开发,并且所有光伏电站都在 2008 年 9 月之前根据特别制度获得了注册。因此,投资日期为 2007 年 9 月 13 日。

2. 被申请方观点

自2007年9月起,申请人没有对本仲裁所涉及的可再生能源工厂进行任何投资,这是无法维持的。申请方担保了3 500万欧元的过渡贷款,条件是该公司获得了其在2008年3月拥有股份的所有光伏电站的项目融资,并且承担光伏电站的建设的成本和风险。投资委员会在2008年10月6日的会议记录显示Alamo光伏电站的建设尚未结束,直至2008年11月11—24日的会议记录才显示所有光伏电站的建设已结束且已并网,即所有光伏电站的建设表现了明显的延误,所有建设至少到2008年11月才结束。

3. 仲裁庭对投资时间的裁定

仲裁认为,投资者作出投资决定的时机为评估合理预期设定了支持。本案中,有证据表明申请方于2007年9月13日进行了投资,当它获得了光伏发电站Solarsaor的100%权益之日起,申请方已不可逆转地承诺了投资西班牙光伏行业。随着申请人将更多的资金用于与本案相关的其他光伏电站的开发,这些承诺得以兑现。

因此,仲裁认为,申请人的投资不迟于2007年9月13日。

(四) 关于被申请方是否违反ECT第13条内容的问题

1. 申请方观点

(1) 申请方的投资受ECT第13条保护

ECT第13(1)条明确保护投资免受直接或间接的非法征收,申请方的投资显然属于ECT第13条所保护的广泛投资类别。通过废除特别制度,西班牙"没收"了申请方的权利,从而违反了ECT的第13条。

(2) 被申请方的不合理措施导致申请方的投资被征收

被申请人违反了所有承诺,逐渐侵蚀了特别制度:第一,它限制了投资者可以从特别制度中受益的小时数;第二,它限制了特别制度的期限;第三,它修改了新能源补贴政策的修订机制;第四,它对电能生产征税。最终,被申请方完全废除了特别制度,并以对投资者不太有利的回报制度代替了特别制度。

被申请方的不合理措施大大降低了申请方的投资价值,从而剥夺了申请方的投资。因此,这些措施构成了间接征收,必须予以补偿。

2. 被申请方观点

申请方期望的所谓永久性固定关税补贴的承诺和对已注册的可再生能源工厂的支持基于宣传、西班牙国家能源委员会报告的段落以及国家能源计划。申请方忽略了政府自 2005 年以来通过判例法、西班牙国家能源委员会报告和自 2007 年以来对可再生能源行业的运营商的警告。警告包含为可再生能源工厂提供合理的投资回报率的意愿、所述回报的动态性质以及政府在出现市场扭曲的情况下进行干预的可能。

简而言之，所谓“不合理”的措施所保证的稳定性在任何情况下都不会导致对申请人权利的实质性、剥夺性、严重性的破坏。

3. 仲裁庭对违反 ECT 问题的裁定

仲裁庭认为，为规范光伏电站或可再生能源而制定的西班牙监管法案总体上没有任何剥夺性意图或效果。尽管被申请方 2013 年和 2014 年的管制法规违反了 ECT 第 10(1)条规定的公平公正待遇，严重影响了申请方的投资和使申请方有权获得适当赔偿的作用，但这些行为并未影响到申请方的所有权。

实际上，申请方有被没收可能性的资产是其工业财产(厂房和相关设施)以及与申请方拥有和控制的且有关的投资公司的股份。但是，申请方仍然是其工厂的所有权人，并且仍然直接或间接是公司股份和相关资本的所有者。虽然这些资产的价值由于被申请方违反“公平公正待遇原则”义务之措施的影响而减少，但这些资产本身并未被征收，也没有受到等同于征收的措施的影响。

因此，仲裁庭认为被申请方没有违反 ECT 第 13 条的规定。

三、仲裁裁决

综上所述，仲裁庭作出以下裁决：

(1) 根据 ECT 和斯德哥尔摩商会仲裁院 2010 年仲裁规则(以下简称“SCC 规则”)，仲裁庭对申请方的主张具有管辖权，驳回被申请方认为仲裁庭对税收无管辖权的初步反对意见。

(2) 被申请方违反了 ECT 的第 10(1)条。

(3) 根据仲裁庭在第(2)项中的决定，被申请人应向申请人支付 5 330 万欧元的损害赔偿。

(4) 被申请方应根据 SCC 规则第 43 条和第 44 条向申请人支付仲裁费用和由此产生的合理费用共 260 万欧元。如果适用,必须根据 SCC 规则第 43 条附加增值税。

(5) 被申请人应自 2016 年 9 月 15 日起按第(3)项的 1.5%的利率支付利息,按月复利支付,直至已全额付款为止,并应自授予日期起按(4)项的 1.5%的利率支付利息,按月复利支付,直至已全额付款为止。

(6) 所有其他申请均被驳回。

陈丽羊译　欧阳雪、张正怡校

Mohammed Munshi v. 蒙古

斯德哥尔摩商会仲裁院仲裁

案号：EA 2018/007

裁决时间：2018年2月5日

申 请 方：Mohammed Munshi先生（是英国和澳大利亚的国民）（以下简称“申请人”或“Munshi先生”）于2018年1月19日根据《SCC仲裁规则》附录二第2条提交了《关于任命紧急仲裁员的申请和关于临时措施的决定的发布》

申请方律师：Teddy Baldwin先生

被申请方：蒙古

被申请方律师：Damdin Tsogtbaatar先生，Ts. Nyamdorj先生

仲 裁 庭：Bernardo M. Cremades先生

一、案件事实

（一）Gobi Coal和申请人在蒙古被拘留

申请人自1972年起是英国国民，自1990年起是澳大利亚国民。申请人是戈壁煤矿和能源有限公司（以下简称“Gobi Coal”）的股东，在蒙古有业务的焦煤勘探和开发公司，申请人持有其11%的股本。直到2017年9月，申请人曾担任Gobi Coal的董事长，由于在蒙古面临的法律困境，他被迫辞职。

申请人于2004年10月成立Gobi Coal，Gobi Coal的成立是为了寻求蒙古

的煤炭开采机会。2012年和2013年,Gobi Coal将其在蒙古的业务从煤炭开采扩展到发电和采矿用品。大约在此时,Gobi Coal向总部位于蒙古的Baz集团(Baz Group)提供了1 000万美元的贷款。这些贷款被发放给了Baz集团的首席执行官Jargalsaikhan Baz。同时,Chuluunbaatar Baz (Jargalsaikhan Baz的兄弟)购买了Gobi Coal和相关公司的一些股份。

Jargalsaikhan Baz从Gobi Coal那里偿还了一些贷款,但后来拖欠了债务。Gobi Coal向Jargalsaikhan Baz发出催款信,要求他偿还拖欠的贷款。Gobi Coal后来在香港国际仲裁中心就Jargalsaikhan Baz拖欠这些贷款一事赢得了仲裁裁决。在发出索款通知书之后,Chuluunbaatar Baz联系了Gobi Coal的董事,表明其希望与申请人和申请人的合伙人在蒙古共进晚餐。从这一邀请开始,申请人便开始计划前往蒙古,以便与Baz会见,讨论一些有争议的商业问题。

2015年3月,申请人前往蒙古会见了Chuluunbaatar Baz。在抵达机场并通过海关时,申请人遇到了由两名便衣警察陪同的Chuluunbaatar Baz,后者立即逮捕了申请人并将他带到拘留所。经过一段时间的审讯,警察释放了申请人,并通知他,在他向Chuluunbaatar Baz支付一笔款项(以百万美元计)或将Gobi Coal的资产转移给Chuluunbaatar Baz之前,不得离开蒙古。

在申请人最初被捕时,被告知他已被捕,因为给蒙古采矿项目的所有资金都必须用在蒙古。申请人声称:“这是一种犯罪,因为BVI公司没有把所有美元汇到蒙古的银行账户,就让该公司的董事长被拘留多年是荒谬的,这违反了蒙古的国际法律义务,即使这是蒙古的法律。”

申请人称,在他在蒙古被拘留期间,被多次告知,只有他向Chuluunbaatar Baz支付一笔数额不详的款项,他才将被释放并获准离开该国。

在大约两年后,申请人仍留在蒙古,除了阻止他离开管辖区域,他没有被正式指控犯有任何罪行。最后,2017年7月,申请人被审判,并被判犯有诈骗罪他被判11年监禁。在2017年7月之前,这在蒙古不是犯罪,尽管一般欺诈是犯罪。这一新罪行于2015年通过,但直到2017年7月才生效。因此,在2015年3月该申请人最初被逮捕并被阻止离开该国时,该申请人被判犯有一项在当时的蒙古成文法中实际上并不构成犯罪的罪行。此外,构成申请人罪行的犯罪行为是在2010年和2011年实施的。构成申请人这一罪行的基本事实是,申请人就

Gobi Coal 将如何运作发表声明，以便使 Chuluunbaatar Baz 购买 Gobi Coal 的股份。申请人声称，他根据这项新的法律被定罪，显然违反了国际法上的法无明文规定不为罪的原则。

自 2015 年 3 月以来，蒙古还对 Gobi Coal 采取了一系列措施，包括冻结其资产和吊销执照。申请人打算在仲裁中主张蒙古严重损害了 Gobi Coal 的股票价值。申请人打算提出的诉讼理由包括违反《能源宪章条约》(以下简称“ECT”)的公平公正条款、非法征收和拒绝司法。

(二) 申请人的监禁条件

自 2017 年 7 月以来，申请人被拘留 461 号拘留所(以下简称“DC461”)。申请人称，他在 DC461 拘留期间，被拒绝接受重要的医疗治疗，不准会见家人，只能有限地接触当地的律师，也不能直接接触他的国际律师。

2018 年 1 月 15 日，蒙古国将申请人从第 DC461 转移到 409 监狱，这是一座有严密安全防范措施的监狱。据称 409 号监狱不符合蒙古本国法律以及监狱安全的国际标准。据称蒙古监狱没有提供足够的医疗、衣物、床上用品、食物、优质水、暖气、照明、通风和卫生设施。除了监狱设施的状况，409 号监狱还实行严格的探监制度。根据蒙古法律，申请人每 90 天可进行一次“短期”访问，每 120 天可进行一次长期访问。此外，申请人每 60 天只能收到一个包裹且每 60 天只能打一个电话。这个电话不能超过 5 分钟。409 号监狱严格的探访规定意味着申请人的律师无法就他对蒙古的主张与他协商。

自 2017 年 7 月被判刑以来，申请人的健康状况进一步恶化。申请人声称，他被剥夺了若干基本的卫生权利，这对他的健康造成了损害。此外，申请人被拒绝接受基本医疗。申请人腰椎间盘突出，腿部有严重的静脉曲张。2015 年，新加坡的一名血管外科医生(根据旅行禁令)探视了申请人，他认为申请人需要立即进行手术来纠正静脉曲张，这可能导致深静脉血栓形成。申请人被拒绝离开蒙古接受这种治疗。申请人无法获得新加坡外科医生推荐的作为预防措施的血液稀释药物。此外，申请人目前需要一份 Enilpril 处方药以对抗他的高血压。最近，申请人的尿液中渗血，说明他可能患有肾病。申请人的律师不能保证申请人在 409 号监狱期间能够使用这种药物，因为 409 号监狱有严格的规定，很难监测申请人今后在这些问题上的健康状况。

申请人认为只要他还在409号监狱里,就有生命危险。申请人指出一些外国商人以前曾在蒙古被拘留,并在据称可疑的情况下死亡。申请人认为,自己是Baz家族成员的目标,他们在蒙古策划逮捕他,目的是强迫他向Chuluunbaatar Baz支付大笔款项。

除了申请人担心他在409号监狱期间的健康和安全之外,申请人还关切他无法获得国际律师的帮助,以便他可以进行仲裁主张。申请人认为他被转到409号监狱是由于他的律师给蒙古的政府写的信,信中表明他准备根据ECT提起仲裁。

自2017年7月在DC461被拘留以来,申请人接触国际律师的机会受到严重限制。申请人只被允许通过玻璃隔断进行访问,且不被允许查阅重要文件。由于他最近被移送409号监狱,国际和当地律师与申请人的沟通受到严重影响。

申请人声称,409号监狱一般是为关押犯下最严重罪行的人保留的场所,只是因为他打算对蒙古提起国际仲裁程序,所以他被关在409号监狱中,同杀人犯和强奸犯关在一起是没有理由的。在起草仲裁请求和任何仲裁中必须采取的所有进一步程序步骤方面,限制申请人的情况造成相当大的困难。

二、法律分析

(一) 管辖权

申请人声称他是ECT下的投资者,因为他既是英国人又是澳大利亚人,因此他有资格作为另一个缔约国的国民。英国是ECT的成员国,ECT自1998年4月16日起在英国生效。澳大利亚外交部称,从1994年12月17日起临时适用ECT,"接受这种申请的签署国适用第七部分除外"。澳大利亚外交部称,ECT于1998年4月16日在澳大利亚生效。ECT第1(7)条规定:"'投资者'的意思是:(a)关于缔约国(i)具有该缔约国的公民资格或国籍的自然人,或根据其准据法长期居住在该缔约国的自然人。"

申请人自1972年以来一直是英国公民，护照号码为GBR504575002。申请人自1990年以来一直是澳大利亚公民，护照号码为E4066177，因此申请人认为他属于ECT第1(7)条规定的投资者的定义。

申请人声称蒙古作为ECT的成员，以及ECT在蒙古的适用，蒙古同意根据SCC仲裁规则进行仲裁。申请人参照ECT第26条，该条相关部分规定如下：“仅在符合b和c项的情况下，每一缔约国据此条款规定无条件将争端提交国际仲裁或调解……如果投资者选择根据第2(c)款将争议提交解决，则投资者应进一步书面同意将争议提交……斯德哥尔摩商会仲裁院的仲裁程序。”

申请人声明，根据ECT第26条他接受蒙古提出的进行仲裁的建议。申请人指出，他已致函蒙古，通知该国他的条约主张。申请人提到他最近于2017年11月29日写给蒙古总统和各政府官员的信，信中解释说，如果没有达成解决办法，申请人将根据ECT提出请求。申请人尚未收到本信的答复。

SCC仲裁规则附录二第4(2)条规定：“如果SCC对争议明显缺乏管辖权，则不应任命紧急仲裁员。”

因此，理事会已经决定，紧急仲裁员显然不缺乏管辖权。根据申请人提交的意见，紧急仲裁员决定，申请人具有初步确定的管辖权，因此对目前要求采取的紧急措施作出决定是适当的。

(二) 要求采取的紧急措施

申请人要求紧急仲裁员采取下列措施：

(1) 做出一项决定，要求蒙古释放被拘留的Munshi先生并允许他离开蒙古，直到仲裁庭能够决定该问题。蒙古可以维持对Munshi先生的刑事诉讼，并继续进行调查，直到仲裁庭能够决定Munshi先生的临时措施的适用。Munshi先生将同意在他到达时向澳大利亚警察当局报到，并同意如果仲裁庭随后撤销紧急仲裁员的决定或命令Munshi先生这样做，他将向这些当局自首。蒙古目前控制着Gobi Coal的执照和资产，Munshi先生不反对这种控制，直到这个问题被提交给仲裁庭进行临时救济。

(2) 另一种选择是，Munshi先生要求蒙古下令释放被关押在409号监狱或任何拘留所的Munshi先生，即使这并不一定允许Munshi先生离开蒙古。

(3) 考虑到 Munshi 先生的所面临的健康风险,Munshi 先生进一步要求,即使他不被允许离开蒙古,也要允许他前往新加坡接受他所需要的治疗。

(三) 批准临时措施应符合的标准

申请人根据 ECT 第 26 条,该条在有关部分中规定:"缔约一方与另一缔约方的投资者之间关于后者在前者领域内的一项投资的争端,涉及违反了前者根据第三部分承担的义务,如有可能,应友好解决。"

在蒙古同意仲裁的情况下,申请人声称,适用于争端实质的法律是国际法,即 ECT。

SCC 仲裁规则附件二第 1(2)条列明给予紧急仲裁员的具体权力,其中规定:"紧急仲裁员的权力规定在 SCC 仲裁规则第 37 条第(一)至(三)款中。这种权力在根据 SCC 仲裁规则第 22 条将案件提交仲裁庭时终止,或在根据本附录第 9(4)条作出的紧急决定不再具有约束力时终止。"

SCC 仲裁规则第 37 条有关部分规定:"(1) 仲裁庭根据当事人的请求,可以采取它认为适当的临时措施。(2) 仲裁庭可以责令请求采取临时措施的一方就该临时措施提供适当的担保。(3) 临时措施采取命令或者裁定的形式。"

这似乎是一个需要广泛结构的普遍性规则。如果 SCC 仲裁规则的目的是将临时措施限制在一个特定的范围内,SCC 仲裁规则就会列出一个仲裁庭或紧急仲裁员可以批准的具体临时措施清单。相反,SCC 仲裁规则使用了"任何"这个词。因此,SCC 仲裁规则的意图是给予仲裁庭或紧急仲裁员广泛的自由裁量权,以便根据案件中提出的问题采取临时措施。

申请人称,国际法对给予临时救济的传统要求是:不可弥补的损害、必要性、紧迫性、比例性。

因此,紧急仲裁员应根据这些标准来确定申请人要求的紧急救济。

1. 不可弥补的损害

申请人称,由于 409 号监狱的监禁条件以及他的健康状况,他对自己的生命感到担忧。

紧急仲裁员对申请人在蒙古被拘留的情况感到为难。这些情况已被国际媒体广泛报道。据称蒙古政府拘留外国商人的做法也受到国际新闻界的注意。紧急仲裁员承认,只要这种监禁条件继续存在,重大的人类苦难和对生命和健康的严重威胁就有可能构成无法弥补的损害。

2. 必要性

申请人声称,为使即将进行的仲裁程序有秩序地进行,必须采取他所要求的紧急措施,因为蒙古使申请人不可能协助他自己的案件的发展。

在仲裁庭全体对案件的是非曲直作出裁决之前,决定是否应采取临时措施的核心是必要性。紧急仲裁员同意 Libananco 案仲裁庭的意见,即在所有仲裁中,申请人能够自由和不受干涉地寻求法律咨询和推进其各自的案件是一项基本原则。这一点特别重要,因为正如这里的情况一样,监禁和防止申请人获得法律追索手段是申请人拟定的条约请求的基础的一部分。申请人接触蒙古律师和国际律师的机会受到严重限制。409 号监狱的严格规定使申请人无法与律师进行有意义的保密通信。申请人被移送 409 号监狱的动机尚不清楚,但鉴于这妨碍了申请人指示律师和对蒙古提出 ECT 请求,紧急仲裁员认为这严重威胁了未来仲裁的基本程序公正。紧急仲裁员被赋予维护仲裁程序完整性的固有权力,并认为申请人有必要合理地接触蒙古和国际律师以推进其 ECT 请求。此外,紧急仲裁员认为,如果申请人的当地和国际律师被限制行动能力以阻止他们对客户履行职责,这将严重违反司法、违反国际法。因此,紧急仲裁员认为,接触当地和国际律师是一项必要的临时措施,由紧急仲裁员批准是适当的。

申请人称,他只是寻求被释放,以便他能够在不受蒙古国家干涉的情况下提出他的主张并提起诉讼。紧急仲裁员不认为有必要释放申请人,使其继续进行仲裁请求。但是,仲裁程序的一项基本原则是,向申请人提供合理和机密的途径,让他能接触到当地的律师和国际上的律师,以便提出他的要求。

3. 紧迫性

申请人进一步诉称,关于他提出的请求是紧迫的,不仅是由于他提起仲裁的需求,而且在于他的健康状况和监禁条件。申请人认为,这种紧迫感在蒙古最近决定将申请人移至 409 年监狱时已经更加明显,在这里申请人的健康风险进一步加大,并且阻止申请人有效和秘密地与当地及国际律师沟通以便根据 ECT 寻求他的权利。

虽然 SCC 仲裁规则第 37(1)条没有将紧迫性作为决定临时措施的标准,但

SCC仲裁规则附录二第7条规定,紧急仲裁员应"考虑到此类程序所固有的紧急性"。

正如紧急仲裁员已经指出的,申请人接触其律师的基本权利目前正受到侵犯。如果不能行使这项权利,申请人就被剥夺了获得司法公正的机会。没有迹象表明申请人目前的情况将得到解决,也没有迹象表明蒙古将在近期放松其严格的拘留规定。在这种情况下,紧急仲裁员认为索赔人与当地和国际律师联系的权利是紧迫的。

4. 比例性

最后,申请人认为给予他的紧急措施是相称的,因为蒙古不因申请人获释而负担过重。

在确定比例性时,紧急仲裁员设法衡量如果给予所要求的紧急救济,对当事各方所带来的利益和负担。申请人声称,蒙古不会有任何负担,因为它可以自由地保留对申请人的定罪,如果它愿意还可以继续调查申请人。蒙古还可以设法将申请人引渡到蒙古服满其剩余刑期,或者如果申请人的主张最终未能成功,则请求仲裁庭这样做。同时,申请人认为,如果他获得紧急措施并允许离开蒙古,好处是它将能自由地接触他的国际律师以便于提出主张并解决目前对他有很大威胁的健康问题。因此,申请人认为,在这种情况下,给予紧急措施公平的好处超过了蒙古所承受的负担。

紧急仲裁员严重关切申请人所指称的事实和对事实问题的意见。申请人的拘留条件、他在蒙古被拘留的情况以及最近事态的升级,最后导致他被转到409号监狱,所有这些都是目前的重大人权问题。正如Libananco仲裁庭所作的那样,对仲裁的干涉或阻挠违反了仲裁进程核心的基本原则。如果蒙古试图损害申请人提出的ECT主张,则紧急仲裁员认为他有义务采取措施使申请人能够继续其主张。即使申请人没有就这一点提出观点,紧急仲裁员确信,申请人已初步确定其请求的合理胜诉前景。

然而,紧急仲裁员不相信申请人的观点,即批准正在寻求的所有紧急措施不会给蒙古带来任何负担。申请人目前被拘留的原因是蒙古法律的适用和蒙古当地的刑事诉讼程序。虽然申请人可能对这一制度有合法质疑的权利,但紧急仲裁员必须承认这些是主权国家采取的行动。因此,试图干涉蒙古的司法制度和警察权力将给蒙古带来相当大的负担。紧急仲裁员承认蒙古像大多数其他国家一样，牺牲了部分主权签署国际协议，同意国际仲裁，但紧急仲裁员不相信这将是成比例的，根据提交给紧急仲裁员的证据，蒙古放弃了根据蒙古法律被审判和定罪的人的控制。

了解了申请人的情况，紧急仲裁员关心的是，国际法中没有作出关于临时措施的裁决的根据，命令释放一名被监禁的人，以便进行国际仲裁。如果紧急仲裁员忽略了申请人正在寻求根据 ECT 第 26 条提出索赔的事实，那么根据国际投资条约法，申请人（现在）是否还有其他释放的依据？紧急仲裁员不相信根据 ECT 进行的仲裁的启动足以干涉主权国的权力并命令释放申请人。这不是根据申请人所规定的标准所采取的比例措施。紧急仲裁员认为，对申请人而言，诉诸外交保护手段可能是寻求所要求的救济的最适当方式。

紧急仲裁员决定，应给予申请人临时措施，使他能够在对蒙古提出主张的开始阶段和进展中获得当地和国际律师的帮助。紧急仲裁员并不认为，在即将进行的仲裁结果出来之前，命令蒙古释放申请人是不适当的。

三、仲裁裁决

由于上述原因，紧急仲裁员裁定：

（1）命令蒙古允许申请人合理地接触当地蒙古律师和国际律师。这种与律师的接触必须维护申请人与律师进行秘密沟通的权利，而且还必须不受蒙古当局或其他人士的任何形式的监视或干预。

（2）驳回申请人在其申请中所要求的一切及任何其他请求。

郭爽译　张正怡校

Foresight Luxembourg Solar 等 v. 西班牙

斯德哥尔摩商会仲裁院裁决

案号：V2015/150

裁决时间：2018 年 11 月 14 日

申请方：Foresight Luxembourg Solar 1 S. À. R. L.，Foresight Luxembourg Solar 2 S. À. R. L.，Green Energy Systems A/S，GWM Renewable Energy I S. P. A.，GWM Renewable Energy II S. P. A.

律　师：Kenneth R. Fleuriet 先生，Amy Roebuck Frey 女士，Reginald R Smith 先生，Kevin D Mohr 先生，Verónica Romaní Sancho 女士，Gonzalo Ardila Bermejo 先生，Luis Gil Bueno 先生，Inés Vázquez García 女士

被申请方：西班牙

律　师：Fernando Irurzun 先生，Diego Santacruz 先生，Javier Torres 先生，Monica Moraleda 女士，Amaia Rivas 女士，Antolín Fernandez 先生，Elena Oñoro 女士，Esther de Benito 女士，Ana María Rodriguez 女士

仲裁庭：Michael Moser 博士，Klaus Michael Sachs 博士、教授，Raúl Emilio Vinuesa 博士

一、案件事实

申请方的主张涉及西班牙自 2007 年以来推出的支持可再生发电投资的某些立法和监管措施。这些措施旨在使西班牙能够实现国家和欧盟层面的可再生

能源发电目标。特别是，欧洲议会和欧盟理事会 2001 年 9 月 27 日发布的指令 2001/77/EC(指令 2001/77/EC)为西班牙设定了指示性目标，即到 2010 年 11 月，可再生能源发电占总电力消耗的 29.4%。这一指示性目标后来被可再生能源消费的强制性目标所取代，该目标规定到 2020 年，可再生能源消费占西班牙总能源消费的 20%。这些欧盟指令被西班牙纳入其国内法。作为欧盟成员国，西班牙法律根植于欧盟法律确立的基本标准。欧盟和西班牙措施更广泛背景是国际社会努力减少温室气体排放，最显著的是 1997 年《京都议定书》。根据该议定书，包括欧盟和西班牙在内的签署国接受了雄心勃勃的减排目标。2009 年 5 月 8 日—2010 年 5 月 7 日，申请方收购了根据皇家法令 661/2007(RD 661/2007)注册的三家太阳能光伏(PV)设施的西班牙公司，该法令是西班牙为实现其根据指示 2001/77/EC 制定的可再生能源支持计划。RD 661/2007 的两个显著特征是为合格的光伏设施建立了表面上在设施生命周期内支付的上网电价(FiTs)及接入和调度电网的优先级。值得注意的是，RD 661/2007 是一项监管工具，因此在西班牙法律上，其隶属于为西班牙电力系统(SES)建立一般监管框架的相关议会法案(法律)。针对传统能源生产(称为“普通制度”)和可再生能源生产和供应(称为“特别制度”)，第 54/1997 号法律放宽了对 SES 的限制，并更新了西班牙法律制度的参数。RD 661/2007 支援计划是在第 54/1997 号法律所建立的整体架构内运作的。第 54/1997 号法律还规定，特别制度下的投资者将获得“关于资本市场资金成本的合理回报率”，这与双方的争端特别相关。然而，第 54/1997 号法律并没有具体规定该合理的回报率的应为数值。该数值就留待 RD 661/2007 等法规确定。RD 661/2007 成功地吸引了对可再生能源的大量投资：在法例颁布后短短四个月内，光伏发电装机容量就达到了 RD 661/2007 所订目标的 85%。但 RD 661/2007 同时也与在实际上加剧了监管电力接入收费(即零售客户支付的电费)和 SES 的监管成本(包括可再生能源资助计划的成本)之间日益扩大的差距，这种差额被称为“电费赤字”。

申请方对西班牙后来颁布的一些为了消除电费赤字的措施提出了异议，认为这些措施大大降低了其投资回报。特别是在 2010—2013 年间，西班牙修改了对根据 RD 661/2007 注册的光伏设施的激励措施。然后，在 2013—2014 年，西班牙使用申请方所称的“新监管制度”废除并取代了 RD 661/2007，该制度用薪酬替代了光伏设施的固定 FiTs,旨在为西班牙定义的相关类型的“标准工厂”实现“合理回报率”。“合理回报率”最初是由西班牙设定的,西班牙政府债券收益率的十年期平均值加 3%,即 7.398%(税前)。然而,被申请方认为,新的监管制度实际上保持了 RD 661/2007 的基本特征,包括支付“补贴”和优先接入电网。

2015 年 11 月 6 日,Foresight 1 的子公司 Foresight Netherlands Solar 1 b.v. 以 420 万欧元的价格将马德里德霍斯项目出售给第三方 Vela Energy Holdings。2016 年 7 月 26 日,Greentech 以 380 万欧元收购了 Foresight 2 在 La Castilleja 的所有者 Global Litator 的 49.97%股权。Greentech 因此成为 La Castilleja 的唯一所有者。2016 年 9 月 28 日,Greentech 以 290 万欧元的价格将其在 Fotocampillos 项目的 100%股权出售给第三方 Vela 能源控股公司。

在西班牙,法院控制行政部门行使监管权力。被申请方已将西班牙最高法院关于特别制度资助计划的 100 多份判决记录在案。其中,以下 7 项判决发生在申请方的投资之前:

(1) 2005 年 12 月 15 日,有关当局就将 RD 436/2004 应用于根据 RD 2366/1994 或 RD 2818/1998 所涉设施提出质疑。

(2) 2006 年 10 月 25 日及 2007 年 3 月 20 日,就修订 RD 2818/1998 提出质疑。

(3) 2007 年 10 月 9 日,有关对 RD 1454/2005 提出质疑。

(4) 2009 年 12 月 9 日,就 RD 661/2007 对第 28、45.4 和 5 条提出质疑。

(5) 2009 年 12 月 3 日,有关对 RD 661/2007 临时规定第 1 号提出质疑。

自申请方作出投资后,西班牙法院已就 RD 661/2007 资助计划的更改作出多项裁决。

2015 年 12 月 17 日,西班牙宪法法院裁定,新的监管制度是有效的,既没有违反投资者的合法期望,也没有禁止追溯效力。

2016 年 7 月 12 日,西班牙最高法院驳回了一项对 RD 413/2014 和 MO 1045/2014 的质疑,认为:

不可能反对通过补贴资助可再生能源发电,也不能反对维护系统的财务可持续性,后者是生存的必要条件。因为为这些财政上不可持续的技术设计资助系统是毫无意义的,在中期和长期内经济上也不可行。

据此，申请方请求如下救济：仲裁庭在 ECT 下对申请方的所有主张具有管辖权从而完全驳回被申请方的异议；西班牙有关申请方投资的行为违反了 ECT 第三部分和国际法；对申请方遭受的所有损害予以赔偿，赔偿须进一步完善并量化；本程序的所有费用，包括(但不限于)申请方的律师费、专家费的费用和开支以及仲裁庭和 SCC 的费用和开支；自评估日期至西班牙最终完全履行裁决之前以及之后的复利按最高合法利率计算；仲裁庭认为其他正当合适的救济。

二、法律分析

被申请方认为仲裁庭对本案无管辖权。如仲裁庭确定其对案件有管辖权，被申请方要求驳回申请方的全部主张，并由申请方支付所有费用和开支。

(一) 申请方观点

1. 管辖权

(1) 有关欧盟内部争端的管辖权异议

申请方认为，仲裁庭对所谓的"欧盟内部争端"具有管辖权。申请方主要依据 ECT 第 26(1)条的用语，其中规定解决"一个缔约方和另一缔约方的投资者之间关于后者在前者地区的投资的争端"。申请方认为管辖权条件符合，因为他们是 ECT 缔约国的国民，被申请方也是缔约方。根据条约解释规则，仲裁庭在决定这一问题时不需要超越第 26(1)条 ECT 的明确语言。

无论如何，申请方反对被申请方的主张，即欧盟法律授予"优先"投资保护，或若 ECT 与欧盟法律之间存在任何冲突，欧盟法律将优于 ECT 的投资者国家争端解决机制。申请方进一步依赖于仲裁庭在 20 个投资协议中对这一问题的一致做法，所有这些仲裁庭都得出结论，ECT 适用于欧盟内部争端。

最后，申请方反对欧盟法院(CJEU)的 Achmea 判决，认为该判决与目前的争端无关。申请方依据的是 ECT 最近的 Madsar v. 西班牙裁决，该裁决认为 Achmea 判决不适用于 ECT 案件。

(2) 有关 TVPEE 主张的反对

仲裁中，申请方的一项主张是被申请方根据第 15/2012 号法律，对电能生产

(TVPEE)的价值征收7%的税违反了ECT第10(1)条。申请方认为,仲裁庭对这一主张具有管辖权,因为就第21条ECT的例外条款而言,TVPEE不是一种"税收措施"。特别是,申请方主张,TVPEE不是真正适用的税收,而是不公平的、任意的、变相降低被申诉人向可再生电力设施投资者承诺的善意关税。申请方认为,ECT第21条并不排除ECT第10条对TVPEE的适用,因为TVPEE不是"善意税"。

因此,申请方主张,仲裁庭有权决定TVPEE是否违反ECT第10(1)条。

2. 责任

(1) ECT第10(1)条的公平公正待遇

申请方认为西班牙至少在三个不同的方面违反了其公平公正待遇的义务:第一,违反了申请方对其光伏设施生产的所有电力的固定电价的合法期望;第二,未能透明一致地对待申请方的投资;第三,对申请方的投资没有诚信行事。

(2) 根据ECT第10(1)条的进一步主张

申请方认为,被申请方通过不合理或歧视性措施损害其投资,违反了ECT第10(1)条中的损害条款,该条款禁止东道国"以不合理或歧视性措施损害"投资的管理、维护、使用、享有或处置。申请方认为,"损害"一词是指"任何负面作用或影响"。此外,申请方认为损害条款对投资的必要影响设定了较低的门槛。申请方认为,争议措施违反了损害条款,因为这些措施没有为合法目的(或"合理政策")而损害了申请方的投资。特别是,虽然争议措施解决了电费赤字问题,但采取的方式是不必要的、武断的,对可再生能源投资者的影响不成比例,并给投资者造成了经济损失。

此外,申请方认为,被申请方违反了ECT第10(1)条中的保护伞条款,当该条款追溯性地修改并随后废除了RD 661/2007支持计划时,被申请方已依据RD 661/2007就申请方和其投资达成了一系列具有约束力的立法和监管义务,包括在PV设施的生命周期内支付固定FiT的义务。保护伞条款规定,"每个缔约方应遵守其与投资者或任何其他缔约方投资者的投资所签订的任何义务。"申请方主张,ECT的保护性条款非常广泛,涵盖了RD 661/2007等立法。特别是,申请方依赖的是RD 661/2007第17、36和44条中明确的支付FiTs的义务。此外,申请方认为,被申请方支付RD 661/2007 FiT的义务进一步体现在RAIPRE

登记中，该登记特别参照了 RD 661/2007 第 36 条中的 FiT 类别。

(3) ECT 第 13 条的征收

申请方主张，被申请方"逐步侵蚀"其在 RD 661/2007 项下的权利，并随后完全废除了该制度，相当于非法间接征收申请方在 ECT 第 13 条下的投资。申请方认为被申请方已征收他们在 ECT 下的"投资"，即根据 RD 661/2007 获得在光伏电站运营期间保证的 FiTs(即金钱和回报)的未来权利。申请方提出，其投资可以被视为"财产权""金钱给付请求权"或"法律赋予的任何权利"，这些都属于 ECT 下"投资"的定义。

3. 损失

由于争议措施，申请方要求对他们在三个光伏设施的投资的市场减少价值进行赔偿。申请方的赔偿专家 Richard Edwards 先生，使用贴现现金流(DCF)方法来评估有争议的措施对申请方在 PV 设施的投资的市场价值造成的假设收入损失的影响。在此基础上，申请方索赔不含利息的总损失 5 820 万欧元。

4. 费用

申请方请求仲裁庭命令被申请方支付其在仲裁中所产生的全部费用 3 495 421.52 欧元和开支 2 979 236.50 美元。

(二) 被申请方观点

1. 管辖权

(1) 有关欧盟内部争端的管辖权异议

被申请方认为 ECT 不适用于所谓的"欧盟内部"争端，如本案，申请方是欧盟成员国的国民，被申请方是欧盟成员国。被申请方的"欧盟内部"反对意见有几个不同的方面，包括：

① 对 ECT 第 26(1)条的解释，其中将仲裁庭的管辖权限制在"一个缔约方与另一缔约方的投资者之间关于后者在前者地区的投资……"的争端；

② 欧盟法律解释是欧盟司法系统的专属保留地，但投资条约设立的仲裁庭应根据 ECT 第 26 条(6)的规定，即根据适用的欧盟法律解释 ECT。本案仲裁庭必须适用欧盟法律，因为本案争端涉及的资助计划是欧盟法律下的国家援助；

③ 本案涉及欧盟法律是否优于 ECT 明文规定的冲突，因为：第一，欧盟法

律禁止欧盟成员国将其与欧盟投资者的争端提交国际仲裁而不是提交欧盟国内法院;第二,仲裁庭的损害裁决违背欧盟国家援助规则。

(2) 有关 TVPEE 主张的反对

被申请方提出异议称,根据 ECT 第 21(1)条中关于"税收措施"的条款,仲裁庭没有管辖权裁决申请方关于引入 TVPEE 违反 ECT 第 10(1)条的主张。然而,被申请方并未就申请方关于 TVPEE 违反了关于征收的 ECT 第 13 条的单独主张的管辖权提出异议,因为 ECT 第 13 条明确了该豁免。

被申请方认为,ECT 第 21 条包含了将税收措施排除在 ECT 适用范围之外的一般条款,并且 ECT 第 21 条(2)至(5)项下的任何收回都不适用。因此,被申请方主张,禁止仲裁庭裁决西班牙通过引入 TVPEE 违反其在 ECT 第 10(1)条项下义务的主张,TVPEE 是 ECT 第 21 条下的善意"税收措施"。

2. 责任

(1) ECT 第 10(1)条的公平公正待遇

被申请方认为,下列因素表明,申请方不可能对电费制度不会改变抱有合理的期待。第一,被申请方认为,西班牙资助计划的演变向申请方表明,监管机制可能会改变。第二,被申请方认为,申请方投资于一个战略性和高度监管的部门,这对合理期待问题具有重要意义。第三,被申请方认为,一个理性的投资者应该知道,RD 661/2007 下的激励措施可以作为西班牙法律的一个问题加以修正,这是由西班牙最高法院解释的。第四,被申请方认为,根据 RD 661/2007 支付的 FiTs 是一项补贴,目的只是为了在传统能源和可再生能源生产商之间创造一个公平的竞争环境。第五,补贴水平是根据对宏观经济环境的假设和预测确定的,但也取决于确保西班牙电力系统(SES)的总体可持续性。

(2) 根据 ECT 第 10(1)条的进一步主张

被申请方否认其采取不合理或歧视性措施损害了申请方的投资,认为争议措施是合理的、适当的和非歧视性的。特别是,被申请方认为,争议措施采用的合理的政策促进公共利益,在消除电价赤字方面是相称且成功的,不区别对待西班牙和外国投资者,并要求包括西班牙纳税人在内的所有利益攸关方分担负担,该措施符合高补贴部门投资者的合法期望,并为投资者提供了合理的回报率普遍为 7.398%,特别是为申请方提供了 8.6%的税前回报率,并被大多数国内外投资者所接受，于 2015 年和 2016 年获得欧盟、国际货币基金组织和国际能源署批准。

被申请方否认其违反了保护伞条款。特别是，被申请方认为，像 RD 661/2007 这样具有普遍适用性的一般规定不属于保护伞条款的范围，因为没有与投资者或其投资达成具体承诺。

(3) ECT 第 13 条的征收

被申请方否认征收申请方的投资。首先，被申请方认为，正如被申请方的专家 Váquer 教授在听证会上证实的那样，根据西班牙法律，申请方没有在未来 RD 661/2007 FiTs 的获得权利。其次，被申请方认为，申请方唯一受保护的投资是在光伏设施中的持股，而争议措施并没有造成这些股份价值的实质性剥夺。最后，即便申请方的投资遭受损害，ECT 或国际投资法并没有要求赔偿申请方，因为争议措施是善意制定的，是为了公共利益，依据正当程序对能源部门进行管制，并采取非歧视性、合理的方式实施，与解决电价赤字和重新建立 SES 经济平衡的目标相一致。

3. 损失

被申请方拒绝申请方的损害赔偿请求。即使仲裁庭根据案情认定负有责任，被申请方也认为申请方的损害赔偿主张必须被驳回，因为申请方没有履行其举证责任。被申请方定量专家 BDO 认为，申请方基于 DCF 的估值方法存在缺陷，因为在争议措施已存在的电费赤字背景下，没有考虑到 SES 的主要结构特点（可持续性和合理回报），并具有高度的投机性。

4. 费用

被申请方请求仲裁庭命令申请方支付被申请方在仲裁中的所有费用共计 1 479 273.55 欧元。

（三）仲裁庭观点

1. 管辖权

对于第一项异议，其关键在于，ECT 第 26 条下的争端解决条款是否排除了欧盟成员国投资者与作为 ECT 缔约方的欧盟成员国之间的争端。仲裁庭借此机会评论欧洲委员会已经提交了一份明确和有益的法庭之友简报来处理这一问题。仲裁庭仔细审议了委员会的意见。然而，由于委员会不是这些诉讼程序的当事方,而且双方选择不直接评论委员会的简报或其中的任何部分,因此,仲裁庭仅分析申请方和被申请方的意见。根据《维亚纳条约法公约》第31条的文本解释方法,仲裁庭将因此得出结论,根据ECT第26(1)条的明确语言,其对当事各方的争端具有管辖权。此外,仲裁庭认为,没有必要根据《维亚纳条约法公约》第32条采取补充解释手段。事实上,ECT第26(1)条没有任何含糊或模糊之处,仲裁庭从案文中得出的它具有管辖权的结论也不是明显荒谬或不合理的结果。

关于第二项异议,仲裁庭注意到本案中西班牙宪法法院在2014年11月6日的判决中确认TVPEE是一种税收,符合西班牙宪法。西班牙下级法院和西班牙税收总局都将TVPEE视为西班牙法律规定的有效税收。仲裁庭还考虑到欧洲委员会税收和关税联盟总理事会(TAXUD)的决定,确认TVPEE是一种符合欧盟法律的税收。此外,仲裁庭同意EnCana v. 厄瓜多尔案裁决的意见,即对一项措施的经济分析不应取代一项措施是一种税收的法律问题。即使仲裁庭将ECT第21(1)条解释为仅适用于"善意"税收措施(仲裁庭没有作出裁决),申请方也没有证明被申请方的这种恶意。最后,仲裁庭认为TVPEE是ECT第21(1)条的"税收措施"。因此,就申请方关于第15/2012号法律引入TVPEE违反ECT第10(1)条的主张,仲裁庭没有管辖权。

2. 责任

本案提出了一个重要的问题,即在何种情况下,一国在为其公共利益进行管理的固有权利将被认为违反其在ECT下的义务。仲裁庭的首要任务是确定FET义务的内容,包括透明度/一致性义务和诚信义务是ECT第10(1)条下的独立义务,还是构成对申请方合法期望的评估的一部分。然后,仲裁庭应将该标准适用于本案的事实。

仲裁庭认为,损害条款中的保护标准是FET条款中规定的相同标准的一部分,或至少与之相关。此外,申请方根据损害条款提出主张的事实和法律依据与申请方的FET主张相同。鉴于此,仲裁庭的多数结论是,对上述申请方的FET主张的决定没有进一步的补充。因此,仲裁庭的多数裁决认为,没有必要根据损害条款对申请方的主张进行单独裁定,该主张已被仲裁庭对申请方的FET主张作出的多数裁决有效地处理。仲裁庭认为,根据ECT第10(1)条,被申请方"遵守其与投资者或投资者的投资所订立的任何义务"的义务适用于具体承诺，而不是通常的监管法案。

仲裁庭的结论是，被申请方没有对申请方作出具体的承诺。无论是 RD 661/2007 的条款，还是申请方在 RAIPRE 中的 PV 设施注册，都不构成西班牙与申请方就第 ECT 第 10(1)条所订立的义务。因此，申请方根据保护伞条款提出的主张被驳回。

仲裁庭裁决被申请方没有征收申请方的投资，因此没有违反 ECT 第 13 条。仲裁庭多数同意，由于争议措施，申请方遭受了严重的经济损失，但还不足以提起征收请求。仲裁庭认为，要将一项措施视为相当于征收，其影响必须重大，以至于可以认为投资者的全部或部分投资已被剥夺。构成投资的股份价值的简单减少不能构成间接的征收，除非价值的损失可以被认为相当于剥夺财产。仲裁庭认为，争议措施并没有实质上剥夺申请方对其投资的价值、使用或享有。因此，申请方根据 ECT 第 13 条提出的请求被驳回。

3. 损失

仲裁庭多数成员承认，排除所有历史损失可能包括在评估日期之前可归因于新管理制度追溯效力的某些损失。然而，如果由于排除了历史损失，申请方得到的赔偿少于全部赔偿是在听证会上承认的，申请方决定不单独提供每项争议措施造成的损失的详细说明的直接后果，或由新的管理制度单独造成的。

仲裁庭多数决定将申请方对损失的估值进一步降低 1 120 万欧元，以反映申请方的光伏设施的 30 年使用寿命的假设，而非 FTI 主要模型中的 35 年假设。因此，仲裁庭多数裁定，申请方有权获得 3 900 万欧元的赔偿。

仲裁庭多数意见裁定，被申请方应支付自 2014 年 6 月 30 日起至本裁决之日止的利息，利率为 1.4%，每月复利。自本裁决之日起，经仲裁庭多数通过，被申请方须按 3.5%的利率每月复利支付利息，直至支付完成为止。

4. 费用

根据 SCC 第 43(1)条，仲裁费用包括：仲裁庭费用、管理费、仲裁庭和 SCC 的费用。仲裁庭多数意见认为，被申请方有责任支付全部仲裁费用和申请方产生的合理费用。申请方在案情上大体胜诉，而且也成功地击败了被申请方的主要管辖异议。

三、仲裁裁决

根据裁决中所载的理由,仲裁庭决定:

(1) 根据 ECT 以及 SCC 规则,仲裁庭对申请方的主张具有管辖权,除了仲裁庭支持被申请方对 15/2012 法律下的 TVPEE 管辖权异议。

(2) 多数裁决:被申请方违反了 ECT 第 10(1)条。

(3) 多数裁决:被申请方向申请方支付赔偿 3 900 万欧元。

(4) 根据 SCC 规则第 43 条和第 44 条,经多数通过,被申请方应向申请方支付仲裁费用和申请方产生的合理费用,分别为 3 900 374.73 欧元和 2 997 596.33 美元。如果适用,增值税必须按照 SCC 规则第 43 条的规定增加。

(5) 多数裁决:被申请方应当自 2014 年 6 月 30 日至本裁决之日就(3)中的裁决数额按 1.4%的利率支付利息,每月复利,自本裁决日期至支付至日按利率 3.5%每月复利支付。

(6) 驳回其他所有主张。

张正怡译　王杰校

Voltaic Network GmbH v. 捷克

联合国国际贸易法委会裁决

案号：PCA CASE No. 2014-20

裁决时间：2019 年 5 月 15 日

申 请 方：Voltaic Network GmbH

律　　师：Luca G. Radicati di Brozolo 教授，Michele Sabatini 先生，Emilio Bettoni 先生，Flavio Ponzano 先生

被申请方：捷克

律　　师：Paolo Di Rosa 先生，Dimitri Evseev 先生，Karolína Horáková 女士，Libor Morávek 女士，Marie Talašová 女士

仲 裁 庭：Hans van Houtte 教授，John Beechey 先生，Toby Landau 先生

一、案件事实

因捷克政府取消之前在光伏行业建立的法律、税收和监管激励机制，Voltaic Network 根据 1992 年 10 月 2 日签订的《德意志联邦共和国政府与捷克斯洛伐克联邦共和国政府促进和保护投资协议》(以下称 BIT)和 1998 年 4 月 16 日签订的《能源宪章条约》(以下称 ECT)提交仲裁。

(一) 对可再生能源(RES)激励机制的介绍

1992 年，捷克共和国通过了关于所得税的第 586/1992 号法案(《所得税法案》)，实施了两项针对可再生能源(RES)生产商的税收优惠措施：一是免除可

再生能源生产商在其太阳能设施投入运营当年及后5年(免税期)的企业所得税;二是在税收方面加速某些组件,尤其是光伏装置的折旧期。

2005年3月31日,捷克共和国通过了《促进法案》,引入了针对可再生能源生产商新的激励措施,包括:(1) 可再生能源生产商在电力分配或传输方面的优惠待遇;(2) 固定的购买价格或上网电价;(3) 绿色奖励。

上网电价系统要求电网运营商优先购买由可再生能源生产的电力,其价格每年由ERO(捷克能源监管办公室)制定。《促进法案》第6(4)条规定,ERO在任何年份设定的上网电价下降幅度不得超过上一年上网电价的5%。第6(1)(b)(2)条规定,既定的上网电价以工业生产者价格指数为准在15年内保持不变。2009年,ERO颁布的第140/2009 Coll.号条例("定价条例")中第2(9)条规定每年增加上网电价:《促进法案》规定的上网电价和绿色奖励适用于发电厂的整个存续期间;考虑到发电厂存续期间通货膨胀指数,除生物质和沼气燃烧发电厂外,其他发电厂上网电价每年增加2%到4%。

申请方认为《促进法案》、ERO的相关条例和《所得税法案》共同建立了激励制度,为光伏行业的投资设置上网电价、提供绿色奖励、豁免所得税和缩短折旧期。然而,被申请方认为捷克共和国建立的机制并非以光伏为重点。虽然《促进法案》和ERO的相关条例通过提供上网电价或绿色奖励为整个可再生能源提供了激励机制,但豁免所得税和缩短折旧期并不是激励机制的一部分。

(二) 申请方在捷克共和国的投资

2010年3月23日,申请方Voltaic成立。2010年5月8日,申请方做出在捷克共和国投资太阳能发电厂的决定。2010年5月14日,申请方收购了Solarpark的全部股本。Solarpark是捷克的一家有限责任公司,已经持有在Rybníček附近建造光伏电站的许可证。

2010年3月15日,Solarpark签订了并网协议。2010年10月14日,Solarpark获得了ERO的许可。2010年12月7日,Solarpark与E. ON Distribuce签署了电力购买协议,并追溯至2010年11月5日生效。

与此同时,Voltaic欲将Solarpark出售给Alliance Energy Group BV并进行谈判。但在2011年1月12日,双方终止谈判并撤销了谅解备忘录。

(三) 激励机制的修订——申请方称侵犯了其 BIT 和 ECT 项下的权益

2010 年 3 月 17 日,捷克议会通过的第 137/2010 号法案,修订了《促进法案》,从 2011 年 1 月 1 日起取消了"对那些在确定新的上网电价的年份实现投资回报短于 11 年的可再生资源类型"的 5%规则。申请方称该修正案仅涉及 2011 年之后并网的电厂。之后,捷克议会通过了第 346/2010 Coll. 号法案,废除了《所得税法案》中的免税期和缩短折旧期的规定;通过了第 402/2010 Coll. 号法案,向"2009 年 1 月 1 日—2010 年 12 月 31 日期间投入使用的设施在 2011 年 1 月 1 日—2013 年 12 月 31 日期间由太阳辐射产生的电力"征税(下称"太阳能税")。太阳能税向可再生资源生产商征收。上网电价系统和绿色奖励系统的太阳能税税率分别设定为 26%和 28%。

2012—2013 年,第 165/2012 Coll. 号法案(又称《新促进法案》)代替了《促进法案》,终止了截至 2012 年 12 月 31 日可再生能源生产商与电网运营商之间所有规定支付上网电价或绿色奖励的合同。2013 年 9 月 13 日,第 310/2013 Coll. 号法案生效,延长了太阳能税的适用范围,并将上网电价系统下的太阳能税降至 10%,将在绿色奖励系统下的太阳能税降至 11%。2015 年 11 月 19 日,ERO 发布了第 5/2015 号价格决定令,规定截至 2016 年 1 月 1 日,上网电价税仅适用于 2013—2015 年投产的电厂,而不适用于 2006—2012 年投产的电厂,即不适用于申请方的电厂,从而有效地废除了上网电价。2015 年 12 月 29 日,ERO 发布了第 9/2015 号价格决定令,为 2006 年以来投产的可再生能源发电厂,包括申请方的发电厂设置了上网电价和绿色奖励。

(四) 捷克法院对被申请方修订激励机制的审查

在征收"太阳能税"和废除免税期后,捷克参员向捷克宪法法院提出异议,希望取消这些措施。2012 年 5 月 15 日,捷克宪法法院裁定只要捷克法律有所规定,那征收"太阳能税"和取消免税期都未违反捷克宪法。

随后,许多光伏投资商因捷克政府征收"太阳能税"而起诉捷克的税务部门。2014 年 7 月 10 日,捷克最高行政法院裁定"太阳能税"本质上是降低政府补贴而不是税收,因此并未对太阳能电力生产商的收入进行公司所得税和"太阳能税”的双重征税。

(五) 欧盟委员会对捷克 RES 激励机制和欧盟国家援助法兼容性的裁决

2016 年 11 月 28 日,欧盟委员会裁定捷克共和国将讨论中的援助措施生效违反了《欧盟运行条约》第 108(3)条。但依据《欧盟运行条约》第 107(3)(c)条,委员会不反对与成员国国内市场兼容的援助。

二、仲裁诉求

(一) 申请方请求仲裁庭

1. 驳回被申请方的管辖权异议。

2. 声明被申请方:(1) 构成不公平和不有利待遇并违反了 ECT 和 BIT 项下的提供全面保护和保障的义务;(2) 以不合理和任意待遇损害申请方对其投资的维护、使用、享有和处置。

3. 裁定捷克政府:(1) 赔偿申请方因捷克的违反条约所造成的所有损失,金额不少于 32 007 万捷克克朗(包括仲裁前的利息和税款补偿);(2) 从最终裁决之日起至全额支付为止,就裁决的损害赔偿金,向申请方支付仲裁后利息;(3) 付还申请方本次仲裁的所有费用和开支,包括法律和专家费用、仲裁庭指派的任何专家的费用和开支、仲裁庭的费用和开支,以及仲裁的所有其他费用,包括因第三方参与而产生的任何费用。

(二) 被申请方请求仲裁庭

1. 宣布对申请方的所有主张缺乏管辖权。

2. 对于仲裁庭认定其具有管辖权的任何主张,查明捷克共和国没有违反其在 ECT 或 BIT 项下的任何义务。

3. 若对申请方的任何主张行使管辖权,可裁定捷克负有义务,但申请方无权主张任何损害赔偿。

4. 命令申请方支付仲裁的所有费用,包括捷克的法律和专家费用和开支,仲裁庭的费用和开支以及 PCA 收取的费用。

5. 裁定捷克可获得其认为公正和适当的额外救济。

三、法律分析

(一) 仲裁庭的管辖权

被申请方认为仲裁庭对申请方的所有主张无管辖权,但申请方认为仲裁庭对其所有主张无管辖权。如下为当事人双方的抗辩及仲裁庭决议。

1. 申请方的投资是否为 BIT 和 ECT 项下的"投资"

仲裁庭在 BIT 和 ECT 项下的管辖权仅限于投资争议。BIT 第 10(2)条将仲裁庭的管辖权限制为"有关投资的分歧"。ECT 第 26(1)条将管辖权限制为"缔约一方与另一缔约方的投资者就后者在前者区域的投资争议"。因此,仲裁庭必须审查争议是否涉及 BIT 和 ECT 项下的"投资"。

(1) 被申请方观点。申请方在 Solarpark 的股份不符合 BIT 或 ECT 下的投资条件。虽然 ECT 第 1(6)(b)条和 BIT 第 1(1)(b)条均将股票列为受保护投资,但被申请方认为认定受保护的"投资"需要对投资的固有特征,特别是投资金额、期间和风险进行额外审查。资产不受投资条约保护,除非其由出资产生。因此仅持有股份不足以证明以金钱或资产出资。申请方未直接出资,申请方的投资不构成 ECT 和 BIT 项下受保护的投资,因此仲裁庭没有管辖权。

(2) 申请方观点。根据 ECT 和 BIT 中"投资"的普通含义,申请方拥有并控制该项投资,无须额外审查。即使 ECT 和 BIT 对"投资"的定义具有内在经济含义,申请方也通过收购和开发捷克光伏项目做出了经济出资。通常,资本的来源与管辖权完全无关,来自第三方的资金随后就成为申请方的资金。

(3) 仲裁庭观点。ECT 项下的"投资"指"投资者直接或间接拥有或控制的各种资产"(第 1(6)条);BIT 项下的"投资"指"依据国内法可投资的各种资产"(第 1(1)条)。ECT 和 BIT 项下的"投资"不要求投资人直接出资,只需拥有资产的所有权和控制权。因此,申请方的投资是 ECT 和 BIT 项下的"投资"。

2. “太阳能税”是否适用ECT税收排除的规定(ECT 21条)

(1) 被申请方观点。“太阳能税”是捷克依据ECT 21条税收排除条款设定“税”,因此仲裁庭无管辖权。申请方本身也认为“税收激励”是“征税措施”。被申请方和申请方的分歧在于将通过和扩大“太阳能税”的法案定性为“征税措施”。被申请方认为ECT 21(7)(a)(i)项下“征税措施”的定义应遵循缔约国国内法律。捷克立法、行政、司法机构皆认为“太阳能税”是“税”,而不是“费用”。太阳能生产商不管是否受投资条款保护都应缴纳“太阳能税”。因此,指控“太阳能税”是恶意立法毫无根据。此外,能源宪章秘书处2015年出版物并未表明征税必须基于善意。即使“太阳能税”是恶意征税,也依然是捷克法律规定的“税”。

(2) 申请方观点。申请方对“太阳能税”是一种“税”提出异议,指出根据ECT的宗旨,应适用VCLT第31(1)条对ECT第21(7)条中“征税措施”的定义应进行善意解释。被申请方将“太阳能税”解释为ECT第21条项下的“征税措施”,违背了ECT的宗旨,逃避了ECT规定的国际责任。此外,申请方认为“太阳能税”不是“税”,而是降低上网电价补贴的方式。首先,捷克最高行政法院2014年7月10日的裁定表明“太阳能税”不是“税”,捷克宪法法院也裁定“太阳能税”本质是为了降低上网电价补贴。其次,“太阳能税”不满足捷克法律关于“税”的定义,也不具备“税”的六大特征中的不为特定目的设置和非对等性。

(3) 仲裁庭观点。仲裁庭认为其在“太阳能税”上具有管辖权。被申请方提到的税收排除是ECT中一般条款的例外条款,因此被申请方对“太阳能税”符合捷克国内税收有关规定并适用于ECT第21(7)(a)(i)承担证明责任。仲裁庭认为“太阳能税”不构成捷克法律上的“税”,也不构成ECT第21条中的征税措施。首先,捷克立法机构并未将“太阳能税”列为“税”。捷克最高行政法院2014年7月10日的裁决为了驳回税收部门进行企业所得税和“太阳能税”双重征税的主张,裁定“太阳能税”不是“税”,其本质是减少政府补贴。捷克宪法法院和最高行政法院的分庭同样认定“太阳能税”实质上是降低上网电价,而不是税收。其次,ECT第21条应进行善意解释。“太阳能税”不是为了增加捷克的国家收入,而是为了降低上网电价补贴,逃避ECT项下的国际责任。因此,仲裁庭认为“太阳能税”不适用于ECT第21条的排除条款。

3. 仲裁庭是否对欧盟投资者和欧盟成员国之间的争议有管辖权

（1）申请方观点。申请方称本案中 Achmea 判决并不影响仲裁庭的管辖权。申请方认为被申请方放弃了任何欧盟内部投资条约的管辖权异议的声明是有效的，即确认了仲裁庭对本案的管辖权。

（2）被申请方观点。被申请方认为，依据 Achmea 判决，仲裁庭对本案无管辖权。被申请方认为瑞士法院应依据欧盟法律对其法律进行解释，即欧盟法律享有优先地位。《瑞士联邦国际私法法典》（PILA）第 186（2）条客观上只适用于"可仲裁事项"，而 Achmea 判决作为"欧盟强制性规定"适用于欧盟内部任何争议，包括客观属于"不可仲裁事项"的本案。因此，被申请方认为 Achmea 判决确定被申请方不需考虑瑞士的弃权规则，可在瑞士仲裁程序的任何阶段提出管辖权异议。

（3）仲裁庭观点。仲裁庭认为其对本案享有管辖权。仲裁地决定适用的仲裁程序法，仲裁庭认为本案应依据瑞士法律分析被申请方基于 Achmea 判决提起管辖权异议的行为及 Achmea 判决对仲裁庭管辖权的影响。首先，仲裁庭认为被申请方未按照 PILA 第 182（2）条及《联合国国际贸易法委员会仲裁规则》第 21（3）条规定的时间提起管辖权异议，在仲裁中撤回其管辖权异议，并多次明确表示放弃提起欧盟内部管辖权异议。PILA 第 182（2）条规定："对仲裁庭管辖权的任何异议必须在对案情进行任何辩护之前提出。"依《联合国国际贸易法委会规则》规定："对仲裁庭无管辖权的抗辩，至迟应在答辩书中提出，涉及反请求或为抵消目的而提出的请求的，至迟应在对反请求或对为抵消目的而提出的请求的答复中提出。"但本案中，申请方不仅未及时提出管辖权异议，还反复重申其不会因争议具有欧盟内部特性而反对仲裁庭的管辖权。因此，仲裁庭对本案具有管辖权。

（二）法律依据

1. 被申请方是否违反公平且有利待遇（FET）标准

ECT 第 10（1）条规定，"每一缔约方应遵照该条约的规定，创造稳定、公平、有利且透明的条件，鼓励其他缔约方的投资商在其区域进行投资。这些条件应承诺，始终对其他缔约方的投资商所进行的投资项目给予公平且有利的待遇。

这些投资项目也应一直享有保护和保障措施……"

BIT 第 2(1)条规定,"缔约一方应尽可能促进另一缔约方的投资商在其区域内进行投资并依据其法律允许此类投资。每一缔约方应在所有情况下给予投资公平且有利的待遇。"

申请方在 FET 标准下提出:(1) 被申请方违反其提供稳定和可预测法律框架的义务;(2) 被申请方违反申请方的合法期望。

被申请方认为征收"太阳能税"和废除税收激励并不违反提供稳定和可预测法律框架的义务。东道国不会因为简单地改变其国内法而违反其条约义务,并指出,一国必须能够自由地通过立法修改为公共利益服务。仅仅改变适用于申请方投资的法律框架并不构成在没有具体稳定安排的情况下违反其提供 FET 的条约义务。此外,被申请方辩称申请方已经预见到计划可能发生立法上的变化。被申请方没有违反申请方对激励机制的稳定性可能产生的合法期望。

仲裁庭认为被申请方对激励机制的变更是行使其监管电价的主权,并未违反提供稳定和可预测框架的义务。被申请方并未明确就申请方的投资以合同、立法或其他方式作出稳定的承诺。取消税收激励和征收"太阳能税"并未改变激励机制的根本特征,光伏行业投资商仍能获得合理投资回报。其次,仲裁庭认为废除税收优惠和征收"太阳能税"未违反申请方的合法期望。主要有四方面理由:(1) 被申请方并未对激励机制的稳定性作出保证;(2) 即使被申请方作出该保证,申请方也并未信任该保证;(3) 2009—2010 年,激励机制出现了重大调整,申请方在 2010 年 5—9 月信任捷克政府的保证是不合理的;(4) 激励机制未通知欧盟委员会,没有得到欧盟委员会的批准,因此申请方依据欧盟法律的合法期望是不存在的。最后,仲裁庭认为被申请方没有违反 FET 标准规定的行事透明的义务。捷克政府在 2009 年已有修改激励机制的明显迹象,但在 2009 年 3 月—2010 年 7 月期间政府解散。捷克已经尽可能按照透明性要求采取措施。

2. 被申请方是否违反给予全面保护和保障的义务

申请方认为被申请方征收"太阳能税",对税收豁免和缩短折旧期的废除违反了给予全面保护和保障义务。

被申请方认为基于与不构成违反 FET 标准相同的原因,被申请方也不违反申请方主张的给予全面保护和保障义务。

全面保护和保障义务与 FET 重合较大，根据前文对 FET 的分析，仲裁庭认为被申请方未违反全面保护和保障义务。

3. 被申请方是否构成以任意和歧视性待遇造成损害

ECT 第 10(1)条禁止通过不合理或歧视性待遇对投资造成损害。仲裁庭认为，造成重大损害才违反条约，但本案的关键点不在于是否构成重大损害，而是取消税收优惠和征收“太阳能税”这两项措施是否是以合理政策为目的，并以合理方式实施。首先，被申请方通过这两项措施减少光伏投资商的超额利润降低电价，缓解公众的电费负担，说明这两项措施是合理的政策。其次，被申请方取消“5%的规则”及征收 26%的“太阳能税”并未违背其对申请方 15 年投资回报期的约定，这些举措是以合理的方式实施的。

综上，仲裁庭认为取消税收优惠和征收“太阳能税”未以任意或歧视性的方式损害申请方的投资。

四、费用

申请方提出，其费用总额为 991 952.73 欧元，其中包括迄今为止的仲裁保证金 10 万欧元。

被申请方请求，如果其在仲裁中获胜，仲裁庭应裁决申请方支付捷克共和国与本仲裁有关的所有费用和支出(包括律师费和支出)，金额为 1 246 817 美元，以及捷克共和国在仲裁庭和 PCA 所产生的费用中的份额，即迄今为止的 10 万欧元。

《联合国国际贸易法委员会规则》第 40 条对费用的分配规定如下：仲裁费用原则上应由败诉一方负担。但是，仲裁庭考虑到案件具体情况，认为分摊费用合理的，仲裁庭可裁决在当事人之间分摊每一项此种费用。第三十八条(e)项下的法律代理和协助费用，根据案件的具体情形，仲裁庭可裁定由一方当事人承担或裁定费用合理分摊，由当事人共同承担。仲裁庭认为在没有一方明显胜诉的情况下，费用分配常考虑主张和抗辩的相对成功及当事人在整个诉讼过程中的整体行为。首先，本案申请方在管辖权上获胜，被申请方在案件上获胜。其次，仲裁庭认为双方律师都有较高的专业水平，未出现干扰费用合理分配的行为。

因此,仲裁庭行使自由裁量权,裁定被申请方承担25%的仲裁费用,申请方应承担75%的仲裁费用。本次仲裁出现了困难且新颖的事实和法律问题,这些问题的结果不确定。此外,仲裁庭认为申请方的主张虽然没有成果,但也是合理的。因此,仲裁庭行使自由裁量权,裁定本案当事人各自承担其法律费用及相应的专家和事实证人的费用。

五、仲裁裁决

根据裁决中所载的理由,仲裁庭决定:

(1) 驳回申请方的主张。

(2) 申请方应在裁决送达后6周内向被申请方支付49 180.98欧元。

(3) 双方各自承担法律代理和协助费用。

(4) 驳回其他所有主张。

王杰译　张丽楠校

I. C. W. Europe Investments Limited v. 捷克

联合国国际贸易法委员会仲裁院裁决

案号：PCA Case No. 2014 - 22

裁决时间：2019 年 5 月 15 日

申 请 方：I. C. W. Europe Investments Limited

律 师：Luca G. Radicati di Brozolo 教授，Michele Sabatini 律师，Emilio Bettoni 先生，Flavio Ponzano 先生

被申请方：捷克

律 师：Paolo Di Rosa 先生，Dimitri Evseev 先生，Karolína Horáková 女士，Libor Morávek 女士，Marie Talašová 女士

仲 裁 庭：Hans van Houtt 博士、教授，John Beechey 先生，Toby Landau 先生

一、案件事实

因捷克政府取消之前在光伏产业建立的法律、税收和监管激励机制，ICW 根据 1992 年 10 月 26 日签订的《大不列颠及北爱尔兰联合王国政府与捷克斯洛伐克联邦共和国政府促进和保护投资协议》（以下称 BIT）和 1998 年 4 月 16 日签订的《能源宪章条约》（以下称 ECT）提交仲裁。

（一）对可再生能源（RES）激励机制的介绍

1992 年，捷克通过了第 586/1992 号法案（《所得税法案》），实施了两项针对 RES 生产商的税收优惠措施：一是免除 RES 生产商在其太阳能设施投入运营

当年及后五年(免税期)的企业所得税;二是加速某些组件,尤其是光伏设施的折旧期。

2001年9月27日,欧洲议会和欧盟理事会(EC)通过《指令2001》,提高RES发电在欧盟内部电力市场的比重,要求欧盟成员国采取适当措施加大消耗RES发电量,以期各国在10年达成RES发电在电力市场占比的指示性目标。

2003年末,捷克起草《促进法案(草案)》,加大对RES生产商的补贴。2004年7月27日,EC指出:"《促进法案(草案)》不属于ECT第81(1)条定义的国家援助。"2004年5月1日,捷克加入欧盟,承担欧盟法律规定的义务,承诺2010年的RES发电用量将在全国电力用量中占比8%。2005年3月31日,捷克通过《促进法案》,规定对RES生产商的激励措施:(1) RES生产商在电力分配或传输方面有优惠待遇;(2) 固定的购买价格或上网电价;(3) 绿色奖励。

上网电价体系要求电网运营商优先购买RES发电量,其价格由捷克能源监管办公室(ERO)提前一年制定。绿色奖励体系规定RES生产商有权将电力以市场价售卖给第三方,且每生产并卖出1 000瓦电量将获得电网运营商提供的奖励。为限制ERO调整电价的权利,《促进法案》第6条规定:以工业生产者价格指数为准,已确定的上网电价将15年内保持不变;ERO在任何年份设定的上网电价下降幅度不得超过上一年上网电价的5%(5%原则)。

2007年至2010年末,ERO计算出上网电价为7%,并修改了技术规范,将新设立的光伏发电厂的预估存续期设置为20年,上网电价适用年限也相应从15年延长至20年。

2009年,ERO颁布的140/2009号条例("定价条例")中第2(9)条规定每年增加上网电价:《促进法案》规定的上网电价和绿色奖励适用于发电厂的整个存续期间;考虑到发电厂存续期间通货膨胀指数,除生物质和沼气燃烧发电厂外,其他发电厂的上网电价每年增加2%—4%。

申请方认为,《促进法案》、ERO的相关条例和《所得税法案》共同建立了激励制度,为光伏行业的投资提供了上网电价和可选择的绿色奖励、豁免所得税和缩短折旧期。然而,被申请方认为捷克的激励机制并非以光伏为重点。《促进法案》和ERO的相关条例通过提供上网电价或绿色奖励激励发电厂,但所得税豁免和缩短折旧期并不是激励机制的一部分。

（二）申请方在捷克共和国的投资

2010 年 7 月 19 日，申请方收购了已签订并网协议的 Hutira 公司（下称 SPV）51%的股份。2010 年 9 月 13 日，申请方又收购 25%的股份，总控股达 76%，旨在南摩拉维亚的 Omice 建造一座产能为 1.052 兆瓦太阳能发电厂。2013 年 11 月 18 日，申请方收购 SPV 所有股份，成为其唯一股东。2010 年 10 月，申请方的太阳能发电厂竣工并完成了许可程序。随后，SPV 获得了能源许可，并与 E. ON Distribuce 签订了绿色奖励支付协议。

（三）激励机制的修订——申请方认为侵犯了其在 BIT 和 ECT 项下的权益

2009 年，ERO 在寻求大幅降低太阳能上网电价的方法。2009 年 6 月 25 日，欧盟发布《指令 2009》，规定捷克在 2020 年 RES 发电用量占比达 13%。2009 年 7 月，ERO 负责人建议废除“5%原则”，以调整上网电价。2010 年 3 月 17 日，捷克议会通过 137/2010 号法案，修订《促进法案》，规定从 2011 年 1 月 1 日起废除“5%原则”，使 2011 年新制定上网电价的 RES 实现投资回报期短于 11 年。申请方称该修正案仅适用于 2011 年之后并网的电厂。废除“5%原则”也会影响绿色奖励的水平。

2010 年 11—12 月，捷克议会通过的 346/2010 号法案废除了《所得税法案》中的免税期和缩短折旧期的决定；通过的 402/2010 号法案向“2009 年 1 月 1 日—2010 年 12 月 31 日期间投入使用的设施在 2011 年 1 月 1 日—2013 年 12 月 31 日期间由太阳辐射产生的电力”征税（下称“太阳能税”）。“太阳能税”向 RES 生产商征收。上网电价系统和绿色奖励系统的“太阳能税”税率分别为 26%和 28%。

2012—2013 年，第 165/2012 号法案（又称《新促进法案》）代替了《促进法案》，终止了截至 2012 年 12 月 31 日 RES 生产商与电网运营商之间所有规定支付上网电价或绿色奖励的合同。2013 年 9 月 1 日，310/2013 号法案生效，拓宽“太阳能税”的适用范围，并将上网电价系统下的“太阳能税”降至 10%，将在绿色奖励系统下的“太阳能税”降至 11%。2015 年 11 月 19 日,ERO 发布了 5/2015 号价格决定令,规定截至 2016 年 1 月 1 日,上网电价仅适用于 2013—2015 年投产的电厂,而不适用于 2006—2012 年投产的电厂,即不适用于申请方的电厂,从而有效地废除了上网电价。2015 年 12 月 29 日,ERO 发布了 9/2015 号价格决定令,为 2006 年以来投产的 RES 发电厂设置了上网电价和绿色奖励,包括申请方的发电厂。

(四) 捷克法院对被申请方修订激励机制的审查

在征收“太阳能税”和取消免税期后,捷克参员向捷克宪法法院提出异议,希望取消这些措施。2012 年 5 月 15 日,捷克宪法法院裁定征收“太阳能税”和取消免税期都未违反捷克宪法。

随后,许多光伏投资商因捷克征收“太阳能税”而起诉捷克的税务部门。2014 年 7 月 10 日,捷克最高行政法院裁定“太阳能税”本质上是降低政府补贴而不是税收,因此并未对太阳能电力生产商的收入进行公司所得税和“太阳能税”的双重征税。

(五) 欧盟委员会对捷克 RES 激励机制和欧盟国家援助法兼容性的裁决

2016 年 11 月 28 日,欧盟委员会裁定捷克将探讨中的援助措施生效违反了《欧盟运行条约》第 108(3)条。但委员会不反对与内部市场兼容的《欧盟运行条约》第 107(3)(c)条下的援助。

二、仲裁诉求

(一) 申请方请求仲裁庭

1. 驳回被申请方提出的管辖权异议。

2. 声明被申请方的行为:

(1) 构成不公平和不有利待遇,并违反 ECT 和 BIT 中的提供全面保护和保障的义务。

(2) 以不合理和任意待遇损害申请方维护、使用、享有和处置其投资，违反了 ECT 和 BIT。

3. 裁定捷克共和国：

(1) 赔偿申请方因捷克违反条约给其造成的所有损失，金额不低于 6 210 万捷克克朗(包括裁决前的利息)。

(2) 从最终裁决之日起至全额支付为止，就裁决的损害赔偿金，向申请方支付裁决后利息。

(3) 赔偿申请方本次仲裁的所有费用和开支，包括律师费和专家费用、仲裁庭任命的任何专家的费用和开支、仲裁庭的费用和开支，以及仲裁的所有其他费用，包括因第三方参与而产生的任何费用。

(二) 被申请方请求仲裁庭

1. 宣布对申请方的所有主张无管辖权。

2. 对于仲裁庭裁定其具有管辖权的任何主张，查明捷克共和国没有违反其在 ECT 或 BIT 项下的任何义务。

3. 若仲裁庭对申请方的任何主张行使管辖权并裁定捷克负有责任，则裁定申请方无权获得任何损害赔偿。

4. 裁定申请方支付所有仲裁费用，包括捷克的律师费、专家费用和开支，仲裁庭的费用和开支以及 PCA 收取的费用。

5. 裁定捷克可获得其认为公正和适当的额外救济。

三、法律分析

(一) 仲裁庭的管辖权

被申请方认为仲裁庭对申请方的所有主张无管辖权。申请方认为仲裁庭对其所有主张有管辖权。如下为当事人双方的抗辩及仲裁庭决议。

1. 申请方的投资是否是 BIT 和 ECT 项下的“国外投资”

(1) 申请方观点。申请方认为其投资属于 ECT 规定的广义国外投资，与投资商的国籍和资本的来源都无关。同时,ICW 开展了多项投资,这完全表明它是一家活跃的公司。

(2) 被申请方观点。被申请方认为 BIT 第 1(a)条和 ECT 第 1(6)条,要求"国外投资"必须是东道国国外的投资。被申请方称,申请方在 SPV 的股份是由国内投资者通过"外国空壳公司"进行的,属于国内投资,不受 ECT 或 BIT 的保护。在 KT Asia Investment Group BV 诉哈萨克斯坦案中仲裁庭裁定空壳公司的控股并不足以构成投资。被申请方认为本案中 ICW 在 2005 年前都处于休眠状态且其投资与注册地毫无联系,只是"伪装"成国际投资,所以仲裁庭无管辖权。

(3) 仲裁庭观点。根据文本释义,仲裁庭认为 BIT 第 1(a)条和 ECT 第 1(6)条都未规定投资资本必须来自东道国国外,申请方的投资受 ECT 和 BIT 的保护,仲裁庭拥有管辖权。

2. 被申请方是否同意对基于 BIT 提起的主张进行仲裁

(1) 申请方观点。申请方认为,仲裁庭对违反 BIT 公平且有利待遇、提供全面保护和保障以及非损害条款的主张具有管辖权。申请方根据 BIT 第 2(2)条提起主张,这些主张未受 BIT 第 2(2)条保护,但受第 8(1)条保护,根据保护伞条款第 2(3)条规定,被申请方有责任完整履行 BIT 条约,第 8(1)条确实涵盖第 2(2)条。此外,英国国民享有最惠国待遇,最惠国待遇规定可提起公平且有利待遇和非损害的主张。因此,仲裁庭对申请方按照第 2(2)条提交的主张具有管辖权。

(2) 被申请方观点。被申请方称,申请方根据 BIT 第 2(2)条提起的所有主张均超出条款仲裁的范围。被申请方认为第 8(1)条和最惠国条款都未明确或以其他方式规定对 BIT 第 2(2)的主张进行仲裁。

(3) 仲裁庭观点。仲裁庭认定其无法依据 BIT 其他条款对涉及第 2(2)条项下义务的主张享有管辖权。首先,根据第 8(1)条,提交仲裁的主张必须违反第 2(3)、4、5、6 条的义务。其次,当缔约方与投资者达成"特定协议"时,BIT 第 2(3)条规定的特别制度适用于缔约方的义务。因此,第 2(3)条并未将仲裁庭的管辖权延伸至第 2(1)条和第 2(2)条中的义务。仲裁庭驳回了申请方关于其根据 BIT 第 8(1)条和第 2(3)条对第 2(2)条项下义务的主张具有管辖权。最后,仲裁庭无法根据第 3 条的最惠国待遇对第 8(1)条的主张享有管辖权。

3. “太阳能税”是否适用 ECT 的税收排除(ECT 第 21 条)

(1) 申请方观点。申请方反对被申请方提交的管辖权异议。ECT 第 21 条将征税措施排除在 ECT 适用范围,但“太阳能税”不是征税措施。首先,“太阳能税”不是捷克法律定义的税收,捷克法律只是将其称为税收,但其不具备税收的六个特征:强制性的;不可退还的;非对等的;由法律规定;作为国家收入;没有特定目的。其次,“太阳能税”是恶意制定的,被申请方将其定义为税收,利用 ECT 的税收划分来逃避其国际责任,违背了善意原则。最后,被申请方的司法机构对“太阳能税”是否为税收的观点不一致。2014 年 7 月 10 日,捷克最高行政法院裁定“太阳能税”不是一种税收。宪法法院和最高行政法院的第二和第五分庭都裁定“太阳能税”不是税收,其实际上是降低上网电价的措施。

(2) 被申请方观点。被申请方称,“太阳能税”是捷克法律规定的,是 ECT 第 21 条规定的征税措施。判断“太阳能税”是否符合 ECT 第 21(7)(a)(i)条定义的征税措施需遵循捷克的国内法。按照捷克法律,被申请方认为“太阳能税”是一种“税收措施”。即使根据“学术理论”的定义,“太阳能税”也满足强制性、不可退还性、由国家法律规定,作为国家收入以满足社会广泛需求等税收的六大特征。捷克最高行政法院和宪法法院等司法机构都裁定“太阳能税”是征税措施。征收“太阳能税”不是降低上网电价。最后,“太阳能税”不是恶意征税,适用于所有太阳能生产商。因此,被申请方请求仲裁庭拒绝对申请方基于 ECT 的请求进行管辖。

(3) 仲裁庭观点。仲裁庭认为,“太阳能税”不构成捷克法律规定的税收,不适用 ECT 第 21 条的税收排除,仲裁庭对“太阳能税”有关主张享有管辖权。首先,捷克最高行政法院 2014 年 7 月 10 日的裁定及宪法法院和最高行政法院分庭都确认“太阳能税”不是捷克法律规定的税收,实质是减少政府补贴(上网电价和绿色奖励)。其次,“太阳能税”旨在减少支付给某些太阳能生产商的上网电价,而不是提高国家收入,不是善意制定的。

4. 仲裁庭是否对欧盟投资者与欧盟成员国之间的争议具有管辖权

(1) 申请方观点。申请方称 Achmea 判决并不影响仲裁庭的管辖权。申请方认为被申请方放弃欧盟内部投资条约管辖权异议的声明是有效的,即确认了仲裁庭对本案的管辖权。

(2) 被申请方观点。被申请方认为,依据 Achmea 判决,仲裁庭对本案无管辖权。被申请方认为瑞士法院应依据欧盟法律对其法律进行解释,即欧盟法律享有优先地位。《瑞士联邦国际私法法典》(PILA)第 186(2)条客观上只适用于"可仲裁事项",而 Achmea 判决作为"欧盟强制性规定"适用于欧盟内部任何争议,包括客观属于"不可仲裁事项"的本案。因此,被申请方认为 Achmea 判决确定被申请方不需考虑瑞士的弃权规则,可在瑞士仲裁程序的任何阶段提出管辖权异议。

(3) 仲裁庭观点。仲裁庭认为其对本案享有管辖权。首先,仲裁庭认为被申请方应依据瑞士的程序法及时对仲裁庭的管辖权提出异议。瑞士不是欧盟的成员国,欧盟法律在瑞士不享有优先地位。因此欧盟法律中的 Achmea 判决不适用本案。其次,仲裁庭认为被申请方放弃了任何欧盟内部投资条约的管辖权异议。PILA 第 182(2)条规定:"对仲裁庭管辖权的任何异议必须在对案情进行任何辩护之前提出。"《联合国国际贸易法委员会仲裁规则》第 21(3)条规定:"关于仲裁庭无管辖权的抗辩,最迟应在答辩书中提出,或在对反请求的答复中提出。"但本案被申请方在整个仲裁程序中多次明确声明其不会根据争议的欧盟内部性质反对仲裁庭的管辖权。

(二) 法律依据

1. 被申请方是否违反公平且有利待遇(FET)

(1) 被申请方是否未提供稳定的法律框架

申请方认为被申请方未按 FET 标准提供稳定的法律框架。首先,被申请方在《促进法案》做出了 15 年回报期和 7%回报率的稳定承诺,在投资者达到被申请方承诺的利益前,被申请方不可更改激励机制。然而,被申请方征收"太阳能税"、取消所得税豁免、更改折旧期的措施,打破了稳定、可预测的投资框架。其次,被申请方虽未以合同等方式明确作出稳定承诺,但申请方认为被申请方应长期提供激励机制,并保护投资商在合理时间内免受立法变化的干扰。被申请方不可改变任何现有投资的未来待遇。

被申请方认为征收"太阳能税"和取消所得税豁免未影响其提供稳定的、可预测的投资框架。首先,被申请方认为东道国修改其国内法并未违反其条约义务。其次，被申请方认为其可撤销之前给予现有投资的待遇。最后，被申请方认为其未作出稳定承诺，仅更改适用于申请方投资的法律框架并未违反其提供FET的条约义务。

仲裁庭同意被申请方的观点，即其未以法律、合同等方式明确就投资商的投资作出稳定的承诺。仲裁庭也同意申请方的观点，即提供稳定、可预测的法律框架是提供FET义务的一部分。仲裁庭裁定被申请方取消税收激励和征收"太阳能税"并未改变激励机制的根本特征，对激励机制的变更是行使其监管电价的主权权利，并未违反提供稳定和可预测框架的义务。

(2) 被申请方是否未保护申请方的合法期望

申请方认为取消所得税豁免和征收"太阳能税"违背了申请方的合法期望。首先，被申请方做出了稳定的承诺，《促进法案》《2007技术条例》《2009定价法案》及《所得税法案》都对激励机制作出明确规定。激励机制为投资者设置合法期望，即帮助被申请方实现欧盟《指令2001》设置的目标。其次，申请方认为其可相信被申请方将以合理的方式修改投资立法。最后，被申请方征收"太阳能税"减少了申请方的利润，切实违背了申请方的合法期望。

被申请方认为取消所得税豁免和征收"太阳能税"未违背申请方的合法期望。首先，合法期望必须来源于特定的法律条文，申请方在投资时并未引证《所得税法案》的特定条文，因此申请方不可能产生合法期望。其次，根据捷克当时的社会和经济情况，申请方信任所谓的承诺是不合理的。最后，征收"太阳能税"未降低上网电价价格，只影响投资商的税后利润，这未违背申请者对稳定的激励机制的合法期望。

仲裁庭认为取消所得税豁免和征收"太阳能税"未违背申请方的合法期望，主要理由如下：① 被申请方并未对激励机制的稳定性作出保证；② 即使被申请方作出该保证，申请方也并未信任该保证；③ 2009—2010年，激励机制出现了重大调整，申请方在2010年5—9月信任捷克政府的保证是不合理的；④ 激励机制未通知欧盟委员会，没有得到欧盟委员会的批准，因此申请方依据欧盟法律的合法期望是不存在的。

(3) 透明度

仲裁庭认为被申请方没有违反FET标准规定的行事透明的义务。捷克政府在2009年已有明显修改激励机制的迹象,但政府在2009年3月—2010年7月期间解散,无法修改。这些都表明捷克已经尽可能按照透明性采取措施。

2. 被申请方是否违反了给予全面保护和保障的义务

申请方认为被申请方征收"太阳能税",对税收豁免和缩短折旧期的废除违反了给予全面保护和保障义务。

被申请方认为基于与不构成违反FET标准相同的原因,被申请方也不违反申请方主张的给予全面保护和保障义务。

提供全面保护和保障的义务与FET重合较大,根据前文对FET的分析,仲裁庭认为被申请方未违反提供全面保护和保障的义务。

3. 被申请方是否构成以不合理或歧视性待遇造成损害

仲裁庭裁定取消所得税豁免和征收"太阳能税"未违反ECT第10(1)条禁止通过任意或歧视性的方式损害申请方投资。仲裁庭认为,造成重大损害才违反条约,但本案的关键点不在于是否构成重大损害,而是取消税收优惠和征收"太阳能税"这两项措施是否出于合理政策的目的,并以合理方式实施。首先,被申请方通过这两项措施减少光伏投资商的超额利润降低电价,缓解公众的电费负担,说明这两项措施是合理的政策。其次,被申请方取消"5%原则"及征收26%的"太阳能税"并未违背其对申请方15年投资回报期的约定,这些举措是以合理的方式实施的。

四、费用

申请方提出,其费用总额为307 599.73欧元,其中包括迄今为止的仲裁保证金10万欧元。

被申请方请求,如果其在仲裁中获胜,仲裁庭应裁决申请方支付捷克共和国与本仲裁有关的所有费用和支出(包括律师费和支出),金额为1 246 817美元,以及捷克共和国在仲裁庭和PCA所产生的费用中的份额,即迄今为止的10万欧元。

《联合国国际贸易法委员会规则》第40条对费用的分配规定如下:仲裁费用原则上应由败诉一方负担。但是,仲裁庭考虑到案件具体情况,认为分摊费用合理的，仲裁庭可裁决在当事人之间分摊每一项此种费用。第三十八条(e)项下的法律代理和协助费用，根据案件的具体情形，仲裁庭可裁定由一方当事人承担或裁定费用合理分摊，由当事人共同承担。仲裁庭认为在没有一方明显胜诉的情况下，费用分配常考虑主张和抗辩的相对成功及当事人在整个诉讼过程中的整体行为。首先，本案申请方在管辖权上胜诉，被申请方在案件上胜诉。其次，仲裁庭认为双方律师都专业水平高，未出现干扰合理分配的不良行为。因此，仲裁庭行使自由裁量权，裁定被申请方承担25%的仲裁费用，申请方应承担75%的仲裁费用。本次仲裁出现了困难且新颖的事实和法律问题，这些问题的结果不确定。此外，仲裁庭认为申请方的主张虽失败了，但却是合理的。因此，仲裁庭行使自由裁量权，裁定本案各方当事人自身承担其法律费用及相应的专家和事实证人的费用。

五、仲裁庭裁决

根据裁决中所载的理由，仲裁庭裁决：

(1) 驳回申请方所有主张。

(2) 申请方应在本裁决送达后6周内向被申请方支付49 180.98欧元。

(3) 双方当事人应承担各自的法律代理和协助费用。

(4) 驳回其他所有主张。

王杰译　张丽楠校

Photovoltaik Knopf Betriebs-GmbH v. 捷克

联合国国际贸易法委员会仲裁院裁决

案号：PCA Case No. 2014－21

裁决时间：2019年5月15日

申 请 方：Photovoltaik Knopf Betriebs-GmbH

律　　师：Luca G. Radicati di Brozolo 教授，Michele Sabatini 律师，Emilio Bettoni 先生，Flavio Ponzano 先生

被申请方：捷克

律　　师：Paolo Di Rosa 先生，Dimitri Evseev 先生，Karolína Horáková 女士，Libor Morávek 女士，Marie Talašová 女士

仲 裁 庭：Hans van Houtt 教授、博士，John Beechey 先生，Toby Landau 先生

一、案件事实

因捷克政府取消之前在光伏行业建立的法律、税收和监管激励机制，申请方根据1992年10月2日签订的《德意志联邦共和国政府与捷克斯洛伐克联邦共和国政府促进和保护投资协议》(以下称BIT)和1998年4月16日签订的《能源宪章条约》(以下称ECT)提交仲裁。

(一) 对可再生能源(RES)激励机制的介绍

1992年，捷克通过了第586/1992号法案(《所得税法案》)，实施了两项针对RES生产商的税收优惠措施：一是免除RES生产商在其太阳能设施投入运营

当年及后五年(免税期)的企业所得税;二是加速某些组件,尤其是光伏设施的折旧期。

2001 年 9 月 27 日,欧洲议会和欧盟理事会(EC)通过《指令 2001》,旨在提高 RES 发电在欧盟内部电力市场的比重,要求欧盟成员国采取适当措施加大消耗 RES 发电量,以期各国在 10 年达成 RES 发电在电力市场占比的指示性目标。

2003 年末,捷克起草《促进法案(草案)》,加大对 RES 生产商的补贴。2004 年 7 月 27 日,EC 指出:"《促进法案(草案)》不属于 ECT 第 81(1)条定义的国家援助"。2004 年 5 月 1 日,捷克加入欧盟,承担欧盟法律规定的义务,承诺 2010 年的 RES 发电用量将在全国电力用量中占比 8%。2005 年 3 月 31 日,捷克通过《促进法案》,规定对 RES 生产商的激励措施:(1) RES 生产商在电力分配或传输方面有优惠待遇;(2) 固定的购买价格或上网电价;(3) 绿色奖励。

上网电价体系要求电网运营商优先购买 RES 发电量,其价格由捷克能源监管办公室(ERO)提前一年制定。依据《促进法案》第 6 条,只要设施满足法律规定的技术和经济参数,RES 生产商有望在 15 年内收回其对 RES 发电厂的投资。为限制 ERO 调整电价的权利,《促进法案》第 6 条规定:以工业生产者价格指数为准,已确定的上网电价将 15 年内保持不变;ERO 在任何年份设定的上网电价下降幅度不得超过上一年上网电价的 5%(5%原则)。

2007 年至 2010 年末,ERO 计算出上网电价为 7%,并修改了技术规范,将新设立的光伏发电厂的预估存续期设置为 20 年,上网电价适用年限也相应从 15 年延长至 20 年。

2009 年,ERO 颁布的 140/2009 号条例("定价条例")中第 2(9)条规定每年增加上网电价:《促进法案》规定的上网电价和绿色奖励适用于发电厂的整个存续期间;考虑到发电厂存续期间通货膨胀指数,除生物质和沼气燃烧发电厂外,其他发电厂的上网电价每年增加 2%—4%。

申请方认为,《促进法案》、ERO 的相关条例和《所得税法案》共同建立了激励制度,为光伏行业的投资提供了上网电价和可选择的绿色奖励、豁免所得税和缩短折旧期。然而,被申请方认为捷克的激励机制并非以光伏为重点。《促进法案》和 ERO 的相关条例通过提供上网电价或绿色奖励激励发电厂,但所得税豁免和缩短折旧期并不是激励机制的一部分。

2010 年 3 月 17 日,ERO 的 RES 部门负责人 Krejcar 先生在产业会议上表示,ERO 准备大幅减少对光伏发电的补贴。申请方称会议期间确实提到了下调上网电价的可能性,但这种下调仅适用于 2010 年底后投产的发电厂。

(二) 申请方在捷克共和国的投资

2005 年 11 月 4 日,申请方 Photovoltaik Knopf Betriebs-GmbH 由 Richard Knopf 先生所有的奥地利公司 Knopf GmbH 成立。它由在奥地利注册的私人基金会 Knopf Privatstiftung 100%拥有。

2010 年 8 月 10 日,申请方以 11 595 000 捷克克朗收购捷克 FVE Kněžmost 有限责任公司(下称 SPV),涉足捷克太阳能业务。同时,申请方以 1 109 700 捷克克朗在 Kněžmost-Koprník 购买了一块土地,且 SPV 与 WEA Solar 集团所有的一家德国公司签订了工程、采购和施工合同用于建造产能为 1 026 kWp 的发电厂。

申请方称,其对该项目的投资,包括收购 SPV 的价格、建造该发电厂的地皮、法律和技术尽职调查的费用,以及 2010 年 9 月认购的 261 000 欧元的 SPV 基金认购,总计 798 202.20 欧元。为建设该发电厂,SPV 从银行贷款 295 万欧元。

申请方的太阳能发电厂已于 2010 年底完成并完成许可程序。2010 年 12 月 23 日,SPV 签订了并网协议。2010 年 12 月,电厂投产,容量达 0.999 兆瓦,并于 2011 年 1 月 12 日起向电网供电。2011 年 1 月 20 日,SPV 与 ČEZ Distribuce 签署了电力采购协议并生效。2012 年 12 月 12 日,双方签订了新的购电协议。

(三) 激励机制的修订——涉嫌侵犯申请方在 BIT 和 ECT 项下的权益

2009 年,ERO 在寻求大幅降低太阳能上网电价的方法。2009 年 6 月 25 日,欧盟发布《指令 2009》,规定捷克在 2020 年 RES 发电用量占比达 13%。2009 年 7 月,ERO 负责人建议废除"5%原则",以调整上网电价。2010 年 3 月 17 日,捷克议会通过 137/2010 号法案,修订《促进法案》,规定从 2011 年 1 月 1

日起废除“5%原则”,使2011年新制定上网电价的RES实现投资回报期短于11年。申请方称该修正案仅适用于2011年之后并网的电厂。废除“5%原则”也会影响绿色奖励的水平。

2010年11月至12月,捷克议会通过的346/2010号法案废除了《所得税法案》中的免税期和加速折旧期;通过的402/2010号法案向“2009年1月1日—2010年12月31日期间投入使用的设施在2011年1月1日—2013年12月31日期间由太阳辐射产生的电力”的征税(下称“太阳能税”)。“太阳能税”向RES生产商征收。上网电价系统和绿色奖励体系的“太阳能税”税率分别为26%和28%。

2012—2013年,第165/2012号法案(又称《新促进法案》)代替了《促进法案》,终止了截至2012年12月31日RES生产商与电网运营商之间所有规定支付上网电价或绿色奖励的合同。2013年月13日,310/2013号法案生效,拓宽“太阳能税”的适用范围,并将上网电价系统下的“太阳能税”降至10%,将在绿色奖励系统下的“太阳能税”降至11%。2015年11月19日,ERO发布了5/2015号价格决定令,规定截至2016年1月1日,上网电价仅适用于2013—2015年投产的电厂,而不适用于2006—2012年投产的电厂,即不适用于申请方的电厂,从而有效地废除了上网电价。2015年12月29日,ERO发布了9/2015号价格决定令,为2006年以来投产的RES发电厂设置了上网电价和绿色奖励,包括申请方的发电厂。

(四) 捷克法院对被申请方修订激励机制的审查

在征收“太阳能税”和取消免税期后,捷克参员向捷克宪法法院提出异议,希望取消这些措施。2012年5月15日,捷克宪法法院裁定征收“太阳能税”和取消免税期都未违反捷克宪法。

随后,许多光伏投资商因捷克征收“太阳能税”而起诉捷克的税务部门。2014年7月10日,捷克最高行政法院裁定“太阳能税”本质上是降低政府补贴而不是税收,因此并未对太阳能电力生产商的收入进行公司所得税和“太阳能税”的双重征税。

(五) 欧盟委员会对捷克 RES 激励机制和欧盟国家援助法兼容性的裁决

2016 年 11 月 28 日,欧盟委员会裁定捷克将探讨中的援助措施生效违反了《欧盟运行条约》第 108(3)条,但委员会不反对与欧盟内部市场兼容的《欧盟运行条约》第 107(3)(c)下的援助。

二、仲裁诉求

(一) 申请方请求仲裁庭

1. 驳回被申请方提出的管辖权异议。

2. 声明被申请方的行为:

(1) 构成不公平和不有利待遇,并违反 ECT 和 BIT 中的提供全面保护和保障的义务。

(2) 以不合理和任意待遇损害申请方维护、使用、享有和处置其投资,违反了 ECT 和 BIT 的规定。

3. 裁定捷克共和国:

(1) 赔偿申请方因捷克共和国的违反条约给其造成的所有损失,总计不低于 6 130 万捷克克朗(包括裁决前的利息及税款补偿)。

(2) 从最终裁决之日起至全额支付为止,就裁决的损害赔偿金,向申请方支付裁决后利息。

(3) 赔偿申请方本次仲裁的所有费用和开支,包括律师费和专家费用、仲裁庭任命的任何专家的费用和开支、仲裁庭的费用和开支,以及仲裁的所有其他费用,包括因第三方参与而产生的任何费用。

(二) 被申请方请求仲裁庭

1. 宣布对申请方的所有主张没有管辖权。

2. 对于仲裁庭裁定其具有管辖权的任何主张,查明捷克共和国没有违反其在 ECT 或 BIT 项下的任何义务;

3. 若仲裁庭对申请方的任何主张行使管辖权并裁定捷克负有责任，则裁定申请方无权获得任何损害赔偿。

4. 若对申请方的主张享有管辖权，裁决捷克共和国有责任，则宣布申请方无权获得任何损害赔偿。

5. 裁定申请方支付所有仲裁费用，包括捷克的律师费和专家费用和开支以及仲裁庭的费用和开支，以及 PCA 收取的费用。

6. 裁定捷克可获得其认为公正和适当的额外救济。

三、法律分析

（一）管辖权

被申请方认为仲裁庭对申请方的所有主张无管辖权，但申请方认为仲裁庭对其所有主张有管辖权。如下为当事人双方的抗辩及仲裁庭的观点。

1. “太阳能税”是否可以适用 ECT 的税收排除（ECT 第 21 条）

（1）申请方观点。申请方反对被申请方提交的管辖权异议。首先，捷克法律未区分“税收”和“费用”，也未对“税收”作出一般定义。捷克法律在规定“太阳能税”（Solar Levy）时故意使用了“Levy”而不是“Tax”。“太阳能税”也不具备税收的六个特征：强制性、不可退还、非对等、由法律规定、作为国家收入、没有特定目的。其次，被申请方的司法机构对“太阳能税”是否为税收的观点不一致。2014 年 7 月 10 日，捷克最高行政法院裁定“太阳能税”不是一种税收。宪法法院和最高行政法院的第二和第五分庭都裁定“太阳能税”不是税收，其实际上是减少了上网电价。最后，“太阳能税”是恶意制定的，被申请方将其定义为税收，利用 ECT 的税收划分来逃避其国际责任，违背了善意原则。

（2）被申请方观点。被申请方称，“太阳能税”是捷克法律规定的，是 ECT 第 21 条税收排除条款规定的税收。判断征税措施的性质是否符合 ECT 第 21(7)(a)(i)条的定义需遵循捷克的国内法，而不是依据“学术理论”。按照捷克法律，被申请方认为“太阳能税”是一种“税收措施”。捷克最高行政法院和宪法法院等司法机构都裁定“太阳能税”是征税措施。即使根据“学术理论”的定义，“太阳能税”也满足强制性、不可退还性、由国家法律规定,作为国家收入以满足社会广泛需求等税收的六大特征。征收“太阳能税”和收取上网电价是相互独立的。最后,“太阳能税”不是恶意征税,适用于所有太阳能生产商。综上,被申请方请求仲裁庭拒绝管辖申请方提交的主张。

(3) 仲裁庭观点。仲裁庭认为,“太阳能税”不构成捷克法律规定的税收,也不是ECT下第21条的“税收”或“征税措施”,仲裁庭对“太阳能税”有关主张享有管辖权。首先,捷克最高行政法院2014年7月10日的裁定及宪法法院和最高行政法院分庭都确认“太阳能税”不是捷克法律规定的税收,其实质是减少政府补贴(上网电价和绿色奖励)。其次,“太阳能税”旨在减少支付给某些太阳能生产商的上网电价,而不是提高国家收入,不是善意制定的。

2. 仲裁庭是否对欧盟投资商与欧盟成员国之间的争议具有管辖权

(1) 申请方观点。申请方称本案中Achmea判决并不影响仲裁庭的管辖权。申请方认为被申请方放弃了任何欧盟内部投资条约的管辖权异议的声明是有效的,即确认了仲裁庭对本案的管辖权。

(2) 被申请方观点。被申请方认为,依据Achmea判决,仲裁庭对本案无管辖权。被申请方认为瑞士法院应依据欧盟法律对其法律进行解释,即欧盟法律享有优先地位。《瑞士联邦国际私法法典》(PILA)第186(2)条客观上只适用于“可仲裁事项”,而Achmea判决作为“欧盟强制性规定”适用于欧盟内部任何争议,包括客观属于“不可仲裁事项”的本案。因此,被申请方认为Achmea判决确定被申请方不需考虑瑞士的弃权规则,可在瑞士仲裁程序的任何阶段提出管辖权异议。

(3) 仲裁庭观点。仲裁庭认为其对本案享有管辖权。仲裁地决定适用的仲裁程序法,仲裁庭认为本案应依据瑞士法律分析被申请方基于Achmea判决提起管辖权异议的行为及Achmea判决对仲裁庭管辖权的影响。首先,仲裁庭认为被申请方未按照PILA第182(2)条及《联合国国际贸易法委员会仲裁规则》第21(3)条规定的时间提起管辖权异议,在仲裁中撤回其管辖权异议,并多次明确表示放弃提起欧盟内部管辖权异议。PILA第182(2)条规定:“对仲裁庭管辖权的任何异议必须在对案情进行任何辩护之前提出。”《联合国国际贸易法委员会仲裁规则》第21(3)条规定:“关于仲裁庭无管辖权的抗辩,最迟应在答辩书中提出，或在对反请求的答复中提出。”其次，瑞士不是欧盟的成员国，欧盟法律在瑞士不享有优先地位，因此 Achmea 判决不适用于本案。

（二）法律依据

1. 被申请方是否违反公平且有利待遇（FET）

FET 的标准很灵活，违反 FET 要求东道国具有如下行为：（1）被申请方违反其提供稳定和可预测法律框架的义务；（2）被申请方违反申请方的合法期望；（3）被申请方违反 FET 标准下的透明度规定。

（1）被申请方是否未提供稳定的法律框架

申请方认为被申请方未按 FET 提供稳定的法律框架。首先，被申请方在《促进法案》做出了 15 年回报期和 7%回报率的稳定承诺，在投资者达到被申请方承诺的利益前，被申请方不可更改激励机制。然而，被申请方征收“太阳能税”、取消所得税豁免、更改折旧期的措施，打破了稳定、可预测的投资框架。其次，被申请方虽未以合同等方式明确作出稳定承诺，但申请方有理由认为被申请方应长期提供激励机制，并保护投资商在合理时间内免受立法变化的干扰。被申请方不可改变任何现有投资的未来待遇。

被申请方认为征收“太阳能税”和取消所得税豁免未影响其提供稳定的、可预测的投资框架。首先，被申请方认为东道国修改其国内法并未违反其条约义务。其次，被申请方认为其可撤销之前给予现有投资的待遇。最后，被申请方认为其未以合同等明确方式作出承诺，仅更改适用于申请方投资的法律框架并未违反其提供 FET 的条约义务。

仲裁庭同意被申请方的观点，即其未与投资商以法律、合同等方式明确作出稳定的承诺。仲裁庭也同意申请方的观点，即提供稳定、可预测的法律框架是提供 FET 义务的一部分。仲裁庭裁定被申请方取消税收激励和征收“太阳能税”并未改变激励机制的根本特征，对激励机制的变更是行使其监管电价的主权权利，并未违反提供稳定和可预测框架的义务。

（2）被申请方是否未保护申请方的合法期望

申请方认为取消所得税豁免和征收“太阳能税”违背了申请方的合法期望。首先，被申请方做出了稳定的承诺，《促进法案》《2007 技术条例》《2009 定价法案》及《所得税法案》都对激励机制作出明确规定。激励机制为投资者设置合法期望,即帮助被申请方实现欧盟《指令 2001》设置的目标。其次,申请方认为其可相信被申请方将以合理的方式修改投资立法。最后,被申请方征收"太阳能税"减少了申请方的利润,这都切实违背了申请方的合法期望。

被申请方认为取消所得税豁免和征收"太阳能税"未违背申请方的合法期望。首先,合理的期望必须来源于特定的法律条文,申请方在投资时并未引证《所得税法案》的特定条文,因此申请方不可能产生合理的期望。其次,根据捷克当时的社会和经济情况,申请方信任所谓的承诺是不合理的。最后,征收"太阳能税"未降低上网电价价格,只影响投资商的税后利润,这未违背申请方对稳定的激励机制的合法期望。

仲裁庭认为取消所得税豁免和征收"太阳能税"未违背申请方的合法期望。主要理由为:(1) 被申请方并未对激励机制的稳定性作出保证;(2) 即使被申请方作出该保证,申请方也并未信任该保证;(3) 2009—2010 年,激励机制出现了重大调整。因此申请方在 2010 年 5—9 月信任捷克政府的保证是不合理的;(4) 激励机制未通知欧盟委员会,没有得到欧盟委员会的批准,因此申请方依据欧盟法律的合法期望是不存在的。

(3) 透明度

仲裁庭认为被申请方没有违反 FET 标准规定的行事透明的义务。捷克政府在 2009 年已有明显修改激励机制的迹象,但政府在 2009 年 3 月—2010 年 7 月期间解散,无法修改。这些都表明捷克已经尽可能按照透明性采取措施。

2. 被申请方是否违反了给予全面保护和保障的义务

申请方认为被申请方征收"太阳能税",对税收豁免和折旧期缩短的废除违反了给予全面保护和保障义务。

被申请方认为基于与不构成违反 FET 标准相同的原因,被申请方也不违反申请方主张的给予全面保护和保障义务。

提供全面保护和保障的义务与 FET 重合较大,根据前文对 FET 的分析,仲裁庭认为被申请方未违反提供全面保护和保障的义务。

3. 被申请方是否构成以不合理或歧视性待遇造成损害

仲裁庭裁定取消所得税豁免和征收"太阳能税"未违反 ECT 第 10(1)条禁

止通过任意或歧视性的方式损害申请方投资。仲裁庭认为，造成重大损害才违反条约，但本案的关键点不在于是否构成重大损害，而是取消税收优惠和征收“太阳能税”这两项措施是否以合理政策次为目的，并以合理方式实施。首先，被申请方通过这两项措施减少光伏投资商的超额利润降低电价，缓解公众的电费负担，说明这两项措施是合理的政策。其次，被申请方取消“5%原则”及征收26%的“太阳能税”并未违背其对申请方15年投资回报期的约定，这些举措是以合理的方式实施的。

四、费用

申请方提出，其费用总额为310 589.11欧元，其中包括迄今为止的仲裁保证金10万欧元。

被申请方请求，如果其在仲裁中获胜，仲裁庭应裁决申请方支付捷克共和国与本仲裁有关的所有费用和支出(包括律师费和支出)，金额为1 246 817美元，以及捷克共和国在仲裁庭和PCA所产生的费用的份额，即迄今为止的10万欧元。

《联合国国际贸易法委员会规则》第40条对费用的分配规定如下：仲裁费用原则上应由败诉一方负担。但是，仲裁庭考虑到案件具体情况，认为分摊费用合理的，仲裁庭可裁决在当事人之间分摊每一项此种费用。第三十八条(e)项下的法律代理和协助费用，根据案件的具体情形，仲裁庭可裁定由一方当事人承担或裁定费用合理分摊，由当事人共同承担。仲裁庭认为在没有一方明显获胜的情况下，费用分配常考虑主张和抗辩的相对成功及当事人在整个诉讼过程中的整体行为。首先，本案申请方在管辖权上获胜，被申请方在法律依据上获胜。其次，仲裁庭认为双方律师都有较高的专业水平，未出现干扰费用合理分配的行为。因此，仲裁庭行使自由裁量权，裁定被申请方承担25%的仲裁费用，申请方应承担75%的仲裁费用。本次仲裁提出了困难且新颖的事实和法律问题，这些问题的结果不确定。尤其，仲裁庭认为申请方的主张虽然没有成功，但也是合理的。因此，仲裁庭行使自由裁量权，裁定本案各方当事人自身承担其法律费用及相应的专家和事实证人的费用。

五、仲裁庭裁决

根据裁决中所载的理由,仲裁庭裁决:

(1) 驳回申请方所有主张。

(2) 申请方应在本裁决送达后六周内向被申请方支付 49 180.98 欧元。

(3) 双方当事人应承担各自的法律代理和协助费用。

(4) 驳回其他所有主张。

王杰译　张丽楠校

Wa Investments-Europa Nova Limited v. 捷克

联合国国际贸易法委员会仲裁院裁决

案号：PCA Case No. 2014－19

裁决时间：2019 年 5 月 15 日

申 请 方：Wa Investments-Europa Nova Limited（注册地在塞浦路斯）

律　　师：Luca G. Radicati di Brozolo 教授，Michele Sabatini 律师，Emilio Bettoni 先生，Flavio Ponzano 先生

被申请方：捷克

律　　师：Paolo Di Rosa 先生，Dimitri Evseev 先生，Karolína Horáková 女士，Libor Morávek 女士，Marie Talašová 女士

仲 裁 庭：Hans van Houtt 教授、博士，John Beechey CBE 先生，Toby Landau QC 先生

一、案件事实

因捷克政府取消之前在光伏行业建立的法律、税收和监管激励机制，申请方根据 2001 年 6 月 15 日签订的《塞浦路斯共和国政府与捷克斯洛伐克联邦共和国政府促进和保护投资协议》（以下称 BIT）和 1998 年 4 月 16 日签订的《能源宪章条约》（以下称 ECT）提交仲裁。

（一）对可再生能源（RES）激励机制（RES 机制）的介绍

1992 年，捷克通过了第 586/1992 号法案（《所得税法案》），实施了两项针对

RES生产商的税收优惠措施：一是免除RES生产商在其太阳能设施(SPV)投入运营当年及后五年(免税期)的企业所得税；二是加速某些组件，尤其是光伏设施的折旧期，尤其是光伏设施的折旧期。

2001年9月27日，欧洲议会和欧盟理事会(EC)通过《指令2001》，旨在提高RES发电在欧盟内部电力市场的比重，要求欧盟成员国采取适当措施加大消耗RES发电量，以期各国在10年达成RES发电在电力市场占比的指示性目标。

2003年末，捷克起草《促进法案(草案)》，加大对RES生产商的补贴。2004年7月27日，EC指出："《促进法案(草案)》不属于ECT第81(1)条定义的国家援助。"2004年5月1日，捷克加入欧盟，承担欧盟法律规定的义务，承诺2010年的RES发电用量将在全国电力用量中占比8%。2005年3月31日，捷克通过《促进法案》，规定对RES生产商的激励措施：(1) RES生产商在电力分配或传输方面有优惠待遇；(2) 固定的购买价格或上网电价(FiT)；(3) 绿色奖励奖金。

FiT上网电价系统要求电网运营商优先购买RES发电量，其价格由捷克能源监管办公室(ERO)提前一年制定。依据《促进法案》第6条，只要设施满足法律规定的技术和经济参数，RES生产商有望在15年内收回其对RES发电厂的投资。为限制ERO调整电价关税的权利，《促进法案》第6条规定：以工业生产者价格指数为准，已确定的FiT上网电价将15年内保持不变；ERO在任何年份设定的FiT上网电价下降幅度不得超过上一年FiT上网电价的5%(5%原则)。

2007年至2010年末，ERO计算出FiT上网电价为7%，并修改了技术规范，将新设立的光伏发电厂的预估存续期设置为20年，FiT上网电价适用年限也相应从15年延长至20年。

2009年，ERO颁布的140/2009号条例("定价条例")中第2(9)条规定每年增加FiT上网电价：《促进法案》规定的FiT上网电价和绿色奖励适用于发电厂的整个存续期间；考虑到发电厂存续期间通货膨胀指数，除生物质和沼气燃烧发电厂外，其他发电厂的FiT上网电价每年增加至少2%—4%。

申请方认为《促进法案》、ERO的相关条例和《所得税法案》共同建立了激励制度，为光伏行业的投资提供了 FiT 上网电价和可选择的绿色奖励金、豁免所得税和缩短折旧期。然而，被申请方认为捷克的激励机制并非以光伏为重点。《促进法案》和 ERO 的相关条例通过提供 FiT 上网电价或绿色奖励金激励发电厂，但所得税豁免和缩短折旧期并不是激励机制的一部分。

2008 年末，由于光伏组件价格下降，捷克太阳能行业吸引了许多外国投资。

（二）申请方在捷克共和国的投资

2007 年，申请方由捷克国民依塞浦路斯法律创立并持有。2008 年 10 月 29 日，申请方决定收购一家捷克有限责任公司——Lambreti Estates（该公司收购后更名为 SolarOne）以涉足捷克太阳能业务。2008 年 12 月 1 日，申请方以 390 000 欧元购买 SolarOne 全部股份。2009 年 1 月 21 日，申请方出资 390 000 欧元入股 SolarOne。2009 年 8 月，申请方出资 2 708 000 欧元并于 2009 年 9 月 14 日支付，进一步入股 SolarOne。2009 年 11 月 3 日，Chroustovský 先生以 20 000 捷克克朗获得 SolarOne 10%的股份。

2009 年，SolarOne 收购两个特殊目的载体购买 2 辆捷克专用车（“SPVs”），以建造两座太阳能发电厂。2009 年 8 月 27 日，SolarOne 以 74 350 捷克克朗从 Szolony 先生购买了 Tomsan 公司 90%的股份。同日，Chroustovský 先生以 1 捷克克朗购买了 Tomsan 公司剩下 10%的股份。申请方在 20 年内对 Chroustovský 先生手中 Tomsan 公司 10%的股份拥有看涨期权。捷克商法典禁止单一股东持有有限责任公司 100%股份，该规定直至 2014 年 1 月 1 日被废除，因此该交易未成功。

2009 年 8 月 27 日，Tomsan 的股权重新分配，Chroustovský 先生拥有 1%的股权，SolarOne 拥有 99%的股权。2009 年 11 月 3 日，SolarOne 以 1 捷克克朗从 Chroustovský 先生处购买了 Tomsan 公司 1%的股份，全权掌控了 Tomsan 公司。2009 年 12 月 29 日，SolarOne 以 2 200 000 捷克克朗购买了 Sluneční 公司的全部股份。2009 年 11 月，Chroustovský 先生购买了 SolarOne 10%的股份，申请方对 10%的股份拥有看涨期权。2016 年 5 月 25 日，申请方将其对 SolarOne 90%的股份售给 Jan Černý 先生。

Tomsan 于 2009 年 9 月 4 日签订工程、采购和施工合同，而 Sluneční 于

2010 年 4 月 8 日签署合同。Tomsan 的太阳能电池板于 2009 年 9 月 7 日购买，而 Sluneční 的太阳能电池板于 2010 年 6 月 2 日获得太阳能电池板。

(三) 激励机制的修订——涉嫌侵犯申请方在 BIT 和 ECT 项下的权益

2009 年 3 月，政府解散；同年 5 月，临时政府就职；2010 年 7 月，新政府上台。2009 年，ERO 在寻求大幅降低太阳能 FiT 上网电价的方法。2009 年 6 月 25 日，欧盟发布《指令 2009》，规定捷克在 2020 年 RES 发电用量占比达 13%(目标 2020)。2009 年 7 月，ERO 负责人建议废除“5%原则”，以调整 FiT 上网电价。2010 年 3 月 17 日，捷克议会通过 137/2010 号法案，修订《促进法案》，规定从 2011 年 1 月 1 日起废除“5%原则”，使 2011 年新制定 FiT 上网电价的 RES 实现投资回报期短于 11 年。申请方称该修正案仅适用于 2011 年之后并网的电厂。废除“5%原则”也会影响绿色奖励金的水平。

2010 年 11—12 月，捷克议会通过的 346/2010 号法案废除了《所得税法案》中的免税期和缩短加速折旧期的规定；通过的 402/2010 号法案向“2009 年 1 月 1 日—2010 年 12 月 31 日期间投入使用的设施在 2011 年 1 月 1 日—2013 年 12 月 31 日期间由太阳辐射产生的电力”的征税(下称“太阳能税”)。“太阳能税”向 RES 生产商征收。FiT 上网电价系统和绿色奖励金系统的“太阳能税”税率分别为 26%和 28%。

2012—2013 年，第 165/2012 号法案(又称《新促进法案》)代替了《促进法案》，终止了截至 2012 年 12 月 31 日 RES 生产商与电网运营商之间所有规定支付 FiT 上网电价或绿色奖励金的合同。2013 年 9 月 13 日，310/2013 号法案生效，拓宽“太阳能税”的适用范围，并将 FiT 上网电价系统下的“太阳能税”降至 10%，将在绿色奖励金系统下的“太阳能税”降至 11%。2015 年 11 月 19 日，ERO 发布了 5/2015 号价格决定令，规定截至 2016 年 1 月 1 日，FiT 上网电价仅适用于 2013—2015 年投产的电厂，而不适用于 2006—2012 年投产的电厂，即不适用于申请方的电厂，从而有效地废除了 FiT 上网电价。2015 年 12 月 29 日，ERO 发布了 9/2015 号价格决定令，为 2006 年以来投产的 RES 发电厂设置了 FiT 上网电价和绿色奖励金，包括申请方的发电厂。

(四) 捷克法院对被申请方修订激励机制的审查

在征收“太阳能税”和取消免税期后，捷克参员向捷克宪法法院提出异议，希望取消这些措施。2012 年 5 月 15 日，捷克宪法法院裁定征收“太阳能税”和取消免税期都未违反捷克宪法。

随后，许多光伏投资商因捷克征收“太阳能税”而起诉捷克的税务部门。2014 年 7 月 10 日，捷克最高行政法院裁定“太阳能税”本质上是降低政府补贴而不是税收，因此并未对太阳能电力生产商的收入进行公司所得税和“太阳能税”的双重征税。

(五) 欧盟委员会对捷克 RES 激励机制和欧盟国家援助法兼容性的裁决

2016 年 11 月 28 日，欧盟委员会裁定捷克将探讨中的援助措施生效违反了《欧盟运行条约》第 108(3)条款。但委员会不反对与欧盟内部市场兼容的《欧盟运行条约》第 107(3)(c)条下的援助。

二、仲裁诉求

(一) 申请方请求仲裁庭

1. 驳回被申请方提出的管辖权异议。

2. 声明被申请方的行为：

(1) 构成不公平和不和有利不公正待遇，并违反 ECT 和 BIT 中的提供全面保护和保障安全的义务；

(2) 以不合理或歧视性措施损害申请方维护、使用、享有享受和处置其投资，违反了 ECT 和 BIT 的规定。

3. 命令裁决捷克共和国：

(1) 赔偿申请方因捷克共和国的违反条约给其造成的所有损失，金额不低于 6 800 万捷克克朗(包括审判裁决前的利息)；

(2) 从最终裁决之日起至全额支付为止，就裁决的损害赔偿金，向申请方支

付裁决后利息;

(3) 赔偿付还申请方本次仲裁的所有费用和开支,包括律师费法律和专家费用、仲裁庭任命的任何专家的费用和开支、仲裁庭的费用和开支,以及仲裁的所有其他费用,包括因第三方参与而产生的任何费用。

(二) 被申请方请求仲裁庭

1. 宣布对申请方的所有主张没有管辖权。

2. 对于仲裁庭认定其具有管辖权的任何主张,查明捷克共和国没有违反其在 ECT 或 BIT 项下的任何义务。

3. 如果它对申请方 ICW 的主张任何索赔行使管辖权并认定捷克共和国有责任,则声明申请方 WAIEN 无权获得任何损害赔偿。

4. 裁定命令申请方支付仲裁的所有费用,包括捷克的律师费、法律和专家费用及开支,以及仲裁庭的费用和开支,以及 PCA 收取的费用。

5. 裁定捷克可获得其认为公正和适当的额外救济。

三、法律分析

(一) 管辖权

被申请方认为仲裁庭对申请方的所有主张无管辖权,但申请方认为仲裁庭对其所有主张有无管辖权。如下为当事人双方的抗辩及仲裁庭观点决议。

1. 申请方是否是 BIT 项下的“投资商”

(1) 申请方观点。BIT 第 1(2)(b)(2)(b)条规定:投资商是依法组成或构成、由法律承认,在缔约方领土内拥有永久席位的实体。申请方认为其在塞浦路斯拥有“永久席位”,是 BIT 项下的“外国投资商”。申请方称只要在塞浦路斯设有“注册办事处”就可成为塞浦路斯投资商,且根据 BIT 第 1(2)(b)条,“注册办事处”等同于“席位”,则其是“外国投资商”。席位要求仅仅是形式上的,无须与塞浦路斯有经济联系,因此即使申请方为“空壳公司”,其依然受 BIT 保护。申请方认为是否为投资商与其股东的国籍无关,由东道国国民控制的实体可成为

"投资商",是否为投资商与其股东的国籍无关,因此。申请方其未滥用国际投资保护不构成"挑选法院"的滥用。

(2) 被申请方观点。被申请方认为申请方不构成 BIT 项下的"外国投资商",因此仲裁庭对本案无管辖权。首先,申请方将"注册办事处"与"永久席位"混为一谈,忽略了管辖权的"效用"原则。其次,申请方未能证明其于 2011 年 6 月 10 日前,在塞浦路斯进行有效管理。最后,申请方的公司登记执照未能对"注册办事处"提供关于"注册办事处"的关键性证据。

(3) 仲裁庭观点。仲裁庭认为申请方未在塞浦路斯拥有"永久席位",不属于 BIT 项下的"外国投资商",因此仲裁庭对本案缺乏属人管辖权。首先,对 BIT 的解释完全受国际法管辖,只有在国际法允许的范围内,才可参考缔约方的国内法。仲裁庭认为获得"席位"不仅需要正式注册,还需要法律实体有进行"真实有效管理"的地方。申请方在塞浦路斯无办公地点,无员工,未缴纳税款,且其银行账户也为临时使用。综上,因缺乏管辖权,仲裁庭拒绝了申请方依 BIT 提交的所有主张。

2. 申请方的投资是否是 ECT 项下的"国外投资"

(1) 申请方观点。申请方认为 ECT、国际投资法和仲裁判例都未对投资资金的来源做出规定,因此投资资金的来源与管辖权无关。

(2) 被申请方观点。被申请方认为国内投资商通过国外空壳公司进行的投资不是 ECT 项下的投资,因此仲裁庭无管辖权。被申请方称申请方是一家空壳公司,其股东和实际拥有人是三名捷克国民,申请方只是将其国内投资伪装成国际投资。

(3) 仲裁庭观点。仲裁庭认为根据 ECT 第 1 条的文本释义,未规定"外国投资"的资金必须来自东道国以外的国家。仲裁庭认为它对申请方在 ECT 下的投资拥有属事管辖权。

3. "太阳能税"是否适用属于 ECT 的税收排除适用范围(ECT 21 条)

(1) 申请方观点。申请方反对被申请方提交的管辖权异议。首先,"太阳能税(Solar Levy)"不是捷克法律定义的税收,捷克法律未区分"税收"和"费用",也未对定义"税收"作出一般定义。捷克法律在规定,"太阳能税"(Solar Levy)时故意使用了"Levy"而不是"Tax";"太阳能税"同时也不具备税收的六个特征:

强制性、不可退还、非对等、由法律规定、作为国家收入、没有特定目的。其次,被申请方的司法机构对“太阳能税”是否为税收的观点不一致。2014年7月10日,捷克最高行政法院裁定“太阳能税”不是一种税收。宪法法院和最高行政法院的第二和第五分庭都裁定“太阳能税”不是税收,其实际上是减少了FiT上网电价。最后,“太阳能税”是恶意制定的,被申请方将其定义为税收,利用ECT的税收划分豁免来逃避其国际责任,违背了善意原则。

(2) 被申请方观点。被申请方称,“太阳能税”是捷克法律规定的,是符合ECT第21条税收排除免税条款规定的税收。判断征税措施的性质是否符合ECT第21(7)(a)(i)条的定义需遵循捷克的国内法,而不是依据“学术理论”。按照捷克法律,被申请方认为“太阳能税”是一种“税收措施”。捷克最高行政法院和宪法法院等司法机构都裁定“太阳能税”是征税措施。即使根据“学术理论”的定义,“太阳能税”也满足强制性、不可退还性、由国家法律规定,作为国家收入以满足社会广泛需求等税收的六大特征。“太阳能税”与FiT间不存在对价关系,征收“太阳能税”和收取FiT上网电价是相互独立的。最后,“太阳能税”不是恶意征税,适用于所有太阳能生产商。综上,被申请方请求仲裁庭拒绝管辖申请方提交的ECT有关主张。

(3) 仲裁庭观点。仲裁庭认为,“太阳能税”不构成捷克法律规定的税收,也不是ECT下第21条的“税收”或“征税措施”,仲裁庭对“太阳能税”有关主张享有管辖权。首先,捷克最高行政法院2014年7月10日的裁定及宪法法院和最高行政法院分庭都确认“太阳能税”不是捷克法律规定的税收,其实质是减少政府补贴(FiT上网电价和绿色奖励金)。其次,“太阳能税”旨在减少支付给某些太阳能生产商的FiT上网电价,而不是提高国家收入,不是善意制定的。“太阳能税”不是ECT第21条免受ECT保护的“征税措施”。

4. 申请方的投资是否是ECT项下的“投资”

(1) 申请方观点。申请方认为SolarOne 10%的看涨期权是ECT项下的投资,且对其遭受的损害享有主张。剩余90%的股份是ECT项下的投资,且被申请方违约发生2011年1月1日,该违约行为在2016年5月25日之后持续影响,因此申请方有权对其遭受的任何损害(包括在本仲裁庭裁决发布之日或之后可能遭受的损害)进行主张。

(2) 被申请方观点。被申请方认为申请方对 SolarOne 10%的看涨期权不是对股份的所有权,因此其不是 ECT 项下的投资。剩余 90%的股份是 ECT 项下的投资,但 2016 年 5 月 25 日申请方将其股份转让 Jan Černý 先生,因此仲裁庭对 10%的看涨期权无管辖权,且只对 90%股份持有期间所遭受的损害主张享有管辖权。

(3) 仲裁庭观点。仲裁庭认为看涨期权不属于 ECT 第 1(6)条明确列出的投资类型,且看涨期权不是所有权,即其不是 ECT 第 1(6)条项下的"某种资产",不属于投资,因此仲裁庭对申请方 10%的看涨期权不享有管辖权。仲裁庭认为申请方对剩余 90%的股份在 2016 年 5 月 25 日及之后遭受的损害具有管辖权。

5. 仲裁庭是否对欧盟投资者与欧盟成员国之间的争议具有管辖权

(1) 申请方观点。申请方称本案中 Achmea 判决并不影响仲裁庭的管辖权。申请方认为被申请方放弃了任何欧盟内部投资条约的管辖权异议的声明是有效的,即确认了仲裁庭对本案的管辖权。

(2) 被申请方观点。被申请方认为,依据 Achmea 判决,仲裁庭对本案无管辖权。被申请方认为瑞士法院应依据欧盟法律对其法律进行解释,即欧盟法律享有优先地位。《瑞士联邦国际私法法典》(PILA)第 186(2)条客观上只适用于"可仲裁事项",而 Achmea 判决作为"欧盟强制性规定"适用于欧盟内部任何争议,包括客观属于"不可仲裁事项"的本案。因此,被申请方认为 Achmea 判决确定被申请方不需考虑瑞士的弃权规则,可在瑞士仲裁程序的任何阶段提出管辖权异议,无论是在就该案进行辩护之前、之中还是之后。

(3) 仲裁庭观点。仲裁庭认为其对本案享有管辖权。仲裁地决定适用的仲裁程序法,仲裁庭认为本案应依据瑞士法律分析被申请方基于 Achmea 判决提起管辖权异议的行为及 Achmea 判决对仲裁庭管辖权的影响。首先,仲裁庭认为被申请方未按照瑞士 PILA 第 182(2)条及《联合国国际贸易法委员会仲裁规则》UNCITRAL 规则第 21(3)条规定的时间提起管辖权异议,在仲裁中撤回其管辖权异议,并多次明确表示放弃提起欧盟内部管辖权异议。瑞士 PILA 第 182(2)条规定:"对仲裁庭管辖权的任何异议必须在对案情进行任何辩护之前提出。"《联合国国际贸易法委员会仲裁规则》UNCITRAL 规则第 21(3)条规定:"仲裁庭不具有管辖权的抗辩不得迟于在答辩书中提出,或反诉的应诉。关于仲裁庭无管辖权的抗辩,最迟应在答辩书中提出,或在对反请求的答复中提出。”其次,瑞士不是欧盟的成员国,欧盟法律在瑞士不享有优先地位,因此 Achmea 判决不适用于本案。

(二) 法律依据

1. 被申请方是否违反公平且有利公正待遇(FET)

ECT 第10(1)条规定:每一缔约方应遵照该条约的规定,创造稳定、公平、有利且透明的条件,鼓励其他缔约方的投资商在其区域进行投资。这些条件应承诺,始终对其他缔约方的投资商所进行的投资项目给予公平且有利的待遇。这些投资项目也应一直享有保护和保障措施……

FET 的标准很灵活,违反 FET 要求东道国具有如下行为:① 被申请方违反其提供稳定和可预测法律框架的义务;② 被申请方违反申请方的合法期望;③ 被申请方是否违反 FET 标准下的透明度规定。

(1) 被申请方是否未提供稳定的法律框架

申请方认为被申请方未按 FET 提供稳定的法律框架。首先,被申请方在《促进法案》做出了 15 年回报期和 7%回报率的稳定承诺,在投资者达到被申请方承诺的利益前,被申请方不可更改激励机制。然而,被申请方征收“太阳能税”,取消所得税豁免,更改折旧期的措施,打破了稳定、可预测的投资框架。其次,被申请方虽未以合同等方式明确作出稳定承诺,但申请方有理由认为被申请方应长期提供激励机制,并保护投资商在合理时间内免受立法变化的干扰。被申请方不可改变任何现有投资的未来待遇。

被申请方认为征收“太阳能税”和取消所得税豁免未影响其提供稳定的、可预测的投资框架。首先,被申请方认为东道国修改其国内法并未违反其条约义务。其次,被申请方认为其可撤销之前给予现有投资的待遇。最后,被申请方认为其未以合同等明确方式作出承诺,仅更改适用于申请方投资的法律框架并未违反其提供 FET 的条约义务。

仲裁庭同意被申请方的观点,即其未与投资商以法律、合同等方式明确作出稳定的承诺。仲裁庭也同意申请方的观点,即提供稳定、可预测的法律框架是提供 FET 义务的一部分。仲裁庭裁定被申请方取消税收激励和征收“太阳能税”

并未改变激励机制的根本特征，对激励机制的变更是行使其监管电价的主权权利，并未违反提供稳定和可预测框架的义务。

(2) 被申请方是否未保护申请方的合法理的期望

申请方认为取消所得税豁免和征收“太阳能税”违背了申请方的合法理期望。首先，被申请方做出了稳定的承诺，因为《促进法案》《2007 技术条例》《2009 定价法案》及《所得税法案》都对激励机制作出明确规定。激励机制为投资者设置合法理的期望，即帮助被申请方实现欧盟《指令 2001》设置的目标。其次，申请方认为其可相信被申请方将以合理的方式修改投资立法。最后，被申请方征收“太阳能税”减少了申请方的利润，这都切实违背了申请方的合法期望理预期。

被申请方认为取消所得税豁免和征收“太阳能税”未违背申请方的合法期望。首先，合法合理的期望必须来源于特定的法律条文，申请方在投资时并未引证《所得税法案》的特定条文，因此申请方不可能产生合法理的期望。其次，根据捷克当时的社会和经济情况，申请方信任所谓的承诺是不合理的。最后，征收“太阳能税”未降低减少 FiT 上网电价价格，只影响投资商的税后利润，这未违背申请方者对稳定的激励机制的合法期望理预期。

仲裁庭认为取消所得税豁免和征收“太阳能税”未违背申请方的合法期望。主要理由有：① 被申请方并未对激励机制的稳定性作出保证；② 即使被申请方作出该保证，申请方也并未不能信任该保证；③ 在 2009—2010 年间，激励机制出现了重大调整。因此申请方在 2010 年 5—9 月信任捷克政府的保证是不合理的；④ 激励机制未通知欧盟委员会，没有并得到欧盟委员会的批准，因此申请方依据欧盟法律的合法期望是不存在的。

(3) 透明度

仲裁庭认为被申请方没有违反 FET 标准规定的以透明性行事透明的义务。捷克政府在 2009 年已有明显修改激励机制的迹象，但政府在 2009 年 3 月—2010 年 7 月期间解散，无法修改。这些都表明捷克已经尽可能按照透明性采取措施了。

2. 被申请方是否违反了给予全面保护和保障安全的义务

申请方认为被申请方征收“太阳能税”，对税收豁免和折旧期缩短的废除违反了给予全面保护和保障的义务。

被申请方认为基于与不构成违反FET标准相同的原因,被申请方也不违反申请方主张的给予全面保护和保障义务。

提供全面保护和保障安全的义务与FET重合较大,根据前文对FET的分析,仲裁庭认为被申请方未违反提供全面保护和保障安全的义务。

3. 被申请方是否构成以通过不合理或歧视性待遇措施造成损害

仲裁庭裁定取消所得税豁免和征收"太阳能税"未违反ECT第10(1)条禁止通过任意或歧视性的方式损害申请方投资。仲裁庭认为,造成重大损害才违反条约,但本案的关键点不在于是否构成重大损害,而是取消税收优惠和征收"太阳能税"这两项措施是否以合理政策为目的,并以合理方式实施的合理政策。首先,被申请方通过这两项措施减少光伏投资商的超额利润降低电价,缓解公众的电费负担。因此,这两项措施是合理的政策。其次,被申请方取消"5%原则"及征收26%的"太阳能税"并未违背其对申请方15年投资回报期的约定,这些举措是以合理的方式实施的。

四、费用

申请方提出,其费用总额为502 986.09欧元,其中包括迄今为止的仲裁保证金10万欧元。

被申请方请求,如果在仲裁中获胜,仲裁庭应裁决申请方支付捷克共和国与本次仲裁有关的所有费用和支出(包括律师费和支出),金额为1 246 817美元,以及捷克共和国在仲裁庭和PCA所产生的费用的份额,即迄今为止的10万欧元。

仲裁庭认为在没有一方明显获胜的情况下,费用分配常考虑主张和抗辩的相对成功及当事人在整个诉讼过程中的整体行为。首先,本案申请方在管辖权上获胜,被申请方在法律依据上获胜。其次,仲裁庭认为双方律师都有较高的专业水平,未出现干扰费用合理分配的行为。因此,仲裁庭行使自由裁量权,裁定被申请方承担25%的仲裁费用,申请方应承担75%的仲裁费用。本次仲裁提出了困难且新颖的事实和法律问题,这些问题的结果不确定。尤其,仲裁庭认为申请方的主张虽然没有成功,但也是合理的。因此,仲裁庭行使自由裁量权,裁定本案各方当事人自身承担其法律费用及相应的专家和事实证人的费用。

五、仲裁庭裁决及费用

(一) 仲裁庭裁决

根据裁决中所载的理由,仲裁庭裁决:

(1) 驳回申请方所有主张。

(2) 申请方应在本裁决送达后 6 周内向被申请方支付 49 180.98 欧元。

(3) 双方当事人应承担各自的法律代理代表和协助费用。

(4) 驳回双方其他所有主张。

(二) 费用

《贸易法委员会规则》第 40 条对费用的分配规定如下:仲裁费用原则上应由败诉一方负担。但仲裁庭考虑到案件具体情况,认为分摊费用合理的,仲裁庭可裁决在当事人之间分摊每一项此种费用。

第三十八条(e)项下的法律代理和协助费用,根据案件的具体情形,仲裁庭可裁定由一方当事人承担或裁定费用合理分摊,由当事人共同承担。

1. 仲裁费用

在没有一方明显胜诉的情况下,费用分配常考虑主张和抗辩的相对成功及当事人在整个诉讼过程中的整体行为。首先,本案申请方在管辖权上胜诉,被申请方在案件上胜诉。其次,仲裁庭认为双方律师都专业水平高,未出现干扰合理分配的不良行为。因此,仲裁庭行使自由裁量权,裁定被申请方承担 25%的仲裁费用,申请方应承担 75%的仲裁费用。

2. 法律代理和协助费用

本次仲裁出现了困难且新颖的事实和法律问题,这些问题的结果不确定。此外,仲裁庭认为申请方的主张虽没有得到支持,但却是合理的。因此,仲裁庭行使自由裁量权,裁定本案各方当事人自身承担其法律费用及相应的专家和事实证人的费用。

王杰译 张正怡、张丽楠校

Nextera Energy Global Holdings B. V. 和 Nextera Energy Spain Holdings B. V. v. 西班牙

国际投资争端解决中心裁决

案号：ARB/14/11

裁决时间：2019 年 5 月 31 日

申 请 方：Nextera Energy Global Holdings B. V. 和 Nextera Energy Spain Holdings B. V.

律　　师：Karyl Nairn QC 女士，George Zimmerman 先生，David Herlihy 先生，Teresa Queirós 女士，Sara Nadeau-Séguin 女士，Jacob Lefkowitz 先生，Carla Alves 女士，Alberto Fortún 先生，Luis Pérez de Ayala 先生

被申请方：西班牙

律　　师：José Manuel Gutiérrez Delgado 先生，Javier Castro López 先生，Pablo Elena Abad 先生，Antolín Fernández Antuña 先生，Roberto Fernández Castilla 先生，Patricia Fröhlingsdorf Nicolás 女士，Mónica Moraleda Saceda 女士，Elena Oñoro Sainz 女士，Almudena Pérez-Zurita Gutiérrez 女士，Amaia Rivas Kortazar 女士，María José Ruíz Sánchez 女士，Diego Santacruz Descartín 先生，José María Alonso 先生

仲 裁 庭：Donald M. McRae 教授，L. Yves Fortier 阁下，Laurence Boisson de Chazournes 教授

一、案件背景

1998 年 4 月 16 日,《能源宪章条约》对荷兰和西班牙生效。《解决国家与他国国民间投资争端公约》于 1966 年 10 月 14 日批准生效。本案依据这两个条约提交国际投资争端解决中心(ICSID)仲裁。

申请方为 Nextera Energy Global Holdings B. V.(下称“NextEra Global”)和 Nextera Energy Spain Holdings B. V.(下称“NextEra Spain”),两者(下称“申请方”)皆为依荷兰法律建立的有限责任公司。

被申请方为西班牙(下称“被申请方”)。

二、历审程序

2019 年 3 月 12 日,仲裁庭就管辖权、责任、定量原则作出决定。此项决定为裁决的一部分,并纳入附件 A。作出管辖权、责任、定量原则的决定的本次仲裁历审程序在该决定的第二节中进行了总结。程序步骤概要如下。

在管辖权、责任、定量原则的决定中,仲裁庭裁定:

(1) 对本案争议享有管辖权。

(2) 被申请方未保护申请方的合理期望,因此违反了 ECT 第 10 条下的公平公正待遇原则。

(3) 申请方有权对资产资本化收益及裁决前利息主张损害赔偿。收益是 Termosol 工厂截至 2016 年 6 月 30 日的加权平均资本成本(WACC)加上 200 个基点的附加费。利息利率为裁决日当日的 5 年期西班牙主权债券利率,利息按月复利。

(4) 申请方可根据 WACC 加 200 个基点的附加费重新计算其 3.984 亿欧元的损害赔偿金额,并在收到本决定后 10 日内将重算的金额通知仲裁庭和被申请方。

(5) 申请方有权自裁决之日获得利息,按月复利,直至付款。此利息利率为裁决日当日的 5 年期西班牙主权债券利率。

2019 年 3 月 19 日,被申请方提交申请,请求仲裁庭允许其定量专家修改损害赔偿金额。

2019 年 3 月 21 日,仲裁庭致函当事方并指出:“此决定……规定申请方应将重算金额转交被申请方和仲裁庭。若被申请方发现申请方重算的损害赔偿金额有误,则可以随时提请仲裁庭注意这一点。”

同日,申请方提交了《关于管辖权、责任和定量原则的决定》(下称“此决定”)要求的计算结果,并提交了有关利率的意见。

2019 年 4 月 5 日,被申请方告知仲裁庭其对申请方 2019 年 3 月 21 日重算的损害赔偿金额无异议,且无须查看此决定作出时的利率。

2019 年 4 月 11 日,申请方提交更新后的成本表。2019 年 4 月 16 日,被申请方告知仲裁庭其无须提交更新后的成本表。

2019 年 5 月 9 日,仲裁程序结束。

三、损害赔偿

1. 申请方观点

2019 年 3 月 21 日,申请方主张仲裁庭已听取当事方对定量的理由,并决定适用定量原则,唯一的争议在于减少 100 点高于 WACC 的附加费。申请方确认损害赔偿额基于申请方的资产(7.206 亿欧元)资本化收益,为 2.906 亿欧元(不包含利息)。收益是 Termosol 工厂截至 2016 年 6 月 30 日 WACC 加上 200 个基点的附加费。申请方反对被申请方试图重新讨论与替代方案相关的定量问题。至于利率的量化,申请方称西班牙中央银行每日发布主权债券利率,要求仲裁庭在裁决中直接适用该利率,以避免执行不明确。申请方要求仲裁庭就裁决中的法律费用设定一个精准的利率。

2. 被申请方观点

2019 年 4 月 5 日,被申请方表示对 2019 年 3 月 21 日申请方重算的损害赔偿金额无异议。至于利率的量化,被申请方请求仲裁庭裁定利率为裁决日当日的 5 年期西班牙主权债券利率,利息每月复利,且无须查看仲裁庭作出决定当日,西班牙中央银行发布主权债券利率。

3. 仲裁庭观点

仲裁庭未在 2019 年 3 月 12 日的决定中，确定准确的损害赔偿金额，只确定了损害赔偿金额的量化原则。仲裁庭邀请申请方依据仲裁庭决定的量化原则——损害赔偿应基于 WACC 加上 200 个基点的附加费计算——重算其损害赔偿额。仲裁庭同意申请方，损害赔偿金额为 2.906 亿欧元。

仲裁庭在 2019 年 3 月 12 日的决定中，裁定裁决前和裁决后的利息利率为裁决日当日的 5 年期西班牙主权债券利率，利息按月复利。2019 年 3 月 12 日，5 年期西班牙主权债券利率为 0.234%。然而，裁决日当日的 5 年期西班牙主权债券利率为零，则该利率不适用于本案。因此仲裁庭采用 0.234%的利率，此利率适用于 2016 年 6 月 30 日估价日至裁决日的裁决前利息计算，和裁决日至支付前的裁决后利息计算。

四、费用

1. 申请方观点

就本案件而言，申请方请求仲裁庭："命令被申请方支付申请方本次仲裁所有费用，包括但不限于仲裁员费用、ICSID 管理费用、律师费、本案相关的其他费用，及裁决后以上费用按规定利率产生的利息(商业利率为 6.84%，欧元银行同业拆借利率+3.5%)。"

2018 年 9 月 28 日，申请方在其成本表中重申，若其主张胜诉，被申请方应承担申请方的全部仲裁费用。截至 2019 年 4 月 11 日，申请方的法律费用和其他费用(不包括向 ICSID 缴纳的用于支付仲裁费用的预付款)为 3 126 405.9 欧元。申请方还主张被申请方支付其 ICSID 管理费及花费的预付款，总计 484 000 美元。

根据 ICSID 仲裁规则第 28(2)条，申请方认为其主张的费用是合理的，因为：(1) 此金额与 ICSID 之前案件中认为合理的金额一致；(2) 此金额与该程序的规模、持续时间和复杂性相称；(3) 本案诉讼内容广泛；(4) 申请方试图缩短诉讼时长；(5) 申请方比被申请方承担了更多的费用。

2. 被申请方观点

2018 年 9 月 28 日，被申请方在成本表中请求："西班牙恭敬地请求仲裁庭裁定申请方支付本次仲裁产生的所有费用,包括西班牙一方的ICSID管理费用、仲裁员费用、律师费、专家和顾问费及产生的其他费用,包括被申请方在仲裁中支出的所有费用自实际支付期间前产生的合理的利息。”

被申请方的法律费用和其他费用(不包括向ICSID缴纳的用于支付仲裁费用的预付款)为3 102 626.80欧元。被申请方的ICSID管理费及花费的预付款为439 422.13欧元。被申请方认为:“若仲裁庭裁定不支持申请方的主张,申请方应支付被申请方产生的费用。”根据ICSID公约第61(2)条,被申请方认为仲裁庭在分配费用时有自由裁量权,但裁定必须理由充分,且应考虑程序的复杂性和当事各方的行为。

被申请方主张在仲裁中其行为严肃、专业和诚信,且展现了合作意愿。西班牙认为,仲裁庭应考虑以下因素:(1) 被申请方及时提交了诉状,这与申请方案情重述和Compass Lexecon咨询公司第二份专家报告的附录的提交时间形成鲜明对比;(2) 被申请方未打扰申请方诉状文件制作申请的准备,申请方却相反;(3) 申请方在文件制作阶段的行为,包括其未能提供仲裁庭要求的数据,并拒绝被申请方的专家参观Termosol工厂;(4) 申请方在最后时刻才提交Arechabala先生的证人陈述书。

本次仲裁的费用,包括仲裁庭的费用、ICSID管理费及其他直接费,总计835 234.15美元。该费用已由当事人以预付款的形式提前支付。双方支付本次仲裁费用的预付款分别为438 127.56美元(申请方)和397 106.59美元(被申请方)。

ICSID公约第61(2)条规定:就仲裁程序而言,除双方另有协议外,仲裁庭应估计双方同程序相关的开支,并决定该项开支、仲裁庭成员的酬金和开支以及使用中心的设施的费用应如何和由何人偿付。此项决定应成为裁决的一部分。

仲裁庭注意到被申请方在管辖权和实体问题上都败诉,但关于管辖权的论辩,尤其是关于荷兰投资本质的论辩很重要。申请方就实体问题的抗辩并未完全说服仲裁庭,特别是评估损害赔偿金额的原则被驳回。仲裁庭认为,这种情况应反映在费用分配上。

因此,仲裁庭裁定,被申请方应支付2/3的仲裁费用,被申请方应承担1/3的仲裁费用。仲裁总费用包括2016年听证会的口译费用,但不管仲裁结果如何，申请方同意承担所有口译费用。因此，除去口译费用(41 020.97 美元)，仲裁庭可分配的仲裁费用总计 794 213.18 美元。被申请方应支付的 2/3 份额为 529 475.45 美元，申请方应支付的 1/3 份额为 264 737.73 美元。扣掉口译费用，申请方向 ICSID 缴纳的预付款为 397 106.59 美元。因此，仲裁庭裁定被申请方支付申请方 132 368.86 美元。

就当事方产生的费用，仲裁庭裁定被申请方应承担自身费用及申请方 1/3 的费用。不包括住宿费和向 ICSID 预付的费用，申请方费用为 12 441 095.45 美元加 3 126 405.90 欧元。被申请方应支付申请方 1/3 的份额为 4 147 031.81 美元加 1 042 135.3 欧元。

五、裁决

鉴于如上理由，仲裁庭裁决如下：

(1) 再次确认仲裁庭 2019 年 3 月 12 日管辖权、责任、定量原则的决定。

(2) 被申请方因违反 ECT 第 10(1)条项下的公平公正待遇，应支付申请方 2.906 亿美元。

(3) 被申请方应支付申请方利息，利率为 0.234%，时间为 2016 年 6 月 30 日至裁决日，按月复利。

(4) 被申请方应支付申请方 1/3 的仲裁费用 132 368.86 美元。

(5) 被申请方应支付申请方因本次仲裁产生的费用的 1/3，总计 4 147 031.81 美元+1 042 135.3 欧元。

(6) 被申请方应支付申请方利息，利率为 0.234%，时间为裁决日至支付日，按月复利。

王杰译　张丽楠校

InfraRed Environmental Infrastructure GP Limited and Others v. 西班牙

国际投资争端解决中心裁决

案号：ARB/14/12

裁决时间：2019年8月2日

申 请 方：InfraRed Environmental Infrastructure GP Limited，European Investments (Morón) 1 Limited，European Investments (Morón) 2 Limited，European Investments (Olivenza) 1 Limited，European Investments (Olivenza) 2 Limited

律　　师：Alberto Fortún Costea 先生，Luis Pérez de Ayala Becerril 先生，Miguel Gómez Jene 教授，Maribel Rodríguez Vargas 女士，José Ángel Rueda García 博士，Antonio Delgado Camprubí 先生，Borja Álvarez Sanz 女士，José Ángel Sánchez Villegas 先生

被申请方：西班牙

律　　师：José Manuel Gutiérrez Delgado 先生，Amaia Rivas Kortázar 女士，Antolín Fernández Antuña 先生，Mónica Moraleda Saceda 女士，Javier Castro López 先生，María José Ruiz Sánchez 女士，Roberto Fernández Castilla 先生，Elena Oñoro Sainz 女士

仲 裁 庭：William W. Park 教授，Pierre-Marie Dupuy 教授，Stephen L. Drymer 先生

一、案件背景

（一）概述

1990—2000 年，西班牙奉行积极的政策鼓励可再生电力生产并吸引对可再生能源的投资，包括聚光太阳能(CSP)。自 1997 年起，西班牙建立补贴制度，旨在为可再生能源生产商提供使可再生能源生产盈利所需的酬金，使西班牙有力吸引了对可再生能源的投资。2012—2014 年，西班牙未遏制电力系统的“电费赤字”，对可再生能源生产的酬金制度进行改革，减少可再生能源生产商(包括 CSP 发电厂)可获得的总薪酬。因西班牙于 2012—2014 年修改其对可再生能源生产商的国家补贴监管和立法制度，影响申请方投资的两个 CSP 发电厂的影响，申请方提起本次仲裁。

本案的申请方是：(1) InfraRed Environmental Infrastructure GP Limited (InfraRed Limited)，于 2018 年 1 月 16 日依英国法律成立；(2) European Investments (Morón) 1 Limited；(3) European Investments (Morón) 2 Limited；(4) European Investments (Olivenza) 1 Limited；(5) European Investments (Olivenza) 2 Limited，(2)—(5)皆于 2011 年 7 月 20 日依英国法律成立。

2011 年 7 月 28 日前后，申请方向西班牙的两个 CSP 发电厂投资 3 100 万欧元：Ibereólica Solar Morón, S. L(下文简称 Morón)和 Ibereólica Solar Olivenza, S. L.(下文简称 Olivenza)。

（二）申请方投资时西班牙的监管框架

申请方 2011 年投资 Morón 和 Olivenza 发电厂时，西班牙关于 CSP 发电厂的酬金监管框架(原始监管框架)主要基于：(1) 1997 年 11 月 27 日通过的第 54/1997 号法案，也称《1997 年电力法》，确立有利于可再生能源生产商的酬金的“特殊制度”的主要参数；(2) 一系列法规(皇家法令或皇家法令法)，确定、修改和详述可再生能源生产商(包括 CSP 发电厂)可获得的报酬的金额、方式和条件。

第54/1997号法案之后通过的法规可以大致分为两个时间段：1997—2007年颁布的鼓励西班牙可再生能源装置的建设和发展的法规；及约在2009—2010年颁布的限制受益于国家补贴制度的生产商数量的政策。

2007年5月25日，西班牙颁布的第661/2007号皇家法令(RD 661/2007)规定的酬金制度向可再生能源生产商(包括CSP发电厂)提供两种可选择的收入形式：(1)受监管的“上网电价”(FIT)，由法规确定生产商配入电网的每单元电力价格；(2)固定补贴(或溢价)，可再生能源生产商生产的电力为25.4欧元/千瓦时，价格高于现行市场价格。申请方称其作出投资时依赖RD 661/2007授予可再生能源生产商在特别制度下享有的七项权利：(1)可再生能源生产商(包括CSP发电厂)可自由选择FIT或溢价电价；(2)可再生能源生产商(包括CSP发电厂)有权出售其生产的全部电力或能源；(3)CSP生产商即使利用不可再生能源(如天然气)发电，只要如此生产的电力不超过总产量的12%(选择FIT)或15%(选择溢价电价)，则有权获得特殊制度下的酬金；(4)CSP生产者有权在CSP发电厂的存续期间获得特别制度下的酬金；(5)电价和溢价将根据消费者价格指数(CPI)更新；(6)CSP生产商有权优先接入西班牙电网，分配其生产的能源；(7)CSP生产商有权获得无功电能的补贴，若发电厂不遵守“功率”规定将支付罚款。被申请方指出溢价电价使安装标准化装置的发电厂有权在25年内获得9.5%的投资回报率，最低为7.6%，最高为11%。

2009年5月，西班牙政府颁布了第6/2009号皇家法令法(RDL 6/2009)，收紧了生产商在特殊制度下获得酬金的条件。根据RDL 6/2009和2009年11月24日通过的部长理事会决议，西班牙要求希望适用于特别制度的生产商：(1)在预分配登记处登记；(2)在固定日期前开始生产电力并在*特别制度下生产可再生能源装置登记处*(RAIPRE)登记，未能遵守的生产者将被取消获得特殊制度下的酬金的资格。2009年12月11日，Olivenza和Morón发电厂在预分配登记处登记。2012年5月31日，Morón发电厂在RAIPRE登记。2012年12月18日，Olivenza发电厂在RAIPRE登记。Morón发电厂的登记书表明其总容量为49.9兆瓦。Olivenza发电厂的登记书显示其容量为50兆瓦。

申请方称西班牙政府通过2010年7月协议及第1614/2010号皇家法令

(RD 1614/2010)作出具体承诺,即西班牙将在发电厂存续期间保持原始监管框架的稳定,至少任何对监管框架的改革不适用于在 RAIPRE 登记的 CSP 发电厂(包括本仲裁涉及的两个发电厂)。2010 年 10 月 8 日通过的 RD 1614/2010 对原始监管框架的改革包括:(1) 限制 CSP 发电厂在特殊制度下有权获得酬金的运营小时数;(2) 强制 CSP 发电厂在运营的第一年仅根据市场价格和溢价选项获得酬金。RD 1614/2010 规定,电价、溢价和上下限的修订不应影响在预分配登记出上登记的设施。Olivenza 和 MorónCSP 发电厂已在 RD 1614/2010 生效生效前登记。

(三) 申请方的投资

发电厂在预分配登记处(2009 年 12 月 11 日)登记后大约 19 个月及在 RAIPRE 上登记前约 16 个月(Morón 为 2012 年 5 月 31 日,Olivenza 为 2012 年 12 月 18 日)后的 2011 年 7 月 28 日,申请方对 Morón 和 Olivenza 发电厂投资 3 100 万欧元。申请方认为其预期的投资回报率为税后 15%,该预期基于 RD 661/2007 中规定的酬金制度及薪酬制度将以现有形式适用于发电厂整个存续期间。若达不到该预期,申请方则不会投资。但申请方本身并未对西班牙现行的监管框架进行详尽的尽职调查,而是依赖于银行和其他金融机构的核查和尽职调查。其他机构确认发电厂的酬金不受监管框架变化的影响。

(四) 受争议的措施

2012 年起,西班牙颁布一系列改变监管框架的举措,降低可再生能源生产商应得的酬金。2012 年 12 月 27 日,西班牙颁布第 15/2012 号法案,引入两项受申请方质疑的措施:(1) 取消特殊制度下对利用不可再生燃料发电的 FIT 薪酬方案;(2) 征用发电价值税(TVPEE)。TVPEE 的税率为 7%,适用于可再生和不可再生能源生产商。2013 年 2 月 1 日,西班牙颁布第 2/2013 号皇家法令(RDL 2/2013)引入两项受申请方质疑的措施:(1) 取消溢价电价;(2) 建立更新可再生能源生产商酬金的新方法,将 CPI 替换为不含未加工食品或能源产品 CPI。2013 年 7 月 12 日,西班牙颁布的第 9/2013 号皇家法令取消包括固定电价和溢价电价的 FIT 薪酬方案,而引入了特定酬金,即对特定工厂的实际装机容量按基于同类的标准工厂计算出的比率进行补贴。第413/2014号皇家法令规定了计算特定酬金的方法,及西班牙政府可以在每六年的"监管期"和每三年的"半监管期"结束时修改酬金参数。2010年,西班牙将CSP发电厂获得特定酬金的时间定为25年,合理投资回报率定为7.398%。

(五) 争议措施对申请方投资的影响

申请方表示原监管框架的废除和争议措施的颁布使发电厂酬金锐减,在发电厂运营的前25年,所得税、折旧和摊销前的年收入每年削减40%—60%,从第26年起削减100%。申请方称截至2013年12月的财政年度期间,Olivenza发电厂的净亏损为50 726 030欧元,Morón发电厂的净亏损为53 845 950欧元。争议措施的发布及2013年底发电厂的亏损使项目融资计划违约,引发发电厂破产。

被申请方称申请方采用贴现现金流量(DCF)的方法计算其因争议措施带来的损失是不合理的,应适用基于建设成本(即基于资产的估值)的评估方法,该方法计算出争议措施实际上对申请方的投资无任何财务影响。

二、管辖权

(一) 欧盟内部争议异议

申请方称仲裁庭对欧盟内部争议享有管辖权,理由:(1) ECT第26条及其解释驳回被申请方的异议;(2) 欧盟内部关系中欧盟法律至上的原则对本仲裁庭无约束力,且不能排除ECT对欧盟内部投资争议的适用。申请方提出多个案件中的仲裁庭皆驳回欧盟内部争议异议。申请方认为ECT是本仲裁的"宪法条约",若ECT与其他条约(例如欧盟创始条约)不兼容,均以ECT为准,且欧洲法院的Achmea裁决不适用于本案。

被申请方对欧盟内部争议提起管辖权异议的理由如下:(1) ECT本身将欧盟内部争议排除在其适用范围之外;(2) 欧盟法律在欧盟成员国中具有至高无上的强制性,排除了依ECT组成的仲裁庭对欧盟内部投资争议的管辖权。首先，ECT 第 26 条中的争议解决机制仅适用于"一个缔约方与另一缔约方的投资者之间的争议"。作为区域经济一体化组织的欧盟是 ECT 的缔约方，西班牙是欧盟成员国，在加入欧盟时则放弃 ECT 第三部分规定的投资者保护义务的权力，包括 ECT 第 26 条规定的争议解决机制。因此，本案申请方不是另一缔约方的投资者，不属于 ECT 第 26 条的范围和管辖范围。其次，西班牙加入欧盟，则欧盟法律强制适用于欧盟内部争议，排除 ECT 在内的任何其他国家或国际法规范。

仲裁庭接受申请方的观点，即 ECT 是仲裁庭的"宪法条约"。仲裁庭的管辖权基于 ECT 及其自身规定而不遵循其他法律文书。仲裁庭认为 ECT 第 26(1)条不排除仲裁庭对欧盟成员国间的争议的管辖权，且欧盟法律对解决本争议没有决定性，甚至不相关。因此，仲裁庭驳回了欧盟内部管辖权异议。

(二) 税收异议

申请方提出，TVPEE 不是善意的，实际上是国家强制削减对可再生能源生产商的酬金，却伪装为税收措施。因此，TVPEE 不属于 ECT 第 21 条规定的例外情况，仲裁庭对 TVPEE 享有管辖权。

被申请方称 TVPEE 属于 ECT 第 21(7)(a)条规定的税收措施：1) TVPEE 依据是西班牙王国法律和国际法设立的；2) TVPEE 是西班牙为维持电力系统善意制定的。因此，仲裁庭对 TVPEE 无管辖权。

仲裁庭不认为 TVPEE 是一项恶意制定，且具有税收措施的性质。TVPEE 是对能源生产商的总收入征税，与收入税或资本税"基本相似"。因此，仲裁庭对 TVPEE 无管辖权。

三、案件争议

(一) 发电厂的装机容量

申请方称根据 RD 661/2007 第 3(1)条(在建造电厂和安装发电机时生效)——"装机容量"必须与发电机铭牌上一致。"装机容量"应解释为分配给电网的净容量,而不是发电机生产的总容量。申请方认为被申请方关于CSP发电厂不符合50兆瓦装机容量要求的观点与被申请方之前的行动和声明相矛盾。

被申请方认为Olivenza发电厂和Morón发电厂实际的装机容量分别高于50兆瓦和49.9兆瓦。

仲裁庭接受净装机容量通常低于总装机容量的观点,认为本案两个电厂的净装机容量低于50兆瓦,且申请方对总装机容量略高于50兆瓦不提出异议。

(二) 西班牙违反公平公正待遇义务

关于西班牙涉嫌违反FET,申请方认为包括三个方面:(1) 违反稳定性预期,即原始监管框架将在发电厂存续期间内保持稳定(即不变),或者至少,Morón和Olivenza1发电厂不受改革的影响;(2) 任意性,即被申请方废除了申请方投资时依赖的原始监管框架的基本要素;(3) 缺乏透明度,即在没有正当程序的情况下颁布相关措施。

1. 评估FET的标准

申请方认为评估FET涉及五个标准:(1) FET义务的适用范围,即不限于非歧视或国际最低标准,还应拓展至保护投资者的合法期望、善意义务及相称性;(2) 合法期望的稳定性,即虽FET不限制东道国根据情况修改法律的权利,但应避免修改法律打破投资者的合法期望;(3) 合法期望的连贯性,即东道国不任意修改其监管框架;(4) 尽职调查;(5) 正当程序及透明度,即东道国应公开影响外国投资的政策更改。

被申请方则认为:(1) FET义务仅限于非歧视禁令;(2) 合法期望的稳定性,即投资者只有在东道国对不更改框架的具体承诺时,才可期望监管框架保持不变;(3) 充分的尽职调查必须对适用于目标行业的法律框架进行彻底分析。

仲裁庭裁定:(1) FET义务的适用范围不限于非歧视,具体应根据具体案件确定;(2) 合法期望的稳定性只有在东道国作出具体承诺时才有效;(3) 合法期望的连贯性,即不对监管框架进行根本性变革;(4) 充分的尽职调查;(5) 正当程序及透明度,即东道国是否充分公布相关改革信息。

2. 申请方对原始监管框架稳定性的预期

申请方认为RD 661/2007、2010年7月协议、RD 1614/2010构成了西班牙不会修改原始监管框架，或至少修改不会影响 Morón 和 Olivenza 发电厂的具体承诺。申请方称其尽职调查是充分的，确认原始框架的关键要素不会更烦。因此，申请方稳定的期望是合法的，并且被申请方采取争议措施违反 FET。

被申请方称西班牙的立法中无稳定条款，且未作出任何具体的稳定承诺。因此，申请方的稳定预期是不合法的。其次，申请方的尽职调查是不充分的，没有对 CSP 生产商的酬金使用的法律框架事先进行全面的分析。此外，尽管申请方的尽职调查存在缺陷，但足以提醒投资者原始监管框架的关键要素可能会发生变化。

仲裁庭认为：(1) 本案的证据不证明西班牙承诺不更改原始监管框架及其相关法律、法规、原则和酬金变量，也未保护 CSP 生产商(例如申请方)免受原始监管框架更改带来的影响。(2) 西班牙在 2010 年之前的任何立法或声明都不能合理地解释为具体承诺。(3) 弃权书和 12 月决议是西班牙政府对 Morón 和 Olivenza 发电厂的具体承诺，即发电厂在其运营期间将不受"电价、溢价和上下限"的任何修改的影响。仲裁庭认为这种期望是合理和合法的，且在 2010 年 12 月 29 日—2011 年 6 月 23 日期间没有证据可以反驳申请方在这方面预期的合理性或合法性。(4) 即使申请方进行充分的尽职调查，也不会预见对"电价、溢价和上下线"的变更将适用于已在预分配登记处登记的 CSP 发电厂，比如 Morón 和 Olivenza 发电厂。因此，仲裁庭裁定被申请方违反第 10(1)条规定的 FET 义务，使申请方的合理预期受挫。

3. *被申请方的透明度和正当程序义务*

申请方称在通过争议措施时有违规行为，侵犯了投资者对 CSP 发电厂的酬金改革的建议权，并使整个 CSP 行业陷入低迷。申请方指责被申请方隐瞒了波士顿咨询集团(BCG)和罗兰贝格(RB)两家咨询公司所发布的就改革相关的某些关键报告。其次，被申请方在过度拖延监管改革的实施，耗时两年才完成对原始框架的改革。最后，被申请方通过皇家法令采取争议措施，绕过了国会。

被申请方称：(1) 争议措施的颁布符合西班牙行政法规定的公众咨询程序，且 CSP 行业都有机会参与争议措施的磋商。此外，被申请方无义务(实际上被保密义务阻止)披露 RB 和 BCG 报告的初稿。(2) 争议措施具有紧迫性，因此使用皇家法令(而不是立法)来实施监管改革的某些方面。(3) 改革的全面性和相关主题的复杂性导致监管改革的延迟完成。

仲裁庭不认为被申请方违反该义务。监管改革的颁布已经足够提前,以便CSP行业的投资者和参与者做出反应。协商程序是根西班牙行政法进行的,且CSP行业参与了协商。

(三) 征收

申请方称,根据ECT第13条,废除原监管框架和采取争议措施构成对其在Morón和Olivenza发电厂投资间接的、非法的征收。争议措施大大减少了两家发电厂的收入,并导致其投资"大幅减少",达到征用的标准。申请方承认,相关争议并未剥夺其对发电厂(直接或间接)持有的股份和债务的所有权,但新监管制度通过削弱其管理发电厂的能力(与他们的投资相关的所有权属性),剥夺其拥有的财产,即股份和债务。争议措施直接导致其对发电厂的股权从16%被稀释到14.81%,且次级债务利息减少93%。两家发电厂都在破产边缘,使发电厂在"可预见的未来"无法发放股息。

被申请方称申请方无可被征收的财产,且未能证明其投资被"实质性剥夺"。首先,申请方对Morón和Olivenza发电厂投资预期回报不拥有所有权,不构成征收主张下的"专有财产"。其次,发电厂仍在运营,申请方保持了对发电厂的管理能力。此外,即使采取争议措施后,申请方仍有权从其初始投资中获利。最后,争议措施重新平衡电价逆差,促进公共利益;适用于所有CSP生产商,不具有歧视性;是合理和成比例的。

仲裁庭裁定依"实质性剥夺"的标准,相关措施未引起对申请方股权和债权利息的非法征收。首先,申请方显然对其投资保持控制。其次,与申请方所依赖的间接征用的某些案件中普遍存在的事实情况不同,本案中的发电厂仍在运营。最后,申请方可以继续从其投资中受益。

四、裁决

根据裁决中所载的理由,仲裁庭决定:

(1) 仲裁庭对申请方和被申请方之间的争议享有属人管辖权。

(2) 仲裁庭对 TVPEE 无管辖权。

(3) 被申请方的特定行为和不作为违反《能源宪章条约》第 10 条下对被申请方的义务。

(4) 多数裁决：被申请方向申请方支付 2 820 万欧元的赔偿金，外加从 2014 年 6 月 30 日到本裁决之日的裁决前利息，利率为 2%，每年复利，及从裁决之日至付款之日的裁决后利息，利率为 2%，每年复利。

(5) 责令被申请方承担其自身的法律费用，并向申请方支付仲裁费用 642 757.7 美元，及申请方 66.66%的法律费用，加上从本裁决之日至付款之日的裁决后利息，利率为 2%，每年复利。

王杰译　张丽楠校

Stadtwerke München GmbH, RWE Innogy GmbH, and Others v. 西班牙

国际投资争端解决中心裁决

案号：ARB/15/1

裁决时间：2019 年 12 月 2 日

申 请 方：Stadtwerke München GmbH，RWE Innogy GmbH，Rheinenergie AG，AS 3 Beteiligungs GmbH，Ferrostaal Industrial Projects GmbH，Ferranda GmbH，Andasol Fonds GmbH & Co. KG，Andasol 3 Kraftwerks GmbH，Marquesado Solar S. L.

律　　师：Marie Stoyanov 女士，Antonio Vázquez-Guillén 先生，Virginia Allan 女士，David Ingle 先生，Agustina Álvarez Olaizola 女士，Pablo Torres 先生，Alexandre Fichaux 先生，Tomasz Hara 先生，Stephanie Hawes 女士，Gonzalo Jiménez-Blanco 先生，Jeffrey Sullivan 先生

被申请方：西班牙

律　　师：José Manuel Gutiérrez Delgado 先生，María José Ruiz Sánchez 女士，Pablo Elena Abad 先生，Rafael Gil Nievas 先生，Alberto Torró Molés 先生，Luis Vacas Chalfoun 先生，Elena Oñoro Sainz 女士，Juan Antonio Quesada Navarro 先生，Gloria de la Guardia Limeres 女士，Ana María Rodríguez Esquivias 女士，Javier Comerón Herrero 先生，Eugenia Cediel Bruno 女士，Roberto Fernández Castilla 先生，Patricia Froehlingsdorf Nicolás 女士，Estibaliz

Hernández Marquínez 女士，Javier Torres Gella 先生，Amaia Rivas Kortazar 女士，Antolín Fernández Antuña 先生，Javier Castro López 先生，Álvaro Navas López 先生，Mónica Moraleda Saceda 女士

仲 裁 庭：Jeswald W. Salacuse 教授，Kaj Hobér 教授，Zachary Douglas QC 教授

一、案件背景

1998 年 4 月 16 日，《能源宪章条约》(ECT)对德国和西班牙生效。《解决国家与他国国民间投资争端公约》于 1994 年 9 月 17 日对西班牙生效，于 1969 年 5 月 15 日对德国生效。本案依据这两个条约提交国际投资争端解决中心(ICSID)仲裁。

(一) 西班牙针对可再生能源产品创建的法律框架

1. 第 54/1997 号法律

1997 年 11 月 27 日，西班牙议会通过第 54/1997 号法律(《1997 年电力法》)，对电力行业设置了两种法律制度：适用于传统能源电力生产商的普通制度，和适用于可再生能源合格电力生产商的特殊制度。《1997 年电力法》中首次授权向合格的可再生能源生产商支付高于电力批发价格的补贴，但未具体规定向特殊制度下生产者支付的额外费用的确切数额，而由政府通过该法第 30(4) 条列举的各种标准来确定。

2. 西班牙法律的等级体系

西班牙宪法至高无上。议会颁布的法律从属于宪法，如《1997 年电力法》。皇家法令法(RDLs)是政府颁布的法令，以应对紧急情况，立即生效但需议会批准。皇家法令(RD)是由部长级命令颁布的文书，用于行使由议会批准的法律或法令法所设立的监管权力。RD 通过部长令和决议执行。西班牙后续有关可再生能源生产的法规都基于《1997 年电力法》，从该法中获得授权或参考该法。

3. 第 2818/1998 号皇家法令(RD 2818/1998)

1998 年 12 月 23 日，西班牙政府颁布的 RD 2818/1998 规定符合特殊制度条件的可再生能源发电商有权连接到国家电网并向其供电，可再生能源装置将

按规定的电价或市场批发价格加溢价出售电力。

4. 第436/2004号皇家法令(RD 436/2004)

2004年3月12日,西班牙政府颁布的RD 436/2004规定,若设施在特殊制度下运营,其所有者可以自由选择:(1)将其生产的电力或剩余电力出售给配电系统,并获得规定费用的补偿;(2)将生产的电力直接出售市场,若设施合格,则有权获得市场价格外加奖励和加付款。该法令规定加付款将按所有电力消费者支付的年平均电价的百分比计算,电价参考市场价格确定的。特殊制度下运行的装置,除规定的加付款外,还将获得无功功率的补贴,按每年平均或基准电价的百分比设置。

5. 2005—2010年可再生能源计划

为确保使用不同技术的项目的盈利能力并帮助其确定适当的融资方案,2005—2010年能源计划做出了若干技术-财务假设,并按接近7%的内部收益率(IRR)计算确定项目类型的盈利能力。

6. 第7/2006号皇家法令法(RDL 7/2006)

2006年6月23日,西班牙政府颁布的RDL 7/2006,冻结了对可再生能源部门的补贴,直至制定新的薪酬制度,且规定可再生能源生产商优先接入电网,允许其优先于传统能源生产商出售电力。

7. 第661/2007号皇家法令(RD 661/2007)

2007年5月25日,西班牙政府颁布的RD 661/2007保留了RD 436/2004规定,即特殊制度下运作的生产设施有权选择两种"上网电价"(FIT)之一:(1)以固定的价格出售每单位电力,该价格包含预先确定的可再生能源加付款,称为"固定价格选项";(2)直接在日前市场或期货上出售电力,或通过双边合同,在商定价格加上加付款,该FIT有下限和上限,称为"附加价格选项"。为应对通货膨胀,该法令根据消费者价格指数(CPI)更新固定价格、加付款和上下限。这种通货膨胀调节机制适用于所有装置,无论装置何时开始运行。该法令允许合格的装置使用天然气发电,最多可占其产量的15%。

(二) 申请方的投资

本案申请方于2009年10月28日在西班牙投资建造Andasol 3发电厂,于

2011 年 11 月投产，每年可发电 1.82 亿千瓦时。Andasol 3 发电厂由依西班牙法律成立的有限公司 Marquesado 全资拥有。所有申请方直接或间接拥有 Marquesado 的全部股权，且 Andasol 3 发电厂无银行贷款。

SWM 在德国注册成立，拥有 Marquesado 48.91%的股份。其他股东是 AS3 Beteiliugungs GmbH(25.09%)、Ferranda GmbH(13%)和 AS3 Kraftwerks(13%)。AS3 Beteiliugungs GmbH 的股东是 RWE Innogy GmbH(51%)和 RheinEnergie AG(49%)。AS3 Kraftwerks 由 Andasol Fonds GmbH & Co KG 100%拥有。Ferranda GmbH 由 Ferrostaal Industrial Projects GmbH 100% 拥有。除 Marquesado 外，所有实体均在德国注册成立。

申请方通过尽职调查评估及与西班牙政府和监管机构的交流认为西班牙现有的法律框架确保投资者在 Andasol 3 发电厂存续期间有足够的现金流，获得足够的回报，因此其作出的投资是合理的。

（三）西班牙针对适用可再生能源产品法律框架的修订

2012 年初，西班牙开始采取措施改变其鼓励和监管可再生能源产品的法律框架，旨在减少可再生能源电力生产商出售电力给西班牙政府实体所获得的补偿金额。这种政策变化的是为解决西班牙公共财政的"关税赤字"。

第 15/2012 号法律第 1 条对电力生产的价值征税，对利用天然气产电的设施取消加付款。2013 年 2 月 1 日，西班牙政府颁布的第 2/2013 号皇家法令法，取消特殊制度中登记装置的加付款，并规定根据西班牙的"不包括未加工食品或能源产品的恒定税率的消费价格指数"更新 FIT。2013 年 7 月 12 日发布的 RDL 9/2013 规定，生产可再生能源的设施的酬金将由收入和额外的酬金组成，额外的酬金足以支付一家高效且运营良好的公司的投资成本。2013 年 12 月 27 日，西班牙通过的第 24/2013 号法律取代《1997 年电力法》，废除了普通制度和特殊制度，规定向可再生能源生产装置支付的特定酬金，并定期审查酬金。为批准和监测特定酬金，设立特定酬金登记册。2014 年，西班牙通过的 RD 413/2014 设定了保证设施合理回报的监管制度，按标准设施计算，并参考"高效且管理良好"的工厂的活动。

申请方称西班牙修改监管和法律框架而采取的措施严重损害其对全资拥有

Andasol 3 发电厂的 Marquesado 的投资，大大减少了 Marquesado 的自由现金流，Marquesado 的主要资产、发电厂的价值、申请方的投资及预期利润锐减。申请方称特别制度废除前，其投资价值为 5.36 亿欧元。2014 年，在采取争议措施后，申请方的投资价值已降至 2.61 亿欧元。因此，申请方认为西班牙的行为违反其根据 ECT 对投资者的承诺，西班牙应赔偿其遭受的损害。

二、当事方仲裁诉求

(一) 申请方请求仲裁庭

1. 驳回被申请方的管辖权异议。

2. 声明被申请方违反 ECT 第 10 条。

3. 命令被申请方因违反 ECT 和国际法，全额赔偿其对申请方投资造成的损害，形式如下：

(1) 通过重新确立西班牙违反 ECT 之前存在的情况，以及对恢复先前制度之前遭受的所有损失的赔偿，向申请方全额赔偿；

(2) 向申请方支付因西班牙违反 ECT 而遭受的所有损失的赔偿；

(3) 在任何情况下：以 1.16% 的月复利利率向申请方支付裁决前利息；支付裁决后利息，每月复利，利率由仲裁庭根据裁决金额确定，直至全额支付；在全额赔偿的基础上向申请方支付本次仲裁的费用，包括申请方已经或将要产生的仲裁员、ICSID、法律顾问和专家的费用和开支；和仲裁庭认为在这种情况下适当的任何其他救济。

(二) 被申请方请求仲裁庭

1. 宣布其对申请方的主张缺乏管辖权。

2. 因西班牙未以任何方式违反 ECT，驳回申请方关于案件的所有主张。

3. 驳回申请方的所有损害赔偿主张。

4. 命令申请方支付本次仲裁产生的所有成本和费用，包括 ICSID 管理费用、仲裁员费用和西班牙法定代理人、专家和顾问的费用，以及任何其他费用，所有费用发生之日到实际支付之日的合理利息。

三、管辖权

被申请方对本案仲裁庭的管辖权提出了两项异议：一是“欧盟内部争议异议”，即仲裁庭对本案缺乏属人管辖权；二是“税收异议”，即仲裁庭对本案中西班牙第15/2012号法律规定的7%的征税缺乏管辖权。

（一）欧盟内部争议

申请方驳回该异议，称其是ECT第26条规定的投资者，有权就ECT缔约方违反义务提起诉讼，且ECT无任何条款将欧盟内部争议排除在ECT管辖之外。此外，申请方认为欧盟法院（CJEU）的Achmea判决与本案无关，其依据的是Novenergia II v. 西班牙、Charanne v. 西班牙的裁定。

被申请方称西班牙和德国都是欧盟成员国，且欧盟本身是ECT的缔约方，申请方作为依德国法律成立的实体，不是ECT第26(1)条所要求的“另一缔约方的投资者”。被申请方指出欧盟法律提供的投资者保护体系优于ECT提供的体系，且成员国在加入欧盟时已接受欧盟体系管理其投资关系，排除其他与其相冲突的保护体系。首先，本案的争议涉及欧盟内部电力市场，根据西班牙和德国批准的《欧洲联盟运作条约》（TFEU）第344条，在与欧盟内部市场相关的争议放弃提交ICSID仲裁。其次，《欧盟委员会决议》指出任何规定在两个成员国之间进行投资者与国家仲裁的规定都是违反联邦法律。再次，据Achmea判决，ECT的仲裁条款与欧盟法律不兼容，因此仲裁庭无管辖权。最后，本案中的加付款是欧盟委员会认定的国家援助，应依据欧盟法律。

仲裁庭认为其对欧盟内部争议享有管辖权。首先，尽管Marquesado是依西班牙法律组建的，但由德国投资者控制，因此可视为ECT下的“另一缔约国”的投资者。其次，欧盟成员国在1994年签署ECT时并未将ECT下的能源纠纷裁决权移交给欧盟。再次，TFEU第344条仅适用于欧盟成员国之间的争议，不适用于个人或企业投资者与成员国之间的争议。最后，Achmea判决不支持被申请方基于ECT第(26)条提出的观点。

(二) 税收异议

申请方认为15/2012号法律规定的7%的征税不是真正的税收措施,仲裁庭对本案享有管辖权。首先,该征税不是善意的,西班牙通过贴上税收的标签逃避国际责任,从而降低电价和减少可再生能源装置享有的补贴。此外,7%的征税不针对所有电力生产商,只针对可再生能源电力生产商,具有歧视性。

被申请方称15/2012号法律征收7%的税是"税收措施"。首先,该征税是西班牙国内法律规定的税收。其次,该征税符合国际法规定的税收特征,属于国际法上规定的税收。因此,被申请方认为该征税属于ECT第21条的例外条款,仲裁庭对此无管辖权。

仲裁庭认为7%的征税是ECT第21条例外条款中的"税收措施"。因为其满足ECT下"税收措施"的四要素,即强制征收、缔约方法律规定、针对特定人群、政府因公共目的征收。征税权是国家主权之一,有充分的自由裁量权。因此,仲裁庭缺乏管辖权,接受被申请方的管辖权异议。

四、申请方的主张

(一) 西班牙未能给投资者提供稳定、公平、有利、透明的环境

申请方称ECT第10(1)条规定向投资商提供"长期的稳定性和透明度"是ECT规定的核心义务,而西班牙的行为和措施并未履行该义务。申请方称因为西班牙承诺建立稳定和透明的法律框架,其才投资约3.45亿欧元建造现代化的太阳能发电厂,但后续西班牙政府在两年内迅速制定了一系列意想不到的措施,剥夺了申请方的大部分预期利益,为申请方的能源投资创建一个既不稳定也不透明但明显违反ECT第10(1)条要求的法律框架。

申请方认为西班牙限制申请方投资获得稳定环境的措施如下:(1)对一年内生产并输入国家电网的电力征收7%的税,包括所有传统和可再生发电机;(2)第15/2012号法律剥夺了Andasol 3发电厂使用二次燃料(如天然气)与太阳能结合生产的电力获得FIT的权利;(3)RDL 2/2013的颁布剥夺了

Marquesado 的期权溢价;(4) 用新的指数替代基于西班牙 CPI 的年度调整指数更新 Andasol 3 的加付款,据申请方称,该指数低于 CPI;(5) RDL 9/2014 实施的不同措施,例如废除 RD 661/2007 和宣布对可再生能源发电装置实施与 RD 661/2007 建立的框架完全不同的新制度。

被申请方驳回了其未能按照 ECT 第 10(1)条的要求为申请方提供稳定的投资条件的主张。首先,"稳定的投资条件"的概念并不意味着相关法律不能改变,相反,ECT 东道国有权以非滥用的方式采取宏观经济措施适应不断变化的情况。为支持其立场,它引用了 Plama v. 保加利亚和 AES Summitv v. 匈牙利两个仲裁案件的观点,即 ECT 第 10(1)条并不保护投资者投资后免受国家法律体系的变化的影响。其次,被申请方未通过合同或其他陈述向申请方作出不以任何方式改变其立法的具体承诺。最后,被申请方即使在申请方进行投资后修改了法律,但依然保持了申请方投资时的监管框架的基本性质。

仲裁庭认为 ECT 第 10(1)条第一句指示缔约国"鼓励和创造稳定、公平、有利和透明的条件,让其他缔约方的投资者在其区域内进行投资"过于笼统,未对缔约国设立明确的义务。因此,被申请方未给投资者提供稳定、公平、有利、透明的环境并不会违反 ECT 下的义务。相反,西班牙的措施应在 ECT 第 10(1)条公平公正待遇标准,特别是保护申请方合法期望的范围内予以考虑。正如 Plama v. 保加利亚案仲裁庭的观点,稳定和公平的条件是 ECT 下公平公正待遇标准的一部分。因此,仲裁庭驳回申请方的第一项主张。

(二) 西班牙未能对申请方的投资提供公平公正待遇(FET)

1. 申请方观点。申请方声称,西班牙未按照 ECT 第 10(1)条给予申请方公平公正待遇。申请方认为西班牙违反 FET 标准的原因如下:

(1) 西班牙采取的措施使申请方的合法预期落空

申请方认为,根据 ECT,西班牙不能单方面取消其为吸引投资进入其可再生能源行业而制定的整个法律框架,而应履行其承诺并尊重外国投资者的合法预期。本案中,申请方称 RD 661/2007 下适用于可再生能源的框架导致申请方投资和开发 Andasol 3 发电厂。首先,就补贴的性质、金额和期限,申请方在投资 Andasol 3 发电厂时,预计一旦发电厂在西班牙注册:① Marquesado 可以选择以 RD 661/2007 第 36 条规定的固定电价或加付款售电;② 补贴适用于所有生产的电力,对产品无任何限制;③ 该发电厂将有权在其整个存续期间获得补贴;④ Andasol 3 发电厂将使用利用天然气发电的设备,并且通过天然气生产的电力将在 RD 661/2007 规定的阈值限制内得到补贴;⑤ Andasol 3 发电厂的电量将优先出售;⑥ 补贴将依 RD 661/2007 规定的条款进行通货膨胀调整。其次,就经济制度的稳定性,申请方预计未来对 RD 661/2007 的任何更改将只适用于新装置,而现有装置不会受到影响。申请方称其如上的期望是合法和合理的,原因有:① 申请方在进行投资时的补贴是根据 RD 661/2007 提供的,该法令规定了具体的可适用于 Andasol 3 发电厂的电价,且根据第 36 条,Marquesado 在 25 年及之后可获得的 FIT 和加付款;② 第 44(3)条承诺不改变现有装置的 FIT 或加付款;③ RD 661/2007 经济体制是国际和国内发展可再生能源发电基础设施政策的一部分;④ 申请方进行了尽职调查程序,确认 RD 661/2007 经济制度适用于 Andasol 3 发电厂装置的整个存续期间;⑤ 西班牙的补贴计划有足够的吸引力,可以鼓励对 Andasol 3 发电厂等项目进行必要的投资。申请方认为,在立法和监管法案设立了适用于可再生能源的特别制度之后,西班牙政府反复地通过口头和书面交流加强了其承诺,包括签署的《2011 年决议》,确认 Andasol 3 发电厂生产的所有电力有权获得的固定价格和加付款,积极推动对西班牙可再生能源行业投资的活动。申请方称在该决议中,西班牙政府确认设置具体 FIT 的 RD 661/2007 经济制度(经 RD 1614/2010 修订)将适用于 Andasol 3 发电厂装置的整个存续期间。申请方称其对 RD 661/2007 设立的经济制度的合法期望得到了被申请方积极推动可再生能源投资的活动的证实和加强,并参考了在德国的演讲中使用的旨在吸引外国投资者的宣传广告材料及政府发布避免对 RD 661/2007 经济制度进行追溯性修改的新闻稿(2010 年新闻稿)。最后,申请方提及 RD 1614/2010 和《2011 年决议》。申请方称从 2012 年开始,西班牙两年多来的一系列措施辜负了其合理期望,完全废除了其进行投资所依据的法律和商业框架。具体措施如下:① 西班牙根据第 15/2012 号法律取消了对利用天然气发电的补贴;② 西班牙根据第 15/2012 号法律对电力产品征收 7%的税;③ 政府取消了 RDL 2/2013 下的加付款;④ 政府根据 RDL 2/2013 以低于 CPI 的指数取代 CPI 挂钩更新 FIT 机制;

⑤ 西班牙于 2013 年 7 月颁布的 RDL 9/2013 引入了一种对包括对可再生电力在内的电力不太有利的酬金制度，并违反了申请方最初作出投资的基础。

(2) 西班牙未能提供稳定和可预测的监管制度

申请方称在法律不断变化时，稳定性将不复存在。西班牙从 2012 年 12 月起的行为未提供稳定的法律和业务框架，违反了 FET 义务。

(3) 西班牙的行为不透明

申请方称西班牙以不透明的方式废除 RD 661/2007 的经济制度表现在：① 在 RDL 9/2013 取消投资制度后超 11 个月，政府没有说明符合条件的工厂有权获得酬金的具体数额；② RD 413/2014 和 2014 年 6 月的命令都没有提供透明的分析，解释特别制度的基本标准或计算（包括如何计算标准设施的标准成本），或经济体制未来是否会更新；③ 因西班牙保留每三年或六年改变标准装置的许多参数的自由裁量权，参照标准装置计算特别付款会进一步造成不确定性；④ 根据 RDL 9/2013 和第 24/2013 号法律（新制度），政府为确保十年期西班牙债券的现行收益率加上利差将继续适用，西班牙保留审查特别支付的权利，这加强不可预见性；⑤ 新制度没有明确说明装机容量酬金的适用时限。

(4) 西班牙的措施不合理

为证明争议措施是合理的，西班牙必须首先确定一个合理的政策目标，然后证明为实现该政策目标所采取的措施是合理的，并适当考虑措施对外国投资者造成的后果。申请方称，西班牙无法证明其措施合理的。

(5) 西班牙的措施不成比例

申请方认为，西班牙没有采取危害较小的措施解决电价逆差，而是选择违反国际法，采用不合理措施，极大改变其向投资者承诺的投资者进行投资时所依赖的投资框架。因此，即使西班牙的措施被认为是实现所追求目标的适当和必要措施，但其对申请方投资的影响是如此有害，以至于不能被认为是相称的。

2. 被申请方观点。被申请方驳回了申请方的论点。被申请方提出，其在 ECT 下的主要义务是给予来自其他 ECT 国家的投资者国民待遇。

(1) 被申请方为申请方提供了稳定且可预测的监管制度

在没有具体的稳定性承诺的情况下，投资者不能期望像本案中的监管框架不会被修改。申请方指出，RD 661/2007 第 44(3)条和 RD 1614/2010 第 4 条均未包含冻结特定酬金制度的具体承诺。《2011 年决议》只是向 Marquesado 传达该决议时生效的酬金条件。即使某些规定在申请方作出投资后可能发生变化,但整个系统因保留了其基本特征具有稳定性。被申请方提出,其已根据 ECT 标准为申请方创造稳定条件,因为争议措施保持了《1997 年电力法》创建的监管框架的基本性质,并且所实施的措施均不具有追溯力。

(2) 被申请方未使申请方对 Andasol 3 厂投资的合法合理期望落空

首先,申请方在投资前未进行适当的尽职调查,没有对能源等受到高度监管的行业的适用法律框架进行认真分析,因此其期望不能被认为是真实和客观的。其次,由于西班牙没有就 RD 661/2007 支持可再生能源设施框架的不变性做出具体承诺。被申请方引用 Charanne v. 西班牙案仲裁庭作出的裁决支持其立场,该仲裁庭宣布西班牙 2007 年和 2008 年制定的法律框架中不存在具体承诺。最后,被申请方认为申请方的期望是不合理或不正当的,未得到西班牙相关文件的支持且与其提交的文件相矛盾。

(3) 被申请方以透明的方式行事

被申请方认为,根据 ECT,缔约方没有义务确保适用于投资的框架的绝对可预测性,因为这将需要冻结立法。被申请方称西班牙政府向所有相关方分发了拟议的关于酬金制度法规草案。

(4) 被申请方的行为不是恶意的或不相称的

被申请方认为,这些措施考虑了国际金融危机导致的电力需求下降、消费者电价上涨、西班牙电力系统酬金过高及电价赤字,旨在维持西班牙电力系统的可持续性。国内外的投资者也接受了这些措施,因此其采取的措施不是恶意的,也不过度或不相称。

(5) 被申请方的措施没有不合理或歧视性

争议措施是合理的,符合保证西班牙电力系统可持续性的公共经济政策的目标。被申请方称这些措施使投资者获得了 7.398%的合理回报率,以合理、相称的方式保证了"公平竞争的环境"。

3. 仲裁庭观点。仲裁庭认为被申请方未违反 ECT 下提供公平公正待遇的义务。

(1) 未能建立和维持稳定的投资监管制度

仲裁庭并不认为西班牙在 2012—2014 年间改变其监管体系未能为投资者

提供稳定的监管体系从而违反公平公正待遇。申请方在西班牙投资时，西班牙并未承诺不修改可再生能源的监管框架。相反，RD 661/2007 的监管历史应让申请方注意到未来可能会进行修改。

(2) 违背申请方合法合理期望

仲裁庭认为申请方引用的 RD 661/2007 第 44(3)条、《2010 年 7 月协议》、RD 1614/2010、2011 年决议和 RDL 6/2009 下的预登记均不支持西班牙当局向 Andasol 3 发电厂为其生产的电力提供稳定酬金，不受减损的保证。仲裁庭指出谨慎的投资者在进行了适当的尽职调查后，不会合理地期望在 Andasol 3 发电厂在存续期间将获得合法稳定的收入流。因此，仲裁庭认为，申请方的预期是不合理不合法的，因此驳回其关于被申请方未履行 ECT 第 10(1)条公平公正待遇的主张。

(3) 行动不透明

仲裁庭认为不能从被申请方采取的措施中推断出不透明行动的模式，RDL 9/2013 的通过是透明的，且德勤等组织提出西班牙酬金制度的制定耗时 11 个月是合理的。

(4) 未能采取合理措施

仲裁庭采纳 AES Summit v. 匈牙利案中仲裁庭的分析，即通过政策是否合理及与政策相关的国家行为是否合理判断一国行为的合理性。本案中，修改补贴制度以维持电力系统的可持续性是符合公共利益的。西班牙政府以减少电价赤字要求电力生产商承担额外的费用的做法是合理的。

(5) 未能采取相称的措施

仲裁庭基于 Andasol 3 发电厂的审计账目推断出申请方目前的回报率超过 7%(税后)。从绝对意义上讲，西班牙有争议的措施是相称的，因其对申请方的投资无明显的负面影响。西班牙政府为保护电力系统而要求申请方适度放弃其收入。从相对的角度来看，申请方的负担与措施的目的是合理相称的。因此，索赔人关于西班牙措施不“相称”的论点被驳回。

(三) 西班牙通过不合理措施损害申请方的投资

申请方提出，西班牙最高法院已发布多项判决和两套临时措施，认定西班牙未能遵守 RDL 6/2009 的要求明显违反了西班牙法律。此外,申请方称争议措施肯定“损害”了申请方的投资,因为西班牙的行为使申请方失去了在 Marquesado 投资权益的50%的市场价值。因此,申请方认为,除了违反 ECT 下的 FET 标准外,西班牙的行为也违反了 ECT 第 10(1)条规定的避免通过不合理和歧视性措施损害申请方投资的义务。

被申请方驳回了申请方关于西班牙政府采取的措施不合理的说法。被申请方提出,提供给标准设施合理税前回报率为 7.398%,而 Andasol 3 发电厂的内部收益率为 8.12%。这些措施保证了申请方的合理回报率,是合理和相称的。

仲裁庭认为,“不合理或歧视性措施”只是 FET 中的合理性要求的反面。因此,仲裁庭对被申请方的措施在 FET 标准内是否被视为合理的分析同样适用于确定西班牙的措施是 ECT 第 10(1)条所禁止的不合理措施。仲裁庭认为西班牙的措施是合理的,因此根据 ECT 第 10(1)条第三句驳回了申请方的主张。

(四) 西班牙未能遵守其与申请方订立的义务

申请方提出,被申请方违反 ECT 第 10(1)条最后一句中的保护伞条款,规定:“每一缔约方应遵守其与任何其他缔约方的投资者或投资者的投资的签订任何义务。”申请方称“任何义务”应被广义地解释为包括所有类型的义务,包括合同义务和非合同义务。因此,西班牙通过一系列修订 RD 661/2007 下适用于现有装置(包括 Andasol 3 发电厂)的法律和经济制度法律和法规,违反其 RD 661/2007、RD 1614/2010 和《2011 年决议》作出的承诺,违反了 ECT 第 10(1)条中的保护伞条款。

被申请方反对申请方关于其违反 ECT 第 10(1)条最后一句中的保护伞条款的主张。理由如下:(1) 被申请方的行为不是该条款涵盖的义务;(2) 被申请方未根据 RD 661/2007 或 RD 1614/2010 或《2010 年 7 月协议》与申请方订立“相对”义务;(3) 即使仲裁庭认定保护伞条款涵盖的某些承诺是针对申请方做出的,本次仲裁中的争议措施均不代表西班牙违反其适用于 CSP 发电厂的法律应承担的义务,因为该立法仅要求其向投资者提供“合理的回报率”而西班牙实施的新措施保证了申请方的盈利能力约为 7.398%。

仲裁庭裁定,ECT 第 10(1)条最后一句中的保护伞条款仅适用于合同义务和类似合同的义务，由于申请方与被申请方之间未就申请方在西班牙的投资订立合同，所以不受保护伞条款的约束。因此，仲裁庭驳回该项主张。

五、裁决

根据裁决中所载的理由，仲裁庭决定：

（1）仲裁庭对本案具有属人管辖权，但对第15/2012号法律征收的税款是否违反了西班牙在ECT下对申请方的投资承担的义务无管辖权。

（2）多数裁决：驳回申请方关于被申请方未能向申请方提供稳定、公平、有利和透明的投资条件而违反ECT第10条的主张。

（3）多数裁决：驳回申请方关于被申请方未给予申请方公平公正待遇而违反ECT第10条的主张。

（4）多数裁决：驳回申请方关于被申请方因采取不合理措施损害申请方投资而违反ECT第10条的主张。

（5）多数裁决：驳回申请方关于被申请方未遵守其与申请方及其投资达成的义务，违反ECT第10条的主张。

（6）多数裁决：申请方向被申请方支付辩护费2 396 728.88欧元。

（7）多数裁决：申请方向被申请方支付362 237.40美元的诉讼费用。

（8）自本裁决之日起，上述每笔金额以起始日的6个月美国国库券的平均利率征收利息，每半年复利一次。

王杰译　张丽楠校

Cube Infrastructure Fund SICAV and Others v. 西班牙

国际投资争端解决中心裁决

案号：ARB/15/20

裁决时间：2019年7月15日

申请方：Cube Infrastructure Fund SICAV，Cube Energy S. C. A，Cube Infrastructure Managers S. A.，Demeter 2 FPCI，Demeter Partners S. A.

律　　师：Kenneth R. Fleuriet 先生，Amy Roebuck Frey 女士，Héloïse Hervé 女士，Reginald R. Smith 先生，Kevin D. Mohr 先生，Enrique Molina 先生，Christopher Smith 先生，Verónica Romaní Sancho 女士，Gonzalo Ardila Bermejo 先生，Luis Gil Bueno 先生，Inés Vázquez García 女士

被申请方：西班牙

律　　师：José Manuel Gutiérrez Delgado 先生，María José Ruiz Sánchez 女士，Roberto Fernández Castilla 先生，Patricia Froehlingsdorf Nicolás 女士，Elena Oñoro Sainz 女士，Juan Antonio Quesada Navarro 先生，Gloria de la Guardia Limeres 女士，Ana María Rodríguez Esquivias 女士，Javier Comerón Herrero 先生，Estibaliz Hernández Marquínez 女士，Francisco Javier Torres Gella 先生，Amaia Rivas Kortazar 女士，Antolín Fernández Antuña 先生

仲裁庭：Vaughan Lowe 教授，James Jacob Spigelman 阁下，Christian Tomuschat 教授

一、案件背景

本案基于《能源宪章条约》和《关于解决国家与其他国家国民之间投资争端的公约》提交国际投资争端解决中心。申请方 Cube Infrastructure Fund SICAV、Cube Energy S. C. A.、Cube Infrastructure Managers S. A.（三家公司合称“Cube”）是依卢森堡法律成立的公司；申请方 Demeter 2 FPCI、Demeter Partners S. A.（合称 Demeter）是依法国法律成立的公司。

二、历审程序

2019 年 2 月 19 日，仲裁庭发布了《关于管辖权、责任的决定和关于定量的部分决定》（“裁决”）。该决定是裁决不可或缺的部分。就管辖权和责任，仲裁庭的决定如下：

“八、决定

（一）关于管辖权的决定

仲裁庭一致决定维持被申请方对 ECT 第 21 条含义内的税收措施问题的管辖权异议。驳回所有其他管辖权异议。

（二）关于责任的决定

仲裁庭一致裁定，被申请方侵犯申请方根据 ECT 第 10 条对其光伏电站投资享有公平公正待遇的权利。其他所有与光伏电站有关的主张均被一致驳回。仲裁庭以多数票决定，被申请方违反 ECT 第 10 条规定的申请方在其水电站投资方面获得公平公正待遇的权利。其他所有与水电站有关的主张均被驳回。”

该决定概述了仲裁庭就损害赔偿和利息的立场：

“（五）损害赔偿概要

仲裁庭一致决定申请方有权就光伏投资的损失获得 289 万欧元的损害赔偿。仲裁庭以多数票决定，索赔人有权以损害赔偿的方式获得一笔水力投资的损失，计算方法是将索赔人在其听证会后简报中计算的 2013 年 6 月后措施的

4 180 万欧元损害赔偿所依据的'但愿'和'实际情况'下的预计现金流之间的差异减少 40%。

根据上述分析,为执行上述决定,仲裁庭指定 Brattle 和 Econ One 作为当事双方共同专家,并向仲裁庭提交一份联合报告。除适用仲裁庭裁定的 40%的差额,该报告须以 Brattle 报告中使用的假设和方法为基础计算水电投资的损失。两位专家都可对新的计算方法发表评论,但不得就假设和计算方法进一步向仲裁庭提交建议。若两位专家无法就计算达成一致,其应在联合报告中附上一份简明的说明,准确指出分歧和分歧的原因,并说明分歧对总和数学计算的影响。

上段中提到的联合报告应在本决定之日起 30 天内提交给仲裁庭。此后,仲裁庭将发布包含该决定的裁决,并确认(或者,在专家之间存在分歧的情况下,决定)关于水电投资的准确裁决金额。

(六)利息

估值日期为 2014 年 6 月 20 日。利息应按将裁决的金额支付,以确保对造成的损害进行充分赔偿。仲裁庭认为按欧元银行同业拆借(EURIBOR)利率计算本决定和仲裁庭将作出的裁决(如上文第 533 段所述)应支付的损害赔偿的利息时适当的。其他仲裁庭将利率固定为 6 个月的债券利率,每半年复利一次,本仲裁庭认为这是适当的措施。仲裁庭因此决定,应按裁定的金额从 2014 年 6 月 20 日到付款日止,按 6 个月的 EURIBOR 利率计算利息,每半年复利一次。

为执行上段的决定,仲裁庭应指定 Brattle 和 Econ One 作为当事双方共同专家,并向仲裁庭提交一份联合报告。若两位专家无法就计算达成一致,其应在联合报告中附上一份简明的说明,准确指出分歧和分歧的原因,并说明分歧对总和数学计算的影响。

上段中提到的联合报告应在本决定之日起 30 天内提交给仲裁庭。此后,仲裁庭将发布裁决,如上文第 532 段所述,确认(或者,在专家之间存在分歧的情况下,决定)关于利息判付的准确金额。"

该决定第八节关于损害赔偿、利息和费用的内容如下:

"八、决定

（三）关于损害赔偿和利息

仲裁庭一致裁决，就光伏投资的损失，申请方有权获得289万欧元的损害赔偿。从2014年6月20日到付款日，按裁定的金额以6个月的EURIBOR利率计算利息，每半年复利。

仲裁庭多数裁决，索赔人有权以损害赔偿的方式获得一笔水力投资损失的赔偿金，计算方法是将索赔人在其听证会后简报中计算的2013年6月后措施的损害赔偿金4 180万欧元所依据的‘但愿’和‘实际情况’下的预计现金流之间的差额减少40%。应从2014年6月20日起至付款之日止，按6个月的欧洲银行同业拆放利率计算，每半年支付一次利息。

（四）关于费用

仲裁庭一致裁决：（1）每一缔约方应自行承担编写上文第532和540段指定报告所产生的费用；（2）对本案裁定的其他费用保留意见。”

因此，仲裁庭在其裁决中未确定损害赔偿金和费用的确切金额。它指定Brattle和Econ One作为双方共同的专家，并提交一份根据该决定第532和540段计算损害赔偿金总额的联合报告（联合专家报告）。

仲裁庭进一步决定将作出包含该决定的裁决并确认（或，在专家之间存在分歧的情况下，决定）关于水电投资和利息的准确金额。2019年4月16日，当事双方提交联合专家报告。专家们一致同意，“从申请方听证会后案情摘要中估计的4 180万欧元损失开始相关计算”。

然而，专家不同意按仲裁庭在关于水电投资适用40%差额的调整指示计算。按照仲裁庭的《决定》第532段中的指示，每位专家在联合专家报告后附上了一份说明，指出分歧点。

在《决定》第533和541段后，仲裁庭于2019年4月29日致函当事双方：“仲裁庭注意到，专家们同意按照仲裁庭2019年2月19日《关于管辖权、责任的决定和关于定量的部分决定》第539—540段执行仲裁庭关于利息的指示。仲裁庭还注意到，专家们不同意按照仲裁庭关于适用《决定》第532段中40%折扣指示计算。虽然专家们同意，水电投资的损失应从申请方听证会后案情概要中估计的4 180万欧元损失开始计算，但专家在以下四个问题上存在分歧：（1）折扣是否适用于2014年6月之前的现金流；（2）折扣应适用于哪些现金流量（收入、项目现金流量或股权现金流量);(3) 40%的折扣是否替代或补充了 Brattle 在‘但愿’情景中的原始监管风险折扣;(4) 40%的折扣是否应随时间累积。

经审议以上四个问题,仲裁庭作出如下决定:首先,40%的折扣不应适用于 2014 年 6 月之前的现金流量,因为在已知情况下,它们不受监管风险的影响。仲裁庭确定 2014 年 6 月 20 日为估值日。其次,折扣应适用于股权现金流,而不是收入或项目现金流。40%的折扣是仲裁庭对可索赔的损害赔偿而非收入的监管风险的评估。再次,40%的折扣应该取代 Brattle 的监管风险折扣。该折扣系数是仲裁庭对监管风险的评估。因此,在应用仲裁庭的 40%折扣之前,计算应从 Brattle 的预测中去除监管风险折扣。最后,折扣不应随时间累积。仲裁庭认为,基于风险随时间增加而应用风险时间分布是不合适的。40%是法庭的广泛评估,而不是精确计算。仲裁庭请当事方指示各自的专家准备一份补充联合报告,同时依据上述决定计算金额。双方应于 2019 年 5 月 17 日前提交补充报告。最后,根据决定第 548(a)段,双方还应在 2019 年 5 月 17 日之前提交最终更新的费用报表。”

2019 年 5 月 13 日,双方提交的一份补充联合报告称,关于光伏投资应支付的损失赔偿为 289 万欧元,关于水电投资应支付的损失赔偿为 3 081 万欧元。2019 年 5 月 31 日,仲裁庭根据 ICSID 仲裁规则第 38 条宣布程序结束。

三、仲裁庭对损害与利息的最终裁决

仲裁庭 2019 年 2 月 19 日的裁决确定本案的损害赔偿金额,仅由双方专家共同计算,并载于联合专家报告和补充联合专家报告中。申请方没有具体说明裁定的损害赔偿总额在申请方 Cube 和申请方 Demeter 之间分配的比例,因此仲裁庭未裁定分配比例。

仲裁庭因此一致裁决,申请方有权就关于光伏投资的损失获得 289 万欧元的损害赔偿。从 2014 年 6 月 20 日至付款日,就裁定金额按 6 个月的 EURIBOR 利率支付利息,每半年复利。仲裁庭以多数票决定,申请方有权就水电投资的损失获得 3 081 万欧元的损害赔偿。从 2014 年 6 月 20 日至付款日,就裁定金额按 6 个月的 EURIBOR 利率支付利息,每半年复利。

四、仲裁庭对费用的最终裁决

(一) 申请方的观点

申请方声称其有权对西班牙违反 ECT 造成的所有后果进行全额索赔。为尽可能消除西班牙违法行为的后果,赔偿金额不仅应包括其投资损失,还应包括申请方的仲裁费用。

申请方向被申请方主张代理费用 3 091 003.60 欧元,外加向 ICSID 支付的住宿费及本案的预付款份额 52.5 万美元。代理费用包括向 King 和 Spalding 支付的 1 230 442.50 欧元,以及向 Gómez-Acebo & Pombo 支付的 822 025.65 欧元律师费;此外,向 Brattle 支付 824 893.08 欧元,向 Manuel Aragón Reyes 教授支付 67 668.34 欧元的专家费用和开支,另外还有申请方 145 974.03 美元支的费用和开支。最后,申请方称,根据 ICSID 公约第 61(2)条和 ICSID 仲裁规则第 28(1)条,仲裁庭在分配费用方面拥有广泛的自由裁量权。

(二) 被申请方观点

被申请方请求仲裁庭责令申请方支付本次仲裁产生的所有成本和费用,包括 ICSID 管理费用、仲裁员费用和西班牙法律代理人、专家和顾问的费用,以及已产生的任何其他成本或费用,包括所有费用从产生之日到实际支付之日的合理利息。

被申请方要求支付 1 614 242.51 欧元的代理费用,外加本案支付给 ICSID 预付款份额 446 826.11 欧元。代理费用包括法律费用 445 290 欧元、向 Econ One 支付的 54.5 万欧元、向 Pablo Pérez Tremps 教授和 Marcos Vaquer Caballería 教授支付的专家报告费 16 940 欧元、翻译费 38 335.60 欧元、编辑服务费 87 907.87 欧元、快递费 1 341.25 欧元、差旅费 32 601.68 欧元。

(三) ICSID 成本

诉讼费用,包括仲裁庭的费用和开支、ICSID 的管理费用和直接费用,如下:

Vaughan Lowe 教授	141 398. 00 美元
James Jacob Spigelman 阁下	156 344. 92 美元
Christian Tomuschat 教授	129 066. 76 美元
ICSID 管理费用	148 000. 00 美元
直接费用(估计)	189 304. 34 美元
总计	764 114. 02 美元

上述费用已从双方预付款中等额支付。

(四) 法庭关于费用的决定

参见于 ICSID 公约第 61(2)条与 ICSID 仲裁规则第 28 条之规定。

考虑到案件的复杂性和持续时间,仲裁庭将合理分配各方承担的费用。原则上,为消除侵害申请方权利的影响,申请方胜诉后,补偿其费用应视为赔偿的一部分。但若主张仅部分成功,裁定申请方承担提出仲裁的全部费用是不恰当的。在决定中,仲裁庭以不属于其管辖范围为由驳回了与第 15/2012 号法案征收的税收措施有关的主张,并决定在 2014 年 7 月之前采取的任何其他非税收措施均不构成侵犯申请方在 ECT 下的权利。申请方获得赔偿金,作为对预计在该日期之后来自固定电价和市场溢价的现金流损失的赔偿,但考虑到监管风险,该金额减少 40%。因此,向仲裁庭提出的主张部分失败,部分成功,申请方总共收回约 3 300 万欧元。

考虑到本案的情况,特别是申请方主张的胜诉情况,仲裁庭决定被申请方应承担申请方列出费用的 1/2,即 1 545 501. 80 欧元的法律费用、专家费用和开支以及其他成本和开支,加上申请方支付给 ICSID 的 26. 25 万美元。各方已向 ICSID 支付的垫款,折算成美元,共计 999 716. 99 美元,其中各方已支付金额的一半,余额将等额返还给双方。

五、裁决

2019 年 2 月 19 日的决定是本裁决的一部分,并基于上述和该决定所述的原因,仲裁庭决定如下:

(1) 一致裁决：维持被申请方对 ECT 第 21 条意义上的税收措施问题的管辖权异议。驳回其他所有管辖权异议。

(2) 一致裁决：被申请方违反了 ECT 第 10 条规定的申请方在光伏电站投资方面获得公平公正待遇的权利。驳回其他所有与光伏电站有关的主张。

(3) 多数裁决：被申请方违反申请方根据 ECT 第 10 条享有的在水力发电厂的投资方面获得公平公正待遇的权利。驳回其他所有与水力发电厂有关的主张。

(4) 一致裁决：被申请方应就光伏投资的损失向申请方支付 289 万欧元。从 2014 年 6 月 20 日到付款日，按 6 个月 EURIBOR 利率对裁决金额计算利息，每半年复利。

(5) 多数裁决：被申请方应就水电投资的损失向申请方支付 3 081 万欧元。从 2014 年 6 月 20 日至付款日，按 6 个月 EURIBOR 利率计算利息，每半年复利。

(6) 多数裁决：被申请方应向申请方支付 1 545 501.80 欧元外加 26.25 万美元的费用(准备联合专家报告和补充联合专家报告的费用除外)。

(7) 一致裁决：各方应自行承担编制联合专家报告和补充联合专家报告所产生的费用。

(8) 双方先前预付并保留在 ICSID 设立的账户中的任何款项应在向 ICSID 支付所有费用和开支后，等额退还给当事各方。

王杰译　邹升阳校

Greentech Energy Systems A/S, NovEnergia II Energy & Environment (SCA) SICAR 和 NovEnergia II Italian Portfolio SA v. 意大利

斯德哥尔摩商会仲裁院裁决

案号：V2015/095

裁决时间：2018 年 12 月 23 日

申 请 方：Greentech Energy Systems A/S、NovEnergia II Energy & Environment (SCA) SICAR、NovEnergia II Italian Portfolio SA

律　　师：Kenneth R. Fleuriet 先生，Amy Roebuck Frey 女士，Magali Garin 女士，Elena Mitu 女士，Héloïse Hervé 女士，Reginald R. Smith 先生，Kevin D. Mohr 先生，Christopher S. Smith 先生，Carlo Montella 先生，Cristina Martorana 博士，Anna Spano 女士，Alberto Tedeschi 先生，Daria Buonfiglio 女士，Pina Lombardi 女士，Claudia Romano 女士

被申请方：意大利

律　　师：Gabriella Palmieri 律师，Giacomo Aiello 律师，Pasquale Puciarello 律师，Sergio Fiorentino 律师，Paolo Grasso 律师，Pietro Garofoli 律师，Maria Chiara Malaguti 教授、律师，Giuseppe Stuppia 博士

仲 裁 庭：William W. Park 教授，Giorgio Sacerdoti 教授，David R. Haigh 先生

一、案件事实

申请方为依丹麦法律成立的 Greentech Energy Systems A/S (Greentech)、依卢森堡法律成立的 NovEnergia II Energy & Environment (SCA) SICAR (NovEnergia)和 NovEnergia II Italian Portfolio SA (NIP)。

本案涉及 NovEnergia、NIP 和 Greentech 在 2008—2013 年对意大利公司拥有的、位于意大利的 134 座光伏电站的投资。申请方声称其受意大利立法、监管法令和提供经济激励的合同条款等吸引而进行投资。能源法案规定从每个光伏电站连接到电网并与能源服务管理机构(GSE)订立的合同生效开始,就向该光伏电站提供持续 20 年的激励性电费溢价(市场价上增加的费用)。据申请方称,从 2012 年开始,意大利实施了一系列降低激励措施价值的措施,并于 2014 年 6 月 24 日颁布损害申请方投资的斯帕尔马激励法令(The Spalma-incentivi Decree)。

(一) 欧盟激励和意大利立法

1998 年,意大利签署了《联合国气候变化框架公约》的《京都议定书》,并承诺到 2012 年底将二氧化碳排放量减少 8%。2001 年 9 月 27 日,欧洲议会和理事会颁布了第 2001/77/EC 号指令,要求成员国"采取适当措施,鼓励更多消费由可再生能源生产的电力……"。该指令列出了成员国应在 2010 年之前实现的可再生能源消费的"国家指示性目标"的参考值。欧洲共同体和意大利的参考值分别为 22%和 25%。意大利通过 2003 年 12 月 29 日颁布的第 387 号法令来执行第 2001/77/EC 号指令。第 387 号法令规定,通过执行法令制定的标准不得增加国家预算。它还规定,"对通过太阳能光伏转换产生的电力,应规定一个具体的费率,其数额和期限不断减少,以确保投资和运营成本的公平回报"。意大利先后设立了 5 个能源法案对有关上网电价的规定进行调整。在能源法案下接受激励的每个光伏运营商首先收到 GSE 的确认函("电价确认函"),确认其有权获得特定的电价,该函明确指出电价将在 20 年内保持不变。之后,运营商将与 GSE 签订合同。这些协议("GSE 协议")规定了光伏运营商将获得的具体电价激励率,以及包括20年内支付激励的具体日期。除了能源法案规定的上网电价外,第387号法令还建立了一个"承购制度",即GSE以最低保证价格直接向某些较小的可再生能源生产商购买电力("MGP计划")。MGP计划旨在确保小型设施的经济生存和最低报酬,因为这些设施被认为具有较高的相对运营成本。最低保证价格由电力和天然气管理局(AEEG)2005年第34号决议引入,2007年被第280号决议取代。根据前四项能源法案,有资格享受承购制度的光伏电站也可以享受电价优惠。此外,与GSE协议类似,参与MGP计划的光伏生产商与GSE签订合同。这些合同的期限为一年,可自动续约,条款和条件由AEEG制定。

(二) 申请方的投资

2008年底,NovEnergia和NIP受到意大利颁布的能源法案的鼓励,开始在意大利开发光伏项目。2010—2013年,NovEnergia和NIP在意大利投资了52个光伏项目,截至2015年1月1日,仍持有这些项目。其中50个项目的投资通过NovEnergia和NIP拥有2009年4月6日注册成立的意大利合资公司Fotovoltaica SpA(HFV)50%的股份实现。HFV收购的每个光伏设施已享有或有资格享有能源法案的激励性电价。其中一些光伏设施还受益于承购制度下的最低保证价格。NovEnergia和NIP还直接投资了2个有资格获得能源法案四下的奖励和承购制度下最低保证价格的光伏项目。2010年,NIP直接收购了一家拥有990千瓦光伏电站的意大利公司Solar Barocco S. r. l.,开发了998.4千瓦的"La Quercia"光伏电站。通过上述各种收购和投资,在本次仲裁开始时,NovEnergia和NIP分别持有2家光伏电站100%的股权、21家光伏电站50%的股权以及29家光伏电站40%的股权。所有这些光伏电站都受益于能源法案的激励措施,其中一些获得承购制度下的最低保证价格。这些电厂的总装机容量超过90兆瓦。在收购和开发这52家发电厂时,NovEnergia和NIP投资了超过1.75亿欧元。

2011年,Greentech通过收购其他公司,开始涉及意大利的光伏项目。截至2015年1月1日,Greentech持有意大利82家光伏电站100%的股权,总容量超过31兆瓦。根据能源法案,Greentech的每个光伏电站都获得上网电价溢价,其中 80 家光伏电站有资格获得承购制度下的最低保证价格。

(三) 有争议的措施

2013 年 12 月 23 日，意大利颁布了第 145/2013 号法令，为光伏电站生产商提供了两种选择：(1) 在 20 年的剩余时间里继续以相同的比率获得能源法案的激励电价，但排除在此后获得其他激励措施的可能性；(2) 接受减少能源法案下的激励，但享有时限延长 7 年，总计 27 年。意大利激励机制是在光伏电站生产商自愿的基础上调整的。2014 年 6 月 24 日，意大利颁布了第 91/2014 号法令，规定自 2015 年 1 月 1 日起修改能源法案下授予 200 千瓦以上光伏设施的电价。第 91/2014 号法令修改了激励电价金额和期限，规定生产商可以从三个方法中选择适用于光伏设施的新电价的计算方法，若光伏电站所有者在 2014 年 11 月 30 日之前未进行选择，则 20 年的支付期将被保留，但电价率将根据光伏电站的名义容量按固定比例降低。除了改变能源法案下的激励电价外，第 91/2014 号法令还改变了支付方式。之前激励电价是按每月实际发电量支付的，从 2014 年下半年起，GSE 将根据电站的预估年平均电力产量的 90%，按月分期支付。根据实际发电情况调整余额，于次年 6 月 30 日前支付。

2013 年年底，意大利修改了 MGP 计划。在 2013 年 12 月 19 日，AEEG 发布了第 618 号决议，确立了 38.9 欧/每兆瓦时的最低保证价格，还将合格发电量的上限从每年 200 万千瓦时降低到每年 150 万千瓦时。2013 年 12 月 23 日，根据第 145/2013 号法令，产量超过 100 千瓦时的光伏设施可享有能源法案下的电价，但被排除于 MGP 计划。只有产量不超过 100 千瓦时的工厂可获得最低价格和能源法案下的电价。

2005 年开始，能源法案一根据 ISTAT 指数调整通货膨胀，但该调整于 2006 年被废除。2015 年 3 月，GSE 要求偿还自 2005 年以来给予的 ISTAT 调整金额，用过去的付款抵消未来需要支付的能源法案一电价。2016 年，GSE 通知光伏生产商 GSE 计划收回的多付金额。

自 2013 年 1 月 1 日起，所有根据能源法案中获得激励电价的光伏生产商均需缴纳年度管理费。管理费固定为 0.000 05 欧/每千瓦时，旨在支付 GSE 的管理、审计和控制成本。另外,光伏生产商需要支付不平衡成本,即由于未能准确预测投入电网的发电量而导致的成本。根据第 111 号决议,光伏生产商实际上免于支付不平衡成本,但 2012 年 7 月 5 日的第 281 号决议终止了此项豁免。2014 年 10 月 23 日,AEEG 发布了第 522 号决议,再次对可再生能源生产商施加了不平衡成本。

2008 年,意大利颁布了一项暴利税,又称"罗宾汉税",适用于石油、天然气和其他传统能源公司,但不适用于光伏、生物质和风能生产商。年总收入超过 2 500 万欧元的公司的企业所得税税率从 27.5%提高到 33%,在 2009 年提高到 34%。2011 年 8 月,可再生能源生产商不再免征"罗宾汉税"。据申请方称,他们的光伏电站需缴纳"罗宾汉税"。2015 年 2 月 11 日,意大利宪法法院就"罗宾汉税"的合宪性作出裁决。该裁决是在未来的基础上适用的,而不是从延期之日起,并且意大利没向申请方退还先前根据"罗宾汉税"收取的款项。

申请方称,至少从 2007 年开始,光伏电站就被意大利税务局列为"动产"。2013 年,意大利根据 2013 年 12 月 19 日的第 36/E 号通知,将大多数光伏电站重新归类为不动产。申请方认为,重新分类对光伏电站产生了一些影响。首先,它将光伏电站的折旧率降低到每年最高 4%,而之前的折旧率维持在 9%,这增加了光伏电站所有者的应税收入。另外,申请方的光伏电站需要支付的 IMU 费用和 TASI 费用比在第 36/E 号通知之前支付的要多。2015 年底,意大利出台了一项新的不动产分类规则,规定从 2016 年 1 月 1 日起,计算不动产的价值时将不包括结构的某些要素的价值。据申请方称,这一规则大大减少了被视为不动产的光伏电站的部分。尽管意大利对光伏设施进行了重新分类,但意大利并没有向申请方偿还他们所称的意大利错误收取的金额。申请方认为,意大利没有偿还他们的款项是对 ECT 的违反。申请方特别声称,意大利没有偿还他们在 2013—2016 年据称错误地将光伏设施归类为不动产的费用,这违反了 FET 条款,因为这构成了任意的、不一致的、不公平的待遇,而且是损害他们投资的不合理措施。

申请方请求仲裁庭:(1) 声明仲裁庭对该争端具有管辖权;(2) 声明关于申请方的投资,意大利违反了 ECT 和国际法;(3) 赔偿申请方遭受的所有损害,损害如申请方提交的文件中所述,并在此程序中进一步量化;(4) 本程序的所有费用，包括（但不限于）申请方的律师费和开支、申请方专家的费用和开支，以及仲裁庭和 SCC 的费用和开支；(5) 从评估日期到意大利完全和最终履行该裁决期间以最高合法利率的裁决前和裁决后复利；(6) 仲裁庭认为公正和适当的任何其他救济。

二、法律分析

（一）管辖权

1. 形式要件

ECT 第 26(1)条要求被申请方是 ECT 的缔约方，并且申请方是合格的“另一缔约方的投资者”，即具有与被申请方不同的国籍。因此仲裁庭认为本争议属于仲裁庭管辖范围。申请方于 2015 年 7 月 7 日提交仲裁请求，表示同意根据 ECT 第 26(4)(c)条进行 SCC 仲裁。仲裁庭认为，鉴于被申请方未表明申请方之前已将本争端提交给意大利法院或行政法庭，因此基于岔路口的论点，没有理由否认意大利已根据 ECT 第 26(3)(a)条做出无条件同意。ECT 第 26(1)条规定，在其范围内的争端“应在可能的情况下友好解决”，并且根据第 26(2)条，“如果此类争端无法根据第 26(1)条自争端任何一方请求友好解决之日起 3 个月内解决，争端投资方可选择提交解决。”仲裁庭认为申请方在 2014 年的信函中及时充分地通知并要求友好解决。仲裁庭指出申请方不是 GSE 协议的一方。因此，仲裁庭根据 GSE 协议和最低保证价格合同中的协议选择条款驳回了被申请方的管辖权。

2. 根据 ECT 第 21 条提出的异议

关于对光伏电站征收的“罗宾汉税”，被申请方称其是“明确的”税收措施，并引用了意大利宪法法院自己的声明，因此认为其不属于仲裁庭的管辖范围。申请方认为“罗宾汉税”是行政费，不是意大利法院管辖的税收。仲裁庭指出，设立“罗宾汉税”是专门用于支付 GSE 管理有利于光伏生产商的激励项目的成本。仲裁庭还指出，被申请方并未否认 GSE 就从光伏生产商收到的金额支付了增值税，并且该费用不是为意大利的一般收入收取的。因此，仲裁庭认为“罗宾汉税”

不构成税收措施并确认其对申请方的主张有管辖权。

就将光伏电站重新分类为动产或不动产，申请方认为将光伏电站从动产重新归类为不动产与税收措施毫无关系，但被申请方认为其是ECT第21条的“税收措施”。仲裁庭认为申请方主张的损害赔偿是其税收措施多付的金额，对多付的税额要求损害赔偿将“创造与税收措施有关的权利或义务”。因此，仲裁庭得出结论，根据ECT第21条，申请方关于将光伏电站重新归类为不动产的主张不属于仲裁庭的管辖范围。

就不平衡成本，申请方认为其不并非旨在增加国家收入，且意大利法律未将其定义为“税”，也不符合意大利税收的特征，因此不平衡成本不是“税收措施”。被申请方认为不平衡成本强制性征收、不为特定目的的征收等特征符合税收的定义，且依据意大利法律不平衡成本是一项财政措施。因此，被申请方称向光伏电站生产商征收的不平衡成本是ECT第21条下的“税收措施”。仲裁庭认为不平衡成本不是国家一般收入，且意大利法律未将其定义为税收，所以不平衡成本不属于仲裁庭的管辖范围。

3. “欧盟内部”管辖权异议

被申请方称，ECT第26条不适用于一个欧盟成员国的投资者与另一欧盟成员国间的争端。即使ECT最初适用于欧盟内部争端，在里斯本条约通过后也不再适用。此外，欧盟法律体系的性质，特别是TFEU第344条，排除了ECT对欧盟内部争端的管辖权。申请方以ECT的明确条款、一系列一致的仲裁裁决及条约解释规则为基础的论点反驳被申请方的“欧盟内部争端”管辖权异议。关于ECT的明确条款，申请方称欧盟投资者有权在国际仲裁中针对欧盟缔约方提出主张。其次，申请方提到的几项ECT裁决都明确否认欧盟内部争端没有不根据ECT第26条进行仲裁的任何例外情况，并拒绝承认TFEU和ECT不兼容。最后，ECT第16条规定里斯本条约的通过不会使ECT不适用于欧盟内部争端。仲裁庭认为被申请方在“欧盟内部争端”管辖权异议的论点无说服力，仲裁庭对此争端享有管辖权。

4. Achaea裁决

关于Achmea裁决，申请方认为其与本案无任何相关性。但被申请方认为，因欧洲法院裁定，成员国根据ECT向欧盟投资者提出仲裁将“违反TFEU第

267和344条以及欧盟法自治的一般原则”,Achmea裁决“确认仲裁庭在欧盟内部投资争端中缺乏ECT第26条规定的管辖权。”仲裁庭裁定Achmea裁决没有排除性效力,无法取消本案仲裁庭的管辖权。

(二) 法律依据

1. 斯帕尔马激励法令降低电价

(1) 申请方观点。根据第91/2014号法令,申请方称降低电价违反了其合法期望,因此违反了ECT下的公平且有利(FET)条款。申请方强调合法期望、透明度和一致性、善意每一个都为申请方获得FET条款下的救济提供了独立的基础。

(2) 被申请方观点。首先,“合法期望”必须“与国家推进立法的主权权利具有适当的相关性”。其次,FET下没有一致性义务且申请方关于违反透明度的实际论据降低了合法预期论据的可信度。最后,该项措施是为维持激励系统采取的合法措施,因此是善意的。

(3) 仲裁庭观点。仲裁庭的多数认为,在申请方进行投资时无法合理预见到第91/2014号法令下的电价修改,被申请方未能鼓励其他缔约方的投资者并为其创造透明条件,根据所提供的证据,该法令未违反善意原则。

2. 斯帕尔马激励法令下的付款条件变更

(1) 申请方观点。申请方称,由于第91/2014号法令第26(2)条修改的激励电费支付计划,至少4个月,最多15个月,才能收到10%的调整费,这延误减少了他们的现金流。

(2) 被申请方观点。被申请方称,第91/2014号法令第26(2)条是为避免向生产者支付不正确的款项,这对申请方的影响较小。

(3) 仲裁庭观点。申请方未证明意大利的机关提供了明示或暗示的不会变更付款期限的承诺或保证。因此,即使申请方认为该措施不利于其投资,申请方也没为合法预期主张提出任何理由或主张。基于上述情况,仲裁庭驳回了申请方根据第91/2014号法令第26(2)条提出的救济请求。

3. 修改最低保证价格方案

(1) 申请方观点。申请方因2014年开始的MGP计划的大幅修改而受到损害。此前意大利关于最低保证价格的许多保证和承诺,表明降低并基本上终止获得这些价格是不合理的。这违反了损害条款。其次,意大利在法律、法规和合同中承诺支持小型光伏设施并保护它们免受市场变化的影响,将价格降至市场价格的60%,并消除了大多数发电厂(包括申请方的发电厂)参与承购制度的可能性。这违反了 ECT 的总括条款。

(2) 被申请方观点。建立承购制度的第 387/03 号法令和第 39/2004 号法律并未对价格或其持续时间提供具体保证。

(3) 仲裁庭观点。仲裁庭的多数认为,MGP 计划的修改并未违反 ECT 第10(1)条,即 FET 的合法期望、一致性/透明度和诚信标准、损害条款或总括条款。

4. 取消 ISTAT 通胀调整

(1) 申请方观点。申请方认为根据能源法案一的明确条款、提及能源法案一电价的 GSE 协议、2006 年和 2008 年的行政法庭裁决以及在 2015 年之前继续支付通货膨胀调整后的电价,形成了合法的期望。被申请方根据能源法案一对 ISTAT 通货膨胀调整的处理违背了申请方的合法期望,表现出不一致和缺乏透明度,并构成恶意,因此违反了 ECT 的 FET 条款。此外,他们声称,该措施违反了 ECT 的损害条款和保护伞条款。因为取消通货膨胀调整违反了意大利根据 GSE 协议对能源法案一设施所承担的义务。

(2) 被申请方观点。申请方并不具备根据能源法案已获得 ISTAT 调整的合法期望,因为他们是在 2006 年对能源法案一进行修正之后,于 2008 年开始在意大利光伏行业进行投资的。申请方肯定知道 2006 年的法令取消了通货膨胀调整。为了支持其论点,被申请方指出,2009 年的一份 GSE 协议提到了 2006 年的能源法案一修正案。被申请方认为,2012 年的决定认为,撤销能源法案的通货膨胀调整是合法的,也是必要的,以反映第 387 号立法令的要求,即电价应"递减"。被申请方认为,2008 年裁决的意思并不是说撤销通货膨胀调整本身是无效的,而是说撤销只是缺乏充分的动机。因此,被申请方认为,国家委员会 2008 年决定的内容排除了索赔人所主张的合法期望。

(3) 仲裁庭观点。在不否认通货膨胀调整可能是申请方在投资意大利光伏行业时考虑的一个因素的情况下,仲裁庭认为,这些情况并不能证明违反了

ECT 第 10 条第 1 款。至于申请方声称意大利违反了 ECT 第 10(1)条的"透明度"标准,因为据称不同国家机构的待遇不一致,仲裁庭认为,证据并不能证明这种待遇是不一致的。相反,看来 GSE 最终确实符合 Consiglio di Stato 的判例。最后,关于违反保护伞条款的指控,接受能源法案电价的光伏电站的 GSE 协议提到了修正的能源法案,这一事实表明,被申请方并没有承担支付通货膨胀调整的义务。

5. 管理费和不平衡成本

(1) 申请方观点。申请方称,"从 2013 年 1 月 1 日开始向光伏生产商收取的管理费和不平衡成本违反了 FET 条款、减值条款和保护伞条款。对所有获得激励性电价的光伏生产商追溯征收的管理费,以及光伏生产商不再豁免不平衡成本,实际上降低了其激励性电价。同时征收管理费和不平衡成本从根本上改变了管理每个申请方光伏电站的 GSE 合同中规定的经济框架",因此违反了意大利在 GSE 协议下的义务。

(2) 被申请方观点。首先,意大利在制定行政收费措施和向光伏生产商分配不平衡成本方面做出了明智的政策选择。其次,意大利没有向光伏生产商保证他们不会征收行政费用或不平衡成本。再次,行政费仅给每个生产商带来了极其轻微的损失,对光伏生产商征收的费用不到 GSE 总成本的一半,并且通过抵消的方式以最有效的方式实施而不是创建新的付款方式。

(3) 仲裁庭观点。首先,申请方对此类费用不会强加给光伏生产商没有合法期望。在申请方已经开发或收购光伏设施后,基于行政收费和不平衡成本措施的实施,不能证明被申请方违反了诚实信用原则。其次,仲裁庭尚未确定行政费或失衡成本是损害申请方投资的不合理措施,不接受申请方的损害条款主张。关于管理费,仲裁庭在这种情况下考虑了意大利在决定将 GSE 的一部分成本分配给投资者时援引的政策依据。仲裁庭并未被说服认为这些理由不合理或收取费用的方法不合理。最后,关于总括条款,仲裁庭观察到,从未向申请方保证不会收取行政费和不平衡成本,而 GSE 协议没有这样规定。不能根据申请方的论点推断 GSE 协议包含排除此类措施的默示条款。因此,仲裁庭认为这些措施并未违反总括条款。

三、费用

申请方要求赔偿在本次仲裁中发生的所有费用、收费和开支,总额为3 294 535.57欧元。

根据被申请方2018年10月29日提交的材料,被申请方共支付了862 485.88欧元的费用。

仲裁庭多数认为,被申请方违反ECT第10(1)条下的FET标准、损害条款和总括条款的损害赔偿金额加利息为1 190万欧元,其中740万欧元支付给Greentech,4.5欧元亿美元支付给NovEnergia。考虑到案件的结果和其他相关情况,仲裁庭认为,根据SCC规则第43条,被申请方应承担仲裁的全部费用,包括由申请方支付的47.8万欧元。"其他成本"为3 294 535.57欧元减去47.8万欧元,净额为2 816 535.57欧元,其中一半将是1 408 268欧元。

四、裁决

基于本最终裁决中规定的理由,仲裁庭作出如下决定:

(1) 仲裁庭确认其根据ECT和SCC规则对申请方的主张具有管辖权,但根据ECT第21条排除的税收措施,"罗宾汉税"和将光伏设施归类为不动产的那些主张除外。

(2) 斯帕尔马激励法令第26(3)条削减激励性电价,被申请方未能给予申请方公平且有利待遇,以不合理的措施损害申请方的投资,未能遵守与申请方相关投资的义务,违反了ECT第10(1)条规定的义务。关于这些调查结果,仲裁庭以多数票作出决定。

(3) 被申请方没有违反其在ECT第10(1)条下的义务,将最低保证价格方案的修改、电费支付期限的变化、行政费用和不平衡成本的修改引入申请方的投资,或取消了ISTAT通胀调整。关于最低保证价格方案,仲裁庭以多数票作出决定。

(4) 作为对上述违约行为给申请方造成的损害的赔偿,被申请方应向

Greentech 支付 740 万欧元,向 NovEnergia 和 NIP 支付 450 万欧元,共计 1 190 万欧元。

(5) 被申请方应从 2015 年 1 月 1 日(斯帕尔马激励法令颁布之日)起按 LIBOR 年利率加 2%的年复利向申请方支付赔偿金的利息。

(6) 被申请方应赔偿申请方的全部仲裁费用,金额为 47.8 万欧元。

(7) 被申请方应向申请方支付其法律和相关费用的 1/2,金额为 1 408 268 欧元。

王杰译　张丽楠校

9REN Holding S. À. R. L. v. 西班牙

国际投资争端解决中心裁决

案号：ARB/15/15

裁决时间：2019 年 5 月 31 日

申 请 方：9REN Holding S. À. R. L.

律　　师：Kenneth R. Fleuriet 先生，Amy Roebuck Frey 女士，Heloise Herve 女士，Isabel San Martin 女士，Reginald R. Smith 先生，Kevin D. Mohr 先生，Enrique Molina 先生，Christopher Smith 先生，Verónica Romaní Sancho 女士，Gonzalo Ardila Bermejo 先生，Luis Gil Bueno 先生，Inés Vázquez García 女士，Beatriz Fernández-Miranda de León 先生，Cristina Matia Garay 女士

被申请方：西班牙

律　　师：José Manuel Gutiérrez Delgado 先生，Francisco Javier Torres Gella 先生，Javier Castro López 先生，Amaia Rivas Kortázar 女士，Antolín Fernández Antuña 先生，María Jose Ruiz Sánchez 女士，Roberto Fernández Castilla 先生，Patricia Froehlingsdorf Nicolás 女士，Elena Oñoro Sainz 女士

仲 裁 庭：Ian Binnie 阁下，David R. Haigh 先生，V. V. Veeder 先生

一、案件事实

该争议涉及被申请方实施的对申请方和其他生产商不利的措施，这些措施

修改了适用于可再生能源项目，特别是太阳能光伏电池生产的电力的监管和经济制度。根据1998年4月16日在卢森堡和西班牙之间生效的《能源宪章条约》(ECT或条约)和1966年10月14日生效的《关于解决国家与其他国家国民之间投资争端的公约》(ICSID公约)申请方提交给国际投资争端解决中心(ICSID或中心)仲裁。

申请方于2008年开始在西班牙投资，当时其收购了一家西班牙公司Gamesa Solar, S. A. (Gamesa Solar)，该公司正在开发处于不同完成阶段的可再生能源设施和项目，以及相关的工程、采购和建筑业务，还有其他相关投资。申请方的投资是在西班牙计划吸引大量投资，在2000年代中期建立可再生能源能力的背景下进行的。该计划是为了满足欧盟对可再生能源的要求，迅速增加可再生能源，包括光伏、太阳能设施以及风能和"小型水电"项目的发电量。申请方的主要投资是在光伏设施上。

2007年5月25日，西班牙通过皇家法令661/2007(RD 661/2007)颁布了新的激励措施。特别是在100千瓦以上的光伏设施方面，措施为光伏设施制定的上网电价(FIT)比以前皇家法令436/2004高出82%。根据申请方的说法，这些激励措施在设施的整个运行期间都受到保护。

西班牙于2008年9月26日颁布了皇家法令1578/2008(RD 1578/2008)，比RD 661/2007规定的新光伏项目的截止日期早了几天。新的皇家法令延长了FIT计划，对RD 661/2007进行了重大修改。溢价有所减少，但对吸引错过2008年9月29日注册截止日期的新光伏设施仍有显著影响。RD 1578/2008对享受上网电价的电力容量规定了的有限年度配额，这使西班牙可以对受益于新制度的设施数量进行控制。RD 1578/2008降低了上网电价的税率，给予西班牙在调整新项目的电价方面更大的灵活性。当时，光伏技术的成本正在迅速下降。RD 1578/2008设立的预分配拍卖制度使西班牙能够根据市场的变化，每季度修改新项目的关税。根据RD 1578/2008的规定，每季度确定的电价将在最长25年内保持有效。RD 661/2007中"保证稳定"这一关键表述没有出现在RD 1578/2008中。

2010年11月，西班牙颁布了皇家法令1565/2010(RD 1565/2010)，终止了光伏设施在运营25年后(后来增加到30年)获得保证关税的权利。2010年12

月23日,西班牙颁布了皇家法令14/2010(RDL 14/2010)限制光伏设施可以获得上网电价的年度运行时间,减少投资者的设施可以获得RD 661/2007和RD 1578/2008电价的电力总量。RDL 14/2010还设立了一个新的"准入费",对生产商输送到电网的所有电力按0.5欧元/兆瓦时收取费用。2011年12月27日,西班牙通过15/2012法案对所有发电收入新征收一种7%的"税"(TVPEE)。皇家法令2/2013(RD 2/2013)引入了修正的消费者价格指数,将食品、能源产品的价格变化和某些税收影响排除在通胀计算之外。

2013—2014年,西班牙采取了新的监管制度以取代以前的监管激励措施。2013年12月,西班牙颁布了《2013年电力法》,以解决受监管的电力系统成本和收入之间不断扩大的电力"关税赤字"。新法律允许西班牙推迟向可再生能源设施支付"特定报酬",以平衡系统的年度成本和收入。2014年6月,西班牙颁布了皇家法令413/2014(建立新制度)和部长令IET/1045/2014(建立新补偿公式的细节)。新监管制度规定了一定数量的"特定报酬"(在市场收入之上),以向投资者提供标准安装下的合理回报率。与此同时,西班牙修改了赔偿,以反映西班牙认为在较早时期多付的情况(称为追回利益)。

申请方认为上述措施导致其在西班牙的可再生能源投资遭受损失,增加了支出。

二、法律分析

(一) 管辖权

被申请方提出了一些超出ECT管辖权基本前提的管辖权异议,如下为当事人双方的抗辩及仲裁庭决议。

1. 有关欧盟内部争端的异议

被申请方认为,依据Achmea判决,ECT仲裁庭无权处理ECT缔约方都是欧盟成员的投资纠纷。申请方表面上的国家卢森堡和西班牙是欧盟成员国。ECT第26条不适用于欧盟内部争端。因此,申请方不是ECT第26条范围内的受保护投资者。

申请方认为本案中 Achmea 判决并不影响仲裁庭的管辖权。首先，仲裁庭的管辖权完全基于 ECT 明确的管辖权规定。其次，迄今为止已有 18 个投资条约仲裁庭驳回了"欧盟内部"反对意见，反对的理由在本案中同样适用和有说服力。再次，即使 Achmea 判决与某些 BIT 争端有关，其与欧盟作为缔约方的 ECT 下的这个争端也明显不相关。最后，Achmea 判决对申请方在某些欧盟司法管辖区执行裁决的能力的理论上的未来的影响，根本不是仲裁庭关心的问题。

仲裁庭认为其对本案享有管辖权。首先 Achmea 判决并不延伸至 ECT，ECT 是欧盟成员国和欧盟都签署的多边条约，包括 ECT 第 26 条。其次，ECT 和欧盟法律之间过去和现在都没有实质性冲突。再次，欧盟法律并不修改西班牙在 ECT，包括 ECT 第 26 条下的义务。仲裁庭的管辖权及其在本案中的行使取决于 ECT，而不是欧盟法律。最后，这是一项根据《解决投资争端国际中心公约》进行的 ICSID 仲裁，在任何国家司法管辖区均不具有审理地点或法律地位，更不用说在任何欧盟成员国。

2. 有关西班牙"利益拒绝"的异议(ECT 第 17 条)

被申请方认为，仲裁庭缺乏基于自愿原则的管辖权。西班牙在其辩诉状中行使了拒绝申请方享有 ECT 第三部分的利益的权利。因此，ECT 第 17 条的先决条件已经满足，申请方在其组织所在的缔约方区域内没有实质性的商业活动，仲裁庭无权继续仲裁。

申请方认为，有清楚的证据表明申请方在卢森堡进行了实质性的商业运营，以 Limited Liability Company Amto v. Ukraine 案为例，可以证明此类商业活动并不形式化或缺乏实质内容。

仲裁庭认为，西班牙未能证明申请方在卢森堡缺乏大量商业活动。ECT 第 17 条对本案事实不适用，驳回"利益拒绝"的异议。

3. 有关公司金字塔结构的异议

被申请方认为法庭没有管辖权，因为任何有关光伏电站的赔偿请求权只属于直接拥有这些电站的运营公司，而申请方作为上游母公司，不属于这一类别。母公司不能就其子公司拥有的资产提出应予赔偿的损失；最多只能就股份价值的缩减提出索赔，但申请方没有以股份价值缩减为依据申请仲裁。

申请方认为，申请方经营公司遭受的损失就是申请方的损失，并在适当的情况下对申请方的损失进行适当的折扣,为反应申请方的持股比例。

仲裁庭认为被申请方的公司金字塔结构异议是错误的,双方聘请的评估专家都不认为公司金字塔结构会妨碍他们对金额的评估,所以驳回了这一异议。

4. 有关 TVPEE 主张的异议

被申请方认为仲裁庭无权管辖2011年12月27日第15/2012号法案规定的对电能生产价值(TVPEE)征收7%的税涉嫌违反ECT第10(1)条的主张。西班牙法院支持TVPEE的有效性,通过立法将其定性为税收。ECT第10条对缔约方的税收措施拒绝给予救济。ECT第21条包含了将税收措施排除在ECT适用范围之外的一般性规定,只允许仲裁庭在第21条明确规定的特殊情况下拥有管辖权,这些例外情况都与申请方提交的案件无关。

申请方认为,仲裁庭对这一主张具有管辖权。第15/2012号法案征收的税款不符合公认的构成"税收"的标准,TVPEE只是降低了FIT计划保证的激励关税。此外,"税收"适用于收入而非利润也可以证明这一点。ECT第21条不能为西班牙提供辩护。

仲裁庭认为TVPEE是一种税收,ECT第21条排除了仲裁庭对TVPEE的管辖。仲裁庭同意Eiser Infrastructure等v. 西班牙案中仲裁庭的结论:(1)征税权是一项核心主权,不应该被轻易地质疑;(2)本案在事实上并未达到将税务强制执行措施用于摧毁申请方情况;(3)仲裁庭不能仅凭本案记录而无视ECT的明确条款,因为本案记录不足以证明存在对征税权的不当或滥用。

(二)责任

1. 是否违反公平公正标准

申请方认为,一旦西班牙将一家光伏工厂列入RD 661/2007和RD 1578/2008的项目,其利益就可以按照这些项目中的关税优惠条款确定。没有任何条款允许西班牙拒绝为该电站生产的所有电力支付全额的、保证的关税优惠。申请方尤其依赖RD 661/2007第44条第(3)款的明确陈述,即未来对报酬的任何修改均不具有追溯力。申请方主张,西班牙使投资者(及其贷款人)产生一个合法的期待,即RD 661/2007和RD 1578/2008规定的关税和优惠一旦授予某一特定设施,将在皇家法令规定的期限内得到兑现。仲裁判例("连贯判决"的形式)承认,国家行为和政策目标可使投资者产生期待,从而吸引其投资。在国际法上,不允许国家以相互冲突的政府利益为由来证明破坏投资者合法期望的立法或监管变化是正当的。当相关投资需要大量的前期成本且只能在相当长的一段时间内收回时,更应如此。申请方的法律专家 Aragón 教授作证称,第 44 条第(3)款明确向已满足受益于 RD 661/2007 所需的程序的设施及其投资者保证,促使其实现投资的报酬模式不会改变,该模式不受关税、保费、附加、期限和限额的影响。

西班牙拒绝认为 RD 661/2007 和 RD 1578/2008 应被视为一般监管框架的例外情况的说法。就法律的等级而言,任何法规都不能阻止符合上级法规规定的后续修改。1997 年《电力法》第 30 条第四款只允许投资者期望"参照资本市场货币成本的合理回报率"或"投资的合理报酬"。西班牙政府有权修改促进电力生产的溢价,这一点在申请方投资日期之前、期间和之后都得到了西班牙最高法院的一致肯定,申请方不可能有相反的合法期望。西班牙认为,申请方的投资是分阶段进行的,而合法的期待应在完成最后一步投资时评估。因此,申请方的投资是根据 RD 1578/2008 而不是 RD 661/2007 进行的。RD 1578/2008 已经明确指出,现有的上网电价优惠可以通过修改法规来减少。

毫无疑问,可执行的"合法预期"要求明确具体的承诺,但本仲裁庭认为,如果该等承诺是为了吸引投资而作出且成功吸引了申请方的投资,并且一旦作出则给申请方造成了损失,则规章本身可以作出这种必要的明确和具体的承诺。在这种情况下,没有理由否认投资者对国家履行的合法预期。对于在 2008 年 4 月 23 日投资的 2.11 亿欧元,申请方有一项合理合法的预期,即如果其项目遵守 FIT 要求(包括在 RAIPRE 项下及时注册),并在整个期限内遵守该要求,其将获得 RD 661/2007 中规定的利益。对于 2011 年注册的 Formiñena 工厂,RD 1578/2008 的关税承诺最长为 25 年,并明确考虑在 2012 年修改补偿,对不可撤销性没有明确和具体的表述。虽然 Formiñena 工厂是申请方受保护投资的一部分,但没有合理预期 Formiñena 工厂的产量将在其整个期间继续按 2012 年水平得到补偿。

2. 是否违背申请方的合法预期

申请方认为新的监管制度在多个方面违背了其合法的期待。申请方在西班牙投资,并不是期望获得西班牙不时的、单方面定义的合理回报率。相反,申请方在西班牙进行投资是因为其合理地期待能够就其设施生产的所有电力获得RD 661/2007 和 RD 1578/2008 规定的准确的关税,该关税将提供足够的回报,以证明其投资风险是合理的。

西班牙基本上采用了西班牙最高法院的推理,为限制 RD 661/2007 的赔偿提供了依据。最高法院的推理如下:"其中一个隐含的限制是,促进措施不能被视为"终身"或无限期的。不应假设 RD 661/2007 保证无限期地享受关税优惠。申请方选择保留的通过投资获得的任何资产没有被剥夺。申请方投资的资金至少获得了合理的回报。"追回利益"是对申请方在 2014 年之前获得的超额利润的合法回应。"

仲裁庭的结论是:(1) 西班牙在 RD 661/2007 第 44 条第三款中对不溯及既往的表述是明确和具体的(不包括 RD 661/2007 本身提到的潜在调整);(2) 申请方根据 RD 1578/2008 对 Formiñena 工厂的合法期望并不包括现有关税的不可撤销性;(3) 在这种情况下,申请方对关税稳定性的期望是合理和合法的;(4) 申请方在进行投资时合理地依赖西班牙的陈述;(5) 结果是,申请方遭受了所申诉的损失。

当然,除了证明东道国未能实现其合法预期之外,申请方还必须证明其违反了公平和公正待遇的标准(FET 标准)。基于具体陈述的"合理预期"仅是判断被申请方是否违反 ECT 第 10 条第 1 款规定的 FET 标准的相关因素。可再生能源项目的财务脆弱性在于高昂的前期资本成本。一旦资金投入在光伏设施,开发商(及其银行)的资金就被 FIT 合同锁定,他们的投资实际上(正如申请方所说)长期被左右。如果能源价格上涨,受益的是西班牙,而不是运营商。在西班牙看来,运营商只能收回西班牙单方面宣布的、参考债券市场的合理回报。另一方面,如果能源价格下降,西班牙声称有权放弃仲裁庭认定的对价格稳定的监管保证。西班牙的立场是,只有它应该从价格上涨中获益,但价格下跌的负担将被转移到投资者身上。作为西班牙的国内法,对当地投资者的这种待遇被认为是符合宪法的,但在仲裁庭看来,这种片面的待遇既不公平也不公正。根据ECT,申请方作为一个外国投资者,有权获得公平和公正的待遇,而在本案中却没有得到这种待遇。

3. 西班牙未能透明地对待申请方的投资及通过不合理的或歧视性的措施避免损害是否违反了 FET 标准

一个国家可能违反 FET 标准，要么违反投资者的合法期望，要么没有透明地对待投资者或其投资，不采取不合理或歧视性的措施进行损害。申请方援引 Micula v. Romania 案，说明仲裁庭裁定一个国家可能两次违反 FET 标准——第一次是破坏合法期望，第二次是未能透明和一致地行事。因此，申请方认为，"合法期望"和"透明度/一致性"是独立的诉求，违反其中任何一项都会产生 ECT 和国际法规定的责任。西班牙使投资环境完全不确定、不合理，未来的报酬也无法预测。这种不确定性导致 9REN 的 Solaica 工厂的售价不尽如人意，只相当于在没有西班牙的修正主义措施的情况下其价值的一小部分。在歧视方面，申请方认为，TVPEE 不仅不是真正的税收，而且对可再生能源和传统能源生产商有歧视。当对在竞争性市场上销售商品的生产商征税时，生产商通常可以将部分，通常是大部分税款转嫁给消费者。然而，由法律规定的税率导致 9REN 的工厂不能提高价格以将 TVPEE 这种"税"转嫁给消费者。

西班牙辩称它对申请方所诉的赔偿规则作了细致的阐述，新监管制度再具体、详细不过了。此外，由于前面解释的原因，考虑到关税赤字和西班牙所处的总体财政状况，有争议的措施既不是歧视性的，也不是任意性的。

仲裁庭认为一个与合法的国家目标有合理联系的监管措施，如果所选择的手段与实现西班牙所说的避免 SES 破产的目标相称，则既不是不合理的，也不是任意的。仲裁庭还驳回了 9REN 认为 2010—2014 年的监管制度在 ECT 允许的范围内缺乏透明度的观点。申请方关于歧视的主张涉及 TVPEE 税，如上所述，根据 ECT 第 21 条的规定，TVPEE 税不属于仲裁庭的管辖范围，所以该主张不具有说服力。因此，仲裁庭驳回申请方关于透明度和歧视的主张。

4. 保护伞条款

ECT 第 10 条第一款规定："每一个缔约方应遵守与任何其他缔约方投资者或投资者的投资订立的任何义务。""任何"义务的表述范围十分广泛，申请方认为，通过法律法规承担的义务（而不仅仅是合同义务）属于这一范围，而西班牙对此观点予以否认。

申请方认为 RD 661/2007 和 RD 1578/2008 对西班牙承诺为合格设施生产

的电力支付关税设定了明确的义务。从 2010 年开始,西班牙违反它对申请方投资承担的义务,逐步减少在监管框架和有关 9REN 设施的具体承诺中同意提供的报酬,包括:(1) 2010 年的工作时间限制违反了西班牙对符合条件的工厂所生产的所有电力支付奖励的义务;(2) 2010 年的持续时间限制违反了西班牙为设施的整个使用周期支付激励的义务;(3) 2012 年的"税收"违反了西班牙支付固定奖励的义务;(4) 2013 年 CPI 通货膨胀指数的变化违反了西班牙根据 CPI 调整 RD 661/2007 奖励的义务;(5) 2013—2014 年"新的监管制度"违反了西班牙在电厂运行期间支付固定奖励费率的义务。

被申请方认为申请方错误地强调了"任何"一词,其广泛的性质可能打开闸门,所有类型的国家活动都可以纳入义务的概念。ECT 第 10 条第一款最后一句中的"订立"一词要求国家对某一投资者或某一投资承担具体义务。在本案中,没有关于申请方与西班牙之间任何合同义务的指控。因此,申请方根据 ECT 第 10 条第一款中规定的保护伞条款提出的请求应被驳回。

仲裁庭认为"任何义务"一词必须根据 ECT 第 10 条第一款中使用的词语进行解释。它用于国家与投资者订立的义务。这种情况适用于双边合同,例如特许权或许可协议。不适于描述一个国家的公共立法或行政法规。国家不会与私人"订立"此类立法。在任何情况下,脱离了 FET 标准的合法期望本身并不是 ECT 第 10 条第一款意义上的独立"义务"。仲裁庭的结论是,西班牙对申请方不承担以下义务:(1) 避免征收 7%的 TVPEE 税;(2) 避免修改根据 RD 1578/2008 支付的赔偿。在这种情况下,根据保护伞条款使申请方的请求生效既有问题也是多余的。有问题是因为它将投资者在 FET 下的保护与保护伞条款所寻求的保护混为一谈,并使后者变形;多余是因为保护伞条款没有增加对 FET 下已经给予的救济。

5. 征收

申请方认为当一个国家对受保护的投资进行干预,严重或实质性地剥夺了投资者对该投资的使用、利益或价值,其程度超过了暂时性的程度,则该措施具有征用性。RD 661/2007 第 17、36 和 44 条对 9REN 的七个项目赋予了一系列权利。RD 1578/2008 则为 9REN 的 Formiñena 工厂提供了类似的权利,即 25 年的固定关税。Aragón 教授作证,根据 RD 661/2007 和 RD 1578/2008 授予这些设施的权利是西班牙法律规定的合法权利，并受到保护。2010—2013 年，西班牙颁布了前面所讨论的有争议的措施，从而实质性地干涉了 9REN 就其设施生产的所有电力获得 RD 661/2007 和 RD 1578/2008 的全部价值的权利。在这些实质性干预行为之后，西班牙于 2013/2014 年完全废除了 RD 661/2007 和 RD 1578/2008，新的监管制度完全剥夺了申请方在上述制度下的各项权利。基于这些原因，西班牙征用了 ECT 第 13 条意义上的申请方的“投资”。此外，该征用是非法的，因为它不符合 ECT 第 13 条所载的合法征用的四个要件。因此，仲裁庭应裁定西班牙的措施违反了 ECT 第 13 条。

被申请方主张，不存在征收。影响一项权利价值的规章修订并不构成对该项权利的剥夺，并且完全在国家主权的权力范围之内。光伏电站的合理回报率得到了法规的保障，不受市场不确定性和波动的影响。一项投资如果仍由投资者拥有和控制，并有法律保证的合理回报率，就不能被视为征收。被申请方采取的被质疑的措施并没有取得申请方工厂的股份或者管理权，也没有破坏运营公司的价值。

仲裁庭认为，申请方的投资被定性为公司股份是恰当的。下游经营公司有权获得出售给 SES 的电力收入，但申请方本身对收入不享有任何权利。当申请方提到区别于价值损失的征收时，仲裁庭应当将关注点放在申请方所持股份上。申请方并没有失去对股票的控制。虽然 2010—2014 年的规章修改使股票价值大大减少，但是这一减少最好从违背申请方的合法预期角度分析。所以，仲裁庭驳回了申请方关于其投资被征用的指控。

(三) 赔偿金额

无论投资的类型以及非法措施的性质，国际投资仲裁中裁定的损害赔偿水平应足以充分补偿受影响的一方，并消除国家行为的后果，是赔偿评估的基本原则。

1. 申请方观点

申请方聘请 FTI 咨询公司（Richard Edwards 先生）计算损失的金额。申请方提议，被质疑的措施对申请方投资价值的影响应从 2014 年 6 月 30 日开始评估。FTI 计算出申请方的价值损失总额为 5 220 万欧元。

2. 被申请方观点

被申请方聘请 Econ One Research 公司(Daniel Flores 博士)提供专家证据,说明如果责任成立,适当的赔偿金额是多少。Flores 博士从 2014 年 6 月 30 日和 2015 年 6 月 19 日两个日期对赔偿金额进行计算,得出受争议的措施没有使申请方遭受损失的结论。

3. 仲裁庭观点

仲裁庭依据赔偿金额必须足以充分赔偿申请方并消除西班牙的不当行为造成的后果的原则,对赔偿金额进行计算。仲裁庭认为应从 2014 年 6 月 30 日开始评估赔偿金额。仲裁庭认为,FTI 对 5 220 万欧元损失的计算没有考虑到一些重大的意外事件,也没有考虑到监管风险,所以将申请方主张的赔偿金额减少 20%,从 5 220 万欧元减少至 4 176 万欧元。另一方面,仲裁庭不同意 Flores 博士对零损失的计算,该计算基于仲裁庭已驳回的一些意外事件。仲裁庭命令自 2014 年 6 月 30 日起至裁决支付之日止支付利息,利率相当于同时期 5 年期西班牙政府债券收益率,按年计收复利,但复利的金额只有在确定被申请方的实际支付日后才能确定。

(四) 费用

申请方观点。申请方请求被申请方支付其在仲裁中所发生的全部费用共计 7 174 320.80 美元。

被申请方观点。被申请方请求申请方支付 1 401 037.36 欧元(按当前汇率计算,相当于 1 588 990.72 美元)的费用。

仲裁庭观点。考虑到所有情况,仲裁庭多数意见认为被申请方应支付申请方所支付的 4 814 570 美元和 562 458 欧元的费用。根据 ICSID 公约第 61 条第 2 款规定的程序费用的承担,仲裁庭决定被申请方应承担申请方在 ICSID 项下的全部费用,计 299 908.16 美元。

三、仲裁裁决

根据裁决中所载的理由,仲裁庭裁决:

(1) 根据 ECT 以及 ICSID 公约，仲裁庭对申请方的主张具有管辖权。

(2) 被申请方违反了 ECT 第 10(1)条规定的 FET 标准。

(3) 被申请方向申请方支付赔偿 4 176 万欧元，并从 2014 年 6 月 30 日起按相当于 5 年期西班牙政府债券收益率的年复利计算利息，直到西班牙完全履行裁决。

(4) 被申请方应向申请方支付包括(但不限于)申请方的法律费用和支出，申请方的专家费用和支出共计 4 814 570 美元和 562 458 欧元，以及仲裁庭和 ICSID 的费用和支出共计 299 908.16 美元。

(5) 驳回其他所有主张。

张丽楠译　邹升阳校

BELENERGIA S. A. v. 意大利

国际投资争端解决中心裁决

案号：ARB/15/40

裁决时间：2019 年 8 月 6 日

申 请 方：BELENERGIA S. A.

律　　师：Elvezio Santarelli 先生，Eugenio Tranchino 先生，Raffaela Colamarino 女士，Robert Fidoe 先生，Jack Moulder 先生，Eirik Bjorge 教授，Cameron Miles 博士

被申请方：意大利

律　　师：Gabriella Palmieri 律师，Giacomo Aiello 律师，Sergio Fiorentino 律师，Paolo Grasso 律师，Maria Chiara Malaguti 教授、律师，Giuseppe Stuppia 博士

仲 裁 庭：Yves Derains 先生，Bernard Hanotiau 教授，José Carlos Fernández Rozas 教授

一、案件事实

本案争端涉及意大利政府一系列修正立法的措施，改变了适用于申请方对意大利光伏产业投资的特殊目的公司（SPV）的法律制度。1992 年，意大利通过了第 9/1991 号法律，鼓励光伏投资。2000 年，意大利通过的新政策建立了针对光伏产业的激励机制，包括与光伏电厂 20 年使用寿命相关的机制，如能源账户（Conto Energia）制度下的上网电价和最低价格激励。能源账户制度是由第 387/2003 号法

令引入的，该法令规定激励措施应金额递减，期限递增。最低价格激励措施也有利于某些光伏电厂所有者，如申请方的特殊目的公司。2004 年 8 月 23 日的第 239/2004 号法律承认国有能源监管机构(GSE)的购买制度(retiro dedicato)。遵守购买制度的光伏电厂所有者可以直接向 GSE 出售电力，以替代在批发市场上出售电力或通过与消费者签订的个人购电协议出售电力。2013 年 12 月 23 日的《意大利目的地法令》第 1(2)条完全废除了最低价格激励。2016 年 7 月 28 日，电力和天然气管理局(AEEG)第 444/201660 号决议向光伏电厂所有者收取不平衡费用。

申请方是一家在卢森堡注册的公司，是光伏能源领域的投资者。申请方在 2011 年 9 月—2013 年 12 月期间投资了 10 家意大利特殊目的公司，在意大利南部开发并运营 20 个光伏电厂。申请方在意大利的投资分三波进行。第一波投资发生在能源账户四生效后约 4 个月。由于这些光伏企业所属的所有工厂在 2011 年 6—8 月间开始运营，根据 2011 年 5 月 5 日的部长令，它们都获得了能源账户四的上网电价。第二波投资发生在 2013 年 4—7 月。这一波投资发生在能源账户五生效的时候。最后一波投资发生在 2013 年 12 月。此时，能源账户五不再适用于新电厂。每个投资光伏的公司就其每个光伏电厂的上网电价和超 1 MW 以上电厂的最低价格签订了 GSE 协议。

申请方请求如下的救济：宣告被申请方违反了 ECT 第 10(1)、(2)和(3)条规定的义务；裁定申请方获得赔偿金以补偿其因被申请方的违约行为而遭受的损失，并加上从应付款之日至实际履行之日的利息；裁定被申请方支付与仲裁程序有关的所有费用，包括 ICSID 的管理费用、仲裁员的费用以及申请方的所有法律和其他费用，包括其法律顾问、专家和顾问的费用，外加从申请方产生这些费用之日至付款之日的利息。

二、法律分析

(一) 申请方观点

1. 管辖权和可受理性

(1) 意大利欧盟内部争端的管辖权异议不成立理由如下：ECT 最初的设想

是适用于欧盟内部的争端;无论欧盟之后如何发展,ECT 适用于欧盟内部的争端;欧洲法院在斯洛伐克共和国 v. Achmea 案中的裁决不影响本仲裁。

(2) GSE 协议中的专属管辖权条款导致意大利缺乏 ECT 第 26 条下的无条件同意

申请方否认了意大利关于没有无条件同意根据 ECT 第 26 条进行仲裁的异议:首先,申请方之前没有根据 GSE 协议向罗马法院提交投资争端,没有触发根据 VCLT 第 31 条解释的 ECT 第 26(3)(b)条规定的岔路口条款;其次,申请方没有根据由仲裁庭解释和适用的 ECT 第 26(3)(b)条向罗马法院"提交"投资争端;再次,意大利未能证明罗马法院的管辖涵盖与本次仲裁相同的争端、诉讼理由和当事方;最后,意大利的异议是可受理性问题,不能阻止仲裁庭的管辖。

(3) GSE 协议的专属管辖权条款并不妨碍仲裁庭的管辖或任何主张的不被受理

申请方反对意大利根据 ECT 第 26(2)(b)条和第 26(3)条提出的管辖权和可受理性异议,理由如下:GSE 协议的专属管辖权条款对申请方根据 ECT 第 10(1)条提出的保护伞条款主张没有影响;暂缓保护伞条款的主张是不适当的;GSE 协议的专属管辖权条款对其他申请方的主张没有影响。

(4) 不平衡费用不是 ECT 第 21(7)条意义上的税收措施

申请方认为不平衡费用不具有"财政"性质,因此不平衡费用主张不属于 ECT 第 21 条"税收措施"的例外的含义。申请方认为,ECT 第 21(7)条对条约术语"税收措施"的规定证实了这一点,意味着只有"意大利税收立法或其条约中的具体规定"才能触发 ECT 关于"税收措施"的例外规定。申请方认为,将天气变化引起的电力供应变化的额外费用强加给光伏生产商而不是能源消费者,这不能等同于 ECT 规定的"税收措施"。

(5) ECT 第 26(1)和 26(2)条规定的等待期

申请方认为,ECT 第 26 条规定的等待期并不妨碍仲裁庭对申请方的不平衡费用主张的管辖权。首先,ECT 第 26 条规定的等待期,仅是一个程序性要求,并不妨碍 ECT 的管辖。其次,双方就不平衡费用主张的谈判将是无效的,因为 3 个月的等待期在庭审日前已过。

2. 法律依据

申请方认为，意大利违反了 ECT 第 10(1)条，该款规定了“不同但相互加强的义务”，包括公平贸易和充分的保护和安全义务(FPS)，禁止不合理或歧视性的措施，以及保护伞条款。申请方还以 ECT 第 10(2)条和第 10(3)条为依据，认为意大利也违反了其在这些条款下的不歧视义务。

(1) ECT 第 10(1)条的 FET 标准

申请方赞成对东道国的行为适用 FET 标准，这些行为① 违反了投资者的合法期望；② 在程序上是不正当的；③ 在实质上是不当的。

首先，申请方在定义“合法期望”时引用了 Murphy v. 厄瓜多尔一案的内容，即“合法期望是基于对投资者进行投资的法律框架的客观理解”。申请方认为，仲裁庭应考虑合法期望的两个方面：① 投资者对监管和商业稳定的一般期望；② 投资者对东道国具体承诺的合理依赖。申请方认为，违反合法期望的这两个方面中的任何一个都会导致违反 FET，它强调了申请方在本次仲裁中对具体承诺的依赖性。其次，申请方还提出，东道国在程序上的不当行为也违反了 FET 标准。它认为，程序上的不当行为是指：① 违反透明度和一致性规则的行为；② 违反正当程序的行为；③ 未与投资者谈判或恶意谈判的行为。再次，实质性的不正当行为意味着任意的、不合理的、歧视性的、恶意的行为也违反了 FET 标准。申请方认为，它在进行投资时有一个合理的期望，即上网电价和最低价格已经成为既得权利，因此不能修改现有的光伏电厂适用的上网电价和最低价格激励。

申请方还提出，意大利的措施在程序上是不恰当的，因为缺乏正当程序和透明度，违反了 ECT 第 10(1)条规定的 FET 标准。申请方认为，斯帕尔马激励法令的通过不符合意大利法律要求的两阶段协商。申请方认为斯帕尔马激励法令没有遵守立法程序，违反了透明度和正当程序要求。

申请方认为，意大利的措施在实质上是不当的，因为斯帕尔马激励法令：① 与所宣布的提高中小企业竞争力的公共政策相比是不合理的；② 与意大利关于 GSE 协议不可持续的主张相比是不合理的；③ 对外国投资者有歧视性；④ 不相称的，因为它们“几乎没有帮助中小企业，却大大伤害了”申请方。因此，申请方得出结论，斯帕尔马激励法令由于其理由不正确，具有歧视性效果，没有遵循合理的政策。

(2) ECT第10(1)条的保护伞条款

申请方认为,受ECT保护伞条款保护的基本义务的适当法律可能是国内法。申请方提出,ECT第10(1)条包含一个"广义的"保护伞条款,规定缔约方"应遵守其与任何其他缔约方的投资者或投资者的投资所达成的任何义务"。申请方还提出,意大利未能根据ECT第10(1)条选择退出保护伞条款。因此,意大利"无条件地同意"了保护伞条款。此外,申请方声称,签约方违反合同义务会导致违反保护伞条款中遵守合同承诺的条约义务;换言之,保护伞条款使合同违约行为"国际化"。

根据申请方的说法,意大利或其机构已经与申请方签订了具体的合同,确立了保护伞条款主张。因此,申请方认为,意大利"通过立法和监管行为单方面修改"关于上网电价的GSE协议,违反了ECT第10(1)条规定的保护伞条款。然而,如果保护伞条款因某种原因而失效,在没有非常强大的抗衡因素的情况下,这些承诺就足以在本案中确立FET的主张。

(3) ECT第10(1)条禁止不合理和歧视性的措施

申请方认为,禁止不合理和歧视性的措施是ECT第10(1)条规定的一个独立的保护标准,不与FET标准相重叠。根据申请方的说法,一项措施的"合理性"意味着针对公共利益目标的"合理政策",以及根据特定情况,合理设计和合理应用的措施。申请方还指出,一项措施的"合理性"要求相称性和"与某种合理政策的合理关系",但东道国必须调查危害较小的替代措施。

申请方提出,意大利影响上网电价和最低价格的措施是不合理和歧视性的,违反了ECT第10(1)条。首先,申请方认为,意大利没有对这些措施的影响和危害较小的替代措施进行调查,因为从宣布这些措施到通过这些措施只有一个月的时间。其次,意大利的监管变化是不可预测的,没有足够的缓和或补偿措施来平衡。再次,申请方声称意大利的措施是不相称的,缺乏环境或公共健康保护等公共利益目标,也没有"合理的政策"。最后,申请方提出,斯帕尔马激励法令对外国投资者有歧视。

(4) ECT第10(1)条充分的保护和安全义务

申请方指出,ECT第10条第1款规定的提供"充分的保护和安全"的义务,超出了提供“实际”保护和安全的单纯义务，包括“法律”保护和安全。申请方强调，违反 FET 导致违反 ECT 第 10(1)条规定的 FPS 标准的原因相同。它认为，无论 GSE 协议的权利如何，意大利已经改变了适用的法律框架，损害了申请方的投资。

(5) ECT 第 10(2)和(3)条的禁止歧视

申请方声称，对 ECT 第 10(2)和 10(3)条的综合解读禁止对外国投资者进行与意大利国民有关的法律和事实上的歧视。首先，申请方指出，第 164/2014 号法律第 22 条之二将“某些意大利公共实体和学校”排除在第 116/2014 号转换法第 26 条的适用范围之外。在其看来，第 22 条之二歧视申请方的光伏子公司，因为某些意大利公共实体是申请方的竞争对手。其次，监管变化不适用于电厂名义容量小于 200 兆瓦的光伏电厂所有者。申请方认为，这种监管能力上的区别是对大中型光伏电厂(如申请方和主要外国投资者的电厂)的歧视。

3. 费用

申请方请求仲裁庭根据 ICSID 公约第 59—61 条和 ICSID 仲裁规则第 28(1)条，裁决意大利支付：① 法庭的费用和支出；② 中心的费用和支出；③ 申请方在诉讼中发生的技术和法律费用，总计 1 954 689.86 欧元。它还主张支付仲裁费用的利息，每季度复利一次，从裁决之日起至付款为止。

(二) 被申请方观点

1. 管辖权和可受理性

意大利表示，它的一些管辖权异议有时被申请方解释为对可受理性的异议。如果是这种情况，这种管辖权异议也可作为不受理的理由。

(1) ECT 不适用于欧盟内部争端

被申请方主张 ECT 不适用于欧盟内部争端，应由意大利法院受理申请方的主张。意大利法院最终可以将 ECT 对欧盟内部投资者的适用性问题提交欧洲法院初步裁决。意大利提出管辖权异议的理由如下：鉴于先前存在的建立欧洲共同体的条约(欧共体条约)，ECT 在国际法下的解释阻碍了 ECT 对欧盟内部争端的适用；欧盟的演变影响了 ECT 在关于条约继承的国际法下的适用；欧盟的法律秩序已经保护了外国投资；欧洲法院在斯洛伐克共和国 v. Achmea 案中的裁决确认了本仲裁庭缺乏管辖权。

(2) GSE协议下的专属管辖权条款使意大利没有无条件同意ECT第26条的规定。被申请方提出,GSE协议的专属管辖权条款触发了ECT第26(2)和26(3)条规定的岔路口规则,并禁止对与GSE协议有关的所有ECT主张的仲裁管辖权,包括有关通过上网电价和最低价格的激励措施,及期比率和期限的事项。意大利补充说,罗马法院在GSE协议下的专属管辖权也禁止ECT对关于减少激励措施和修改或废除最低价格的保护伞条款索赔的管辖权。

(3) 不平衡费用符合ECT第21(7)条规定的"税收措施"

被申请方认为,根据ECT第21(7)条,税收措施必须由国内立法或国际条约规定,并且必须具有国内法所定义的财政性质。从国内法和国际法的角度来看,不平衡费用属于ECT第21(7)条规定的"税收措施",因为:① 它们是一种强制性缴费;② 它们没有通过Terna的具体服务得到回报;③ 它们涉及Terna的调度活动和保证系统安全的公共开支。另外,被申请方提出,不平衡费用争端是欧盟内部的争端,同样不属于仲裁庭的管辖范围。

(4) ECT第26(1)和26(2)条规定的等待期

被申请方提出,申请方迟迟不提出不平衡费用的主张,违背了ECT第26条规定的等待期要求,因此仲裁庭没有管辖权。被申请方进一步指出,2014年12月8日的友好解决函和2015年7月30日的仲裁请求只提到了关于上网电价和最低价格的主张,而没有关于不平衡费用的主张。基于AEEG第444/2016号决议,不平衡费用主张与其他激励措施的主张无关。

2. 法律依据

(1) 意大利没有违反ECT第10(1)条的FET标准

意大利同意申请方的意见,即善意和相称性是FET标准的依据,且FET涵盖了在投资时存在的"合法期望"。意大利认为,FET标准是一个一般性条款,应根据一般的、不断发展的国际法来解释,仲裁庭在确定意大利是否违反ECT时应考虑意大利法律,以及意大利宪法法院认为斯帕尔马激励法令符合宪法这一事实。被申请方认为,"期望"是指"对未来法律事实和行为的表述,外国投资者从一国当局的行为中得出,并在此基础上进行投资"。意大利将限定词"合法"定义为"值得国际法保护的",这些陈述考虑到国家修改其立法的主权和管理权。

意大利认为，申请方不可能合法地期望意大利的光伏监管框架不会受到立法修改，因为：① GSE 协议和意大利关于上网电价的监管计划不可能造成申请方所称的合法预期；② 斯帕尔马激励法令是合理和相称的，没有程序上或实质上的不当之处；③ 意大利关于最低价格的监管计划和 GSE 协议都不可能对申请方造成合法预期；④《意大利目的地法令》和 AEEG 关于最低价格的第 618/2013 号决议是合理和符合意大利的监管框架。

(2) 意大利没有违反 ECT 第 10(1)条禁止不合理和歧视性的措施

意大利提出，FET 标准与 ECT 第 10(1)条关于禁止不合理和歧视性措施的规定之间存在"完全重叠"。因此，意大利指出，这些措施的合法性应根据 FET 标准来处理。申请方提到这些措施的"合理性"和"不可预测性"而不是"歧视性"特征也证实了这一点。

(3) 意大利没有违反 ECT 第 10(1)条充分的保护和安全义务

被申请方拒绝了申请方关于意大利违反 ECT 第 10(1)条规定的 FPS 标准的指控。意大利解释说，这一标准的适用仅限于"防止和保护外国人免受暴力和骚扰"。意大利认为广义的 FPS 标准将导致与 FET 标准的大量重叠。

(4) 意大利没有违反 ECT 第 10(1)条的保护伞条款

意大利认为保护伞条款主的适用是有争议的。由于它们减损了关于国际和国内义务分离的国际法原则，保护伞条款应作限制性的解释。即使仲裁庭认为关于 GSE 协议的主张可能属于保护伞条款的含义，意大利指出申请方未能证明它们被违反，并否认它们可能被违反。首先，所谓的违反 GSE 协议的行为是由法定变更引起的。其次，意大利不是 GSE 协议的缔约方；因此，保护伞条款不符合合同关系。再次，被质疑的措施是一般性的，不是针对申请方的，并且符合 FET 标准，仲裁庭应驳回申请方的保护伞条款主张。最后，保护伞条款并不改变合同的适当法律，如果根据国内法存在违约行为，国际法会在以后阶段进行干预。意大利宪法法院第 16/2017 号裁决确认，斯帕尔马激励法令追求的是合法的目标，是有效和合法的。

(5) 意大利没有违反 ECT 第 10(2)和(3)条的禁止歧视义务

被申请方否认 ECT 第 10(2)条和第 10(3)条在本仲裁中适用。它认为，ECT 第 10(3)条中提到的"待遇"是指 ECT 第 10(2)条中的"进行投资"，ECT 第

10(4)条中使用了同样的表述“进行投资”对这一点进行证实。因此,ECT 第 10(2)条和第 10(3)条不能适用于被质疑的措施,因为这些措施是在申请方收购特殊目的的公司和建造光伏电厂的“投资行为”之后很久才通过的。此外,意大利补充说,ECT 仲裁庭从来没有适用过 ECT 第 10(2)和 10(3)条。

即使仲裁庭认为可以适用 ECT 第 10(2)条和第 10(3)条,意大利认为被质疑的措施并没有歧视申请方的投资。首先,公共实体和学校是非营利性实体;光伏电厂所有者是营利性实体。其次,公共实体和学校主要生产能源供自己使用;光伏电厂所有者生产能源主要用于销售。意大利进一步否认其措施对大型光伏电厂的歧视。它认为,这些措施的合理政策对不同规模的光伏电厂进行了区分,这是先进经济体的逻辑和正常监管做法。较小的光伏电站的可再生能源生产主要是为了自用。意大利澄清说,意大利的措施对外国和本国的光伏生产商没有区别对待。

3. 费用

意大利主张,仲裁庭应根据 ICSID 仲裁规则裁决申请方支付意大利在仲裁中产生的所有相关费用和支出,总计 361 603.00 欧元,以及意大利预先支付的费用 10 万美元。

(三) 仲裁庭观点

1. 管辖权和可受理性

(1) 意大利的欧盟管辖权异议是否阻止仲裁庭行使管辖权

仲裁庭驳回了意大利对欧盟管辖权的异议,理由如下:欧盟法律可以作为国际法的一部分适用,并且在 ECT 制度允许的范围内,在相关情况下应适用欧洲法律;根据 VCLT 第 26 条规定的“条约必须遵守”规则,ECT 对其缔约方包括欧盟成员国之间具有同等约束力;根据 VCLT 第 30 条,继承的欧盟条约没有影响仲裁庭的管辖权;如果没有根据 VCLT 第 41(2)条发出通知,声称的对 ECT 的相互修改不能影响仲裁庭的管辖权;意大利的关切在裁决承认方面是没有根据的,在现阶段的裁决执行方面是假设的。

(2) GSE 协议中的专属管辖条款是否阻碍管辖权

根据意大利 1997 年 12 月 17 日的声明解释的第 26 条 ECT 清楚地表明,只有当投资者在选择开始国际仲裁之前通过提起诉讼实际选择一种解决争端的方法时，才能触发岔路口条款。意大利依据 SGS v. 菲律宾案和 BIVAC v. 巴拉圭案认为申请方的保护伞条款主张是受罗马法院管辖的合同主张。首先，SGS v. 菲律宾案和 BIVAC v. 巴拉圭案是不适用的，因为在本案中，每个投资的光伏公司都与 GSE 协议签订了关于其每个光伏电厂的上网电价和最低价格。其次，即使仲裁庭认为这些案例决定是相关的，它也不能同意 SGS v. 菲律宾案中采取的方法。再次，在确认了对保护伞条款主张的管辖权后，本仲裁庭"必须有非常强烈的理由拒绝行使该管辖权"，但情况并非如此。基于以上所述，仲裁庭驳回了意大利关于 GSE 协议下的法院选择条款阻碍 ECT 对申请方的主张的管辖权的异议，并认为申请方根据 ECT 第 10(1)条提出的保护伞条款主张是可以受理的。

(3) 申请方是否遵守了 ECT 第 26(1)和(2)条规定的与不平衡费用主张有关的等待期

仲裁庭认为，在以下情况下，要求申请方提出额外的谈判请求，将单一的争端分割成多个部分是不合理和低效的：① 友好解决函已经提到了不平衡费用；② 申请方显然在适用于光伏电厂的监管和法律框架方面对意大利有单一的争端；③ 2018 年 3 月 26—29 日举行庭审时，3 个月的等待期已经过了。基于以上所述，仲裁庭驳回了意大利关于申请方没有遵守 ECT 第 26(1)和(2)条规定的与不平衡费用主张有关的 3 个月等待期的管辖权/可受理性异议。

(4) 不平衡费用是否属于 ECT 范围外的"税收措施"

仲裁庭认为，不平衡费用应符合第 21 条 ECT 意义上的善意征税措施。仲裁庭认为，根据 ECT 第 21 条，它对申请方的不平衡费用主张缺乏管辖权。

2. *法律依据*

(1) ECT 第 10(1)条的 FET 义务

当国家行为违背投资者的合法期望，拒绝司法和正当程序，具有任意性、歧视性和滥用性时，仲裁法庭认定违反了 FET。仲裁庭同意申请方的观点，即保护合法期望是 FET 的一个关键因素。仲裁庭同意意大利 FET 义务并不妨碍东道国的监管自主权的观点。

仲裁庭认为，申请方不可能从 GSE 协议中关于上网电价的所谓承诺中获得合法的期望。此外，意大利宪法法院在第 10795/2017 号裁决中认定，GSE 作为公共行政部门的一部分,在根据意大利监管和立法框架缔结和修改 GSE 协议时,具有行使公共权力的至高无上的地位,导致意大利行政法院有管辖权讨论这个问题。因此,法庭不能同意申请方 GSE 协议可以包含专门针对申请方的具体承诺的观点。仲裁庭也不同意最初适用于上网电价的 20 年期限的合同或禁止单方面改变的规定可以被视为稳定条款。本仲裁庭也不能同意,在斯帕尔马激励法令和意大利目的地法令之前的意大利法律和监管框架可以创造与补贴上网电价和最低价格有关的合法期望。当任何谨慎的投资者在进行投资之前都能预见到这种变化时,投资者不能合理地期望法律和监管框架不会发生变化。仲裁庭同意意大利的观点,即"谨慎的"投资者应该预测到意大利会降低上网电价,并减损结合两种激励措施(上网电价和最低价格)的可能性。

仲裁庭认为,低估的产量预测可以证明像斯帕尔马激励法令那样削减 6%—8%的补贴是合理的。申请方不可能合理地期望由意大利纳税人资助的高估的补贴可以保持 20 年不变,因为意大利最初的激励措施是基于低估的能源生产预测。此外,仲裁庭驳回了申请方的论点,即降低 6%—8%的上网费并没有使中小企业受益。首先,申请方在这方面没有提出令人信服的证据。而且,无论如何,降低上网电价的其他原因,如低估的生产预测、较低的光伏技术成本以及对意大利纳税人和电力消费者的负担,都足以让法庭认为斯帕尔马激励法令是合理、正当和相称的。因此,仲裁庭驳回了申请方关于降低上网电价的实质性不当行为的指控,因为这一变化是合理、正当的,并且与意大利在光伏领域的政策相称。

仲裁庭没有采信申请方对于斯帕尔马激励法令程序上不正当的主张。仲裁庭认为,根据 FET 认定程序不当的标准很高。申请方没有举出证据表明意大利的立法程序严重违反了正当程序。仲裁庭对意大利法律的上述监管和立法审查表明,鉴于之前的光伏激励措施的减少,光伏投资者应该已经预期到了光伏激励措施的减少。

综上所述,仲裁庭驳回了申请方根据 ECT 第 10(1)条提出的 FET 主张。

(2) ECT 第 10(1)条的保护伞条款

仲裁庭不同意申请方的主张,即关于上网电价的 GSE 协议包含专门针对申请方的具体承诺或与之签订的承诺。正如前文分析的那样,申请方甚至在获得

GSE 协议之前就可以投资光伏电厂(正如它所做的那样)。关于最低价格的GSE 协议也没有包含专门针对申请方的具体承诺或与之签订的承诺。此外,一项同样针对本国和外国投资者的法规,不能因为其一般性而只对本国投资者产生义务。在斯帕尔马激励法令和意大利目的地法令之前的意大利法律和监管框架显然是针对本国和外国投资者的,因此不能被解释为专门与申请方签订的义务。

基于以上所述,法庭驳回了申请方根据 ECT 第 10(1)条提出的保护伞条款主张。

(3) ECT 第 10(1)条充分的保护和安全义务

双方对于 ECT 第 10(1)条规定的最基本保护和安全的义务是否超出了提供"实际"保护和安全的单纯义务,包括稳定、实际、商业和法律安全以及法律保护,持有不同意见。ECT 第 10(1)条规定,其他缔约方投资者的投资"也应享有充分的保护和安全"。虽然仲裁庭同意申请方的观点,即在某些情况下,这一标准可能超出保护人身安全的范围,但仲裁庭不认为这一标准可以保护投资不受国家立法或监管的权利的负面影响。意大利通过斯帕尔马激励法令和意大利目的地法令进行的立法活动,即使对申请方的本国投资和其他外国投资产生不利影响,也不能成为违反 ECT 第 10(1)条规定的充分的保护和安全义务的行为。

基于以上所述,仲裁庭驳回了申请方根据 ECT 第 10(1)条提出的充分的保护和安全主张。

(4) ECT 第 10(1)、(2)和(3)条禁止不合理和歧视性的措施

仲裁庭将首先考虑意大利对适用 ECT 第 10(2)和(3)条的异议。首先,第(2)款中使用的"待遇"一词是大写的,而第(1)款中没有,这表明第(3)款中大写的"待遇"的定义应限于与 ECT 第 10 条第(2)款中提到的"进行投资"有关的"待遇"。其次,ECT 第 1(8)条将"进行投资"定义为建立或获得新的或额外的投资。申请方没有履行其举证责任,证明所称的歧视性措施影响了在光伏行业建立或获得新的或额外的投资。因此,申请方根据 ECT 第 10(2)和(3)条提出的主张不能成立。

仲裁庭现在转向基于 ECT 第 10(1)条对现有投资的不合理和歧视性措施的禁止的主张。首先,仲裁庭在上文已经说过,意大利监管和立法框架的变化既

不是不合理的,也不是不相称的,更不是不可预测的。至于申请方认为意大利的措施缺乏环境或公共卫生保护等公共利益目标以及"合理的政策",对仲裁庭来说,这些措施的真正目的是为了降低补贴成本就足够了。其次,申请方认为降低上网电价与光伏电厂的名义容量联系起来的监管差异化,是对中型和大型光伏电厂(如申请方和主要外国投资者的电厂)的歧视,这种立场不能成立。再次,2014 年 11 月 11 日的第 164/2014 号法律第 22 条之二将某些在光伏领域经营的意大利公共实体和学校排除在第 116/2014 号转换法第 26 条的适用范围之外。申请方认为,这项立法是歧视性的,因为这些实体相对于申请方是竞争对手。仲裁庭不认为这些实体能成为申请方的"竞争对手",因为它们不是营利性企业,而且申请方也未能证明这一点。

基于以上所述,仲裁庭驳回了申请方根据 ECT 第 10(1)、(2)和(3)条提出的禁止不合理和歧视性措施的主张。

综上所述,仲裁庭驳回了申请方关于案件事实的所有诉求,认为意大利没有违反:① ECT 第 10(1)条规定的 FET 义务;② ECT 第 10(1)条规定的保护伞条款;③ ECT 第 10(1)条规定的充分的保护和安全义务;④ ECT 第 10(1)、(2)和(3)条禁止不合理和歧视性措施的规定。因此,不需要评估任何损害赔偿。

3. 费用

仲裁的费用,包括法庭的费用和支出、ICSID 的行政费用和直接支出,达 652 254.10 美元。上述费用已从双方的预付款中支付。因此,双方分摊的仲裁费用为 326 127.05 美元。

仲裁庭注意到,ICSID 的一些仲裁庭采取了将部分或全部费用判给获胜方的做法。然而,在本案的情况下,由各方承担自己的费用是合适的。虽然申请方在管辖权和可受理性方面基本胜出,但仲裁庭驳回了其在案件事实的所有主张。因此,法庭的结论是,由双方各自承担自己的法律和其他费用以及各自平摊"仲裁庭成员的费用和支出以及使用中心设施的费用"是公平的。

三、仲裁裁决

根据裁决中所载的理由,仲裁庭决定:

(1) 除不平衡费用的主张外,仲裁庭对申请方的主张具有管辖权,受理申请方的请求。

(2) 驳回申请方不平衡费用的主张的管辖权。

(3) 驳回申请方关于被申请方涉嫌违反 ECT 第 10(1)、(2)和(3)条的主张。

(4) 双方平均分担仲裁费用。

(5) 双方各自承担法律费用和支出。

(6) 驳回双方在仲裁中提出的其他所有主张。

张丽楠译　王杰校

OperaFund Eco-Invest SICAV PLC 和 Schwab Holding AG v. 西班牙

国际投资争端解决中心裁决

案号：ARB/15/36

裁决时间：2019 年 9 月 6 日

申 请 方：Operafund Eco-Invest SICAV PLC 和 Schwab Holding AG.

律　　师：Alberto Fortún Costea 先生，Luis Pérez de Ayala 先生，Miguel Gómez Jene 教授，María Isabel Rodríguez Vargas 女士，Antonio Delgado Camprubí 先生，José Ángel Rueda García 博士，Antonio María Hierro 先生，José Ángel Sánchez Villegas 先生，Adriana González García 女士，Borja Álvarez Sanz 先生

被申请方：西班牙

律　　师：José Manuel Gutiérrez Delgado 先生，Amaia Rivas Kortázar 女士，Antolín Fernández Antuña 先生，María José Ruiz Sánchez 女士，Patricia Fröhlingsdorf Nicolás 女士，Diego Santacruz Descartín 先生，Mónica Moraleda Saceda 女士，Pablo Elena Abad 先生，Elena Oñoro Sáinz 女士，Alberto Torró Molés 先生，Rafael Gil Nievas 先生

仲 裁 庭：Karl-Heinz Böckstiegel 博士，August Reinisch 教授、博士，Philippe Sands 教授

一、案件事实

根据1998年4月16日对西班牙和瑞士联邦生效的、2001年8月28日对马耳他共和国生效的《能源宪章条约》(ECT),以及1994年9月17日对西班牙、2003年12月3日对马耳他共和国、1968年6月14日对瑞士联邦生效的《解决国家与其他国家国民之间投资争端公约》(《ICSID公约》),本案争端提交给国际投资争端解决中心仲裁。

申请方是于2005年1月24日依马耳他法律注册并存续的OperaFund Eco Invest SICAV PLC (OperaFund),和于1975年2月28日依瑞士法律注册Schwab Holding AG (Schwab)。被申请方是西班牙王国。

二、法律分析

(一) 管辖权

申请方观点。首先,申请方认为ECT和欧盟法律完美兼容,因此仲裁庭可根据ECT第26条对欧盟内部争端享有管辖权。此外,申请方引用Electrabel和Masdar and Antin案的裁决,确认ECT可适用于欧盟内部争端。其次,TVPEE不满足西班牙法律对税收定义的两个特征,即主要义务是向国家提供收入以资助公共开支,和对展现纳税人经济能力的交易征税。此外,TVPEE也不是善意征收的,因为该税收不为增加国家收入而为应对电费赤字,只关注SES的不平衡而忽视环境保护。因此,申请方认为TVPEE不是ECT第21条的税收措施,仲裁庭对TVPEE享有管辖权。

被申请方观点。首先,申请方认为仲裁庭在欧盟内部争端上缺乏管辖权。ECT第26(1)条规定,只有一个缔约方与不同缔约方的投资者之间的争端才可诉诸仲裁。西班牙作为欧盟成员国,申请方为来自欧盟成员国的投资者,这使本案争端无法根据ECT仲裁。其次,被申请方称TVPEE是ECT第(21)条的"税收措施",因此仲裁庭对本案争端缺乏管辖权。虽然TVPEE是对总收入征收的,这并不妨碍TVPEE在ECT中被视为收入税。ECT将对总收入征收的税款和对净收入征收的税款视为收入税。被申请方认为根据ECT第21(3)条,因ECT第10(7)条的最惠国待遇原则,FET保护标准、最持续保护和安全、非损害条款、保护伞条款不适用TVPEE。即使ECT第21(3)条可适用于TVPEE,ECT也禁止将最惠国待遇原则不可延伸至税收措施。

仲裁庭观点。首先,仲裁庭裁定其对欧盟内部争端具有管辖权。Achmea判决是基于欧盟内部两个国家的双边投资协定,而且该判决依据的是联合国国际贸易法委员会仲裁规则,而本案依据的是ICSID仲裁规则。因此无法根据Achmea判决排除本案仲裁庭对欧盟内部争端的管辖权。其次,TVPEE是ECT第21条中的"税收措施",属于本仲裁庭的管辖范围。TVPEE是依法确立的,向某个人群征收的,为公共目的向国家支付的,因此TVPEE在国际法上是一种税。征收TVPEE也是遵循善意原则,因为征收TVPEE产生了积极的环境效果,征收的对象也不具有歧视性,且征收目的不仅符合西班牙法律,更契合了ECT的目标。

(二) 案件

1. ECT第10(1)条规定的"待遇"范围

申请方观点。FET的规范性内容包括ECT第10(1)条中的内容,即"尊重投资者的合法期望,包括与投资者签订的具体承诺;禁止任意或以歧视性方式行事;以及以透明方式行事并适当考虑正当法律程序的义务。"ECT中并没有定义FET,必须本着诚意并根据条约条款在其上下文中的通常含义,并参照其目标和宗旨来解释它。ECT的目标和宗旨是建立一个法律框架,根据宪章的目标和原则,在互补和互利的基础上促进能源领域的长期合作。FET与长期稳定之间的联系可以作为基础,使在能源领域经营的投资者的合法期望得到相对更多的保护,以防止监管制度的变化。

被申请方观点。根据ECT第2条,必须根据其上下文中的共同含义以及ECT的目的对ECT的术语进行分析。ECT试图将欧盟现有的能源市场模式输出到其境外,旨在创建一个高效的能源市场,该市场将给予外国投资者低于不最低标准待遇(MST)的国内或非歧视性待遇,将促进形成市场导向价格。因此,

ECT 第 10(1)条要求给予已进行的投资不低于国际法要求的待遇，即最低标准待遇。

仲裁庭观点。FET 承诺包括尊重投资者的合法期望。正如 Electrabel 案所述，在 ECT 中，公平公正待遇与为投资者提供稳定、公平、有利和透明的条件相联系。而且公平公正待遇标准最重要的功能是保护投资者的合理和合法期望。仲裁庭还注意到，保护投资者的合法预期甚至是公平和公正待遇主要部分。

2. 公平公正待遇(FET)

申请方观点。首先，基于合法期望提交的 FET 主张必须包含五个要素：(1) 东道国的客观行为导致外国投资者的合法期望；(2) 外国投资者对该行为的依赖；(3) 东道国的行为挫败了投资者的合法期望；(4) 东道国单方实施该行为；(5) 该行为对投资者的造成损害。东道国主管机关或代表的承诺、保证或确认，无论是明示还是默示，一般的还是具体的，即使包含在该国国内立法中，也可能对投资者产生合理的期望。其次，关于违反稳定的条件，被申请方改变了监管框架的基本特征。自 2010 年 11 月以来，不可预见的"过山车式"的立法变化违背了稳定性和一致性，是对公平公正待遇的持续违反。被申请方用一个的新框架来修改和取代这一框架违反了申请方的合法期望。在 Eiser 案中，仲裁庭认为，西班牙的措施没有保持现有监管框架的基本性质，而是用一种新的、未经检验的监管方法取而代之，旨在不公平和不公正地减少对现有工厂的补贴。再次，被申请方违反了透明度和正当程序的要求，通过一个充满违规的法律制定过程，批准了构成第 2 号监管框架和第 3 号监管框架的立法文件。从 2010 年被申请方推出第一轮有害措施(第 1565/2010 号皇家法令和第 14/2010 号皇家法令法)开始，被申请方在适用于西班牙可再生能源的监管框架方面隐藏了其真实意图。西班牙最高法院后来发现，被申请方在第 1045/2014 号部长令中犯了严重的错误。最后，有争议的措施既不合理也不相称。由于电费赤字是西班牙自己造成的问题，且之前存在第 661/2007 号皇家法令，因此电费赤字不能为被申请方撤销第 661/2007 号皇家法令中的制度和销毁申请方的投资提供合法理由。申请方没有造成电费赤字，但有争议的措施给他们造成了损害，使他们的投资价值减少了约 57%(OperaFund)和 75%(Schwab)。

被申请方观点。首先，申请方在投资时唯一合理和客观的期望是收回资本支出、运营支出,并获得不超过 25 年的电厂监管使用寿命的合理回报率。申请方的光伏电厂仍享有该回报率。被申请方未承诺永不修改第 661/2007 号皇家法令的补贴,且被申请方继续通过公共补贴保证可再生能源工厂的投资回收并获得合理回报率,使设施实现税前 7.4%的回报率。本次仲裁的申请方的资产组合的收益率折算为税后 8.6%。其次,关于稳定条件的违约,虽然 ECT 第 10(1)条提到了"稳定的条件",但 ECT 的缔约国并不要求在任何投资期间维持一个可预测的监管框架。维持稳定的条件不能被理解为 ECT 要求为投资者提供不受限制的监管框架,从而使监管框架的任何变化被视为不可预见或任意的。ECT 的缔约方同意为外国投资者提供一个"保险单",以保护他们免受出于公共利益的原因而采取的监管改革,是不现实的。ECT 对国民待遇和 FET 的适用必须考虑既定的事实和投资者、国家和消费者的利益。再次,关于透明度与正当程序。被申请方提供了第 413/2014 号皇家法令和第 1045/2014 部长令监管程序的全部流程,改革草案可供公众评论。国务院对第 1045/2014 部长令草案的意见是一份非强制性报告,这说明被申请方确保了所有相关方都有机会参与的要求。最后,关于相称性。本案适用"裁量余地原则",本仲裁庭必须考虑争议措施是否合理,相称,非歧视,以及善意行使被申请方的监管权力。如果一项措施故意无视适当的法律程序,这种行为冲击或至少惊动了司法上的正当性,则该措施就是任意的。在此,双方同意,有争议的措施不是任意的。它们解决了电费赤字问题,确保了 SES 的可持续性,因此,实现了颁布其合法公共目的。

仲裁庭观点。被申请方通过颁布有争议的措施(即第 1565/2010 号皇家法令、第 14/2010 号皇家法令、第 2/2011 号法案;第 2/2013 号皇家法令法;第 9/2013 号皇家法令法、第 24/2013 法案、第 413/2014 号皇家法令和第 1045/2014 号部长令),违反了申请方的合法期望,因此违反了 ECT 第 10(1)条规定的公平公正待遇。其次,关于稳定条件的违反。有争议的措施违反了第 661/2007 号皇家法令承诺的稳定条件,明显地从根本上改变申请方的期望,申请方已对这些措施要求损害赔偿。就此而言,仲裁庭同意对 2013—2014 年西班牙措施的评估,在 Eiser 裁决中,ECT 确实保护了申请方免受其经历的完全和不合理的变化。在 Novenergia 裁决中,西班牙王国在 2013 年和 2014 年颁布的根本性变化明确废除了固定汇率。Greentech 案中,仲裁庭裁定西班牙这些监管变化是根本性的和意外的，并且构成了法律和监管框架的根本性变化，跨越了从不可赔偿的监管措施到可赔偿的违反 ECT 中 FET 标准的界限。再次，关于透明度与正当程序。在本案中，从 2010 年被申请方采取第一轮有害措施（RD 1565/2010 和 RD-L 14/2010）开始，国务委员会对第 1045/2014 号部长令草案的意见确认，能源部从未解释其如何计算草案中包含的经济参数，并表示被申请方的新监管框架突然转变。西班牙最高法院后来认定被申请方犯下了严重的错误。仲裁庭怀疑，这一监管程序本身可被视为缺乏透明度的，构成违反了 ECT 第 10(1)条中 FET 承诺的行为。最后，关于相称性。仲裁庭对是否应将相称性作为公平公正待遇的一个单独要素加以接受有一些疑问。相反，在评估稳定义务和合法期望时，可将其视为平衡监管国利益和投资者利益的一个固有要素。仲裁庭也不相信申请方对 Occidental 判决的依赖。在 Occidental 案件中，关键问题是东道国的 Caducidad 法令是否相称，该法令终止了一项参与合同，作为对投资者无可争议的违约的反应。但仲裁庭没有必要最终决定这个问题，因为仲裁庭在上文发现的两个违反公平公正待遇标准的行为依然存在，足以确定被申请方违反了其公平公正待遇的承诺。

3. 保护伞条款

申请方观点。在 2010—2014 年连续通过《第 2 号监管框架》和《第 3 号监管框架》，被申请方没有遵守其根据 ECT 第 10(1)条与申请方订立的任何义务。ECT 第 10(1)条包括一个所谓的"总括条款""保护伞条款"，通过这些条款，东道国违反对投资者的承诺和义务就相当于违反了 ECT。ECT 第 10(1)条被认为是投资条约中最广泛的总括条款之一。它包括了被申请方和申请方的投资所达成的义务，因此比投资条约中的其他此类条款涵盖了更多的情况。

被申请方观点。被申请方未违反其与申请方投资相关的任何义务。根据 ECT 第 10(1)条最后一句的字面解释，应驳回该主张。ECT 的总括条款既不包括作为投资者的申请方，也不包括申请方的投资，因为被申请方未就申请方或其投资签订任何具体承诺。申请方对 ECT 第 10(1)条的解释与该条款的字面意义以及通过学说和仲裁判例对其进行的解释相矛盾。申请方将普遍适用的法规与投资者或其投资方特别约定的承诺混为一谈。这种做法忽略了 ECT 的条款，涉及国家承担与投资者或投资有关的特定义务。如仲裁庭在 SGS v. 案中所述,在菲律宾,国家的义务必须是具体的,并由国家承担,涉及特定投资者的关系。

仲裁庭观点。由于任何一方在其寻求的救济中都没有要求在这些主张的基础上获得任何不同的损害赔偿,并且由于上文已经得出结论,存在违反公平公正待遇的行为,仲裁庭无须决定是否另外发生了其他的违反行为,因为这不会导致任何其他结论和处置。然而,仲裁庭注意到,最近在 Greentech 诉意大利一案中,仲裁庭认为"ECT 的总括条款足够宽泛,不仅包括合同义务,而且还包括某些立法和监管文书,这些文书足够具体,可以作为对可识别投资或投资者的承诺。"这在某种程度上遵循了 Plama 仲裁庭的广泛推理,即 ECT 第 10(1)条中该条款的措辞范围很广,因为它提到了"任何义务"。对该词普通含义的分析表明,它指的是任何义务,无论其性质如何,即无论它是合同性的还是法定的。Isolux 案的仲裁庭认为,ECT 的总括条款虽然因为提到"订立"而谈到"任何义务",但仅限于合同义务。Novenergia 案的仲裁庭认为,ECT 第 10(1)条确实规定了每个缔约方有义务遵守它与投资者订立的任何义务,但保护伞条款的适用要求东道国要么与投资者缔结具体的合同,要么向投资者作出具体的个人承诺。

4. 最稳定的保护和安全(MCPS)

申请方观点。"最稳定的保护和安全"这一表述相当于国际投资条约中的"充分的保护和安全",它要求东道国为投资者提供人身保护,并提供一个安全的法律投资环境。从 2010 年 11 月到 2014 年 6 月的过山车式的立法变化以及法规的追溯适用表明,被申请方无视 MCPS 所保障的义务。被申请方制造了不稳定因素,这反映在 RD-Law 9/2013 和 RD 413/2014 以及 MO IET/1045/2014 之间 11 个月的滞后期,这些法规形成了新制度并确定了薪酬参数。在此期间,光伏装置纯粹是在临时基础上运行。《第 3 号监管框架》是不稳定的,因为它每隔三年和六年就会被申请方随意修改。自 2010 年以来,光伏装置的报酬被削减了一半以上。

被申请方观点。被申请方尊重了 ECT 第 10(1)条规定的 MCPS 的保证。这一标准并没有为投资者提供保护,使其免受政府以可能对特定投资产生负面影响的方式进行立法或监管的权利,但政府的行动根据情况是合理的,并且是为了实现公共秩序的客观合理结果而采取的。

仲裁庭观点。仲裁庭认为，提供稳定保护和安全的义务不同于提供公平公正待遇的义务，因此，必须分别审查这两项主张。它同意仲裁庭在 Mamidoil 案中的观点，即 ECT 的持续保护和安全标准并不意味着严格的责任，而是要求各国尽职尽责，以防止骚扰和伤害投资者。ECT 最稳定保护和安全条款的措辞并不意味着它延伸到法律安全。相反，保护和安全是针对第三方干扰的保护和安全。在仲裁庭对 FET 主张的讨论中，已经讨论了由于被申请方不断变化的法律框架而导致的以法律不安全的形式违反最稳定的保护和安全义务的指控。

5. 非损害条款

申请方观点。被申请方频繁的立法变化，构成违反被申请方在 ECT 第 10(1)条下的义务，即不得通过任何不合理或歧视性措施损害投资的管理、维护、使用、享有或处置。被申请方违反了 ECT 第 10(1)条，因为申请方进行投资时的监管框架完全不同的监管措施是不合理的，被申请方采取的某些监管措施具有歧视性，这些监管措施损害了申请方的投资。

被申请方观点。由于申请方没有提及这一主张，被申请方要求仲裁庭理解申请方已放弃其关于损害的主张。这些侵权行为的举证责任在于申请方，申请方没有反驳被申请方的论点。被质疑的措施不是歧视性的，尊重 ECT 中的 FET 标准，以及通过尊重投资的经济均衡来满足国际法中的最低 FET 标准。

仲裁庭观点。仲裁庭认为不必对其进行处理和作出决定。由于任何一方在其寻求的救济中，均未根据这些主张要求任何损害赔偿。

6. 申请方的其他主张

申请方观点。被申请方违反了 ECT，因为有争议的措施追溯降低了承诺给现有工厂的报酬水平。被申请方进一步违反了 ECT，在新制度下，被申请方向不同类型的工厂提供了不同水平的报酬。

被申请方观点。申请方声称的替代主张是一种法律虚构，旨在以不同的外观和名称重申其初始主张。该主张的每个前提都不正确，并且歪曲了被申请方的监管制度，必须驳回该替代主张。

仲裁庭观点。仲裁庭已经接受了申请方关于违反 FET 标准从而违反 ECT 第 10(1)条的主要诉求，从而驳回了被申请方只保证合理收益的选择。因此，仲裁庭没有必要对这一替代性要求进行裁决。

(三) 损害赔偿及费用

申请方观点。被申请方实施了一项国际不法行为,引起国际责任。DCF 方法是计算因违反国际法而影响持续经营企业(如处于风险中的企业)投资而产生的损害的最合适的方法。根据已确定的国际法,申请方有权获得从损害发生之日或从仲裁庭裁决之日算起的损害赔偿,以较高者为准。申请方选择了 2014 年 6 月作为归家日期,因为那是被申请方通过 MO IET/1045/2014 确定新监管制度的经济参数的日期。

被申请方观点。评估损害的适当方法应以资产成本为基础,检查资产是否被收回,是否从中获得了合理的回报。基于资产的评估("ABV")不那么具有投机性,更易于应用。

仲裁庭观点。仲裁庭得出结论,被申请方违反了 ECT 第 10(1)条规定的 FET 标准。根据这一国际不法行为,被申请方应承担国际法规定的责任。仲裁庭认为 DCF 方法不适用于本案。

(四) 裁决

根据上述理由,仲裁庭决定:

(1) 仲裁庭对申请方提交的主张有管辖权,但关于 TVPEE 税收措施的主张除外。

(2) 被申请方违反了 ECT 第 10(1)条规定,即向申请方提供公正、公平待遇和稳定投资环境的义务。

(3) 被申请方应向申请方支付 2 930 万美元的损害赔偿。

(4) 该裁决是在扣除西班牙的所有税收和/或预扣款后作出的,并命令西班牙赔偿申请方在西班牙可能征收的任何税收或预扣款。

(5) 对于上述金额,被申请方应从 2014 年 6 月 20 日至本裁决日按西班牙 10 年期债券收益率支付利息。

(6) 对于上述款项,被申请方应从本裁决之日起按西班牙 10 年期债券收益率支付利息,按月复利,直至完全支付。

(7) 申请方应承担 ICSID 规定的仲裁总费用(1 042 994.37 美元)的 25%,被申请方承担 75%。因此,被申请方应向申请方支付 260 748.59 美元。

(8) 被申请方应向申请方偿还 2 206 586.56 美元,占申请方费用的 75%。

(9) 驳回其他所有主张。

邹升阳译　王杰校

SolEs Badajoz GmbH v. 西班牙

国际投资争端解决中心裁决

案号：ARB/15/38

裁决时间：2019 年 7 月 31 日

申 请 方：SolEs Badajoz GmbH

律　　师：Charles Kaplan 先生，Tunde Oyewole 先生，Agnès Bizard 女士，Lorna Maupilé 女士，Felix Montero 先生，Fernando Bedoya 先生

被申请方：西班牙

律　　师：José Manuel Gutiérrez Delgado 先生，María José Ruiz Sánchez 女士，Pablo Elena Abad 先生，Elena Oñoro Sáinz 女士，Antolín Fernández Antuña 先生，Roberto Fernández Castilla 先生，Patricia Fröhlingsdorf Nicolás 女士，Javier Torres Gella 先生，Alberto Torró Molés 先生，Rafael Gil Nievas 先生，Alicia Segovia Marco 女士

仲 裁 庭：Joan E. Donoghue 法官，Giorgio Sacerdoti 教授，David A R Williams KNZM 男爵

一、案件事实

本案根据 1998 年 4 月 16 日对德意志和西班牙王国生效的《能源宪章条约》(ECT)，以及 1966 年 10 月 14 日生效的《解决国家与其他国家国民之间投资争端公约》(《ICSID 公约》)提交国际投资争端解决中心(ICSID)。申请方是 SolEs Badajoz GmbH (SolEs)，一家根据德意志联邦共和国法律成立的公司。被申请

方为西班牙王国(西班牙)。

本案争议涉及西班牙实施的各种立法和监管措施,这些措施修改了适用于光伏("PV")能源发电商的监管和经济制度,据称对申请方在埃斯特马杜拉自治区的两座光伏发电厂的投资产生了负面影响。申请方提出,其有权就被申请方违反 ECT 造成的损失获得 9 580 万欧元的赔偿。

二、法律分析

(一) 申请方观点

1. 适用法律

申请方称,《ICSID 公约》第 42 条指出,适用法律是争端各方商定的法律规则。在本案中,商定的法律规则是 ECT 的规则。ECT 第 26(6)条规定,仲裁庭应根据本条约和适用的国际法规则和原则对争端进行裁决。因此,适用的法律首先是 ECT。申请方还援引了条约法和国家责任法。申请方认为,欧盟法律的规定(包括有关国家援助的规则)不是适用的法律,根本不适用于由 ECT 管辖的争端,无论是关于管辖权,还是关于案情。

2. 对管辖权和可受理性的初步异议

(1) 对于欧盟内部争端,缺乏属人管辖权

申请方反对被申请方的属人管辖权异议。在其看来,ECT 适用于欧盟内部投资和欧盟内部争端,并对其主张提供管辖权。申请方认为,其是 ECT 第 26 条规定的受保护投资者,对于欧盟内部投资或欧盟内部争端,ECT 不存在任何隐含的例外情况。它还反对被申请方的论点,即欧盟法律体系优先于 ECT 的投资者保护,并不同意被申请方从 Achmea 判决中得出的结论。

(2) 对税收措施缺乏属事管辖权

申请方提出,仲裁庭对 TVPEE 违反 ECT 第 10(1)条的主张具有管辖权。非善意的征税措施不属于第 21(1)条的例外情况。TVPEE 不是一项真正的税收措施,而是一项旨在减少申请方根据原始监管制度有权获得的报酬的措施,其目的和效果旨在避免 ECT 下的责任。申请方得出结论,通过第 15/2012 号法案

引入 TVPEE 是为了规避 ECT 的保护。申请方还认为,"TVPEE 不能被仲裁庭从其他有争议的措施中分离出来,因为它们具有累积的破坏性影响,并且都导致西班牙违反 ECT"。

3. 责任

(1) 违反公平公正待遇义务(ECT 第 10(1)条)

申请方公平公正待遇主张的主旨是被申请方违反了申请方的合法期望。如申请方所述:西班牙对申请方投资的承诺必须根据客观标准来判断,并根据西班牙过去的承诺来理解(在本案中,RD 661/2007 和 RD 1578/2008,以及第 54/1997 号法律)。根据之前的此类立法,申请方和其他符合 RD 1578/2008 要求的投资者有权期望西班牙光伏产业制度下的合理回报:保持在与监管计划提供的回报一致的水平;保持大致安全的固定利率(而不是新监管制度目前提供的可变利率);以及最多只能接受合理和有限的修订,但这些修订将保留该制度的核心特征不变。申请方特别强调,原始监管制度的"基本特征"是"保证适合 25 年,允许任何投资者计算从投资中获得的估计收入,从而为投资者提供确定性"。申请方认为从 2013 年开始(特别是 RDL 9/2013 和 IET 1045/2013 命令),西班牙在制定新的监管制度时,消灭了原有监管制度的经济基础。申请方说,有争议的措施在两个方面不成比例。首先,有争议的措施突然出乎意料地取消了现有监管制度的基本特征。其次,申请方坚持认为,有争议的措施对光伏投资者造成的负担与经济理由或公共利益不相称。

(2) 法律标准

① 合理期望

申请方称,提供公平公正待遇的义务包括法律制度的稳定性。ECT 第 10(1)条规定,缔约国有义务鼓励和创造稳定、公平的环境,申请方进一步声称,FET 包括保护投资者的合法期望。这些合法期望不仅可能来自直接向特定投资者作出的承诺,也可能来自立法和监管行为。申请方提出,虽然各国保留修改其立法的权利,投资者有权相信,监管变化不会不可预见地突然抑制现有监管框架的基本特征。在不违反 FET 标准的情况下,一个国家不能从根本上改变投资所依据的法律框架。

② 不成比例和不合理的措施

申请方声称，“有争议的措施不成比例，不合理。至于不相称性，申请方援引了两个法律标准。首先，根据查兰案的裁决，对监管制度的修改不是随机的或不必要的，符合相称性要求，前提是它们不会突然和意外地删除现有监管制度的基本特征。其次，对光伏投资者（如申请方）施加的有争议的措施导致了巨大损失，与西班牙提出的所谓经济理由和公共利益不相称。”申请方不同意仲裁庭根据被申请方所称的“EDF 诉罗马尼亚案的检验标准”来考虑争议措施是否不合理。申请方说，这一检验标准询问的是措施是否具有歧视性，而申请方的 FET 案并不要求显示这些措施具有歧视性。

(3) 证据

① 申请方截至投资时的预期

申请方坚持认为，其合理预期遵循了申请方投资时西班牙法律法规以及西班牙的其他声明。申请方坚持认为，西班牙在原始监管制度下未经融资和税后计算的回报率为 7%—8%。

② 申请方关于争议措施的证据

申请方表示，除了有争议的措施外，被申请方还可以采用其他替代措施来解决电费赤字。欧盟环境实施审查国家报告建议西班牙提高环境税。申请方还声称，电费赤字是西班牙自身作为和不作为的结果。

4. 损害赔偿金

(1) 适用的法律标准

申请方辩称，适用的法律标准源自 ECT 第 13(1) 条。根据该条，赔偿应相当于投资的公平市场价值，且还应包括按商业利率计算的利息。申请方认为，虽然本标准对应于征用情况下的赔偿，且 ECT 未规定违反 FET 标准或总括条款的赔偿标准。申请方提出，ECT 第 13(1) 条的赔偿标准与常设国际法院在 Chorzów Factory 案中规定的赔偿标准一致，即赔偿必须消除非法行为的所有后果，并重新建立可能。每个总目下的索赔金额（间接征收、违反 FET 标准和违反 ECT 的总括条款）是相同的。因此，无论仲裁庭认为西班牙应承担赔偿责任的 ECT 条款如何，根据国际法，被申请方仍应对申请方的全部损失承担赔偿责任。

申请方的结论是，由于被申请方的措施所造成的损失，西班牙现在必须通过向申请方支付与申请方在没有西班牙非法行为的情况下不会发生的金钱损失相等的金钱赔偿。

(2) 估价方法

申请方称,如果仲裁庭认定西班牙负有责任,则必须裁定的损害赔偿金应基于西班牙实施有争议的措施导致的净利润流向股权投资者的价值减少。申请方辩称,由于西班牙采取的措施,其失去了过去和未来的现金流。因此,衡量损失的适当方法是计算此类损失的现值。申请方认为,贴现现金流(DCF)方法应用于量化被申请方违反 ECT 的财务后果。

(3) 申请方有权获得的赔偿金额

申请方说,有争议的措施使申请方的自由现金流(即可分配给股东或银行的现金流)总共减少了 5 270 万欧元,申请方在此基础上又增加了 1 400 万欧元的裁决前利息(利率为 5.94%,按月复利)和 2 910 万欧元的税收总额。总的来说,裁决额将是 9 580 万欧元。

(二) 被申请方观点

1. 适用法律

与申请方一样,被申请方也将条约法作为适用法律。被申请方还声称欧盟法律是适用的法律。其指出,欧盟法律具有三重性质,即作为国际法、国内法和事实。其认为,《欧洲联盟运作条约》(TFEU)优先于其他规则。被申请方还以欧盟委员会 2017 年 11 月的一项决定为依据,指出,欧盟法律规定了一套完整的投资保护规则,欧盟法律是欧盟内部争端中适用法律的一部分。被申请方认为,适用于本案的欧盟法律体系包括欧盟法院的案例法。被申请方还声称,欧盟法律可作为国内法适用。

2. 对管辖权和可受理性的初步异议

(1) 对于欧盟内部争端,缺乏属人管辖权

被申请方为支持其属人管辖权异议两个论据。首先,被申请方认为,对 ECT 的解释应该是,当一个 ECT 缔约方的投资者对另一个缔约方提起的争端时,若这两个缔约方也是欧洲联盟的成员国,则不存在管辖权。其次,即使仲裁庭拒绝被申请方对 ECT 的解释,欧盟法律优先于欧盟成员国的其他条约义务也

适用，特别是 TFEU 优先于 ECT 的争端解决条款。

（2）对税收措施缺乏属事管辖权

ECT 第 21(1)条规定：除本条另有规定外，本条约的任何规定均不得对缔约国的税收措施产生权利或规定义务。如果本条与条约的任何其他规定之间存在任何不一致之处，应以本条为准。被申请方坚持认为 TVPEE 符合税收措施的定义，且根据国际法，TVPEE 是一种税收。TVPEE 适用于所有能源生产者（可再生能源和传统能源），征收对象不具有歧视性。因此，被申请方认为，ECT 第 10(1)条并未产生缔约国对 TVPEE 的义务。仲裁庭对申请方通过采用 TVPEE 而声称违反 ECT 第 10(1)条的主张缺乏管辖权。

3. 责任

（1）公平公正待遇义务（ECT 第 10(1)条）

被申请方认为，申请方无法相信原来的监管制度将保持不变，并且有争议的措施保持了经济和监管基础的框架。被申请方认为，在没有具体承诺的情况下，申请方无法合理预期 RD 661/2007 和 RD 1578/2008 建立的制度将不适用。正如 Isolux 案中仲裁庭指出，可再生能源项目的投资者应该知道，根据西班牙立法，任何监管变更的限制是投资的合理回报。被申请方请求仲裁庭在确定是否违反 FET 标准时应用这一标准。此外，被申请方称，基本要素（一直保持不变）是使用标准装置设定报酬的方法、合理回报率的原则和调度的优先权。被申请方坚持有争议的措施是基于保证 SEE 的可持续性和平衡性。

（2）法律标准

① 合理的期望

被申请方认为，合法期望并不等于要求东道国为了投资者的利益冻结其法律制度。相反，东道国法律的合理演变是投资者必须面对的一部分。被申请方称，ECT 不是针对监管框架变化风险的投资者保险，因此，必须向投资者作出现行法规将保持不变的具体承诺及对于东道国法律的任何变更，投资者的期望必须是合理的。

② 不成比例和不合理的措施

被申请方坚持认为其采取的措施是合理和非歧视性的。正如许多裁决所承认的那样，ECT 允许采取合理和相称的宏观经济控制措施。

(3) 证据

① 与申请方截至投资时的期望有关的证据

被申请方认为,申请方对合理预期的主张相当于对西班牙政权将被冻结的不合理预期,并错误地假设申请方对其工厂在25年内生产的所有能源享有未来所有电价的既得权利。被申请方声称,西班牙最高法院的判例法支持其论点,即申请方除了合理的回报之外,没有其他合法的期望。此外,被申请方声称,申请方在进行投资之前没有进行监管尽职调查,这是一个高度受监管的部门。

② 与争议措施有关的证据

被申请方坚持认为其采取有争议的措施是为了应对日益增长的电费赤字,经济衰退(导致电力需求下降)加剧了这一问题。采取措施解决电费赤字,是被申请方根据欧洲联盟和国际货币基金组织的建议采取的一套结构性宏观经济控制措施的一部分。

4. 损害赔偿金

(1) 适用的法律标准

被申请方认为仲裁庭没有管辖权,申请方的主张没有任何价值。由于被申请方认为,西班牙法律和监管制度始终给予投资者合理的回报,因此,不可对申请方造成任何可能的损害。被申请方还称,申请方不符合要求的举证责任,其损害赔偿请求应被驳回,因为这些主张是推测性的。被申请方通过引用Gemplus v. 墨西哥裁决,即申请方承担证明其主张损失的全部责任。如果发现该损失过于不确定、推测性或未经证实,仲裁庭必须驳回这些主张,即使已确定被申请方负有赔偿责任。

(2) 估价方法

被申请方反对使用DCF法,赞成采用基于资产的估价("ABV")方法来计算本案中的损失。

(3) 申请方有权获得的赔偿金额

被申请方请求仲裁庭驳回申请方的所有损害赔偿要求。因为申请方所称的损害是推测的。被申请方反对在本案中使用DCF方法来计算损失,因为它认为这种方法投机性过强。被申请方认为,即使使用DCF方法对AMG进行估值,有争议的措施没有对申请方的投资造成任何损害。

(三) 仲裁庭观点

1. 适用法律

仲裁庭认为,本案的适用法律是 ECT,根据条约法进行解释,并由关于国家责任的国际习惯法加以补充。欧盟法律不是本案适用法律的一部分。

2. 对税收措施缺乏属事管辖权

TVPEE 对包括申请方在内的一大类人征收 7%的税。如被申请方所述,其规定与税收措施一致,其采用方法也一致(由西班牙议会根据西班牙宪法及其有关税收措施的法律颁布)。TVPEE 为国家产生收入,收入包含在国家总预算中。仲裁庭认为,它具有第 21(1)(7)(a)(i)条范围内的"税收措施"的特征。因此,仲裁庭没有管辖权裁定申请方关于 TVPEE 违反 ECT 第 10(1)条的主张。

3. 责任

(1) 公平公正待遇义务(ECT 第 10(1)条)

仲裁庭认为被申请方未尊重申请方的合法期望,受争议措施是不相称的、不合理的。因此,仲裁庭裁定被申请方的行为违反了 ECT 第 10(1)条的公平公正待遇义务。

(2) 法律标准

① 适用于申请方合法期望主张的法律标准

仲裁庭不接受被申请方的主张,即向投资者作出的具体承诺是 FET 主张所必需的。投资者的合理预期可来自法律法规的规定以及国家或其代表机构为吸引各类投资者投资而发表的声明,这一点已得到广泛认可。为了评估申请方在投资时可能合法拥有的期望,仲裁庭将根据其他证据,包括监管报告、西班牙当局的其他声明和西班牙最高法院的判例法,审查被申请方的法律法规。仲裁庭考虑到光伏发电厂投资的特点,以及申请方投资时的经济条件。在陈述其对申诉人的合法期望的意见后,仲裁庭将认为被申请方指定有争议的措施未能尊重申请方的合法期望。

② 适用于不当和不合理措施主张的法律标准

本案是西班牙可再生能源供应商薪酬制度变化引起的众多诉讼之一。即使在同一条约(ECT)下发生的案件涉及相同的监管制度,裁决也会揭示关键证据的变化,包括投资日期、可再生能源类型以及证人和专家提供的证据。每个申请方都以独特的方式陈述其法律理论和证据,对被申请方辩护案件的方式产生不可避免的后果。在仲裁庭根据累积的事实推断得出结论的情况下,这些区别意味着任何一个案件的结论都与该案件高度相关。本仲裁庭认为举证责任主要落在申请方身上。

(3) 证据

① 申请方截至其投资日期的预期

仲裁庭认为,证据证明,截至申请方投资之日,可再生能源部门的参与者知道电费赤字的规模以及西班牙解决电费赤字的前景。因此,有"警告信号"表明西班牙将以某种方式纠正电费赤字,可能导致现有工厂的薪酬有所下降。然而,可再生能源部门参与者的报告并未证明,谨慎的光伏投资者在2010年3月本应预期被申请方将通过减少现有电厂的适用性并废除特别制度,解决电费赤字的。如果被申请方在申请方投资时已经考虑这样做,那么这些意图对投资者来说是不透明的。投资者的合理预期只能基于他们可以获得的信息。证据表明,2010年3月光伏投资者有一个合理的预期,即一旦分配给光伏发电厂,在RD 1578/2008规定的25年间(通货膨胀调整除外),其将获得稳定的回报率。

② 关于争议措施效果的证据

法庭得出结论,尽管第一套有争议的措施(RDL 14/2010和RDL 2/2013)似乎在措施生效期间减少了申请方的收入,但并没有改变原始监管制度的基本特征,也没有损害申请方的合法期望。第二套有争议的措施改变了申请方进行投资时实行的监管制度的基本特征,超出了申请方当时可以合理预期的变化。第二套有争议的措施是不成比例的,因为这些措施突然意外地消除了申请方投资时所依赖投资框架的基本特征。此外,第二套有争议的措施是不成比例的,因为即使考虑到西班牙需要解决其电费赤字,这些措施对申请方投资价值的影响的严重程度超过了投资者根据原始监管制度固有的稳定性可以合理预期的程度。

4. 损害赔偿金

(1) 适用的法律标准

赔偿基本原则是,赔偿必须尽可能消除非法行为的所有后果,责任国有义务对国际不法行为造成的损害作出充分赔偿。因此，被申请方有义务赔偿申请方因有争议的措施导致其投资的公平市场价值减少。申请方有责任证明其主张的损失。正如仲裁庭在 Gemplus v. 墨西哥案中所述，如果发现损失太不确定或具有投机性或未经证实，即使确定了赔偿责任，仲裁庭也必须驳回这些主张。

(2) 估价方法

无论采用何种特定估价方法，损害赔偿的计算必然涉及使用某些假设和估计。ECT 和国际法均未规定使用任何特定方法来确定损害赔偿。在考虑了当事各方的立场后，仲裁庭得出结论认为，DCF 方法非常适合本案，其中，仲裁庭认定，第二套有争议的措施违反了被申请方公平对待申请方投资的义务，并减少了申请方在维持原有制度的情况下本应获得的收入。它为比较申请方在没有争议措施的情况下的投资现值与申请方在有争议措施的情况下的投资现值提供了可靠的依据。DCF 法被广泛使用于评估西班牙废除特别制度导致仲裁庭认定赔偿责任的其他诉讼中的损害赔偿计算。

(3) 申请方有权获得的赔偿金额

仲裁庭认为 DCF 方法在本案中是适当的。它现在审查申请方赖以支持其 5 270 万欧元主张的具体方法，同时考虑到被申请方和 AMG 的意见，以及 AMG 编制的替代 DCF 模型。仲裁庭认为申请方没有提供足够的证据来支持根据所称的税收负担增加而作出的损害赔偿。既然认定申请方没有提供足够的证据支持其关于 2 910 万欧元的税款总额的索赔，仲裁庭就没有必要处理被申请方对税款总额提出的其他反对意见。考虑到双方对利率和利息复利的观点，以及仲裁庭收到的证据，仲裁庭认为适用 1.74%的利率是适当的，对应于西班牙十年期国库券从估价日(2014 年 6 月)到最后可用利率参考日(2016 年 11 月)的平均收益率。仲裁庭还认为，这一利率(按季度复利)也应适用于裁决后利息。

三、仲裁裁决

根据上述理由，仲裁庭决定：

(1) 根据 ICSID 公约和 ECT，仲裁庭对申请方的请求具有管辖权，但其关于 TVPEE 违反 ECT 第 10(1)条的请求除外。

(2) 被申请方违反了ECT第10(1)条规定的对申请方的投资给予公平公正待遇的义务。因此,仲裁庭不对申请方所称的其他违反ECT的行为作出裁决。

(3) 由于违反了ECT第10(1)条的规定,被申请方应向申请方支付4 098万欧元的赔偿。

(4) 被申请方应向申请方在2014年6月30日至本裁决日以及本裁决日到付款日期间支付上述第(3)项裁定的金额的利息,利率为每年1.74%,每季度复利一次。

(5) 每一方应承担其法律费用和开支,另一方不承担任何费用。

(6) 为落实仲裁庭关于被申请方应承担本诉讼费用的决定,被申请方应向申请方支付357 006.075美元。

(7) 驳回任何一方的所有其他主张。

邹升阳译　王杰校

图书在版编目(CIP)数据

能源类国际投资争端案例集 ：2010—2019 / 张正怡等编译 .— 上海 ：上海社会科学院出版社，2023
ISBN 978-7-5520-3238-3

Ⅰ.①能… Ⅱ.①张… Ⅲ.①能源—国际投资—国际争端—案例—汇编 Ⅳ.①D996.4

中国国家版本馆 CIP 数据核字(2023)第 160455 号

能源类国际投资争端案例集(2010—2019)

编　　译：张正怡　张丽楠　郭　爽　王　杰 等
责任编辑：董汉玲
封面设计：裘幼华
出版发行：上海社会科学院出版社
上海顺昌路 622 号　邮编 200025
电话总机 021-63315947　销售热线 021-53063735
http://www.sassp.cn　E-mail:sassp@sassp.cn
排　　版：南京展望文化发展有限公司
印　　刷：盐城志坤印刷有限公司
开　　本：710 毫米×1010 毫米　1/16
印　　张：26.25
插　　页：2
字　　数：426 千
版　　次：2023 年 8 月第 1 版　　2023 年 8 月第 1 次印刷

ISBN 978-7-5520-3238-3/D·701　　定价：118.00 元